araguay
Barbados
Uruguay
Puerto Rico
Trinidad y Tobago
Chile
Dominica
Jamaica
Estados Unidos
Nicaragua
Iraq
Israel
Japón
Botswana
Egipto
Etiopía
Lesotho
República Centroafricana
Arabia Saudí
Filipinas
Congo
Mauritania
Senegal
Seychelles
Uganda
Corea del Sur
Camboya
Nepal
Sri Lanka
Tailandia
epública ominicana
Perú
Antigua y Barbuda
Honduras
Costa Rica
Afganistán
Mongolia
Siria
Yemen
Belice
India
Indonesia
Camerún
Eritrea
Argelia
Comores
Bahrein
Uzbekistán
China

olonia
Hungría
Turkmenistán
Luxemburgo
Lituania
Rusia
Moldavia
Liechtenstein
Corea del Norte
onga
Letonia
Grecia
Portugal
San Marino
Tajikistán
Sto. Tomé y Príncipe
Chipre
Andorra
gapur
Georgia
Reino Unido
Irlanda
Finlandia
Rumanía
Malta
Países Bajos
Macedonia
oacia
Dinamarca
Unión Europea
Azerbaiyán
Bélgica
España
Vanuatú
Papúa-Nueva Guinea
Samoa
Australia
abón
Mali
Ecuador
Guatemala
Kuwait
Bangladesh
Tanzania
Naurú
Liberia
Mozambique

DICCIONARIO inicial DE LA LENGUA ESPAÑOLA

DICCIONARIO inicial DE LA LENGUA ESPAÑOLA

EVEREST
DICCIONARIOS

Coordinación editorial
José Cruz Rodríguez

Corrección, revisión léxica y maquetación
Ángeles Llamazares

Corrección y revisión de americanismos
Teresa Mlawer

Diseño de cubierta
Alfredo Anievas

Ilustración de cubierta por ordenador
Francisco A. Morais

Ilustraciones
Alfredo Anievas
Francisco A. Morais
Jorge Gutiérrez Sahagún
Juan Manuel Villanueva López

SEGUNDA EDICIÓN, primera reimpresión

www.everest.es
Atención al cliente: 902 123 400
Carretera León-La Coruña, km 5 - LEÓN
ISBN: 84-241-1000-5
Depósito legal: LE. 798-2003
Printed in Spain - Impreso en España

EDITORIAL EVERGRÁFICAS, S. L.
Carretera León-La Coruña, km 5
LEÓN (España)

ÍNDICE

A padres y educadores

El idioma es como una fortaleza de profundos y seguros cimientos, que sirve de cobijo a todo un sinfín de personas con sus innumerables y complejas particularidades. Entre sus laberínticos pasillos de amplios corredores, abundantes columnas y salones, se esconden sentimientos, inquietudes y todo aquello visible o invisible, que nos rodea y afecta y que, al mismo tiempo, somos capaces de nombrar.

Un diccionario, dentro de este marco, se encarna como el elemento capaz de regular, plasmar y confirmar la existencia de un idioma. Entre sus páginas podemos encontrar aquellos conceptos que han hecho grande al ser humano: nacer, triunfo, vida, arte, orgullo, paz..., pero también los que le han hecho tristemente famoso: guerra, destrucción, muerte, olvido, desgracia... De esta forma, un diccionario representa el marco perfecto de integración y encuentro entre conceptos tan cercanos y dispares a la vez, que forman parte de una colectividad y por tanto de un idioma, convirtiéndose en un nexo de unión definitorio entre los pueblos. Para comprender la forma de pensar y de expresarse de un grupo de personas, es necesario conocer y valorar su idioma, para así poder llegar a su total interpretación y comprensión. La intención del "Diccionaro Inicial Everest", no es otra que abrir camino en el complejo mundo del lenguaje y acompañar al estudiante a través del laberíntico rompecabezas que constituye un idioma. Como punto de partida hemos tomado nuestra propia experiencia en este campo, para así conseguir un diccionario adecuado al público al que va destinado. El hilo conductor no es otro que la curiosidad y el deseo innato del ser humano de saber cada día más.

Tal vez pueda chocar el nombre con el que ha sido bautizado este libro de consulta, "Diccionario Inicial"; éste se debe a que hemos pretendido tender un puente que simbolice un paso cuantitativo y cualitativo entre el diccionario infantil al uso y el de adultos de referencia. La empresa no ha sido nada fácil, pero el trabajo y el resultado final creemos que han merecido la pena.

Con este diccionario hemos procurado cubrir dos objetivos claros: en primer lugar, recoger la información necesaria para una correcta comprensión gramatical y, en consecuencia, que el estudiante obtenga el máximo rendimiento, tanto en su casa como en el aula. En segundo lugar, hemos pretendido incentivar el manejo y conseguir una habilidad en el uso del diccionario, gracias a una cuidada presentación en la que la tipografía juega un papel primordial a la hora de clarificar conceptos. Para ello, hemos conjugado varias fórmulas magistrales. Por un lado, configurar un número de voces y acepciones suficientes para la edad a la que va destinado. A la hora de definir las voces se han tratado de evitar las clásicas definiciones vagas e imprecisas, procurando definir cada voz con claridad y precisión. Por último, hemos ilustrado todas y cada una de las acepciones con su correspondiente ejemplo, para aclarar más, si es posible, los diferentes usos de cada acepción dentro de su contexto. Claramente diferenciado tipográficamente, podemos encontrar además en cada voz una completa descripción gramatical que incluye: partición silábica e indicación de la sílaba tónica, categoría gramatical, morfemas de género y número, sinónimos, antónimos y familia de palabras. En el caso particular de los verbos se señala, además de lo ya reseñado, su naturaleza (transitivo, intransitivo, impersonal, etc.), su posible uso pronominal y si su conjugación es regular o irregular, remitiendo siempre al modelo de conjugación correspondiente en cada caso.

Si a ello sumanos lo manejable del formato, la profusión de ilustraciones, el completo y renovado apéndice gramatical, así como la gran cantidad de cuadros de conjugaciones de verbos irregulares y gramática, consideramos sin ningún lugar a dudas que nos encontramos ante un pequeño gran diccionario.

EL EDITOR

Cómo utilizar este diccionario

Al realizar este diccionario hemos pretendido hacer un libro de consulta a tu medida, que te ayude a entender todo aquello que no comprendes. Un diccionario en el que puedas encontrar casi lo mismo que en uno para mayores, pero más fácilmente comprensible para tu edad.

Como verás, sólo con echarle un vistazo, hemos diferenciado con distintos tipos y tamaños de letras, toda la información que puedes encontrar en una misma **voz**. ¿No sabes lo que es una voz?, pues es cada una de las palabras que aparecen definidas en un diccionario.

La voz que se va a definir siempre aparece en un color diferente al del resto del texto, para que te sea más fácil reconocerla. A continuación encontrarás las distintas definiciones con un número delante. Este número aparece en el mismo color que la voz, y señala las diferentes **acepciones** que tiene una palabra. Las acepciones, como ya te habrán explicado en clase de lengua, son los distintos significados que tiene una voz según el contexto o la frase. Para que puedas comprender y utilizar correctamente las distintas acepciones de una palabra, encontrarás siempre después de cada acepción un ejemplo que te explicará su correcto uso.

Además de los distintos significados, en cada voz puedes encontrar aún más información. Es como cuando el médico te mira con rayos X para verte por dentro. Aquí puedes saber cuántas sílabas tiene una palabra y qué sílaba se acentúa, y si una palabra es sustantivo, adjetivo o adverbio y cuál es su **género** (masculino y femenino) y **número** (singular y plural). En este mismo apartado aparecen aquellas palabras que significan lo mismo que la palabra definida, es lo que conocemos como **sinónimos**, y también aquellas que significan lo contrario, **antónimos**. Para terminar encontrarás las palabras más comunes que pertenezcan a la misma familia que la voz definida. En esta información aparecen siempre una serie de abreviaturas como en los diccionarios para mayores; la lista de estas abreviaturas la puedes encontrar en la página 13. Cuando veas que una voz tiene varios significados, esta explicación gramatical se hace de cada acepción por separado, por lo que debes prestar mucha atención a los números que llevan delante.

Todo esto te encontrarás al buscar una palabra:

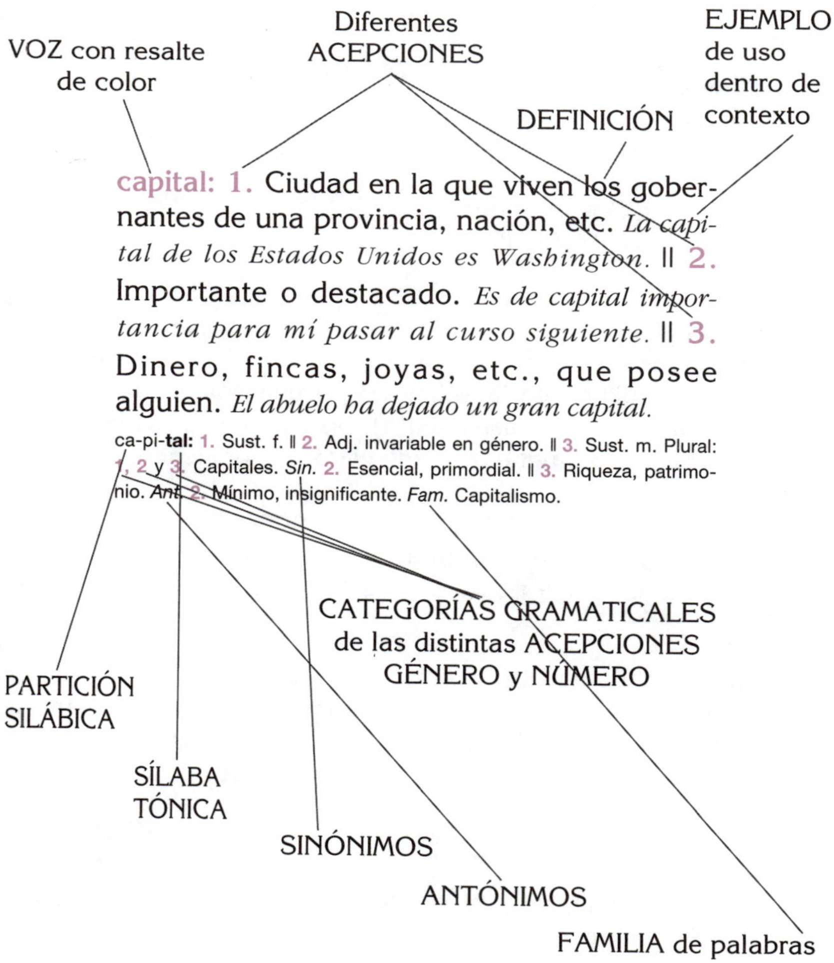

En el caso particular de los verbos, además de lo que ya te hemos contado puedes encontrar la siguiente información:

empezar: 1. Dar principio a una cosa. *El profesor empezó la clase con un dictado.* ‖ **2.** Iniciar el uso o consumo de una cosa. *Empecé el jamón ayer.* ‖ **3.** Tener principio una cosa. *El alfabeto empieza en la A.*

em-pe-**zar: 1** y **2.** V. tr. y **3.** intr. (Mod. 1a: acertar). Se escribe *c* en vez de *z* seguido de *-e: Empieces. Sin.* Iniciar, comenzar. *Ant.* Acabar, terminar. *Fam.* Empiece.

Observaciones ORTOGRÁFICAS

Observaciones GRAMATICALES

Indicación del MODELO DE CONJUGACIÓN del Apéndice Gramatical

Existen palabras que significan lo mismo, sinónimos, o lo contario, antónimos, en estos casos, hemos optado por definir sólo una de ellas. Cuando en la definición de una voz encuentres una palabra señalada con un asterisco(*), piensa que es esa la palabra que debes buscar para que te quede claro su significado.

desconocer: Lo contrario de *conocer. *Tardó mucho en llegar porque desconocía el camino.*

des-co-no-**cer:** V. tr. irregular (Mod. 2c: parecer). *Sin.* Ignorar. *Fam.* Desconocimiento.

Te habrás dado cuenta en seguida, de la cantidad de voces definidas mediante ilustraciones que aparecen en el Diccionario Inicial Everest . Hemos diferenciado dos tipos de ilustraciones: por un lado, están aquellas cuya ilustración las define por sí mismas.

VOZ principal

alfilitero o acerico

SINÓNIMO

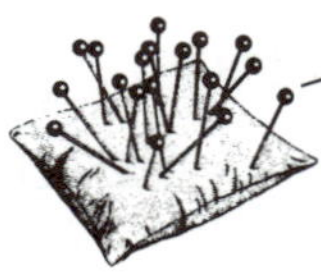

alfiler

VOZ complementaria

Por otro, aquellas que además de llevar una ilustración suficientemente clara, tienen una pequeña definición o vocabulario complementario que te permitirá ampliar tu léxico.

abanico
-para darse aire-

DEFINICIÓN
complementaria

aletas

dorsales
caudal

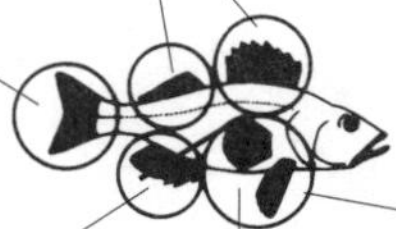

anal
pectoral
ventral

VOCABULARIO
complementario

Cuando busques una palabra que empiece por las letras "ch" o "ll", como *charco* o *lluvia*, debes tener en cuenta que has de buscarlas en su lugar correspondiente en las letras "c" o "l".

A lo largo del diccionario podrás encontrar multitud de cuadros gramaticales sobre el acento, conjunciones, diptongos, medidas, numerales y ordinales, preposiciones y pronombres, ordenados alfabéticamente en su lugar correspondiente. Además, al final del diccionario encontrarás un extenso apéndice gramatical, para que puedas solucionar todas aquellas dudas gramaticales que te surjan a la hora de hacer los ejercicios de lengua.

Ahora que ya sabes cómo funciona este diccionario, no tengas miedo y busca en él todas aquellas palabras que no entiendas.

ABREVIATURAS USADAS EN EL DICCIONARIO

Adj.	adjetivo
Adv.	adverbio
Ant.	antónimo
aux.	auxiliar
Conj.	conjunción
copul.	copulativo
f.	femenino
Fam.	familia
fut.	futuro
impers.	impersonal
Interj.	interjección
intr.	intransitivo
LOC.	locución
m.	masculino
Mod.	modelo
p.	página
Part.	participio
pret.	pretérito
prnl.	pronominal
s.	singular
Sin.	sinónimo
Sust.	sustantivo
tr.	transitivo
V.	verbo

A a

abajo: Lugar o parte inferior. *Voy al garaje, que está abajo.*

a-**ba**-jo: Adv. de lugar. *Sin.* Debajo. *Ant.* Arriba. *Fam.* Bajo, bajar.

abandonar: Dejar a alguien o algo, irse de un sitio. *Pablo abandonó a su familia, su casa, su país.*

a-ban-do-**nar:** V. tr. (Mod. 1: amar). *Sin.* Dejar. *Fam.* Abandono, abandonado.

abarcar: **1.** Rodear algo con los brazos o con la mano. *No podrás abarcar un paquete tan grande.* ‖ **2.** Contener una cosa en sí misma. *Esta comarca abarca la mayor parte de la provincia.* ‖ **3.** Alcanzar con la vista. *El mar es tan grande que la mirada no lo abarca.*

a-bar-**car:** V. tr. (Mod. 1: amar). Se escribe *qu* en vez de *c* seguido de *-e: Abarqué.* *Sin.* **1.** Abrazar. ‖ **2.** Englobar, incluir. ‖ **3.** Dominar. *Fam.* Abarcable.

abierto: Participio del verbo *abrir. *He abierto la ventana.*

a-**bier**-to: Part. m. / f. Abierta. Plural: abiertos, abiertas.

abrasar: Reducir a brasa, quemar. *El fuego abrasó el bosque entero.*

a-bra-**sar:** V. tr. (Mod. 1: amar). Se usa también **abrasarse** (prnl.): *Los leños se han abrasado en la hoguera. Sin.* Achicharrar(se). *Fam.* Abrasador, abrasado.

ABECEDARIO
A, B, C, D, E, F, G, H, I, J, K, L, M, N, Ñ, O, P, Q, R, S, T, U, V, W, X, Y, Z
a, b, c, d, e, f, g, h, i, j, k, l, m, n, ñ, o, p, q, r, s, t, u, v, w, x, y, z

abanico
–para darse aire–

abeja

a b c d e f g h i j k l m n ñ o p q r s t u v w x y z

abrazar: 1. Rodear algo con los brazos. *Abrazó la columna para no caerse.* ‖ 2. Estrechar entre los brazos en señal de cariño. *La madre abrazó a su hijo.*

a-bra-**zar:** V. tr. (Mod. 1: amar). Se usa también abrazarse (prnl.): 2. *Se abrazaron.* Se escribe *c* en vez de *z* seguido de *-e: Abracé. Sin.* 1. Ceñir, estrechar, coger. ‖ 2. Dar(se) un abrazo. *Fam.* Abrazo.

abreviatura: Representación escrita de una palabra por medio de alguna de sus letras, pero no de todas. *La abreviatura de* adjetivo *es* Adj.

a-bre-via-**tu**-ra: Sust. f. Plural: abreviaturas.

abril: Cuarto mes del año. *Mi padre se irá al extranjero el próximo mes de abril.*

a-**bril:** Sust. m. Plural (raro): abriles.

abrir: Lo contrario de *cerrar. *El lunes abren el plazo. La letra "a" abre el abecedario. Abre los ojos. No puedo abrir esta caja.*

a-**brir:** V. tr. (Mod. 3: partir). Participio irregular: **abierto.** Se usa también abrirse (prnl.): *La ventana se abrió con el viento. Ant.* Cerrar(se). *Fam.* Abertura, abridor, abiertamente.

abuela: 1. Con relación a una persona, madre de su padre o de su madre. *Las abuelas quieren a sus nietos como si fueran sus hijos.* ‖ 2. Mujer anciana. *En aquella aldea había una abuela de 101 años.*

a-**bue**-la: Sust. f. Plural: abuelas.

abuelo: 1. Con relación a una persona, padre de su madre o de su padre. *Carlos fue a pasear con su abuelo.* ‖ 2. Hombre anciano. *Los abuelos jugaban la partida de cartas todas las tardes.*

a-**bue**-lo: Sust. m. Plural: el abuelo y la abuela; abuelos.

abrevadero

abrigo

acebo

aceituna

aburrir: Lo contrario de *divertir. *Aquel juego aburrió a los niños, porque era poco interesante.*

a-bu-**rrir:** V. tr. (Mod. 3: partir). Se usa también **aburrirse** (prnl.): *Se aburrió. Sin.* Cansar(se), hartar(se), hastiar(se). *Ant.* Divertir(se), entretener(se). *Fam.* Aburrimiento, aburrido.

acabar: Dar fin a una cosa. *Acabó pronto el trabajo que le habíamos encargado. El concierto acabó muy tarde.*

a-ca-**bar:** V. tr. o intr. (Mod. 1: amar). Se usa también **acabarse** (prnl.): *Se acabó la película. Sin.* Terminar(se). *Ant.* Empezar. *Fam.* Acabado.

acampar: Quedarse en campo abierto o en un campamento a descansar, dormir, etc. *Acampamos junto al río y pasamos allí dos días.*

a-cam-**par:** V. intr. (Mod. 1: amar). *Sin.* Asentarse. *Fam.* Campamento, acampada, camping.

acariciar: Tocar a alguien o algo suavemente. *El niño acarició a su gata.*

a-ca-ri-**ciar:** V. tr. (Mod. 1: amar). *Sin.* Hacer caricias. *Fam.* Caricia, acariciador.

acatar: Obedecer una orden o ley. *Hay que acatar las normas de circulación.*

a-ca-**tar**: V. tr. (Mod. 1: amar). *Sin.* Aceptar, someterse, supeditarse. *Ant.* Desobedecer, desacatar, rebelarse. *Fam.* Acatamiento, desacato, desacatar.

accidente: Suceso imprevisto. *Tuvo un accidente, chocó contra un árbol.*

ac-ci-**den**-te: Sust. m. Plural: accidentes. *Fam.* Accidental, accidentado.

acción: Obra o hecho realizado por una persona. *Le conocen por sus buenas acciones.*

ac-**ción:** Sust. f. Plural: acciones. *Sin.* Acto, hecho, operación. *Fam.* Actuación, acto, actuar.

aceite: 1. Líquido que se saca de las aceitunas. *Arreglo las ensaladas con aceite y vinagre.* ‖ **2.** Líquido que se saca de otros frutos (soja, nueces, etc.) y de algunos animales. *El aceite de hígado de bacalao sabe muy mal.*

a-**cei**-te: Sust. m. Plural: aceites. *Sin.* Grasa, óleo. *Fam.* Aceitera, aceitar.

acelerar: Aumentar la velocidad. *Aceleró el paso para llegar antes. No aceleres tanto.*

a-ce-le-**rar:** V. tr. o intr. (Mod. 1: amar). *Sin.* Apresurar, aligerar. *Ant.* Frenar. *Fam.* Aceleración, acelerador, aceleradamente.

EL ACENTO	
Tónico, prosódico, fonético:	mayor intensidad con que se pronuncia una sílaba.
Ortográfico, gráfico, tilde:	signo escrito sobre determinadas vocales tónicas.

PALABRAS	CON TILDE	SIN TILDE
Agudas — — — —́	Si acaban en vocal, *n* o *s* A-**mó,** ra-**zón,** cor-**tés**	Si no acaban en vocal, *n* o *s* Re-**loj,** pa-**red,** ca-**sual**
Llanas — — —́ —	Si no acaban en vocal, *n* o *s* **Cés**-ped, **tó**-tem, **Pé**-rez	Si acaban en vocal, *n* o *s* **ce**-lo, **le**-gua, **cie**-lo
Esdrújulas — —́ — —	Todas So-**vié**-ti-co, **ár**-bi-tro	Ninguna
Sobreesdrújulas —́ — — —	Todas **pién**-sa-te-lo, a-**rré**-gle-se-lo	Ninguna

aceptar: 1. Admitir alguien voluntariamente lo que se le ofrece o entrega. *Aceptó casarse con él cuando se lo pidió.* ‖ **2.** Dar por bueno algo, aprobarlo. *Aceptó hacer el trabajo en el tiempo acordado.* ‖ **3.** Soportar. *No puedo aceptar tu comportamiento.*

a-cep-**tar**: V. tr. (Mod. 1: amar). *Sin.* 1. Asentir, convenir. ‖ 2. Acceder, consentir. ‖ 3. Tolerar, aguantar. *Ant.* 1. Rechazar. ‖ 2. Renunciar, desaprobar. *Fam.* Aceptable, aceptación, aceptablemente.

acercar: 1. Poner una cosa a menor distancia de alguien o algo. *Acercó sus manos al fuego para calentarse.* ‖ **2.** Llevar a alguien a un sitio. *Me acercó a casa en coche porque llovía.*

a-cer-**car:** V. tr. (Mod. 1: amar). Se escribe *qu* en vez de *c* seguido de *-e: Acerqué.* Se usa también **acercarse** (prnl): 1. *Acércate, quiero decirte algo. Sin.* 1. Aproximar(se), juntar(se), arrimar(se). *Ant.* 1. Apartar(se), separar(se), alejar(se). *Fam.* Cerca.

acertar: 1. Dar en el punto al que se dirige una cosa. *Acertó al blanco.* ‖ **2.** Encontrar la respuesta o solución a algo dudoso o desconocido. *Acerté los resultados de todos los problemas de matemáticas.*

a-cer-**tar:** V. tr. irregular (Mod. 1a: acertar). *Sin.* 1. Atinar. ‖ 2. Adivinar. *Ant.* Errar, fallar. *Fam.* Acierto, acertado.

aclarar: 1. Quitar el jabón de la ropa con agua. *Al aclarar la ropa sale espuma.* ‖ **2.** *Explicar. *Me aclaró cómo llegar a la estación, indicándomelo en un mapa.*

a-cla-**rar:** V. tr. (Mod. 1: amar). *Sin.* 1. Enjuagar. ‖ 2. Clarificar. *Fam.* Aclaración, claro, aclarado.

acomodar: 1. Colocar a una persona o cosa en el lugar adecuado. *Acomodó a los asistentes en la sala de conferencias.* ‖ **2.** Adaptar o acoplar algo. *Acomodó la altura de la silla a la de la mesa para poder trabajar a gusto.* ‖ **3.** Arreglar o preparar algo de forma conveniente. *Hay que acomodar la casa para la fiesta de esta noche.*

a-co-mo-**dar:** V. tr. (Mod.1: amar). Se usa también **acomodarse** (prnl.): 1. *Nos acomodamos en el sillón para ver la película.* *Sin.* 1. Situar(se), colocar(se). ‖ 2. Ajustar. ‖ 3. Acondicionar,ordenar. *Ant.* 1. Desacomodar(se), descolocar(se). ‖ 2. Desajustar. ‖ 3. Desordenar. *Fam.* Acomodador, acomodaticio, acomodo.

acompañar: Estar o ir con otras personas. *Cuando estuve enfermo, mis amigos me acompañaron.*

a-com-pa-**ñar:** V. tr. (Mod. 1: amar). *Sin.* Hacer compañía. *Ant.* Abandonar. *Fam.* Compañía, acompañamiento, acompañante.

aconsejar: Dar *consejo. *Le aconsejó que estudiara para aprobar el curso.*

a-con-se-**jar:** V. tr. (Mod. 1: amar). *Sin.* Asesorar. *Fam.* Consejo, aconsejable, aconsejado, desaconsejar.

acordar: 1. Llegar a un buen entendimiento en algo. *Acordaron repartir la herencia entre todos.* ‖ **2. Acordarse:** Tener una cosa en la memoria y recordarla. *No me acuerdo de dónde dejé el lapicero.*

a-cor-**dar:** 1. V. tr. y 2. prnl. irregular (Mod. 1b: contar). *Sin.* 1. Decidir, pactar. ‖ 2. Rememorar, evocar. *Ant.* 2. Olvidar(se).

acera

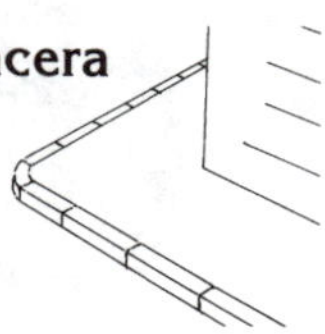

acorazado

acordeón

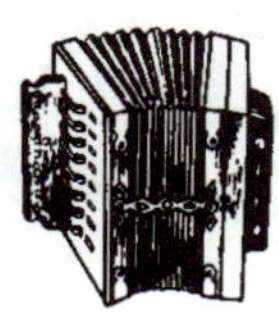

a b c d e f g h i j k l m n ñ o p q r s t u v w x y z

acostar: **1.** Poner a alguien tumbado para que duerma o descanse. *Acostó al niño en la cuna.* ‖ **2. Acostarse:** Echarse. *Todas las tardes me acuesto un rato en el sofá para dormir la siesta.*

a-cos-**tar:** **1.** V. tr. y **2.** prnl. irregular (Mod. 1b: contar). *Sin.* **1.** Tumbar, echar, meter en la cama. ‖ **2.** Irse a la cama. *Ant.* Levantar(se). *Fam.* Acostado.

actividad: Todos y cada uno de los movimientos y acciones de un ser o cosa. *Mi amigo es muy inquieto, siempre está en actividad.*

ac-ti-vi-**dad:** Sust. f. Plural: actividades. *Sin.* Acción. *Ant.* Inactividad, pasividad. *Fam.* Activo, inactivo, activar.

actor: El que representa un papel en el cine, en el teatro o en la televisión. *El actor hacía muy bien de pirata en la película de ayer.*

ac-**tor:** Sust. m. / f. Actriz. Plural: actores, actrices. *Sin.* Artista, intérprete. *Fam.* Actuación, actuar.

actual: De ahora, del momento presente. *La moda actual estará anticuada en poco tiempo.*

ac-**tual:** Adj. invariable en género. Plural: actuales. *Sin.* Presente, contemporáneo. *Fam.* Actualidad, actualizar, actualmente.

actuar: **1.** Hacer algo o comportarse de una determinada manera. *La policía actuó con mucha rapidez.* ‖ **2.** Hacer una persona o cosa su función. *La cantante actuó en el estadio ayer por la noche.*

ac-tu-**ar**: V. intr. (Mod. 1: amar). *Sin.* **1.** Portarse, proceder. ‖ **2.** Realizar, ejercer, desempeñar. *Fam.* Acción, acto, actividad, activo.

acudir: Ir uno al sitio a donde le conviene o es llamado. *Acude todos los días al gimnasio. Acudió en cuanto le llamaron.*

a-cu-**dir:** V. intr. (Mod. 3: partir). *Sin.* Presentarse, asistir.

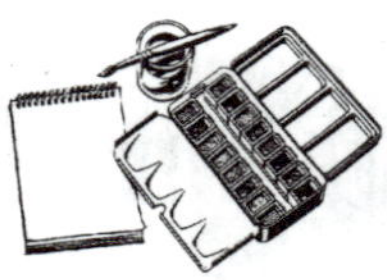

acuarelas

acuario

acueducto

adarga

acuerdo: Decisión tomada por varias personas juntas. *A pesar de hablar durante horas, no llegaron a un acuerdo sobre las medidas a tomar.*

a-**cuer**-do: Sust. m. Plural: acuerdos. *Sin.* Resolución. *Ant.* Desacuerdo. *Fam.* Acordar.

acumular: Juntar en un grupo o montón, personas, animales o cosas. *El cartero acumuló todas las cartas que tenía que repartir, para clasificarlas por calles.*

a-cu-mu-**lar:** V. tr. (Mod. 1: amar). Se usa también **acumularse** (prnl.): *Durante las vacaciones se acumularon muchos paquetes y cartas. Sin.* Amontonar(se), apilar, concentrar(se), almacenar. *Ant.* Esparcir(se), desamontonar(se). *Fam.* Acumulación, acumulativo.

acusar: 1. Echar la culpa a alguien. *Le acusaron de robo y no pudo negarlo.* || 2. Decir algo malo de una persona a otra que puede castigarla. *Siempre nos está acusando al maestro de que hablamos en clase.*

a-cu-**sar:** V. tr. (Mod. 1: amar). *Sin.* 1. Culpar. || 2. Chivarse, denunciar, delatar. *Ant.* 1. Disculpar, defender. || 2. Encubrir. *Fam.* Acusación, acusador, acusado.

adaptar: 1. Hacer que algo sirva para un fin distinto de aquel para el que fue creado, o que tenga varias finalidades. *Los expertos adaptaron el avión con esquíes para que pudiese aterrizar sobre el agua.* || 2. Modificar un texto, una música, etc. para hacerla más entendible por un determinado grupo de personas. *Adaptamos este diccionario para niños, haciendo las definiciones más sencillas.* || 3. **Adaptarse:** Acostumbrarse a una situación diferente a la habitual. *Se adaptó pronto a vivir sola en Francia.*

a-dap-**tar**: 1 y 2. V. tr. y 3. prnl. (Mod. 1: amar). *Sin.* 1. Adecuar, acomodar, transformar. || 2. Arreglar. || 3. Ambientarse, familiarizarse, habituarse. *Fam.* Adaptación, adaptador.

adelantar: 1. Progresar. *La Medicina ha adelantado mucho en los últimos años.* || 2. Mover hacia delante. *Si no ves bien, adelanta tu silla hacia el escenario.* || 3. Dejar atrás. *Como corría más, nos adelantó a todos.*

a-de-lan-**tar:** 1. V. intr. y 2 y 3. tr. (Mod. 1: amar). *Sin.* 1. Mejorar, prosperar. || 2. Avanzar. || 3. Soprepasar. *Ant.* 1 y 2. Retroceder, retrasar(se). *Fam.* Adelantamiento, adelante, adelantarse.

adelante: 1. Más allá. *Siguió adelante sin mirar atrás.* ‖ 2. En el futuro. *De hoy en adelante estudiaré más.*

a-de-**lan**-te: 1. Adv. de lugar. ‖ 2. Adv. de tiempo.

adelgazar: Disminuir una persona o cosa de peso y volumen. *Mi hermana se ha puesto a régimen porque quiere adelgazar algunos kilos. He decidido adelgazar.*

a-del-ga-**zar:** V. tr. o intr. (Mod. 1: amar). Se escribe *c* en vez de *z* seguido de *-e: Adelgacen. Ant.* Engordar. *Fam.* Adelgazamiento, delgado.

adentro: Hacia o en el interior. *Vámonos adentro; aquí hace demasiado frío.*

a-**den**-tro: Adv. de lugar. *Sin.* Dentro. *Ant.* Afuera. *Fam.* Adentrarse.

adhesivo: 1. Que puede pegarse. *El esparadrapo es una cinta de tela o papel adhesivo.* ‖ 2. Objeto de materia pegajosa que sirve para unirse a una superficie. *Muchos adhesivos se usan para hacer publicidad.*

ad-he-**si**-vo: 1. Adj. m. / f. Adhesiva. Plural: adhesivos, adhesivas. ‖ 2. Sust. m. Plural: adhesivos. *Fam.* Adhesión, adherente, adherir.

adivinar: 1. Predecir lo futuro o descubrir las cosas ocultas. *Adivinó que iba a nevar.* ‖ 2. Descubrir algo que no se sabía. *Adivinó la solución del problema.*

a-di-vi-**nar:** V. tr. (Mod. 1: amar). *Sin.* 1. Profetizar, pronosticar. ‖ 2. Descifrar. *Fam.* Adivino, adivinanza.

admirar: 1. Causar sorpresa una cosa extraordinaria o inesperada. *La llegada del hombre a la Luna admiró al mundo.* ‖ 2. Ver una cosa con sorpresa y placer. *Desde el coche admiramos el paisaje.* ‖ 3. Sentir entusiasmo por una persona o cosa que está fuera de lo normal. *Admira a su hermano, porque sabe mucho.*

ad-mi-**rar:** V. tr. (Mod. 1: amar). *Sin.* 1. Asombrar, maravillar. ‖ 2. Contemplar. ‖ 3. Apreciar. *Fam.* Admiración, admirable.

adorno: Cosa que se añade a algo para que esté más bonito. *Hay muchos adornos en el árbol de Navidad.*

a-**dor**-no: Sust. m. Plural: adornos. *Sin.* Ornato. *Fam.* Adornar.

adquirir: 1. Conseguir alguna cosa. *Cuando estuve de vacaciones en América, adquirí grandes conocimientos de inglés.* ‖ **2.** Comprar algo. *Adquirí estos zapatos en la zapatería.*

ad-qui-**rir:** V. tr. irregular (Mod. 3a: discernir). *Sin.* 1. Alcanzar, ganar, lograr. *Ant.* 1. Perder. ‖ 2. Vender. *Fam.* Adquisición, adquisitivo.

adulto: Persona mayor. *Juan ha crecido mucho, es casi un adulto.*

a-**dul**-to: Adj. y sust. m. / f. Adulta. Plural: adultos, adultas.

aéreo: De *aire. *El transporte aéreo es más rápido que el terrestre.*

a-**é**-re-o: Adj. m. / f. Aérea. Plural: aéreos, aéreas.

afecto: *Cariño. *Sentía mucho afecto por su amigo.*

a-**fec**-to: Sust. m. Plural: afectos. *Fam.* Afectuoso, afectivo.

afición: 1. Inclinación o tendencia por algo o alguien. *Tiene afición a hablar en otros idiomas.* ‖ **2.** Actividad por la que se siente inclinación. *Su gran afición es montar a caballo.*

a-fi-**ción:** Sust. f. Plural: aficiones. *Sin.* 1. Propensión, apego, predilección. ‖ 2. Pasatiempo, hobby. *Ant.* 1. Desinterés, indiferencia. *Fam.* Aficionar.

aficionado: Persona a la que le gusta mucho una cosa o dedicarse a una actividad. *Es aficionada a la natación.*

a-fi-cio-**na**-do: Adj. m. / f. Aficionada. Plural: aficionados, aficionadas. *Sin.* Entusiasta, apegado. *Ant.* Indiferente, desinteresado. *Fam.* Radioaficionado.

afilar: Sacar punta a un objeto o hacer más delgada la que ya tiene. *Afilé el lapicero antes de escribir.*

a-fi-**lar:** V. tr. (Mod. 1: amar). *Sin.* Afinar, sacar filo. *Fam.* Afilado, afilador, afilalápices.

afirmar: Decir que sí o dar por cierta una cosa. *Mi hermana afirmó que había ido a visitar a la abuela.*

a-fir-**mar:** V. tr. (Mod. 1: amar). *Sin.* Asegurar. *Ant.* Negar. *Fam.* Afirmación, afirmativo.

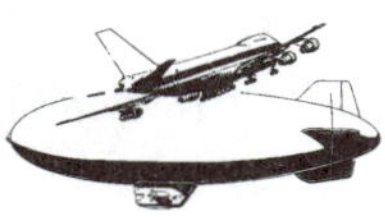
aeronave

aeropuerto
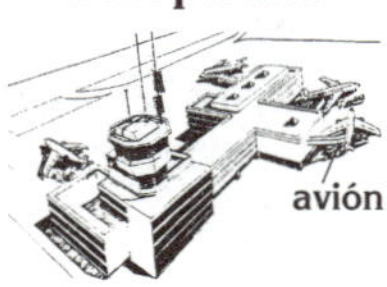

afeitar

afilador

a b c d e f g h i j k l m n ñ o p q r s t u v w x y z

a b c d e f g h i j k l m n ñ o p q r s t u v w x y z

aflojado: *Flojo. *Lleva aflojado el nudo de la corbata.*

a-flo-**ja**-do: Part. m. / f. Aflojada. Plural: aflojados, aflojadas. *Sin*. Suelto, desapretado. *Ant*. Apretado, tenso. *Fam*. Aflojar, aflojamiento.

afuera: Lo contrario de *adentro. *Vámonos afuera; aquí hace demasiado calor.*

a-**fue**-ra: Adv. de lugar. *Sin.* Fuera. *Ant.* Adentro.

agarrar: Coger con fuerza. *Agarra una maleta en cada mano, si no quieres hacerte daño en la espalda.*

a-ga-**rrar:** V. tr. (Mod. 1: amar). *Sin.* Asir, tomar, aferrar, sujetar. *Ant.* Soltar. *Fam.* Agarrado, garra.

agenda: Libro pequeño o cuaderno con calendario, en el que se anota lo que se quiere recordar. *En mi agenda he anotado tu dirección, teléfono y el día de tu cumpleaños.*

a-**gen**-da: Sust. f. Plural: agendas. *Sin.* Memorándum.

agitar: 1. Mover enérgicamente algo en una o varias direcciones. *Agita la botella para que se disuelva bien el contenido.* ‖ 2. Poner nervioso o inquieto, alterar. *Aquellas palabras agitaron los ánimos de todos sus seguidores.*

a-gi-**tar:** V. tr. (Mod. 1: amar). Se usa también **agitarse** (prnl.): 1. *Las olas se agitaban violentamente durante la tormenta.* ‖ 2. *Se agitó al sonar el despertador*. *Sin.* 1. Remover(se), batir(se), sacudir(se). ‖ 2. Intranquilizar(se), inquietar(se), perturbar(se), alterar(se). *Ant.* 2. Tranquilizar(se), calmar(se), serenar(se). *Fam.* Agitación, agitador, agitable.

agosto: Octavo mes del año. *Mi padre suele tener vacaciones en agosto.*

a-**gos**-to: Sust. m. Plural (raro): agostos. *Fam.* Agostado, agostar.

agradar: Gustar una cosa o persona a alguien. *Me agrada salir cuando hace calor.*

a-gra-**dar:** V. intr. (Mod. 1: amar). *Sin.* Satisfacer, contentar. *Ant.* Desagradar, molestar. *Fam.* Agrado, agradable, agradablemente.

agradecer: Dar las gracias o mostrar *gratitud. *Mi vecino me agradeció que le ayudara a pintar la puerta. Agradecieron mucho nuestro ofrecimiento.*

a-gra-de-**cer:** V. tr. irregular (Mod. 2c: parecer). *Sin.* Apreciar. *Fam.* Agradecimiento, agradecido, desagradecido.

agravio: Mal o daño que se causa a una persona con algo que se dice o hace. *Le causó un gran agravio acusándole de ser el responsable del fracaso del negocio.*

a-**gra**-vio: Sust. m. Plural: agravios. *Sin*. Ofensa, perjuicio, afrenta, deshonra. *Ant*. Desagravio. *Fam*. Agravar, agravante.

agregar: Juntar o añadir personas o cosas a otras. *Tienes que agregar sal y pimienta al guiso.*

a-gre-**gar:** V. tr. (Mod. 1: amar). Se escribe *gu* en vez de *g* seguido de *-e*: *Agregué*. *Sin*. Sumar, incorporar, complementar, unir. *Ant*. Restar, separar, quitar, disminuir. *Fam*. Agregado, agregación.

agricultura: Arte de trabajar la tierra para que dé frutos. *El oficio de los campesinos es la agricultura.*

a-gri-cul-**tu**-ra: Sust. f. singular. *Fam.* Agricultor, agrícola.

agrio: De sabor parecido al vinagre. *El limón tiene un sabor agrio.*

a-grio: Adj. m. / f. Agria. Plural: agrios, agrias. También sust. m. Plural: agrios. *Sin.* Ácido. *Fam.* Acritud, agriar.

agrupación: *Grupo. *La agrupación a la que pertenezco se dedica a actividades benéficas.*

a-gru-pa-**ción:** Sust. f. Plural: agrupaciones.

agua: Líquido sin olor ni sabor. Los ríos, los mares, la lluvia, etc. están formados por agua. *Cuando se tiene mucha sed, lo mejor es beber agua.*

a-gua: Sust. f. Plural: aguas. En singular se usa con el artículo masculino: *El agua clara.*

aguantar: Sufrir los disgustos y las cosas desagradables. *Después de la operación, tuvo que aguantar muchos dolores.*

a-guan-**tar:** V. tr. (Mod. 1: amar). *Sin.* Tolerar, soportar, sobrellevar. *Fam.* Aguante.

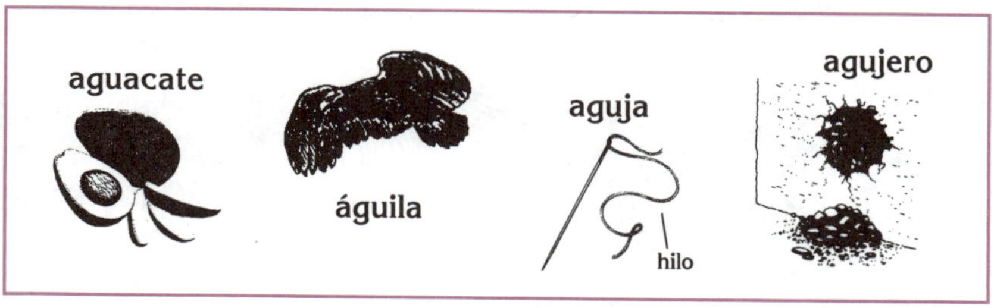

a b c d e f g h i j k l m n ñ o p q r s t u v w x y z

ahogar: 1. Matar a un ser vivo al impedirle respirar. *Le apretó tan fuerte el cuello que casi le ahoga.* ‖ 2. Apagar el fuego. *Si echas tanta leña, ahogarás el fuego.*

a-ho-**gar:** V. tr. (Mod. 1: amar). Se usa también **ahogarse** (prnl): 1. *Se ahogó en el mar porque no sabía nadar.* ‖ 2. *El fuego de la chimenea se ahogó porque había mucha ceniza.* Se escribe *gu* en vez de *g* seguido de *-e: Ahogué. Sin.* 1. Asfixiar(se). ‖ 2. Extinguir(se), sofocar. *Fam.* Ahogo, ahogado.

ahora: En el momento presente. *Hazlo ahora, después no tendrás tiempo.*

a-**ho**-ra: Adv. de tiempo. *Fam.* Ahorita.

ahorrar: Guardar para algo parte del dinero obtenido. *Estoy ahorrando para comprarte un regalo.*

a-ho-**rrar:** V. tr. (Mod. 1: amar). *Sin.* Economizar, reservar. *Ant.* Gastar, dilapidar, derrochar. *Fam.* Ahorro, ahorrador, ahorrativo.

aire: 1. Mezcla gaseosa que forma la atmósfera de la Tierra. *En la montaña el aire es puro.* ‖ 2. **Aire acondicionado:** Atmósfera de un sitio cerrado que, por medio de aparatos, tiene temperatura, humedad y presión determinadas. *Los grandes almacenes tienen aire acondicionado.*

ai-re: Sust. m. Plural: aires. *Fam.* Aéreo.

alargar: Hacer más *larga una cosa. *Alargaron el estante para poner más libros.*

a-lar-**gar:** V. tr. (Mod. 1: amar). Se escribe *gu* en vez de *g* seguido de *-e: Alargué. Ant.* Acortar. *Fam.* Alargado, largo.

álbum: Libro en blanco para poner fotografías, sellos, firmas, etc. *Le regalé un álbum de fotos por su cumpleaños.*

ál-bum: Sust. m. Plural: álbumes.

ajedrez

ajo

ala

alacrán o escorpión

alcalde: Persona que dirige el Ayuntamiento. *La ciudad ha mejorado mucho desde que está el nuevo alcalde.*
al-**cal**-de: Sust. m. / f. Alcaldesa. Plural: alcaldes, alcaldesas. *Fam.* Alcaldía.

alcance: **1.** Distancia máxima a que llega cierta cosa. *Las ondas de la radio tienen largo alcance.* ‖ **2.** Importancia o trascendencia. *La noticia tuvo gran alcance en todo el país.*
al-**can**-ce: Sust. m. Plural: alcances. *Sin.* **2.** Difusión. *Fam.* Alcanzar.

aldea: Pueblo muy pequeño que no tiene Ayuntamiento propio. *Pasamos las vacaciones de verano en una aldea de la montaña, porque se respira tranquilidad.*
al-**de**-a: Sust. f. Plural: aldeas. *Fam.* Aldeano.

alegre: **1.** Contento, que siente alegría. *Está alegre porque hace un buen día.* ‖ **2.** Que da alegría. *La casa que teníamos en el campo era muy alegre.*
a-**le**-gre: Adj. invariable en género. Plural: alegres. *Sin.* **1.** Gozoso, jubiloso. *Ant.* Triste. *Fam.* Alegría, alegrar, alegremente.

alejar: Poner lejos o más lejos. *Aleja al niño del fuego, es muy peligroso.*
a-le-**jar:** V. tr. (Mod. 1: amar). Se usa también **alejarse** (prnl.): *Mientras se alejaban, nos dijeron adiós. Sin.* Apartar(se). *Ant.* Acercar(se). *Fam.* Alejamiento, lejanía, alejado, lejos.

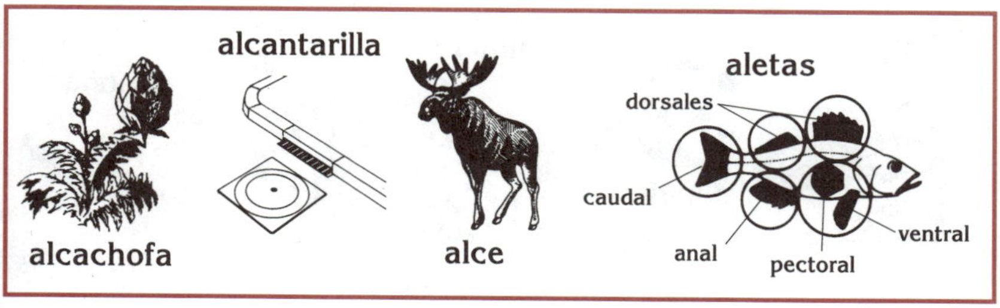

alfabeto: *Abecedario. *El alfabeto español tiene 27 letras.*

al-fa-**be**-to: Sust. m. Plural: alfabetos. *Fam.* Alfabetizar, alfabético.

alimento: Comida y bebida que toman los seres vivos para seguir viviendo. *Las verduras son un alimento sano.*

a-li-**men**-to: Sust. m. Plural: alimentos. *Fam.* Alimentación, alimentar.

almacén: 1. Local donde se guardan cosas. *En la esquina hay un almacén de vinos.* ‖ **2.** Tienda. *En los grandes almacenes puedes comprar de todo.*

al-ma-**cén:** Sust. m. Plural: almacenes. *Sin.* **1.** Depósito. ‖ **2.** Comercio. *Fam.* Almacenamiento, almacenar, almacenaje.

almuerzo: 1. Comida que se toma por la mañana, antes de la principal. *Normalmente llevo un sandwich para el almuerzo.* ‖ **2.** Comida del mediodía. *El almuerzo de ayer fue muy sabroso.*

al-**muer**-zo: Sust. m. Plural: almuerzos. *Fam.* Almorzar.

alrededor: 1. Indica la situación de una persona o cosa que está rodeando algo. *Hay una valla alrededor del jardín.* ‖ **2.** Más o menos. *Vendrá alrededor de las cinco.*

al-re-de-**dor: 1.** Adv. de lugar. ‖ **2.** Adv. de modo. *Sin.* En torno a. *Fam.* Alrededores.

altura: Elevación de un cuerpo sobre la superficie de la tierra. *El edificio tenía 18 metros de altura.*

al-**tu**-ra: Sust. f. Plural: alturas. *Sin.* Elevación, altitud. *Ant.* Bajura. *Fam.* Alto, alzar.

alumbrar: Dar luz. *Una pequeña lámpara alumbraba la habitación. Alúmbrame con la linterna mientras arreglo la avería.*

a-lum-**brar:** V. tr. o intr. (Mod. 1: amar). *Sin.* Iluminar. *Ant.* Apagar, oscurecer. *Fam.* Alumbrado, alumbramiento.

alumno: Persona que está aprendiendo una materia o disciplina con la ayuda de un *maestro. *El maestro aprobó a la mayoría de los alumnos del último curso.*

a-**lum**-no: Sust. m. / f. Alumna. Plural: alumnos, alumnas. *Sin.* Discípulo, estudiante, pupilo. *Fam.* Alumnado.

amable: Atento, que intenta ayudar a los demás. *El taxista era tan amable que le subió las maletas a su casa.*

a-**ma**-ble: Adj. invariable en género. Plural: amables. *Sin.* Afable, cordial, complaciente. *Fam.* Amabilidad, amablemente.

amanecer: **1.** Empezar a salir la luz del día. *En esta época del año amanece muy tarde.* ‖ **2.** Comienzo del día, tiempo en que amanece. *Desde mi ventana veo un bonito amanecer.*

a-ma-ne-**cer:** **1.** V. impers. irregular (Mod. 2c: parecer). ‖ **2.** Sust. m. Plural: amaneceres. *Sin.* **1.** Alborear, clarear, aclarar. ‖ **2.** Alba, aurora, amanecida, alborada. *Ant.* **1.** Oscurecer, anochecer, atardecer. ‖ **2.** Anochecer, ocaso. *Fam.* Amanecida.

amar: Tener *amor a personas o cosas. *Nosotros amamos la naturaleza.*

a-**mar:** V. tr. (Mod. 1: amar). *Sin.* Querer. *Ant.* Odiar. *Fam.* Amor, amoroso, amado.

amargo: De gusto o sabor desagradable. *El café sin azúcar tiene sabor amargo.*

a-**mar**-go: Adj. m. / f. Amarga. Plural: amargos, amargas. *Ant.* Dulce. *Fam.* Amargura, amargor, amargar.

alpargata

altar

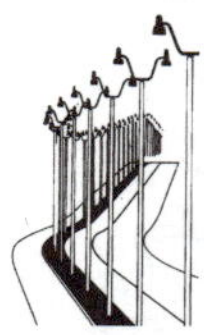

alumbrado
-conjunto de luces-

amapola o adormidera

amarillo: 1. Color del limón, del oro, de la paja seca... *El amarillo es el color de los narcisos.* ‖ **2.** De ese color. *Los plátanos maduros tienen la cáscara amarilla.*

a-ma-**ri**-llo: 1. Sust. m. Plural: amarillos. ‖ 2. Adj. m. / f. Amarilla. Plural: amarillos, amarillas. *Fam.* Amarillento, amarillear.

ambiente: 1. Aire en el que se respira. *Con tantas personas, el ambiente estaba muy cargado.* ‖ **2.** Circunstancias que rodean a las personas o cosas. *En el agua, el pez está en su ambiente.*

am-**bien**-te: Sust. m. Plural: ambientes. *Sin.* 1. Atmósfera. ‖ 2. Medio. *Fam.* Ambiental, ambientador, ambientar.

ambos: El uno y el otro, los dos. *Son hermanos gemelos, ambos nacieron el mismo día. Sabe escribir con ambas manos.*

am-bos: Adj. m. plural / f. Ambas.

amenazar: 1. Dar a entender que se quiere hacer algún mal a otro. *Le amenazó con castigarlo, pero no lo hizo.* ‖ **2.** Acercarse un peligro. *Las nubes negras amenazaban una fuerte tormenta.*

a-me-na-**zar:** V. tr. (Mod. 1: amar). Se escribe *c* en vez de *z* seguido de *-e: Amenacen. Sin.* 1. Advertir. ‖ 2. Presagiar. *Fam.* Amenaza, amenazador, amenazante.

americano: Perteneciente a América o nacido allí. *El tomate es de origen americano.*

a-me-ri-**ca**-no: Adj. y sust. m. / f. Americana. Plural: americanos, americanas.

amigo: Persona a la que se quiere mucho, sin ser de la familia. *Juan es mi mejor amigo.*

a-**mi**-go: Adj. y sust. m. / f. Amiga. Plural: amigos, amigas. *Sin.* Compañero. *Ant.* Enemigo. *Fam.* Amistad, amistoso, amigable.

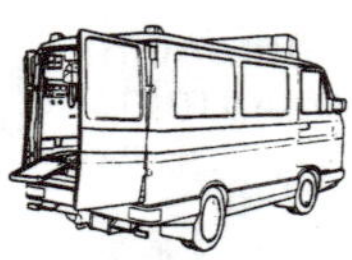

ambulancia

anca

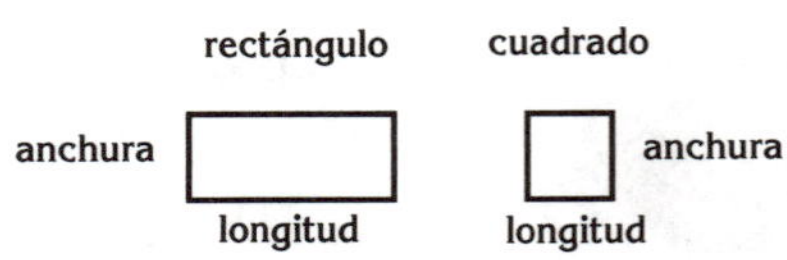

anchura/longitud

amor: Sentimiento de afecto y cariño. *Siente un gran amor por los animales.*

a-**mor:** Sust. m. Plural: amores. *Ant.* Odio. *Fam.* Amorío, amoroso, amar.

ampliar: Hacer más grande o extensa una cosa. *Va a ampliar la casa para tener más habitaciones. Ha ampliado sus conocimientos viajando.*

am-pli-**ar:** V. tr. (Mod. 1: amar). *Sin.* Aumentar. *Ant.* Reducir, disminuir. *Fam.* Ampliación.

análisis: Examen de una cosa hecho por partes. *Haz el análisis de esta oración.*

a-**ná**-li-sis: Sust. m. invariable en número. *Fam.* Analizar.

anciano: Se dice de la persona de mucha edad. *Los ancianos tienen mucha experiencia y suelen dar buenos consejos.*

an-**cia**-no: Adj. y sust. m. / f. Anciana. Plural: ancianos, ancianas. *Sin.* Viejo. *Ant.* Joven. *Fam.* Ancianidad.

andar: 1. Moverse dando pasos. *Va andando al trabajo porque está cerca de su casa.* ‖ **2. LOC. ¡anda!:** Exclamación de sorpresa, protesta, susto... *¡Anda, si ya estás aquí!*

an-**dar:** 1. V. intr. (Mod. 1: amar). Es irregular en las formas de pret. perfecto simple (*anduve*,...) de indicativo y de pret. imperfecto (*anduviera o anduviese*,...) y fut. imperfecto (anduviere,...) de subjuntivo. ‖ 2. Interj. *Sin.* 1. Caminar. *Ant.* 1. Parar. *Fam.* Andadura.

animal: 1. Ser vivo que puede moverse y sentir. *En la selva los animales viven en libertad.* ‖ **2.** Perteneciente o relativo a ese ser vivo. *Dentro del reino animal hay muchas y variadas especies.*

a-ni-**mal:** 1. Sust. m. Plural: animales. ‖ 2. Adj. invariable en género. Plural: animales.

anotar: *Apuntar. *Anota mi número de teléfono.*

a-no-**tar:** V. tr. (Mod. 1: amar). *Sin.* Tomar nota. *Fam.* Anotación, nota.

a b c d e f g h i j k l m n ñ o p q r s t u v w x y z

antes: Lo contrario de *después. *Antes del lunes, va el domingo.*

an-tes: Adv. de tiempo y de lugar. *Fam.* Anterior.

anticipar: 1. Hacer o decir algo antes de lo normal o previsto. *Al final tuvo que anticipar su viaje.* ‖ **2.** Entregar dinero antes del momento señalado para ello. *Le anticipó dinero para comprarse la casa que tanto le gustaba.* ‖ **Anticiparse: 3.** Hacer o decir alguna cosa antes que los demás. *Galileo Galilei se anticipó a su época con sus revolucionarias teorías.* ‖ **4.** Suceder una cosa antes de tiempo. *El verano se ha anticipado; hace mucho calor.*

an-ti-ci-**par:** **1** y **2.** V. tr. y **3** y **4.** prnl. (Mod. 1: amar). *Sin.* **1** y **2.** Adelantar. ‖ **2.** Prestar. ‖ **3** y **4.** Adelantarse. *Ant.* **1** y **2.** Retrasar, posponer, demorar. ‖ **3** y **4.** Retrasarse, demorarse. *Fam.* Anticipo.

antiguo: Que existe desde hace mucho tiempo. *Prefiero los coches antiguos a los modernos. Ese reloj es muy antiguo, pertenecía a mi bisabuela.*

an-**ti**-guo: Adj. m. / f. Antigua. Plural: antiguos, antiguas. *Sin.* Viejo. *Ant.* Nuevo, moderno. *Fam.* Antigüedad, anticuario, anticuado.

antipático: Lo contrario de *simpático. *Es tan antipático, que nunca hace amigos.*

an-ti-**pá**-ti-co: Adj. m. / f. Antipática . Plural: antipáticos, antipáticas. *Fam.* Antipatía.

antónimo: 1. Palabra opuesta o contraria. *Claro es el antónimo de oscuro.* ‖ **2.** Opuesto o contrario. *Antipático es la palabra antónima de simpático.*

an-**tó**-ni-mo: **1.** Sust. m. Plural: antónimos. ‖ **2.** Adj. m. / f. Antónima. Plural: antónimos, antónimas. *Sin.* Contrario. *Ant.* Sinónimo.

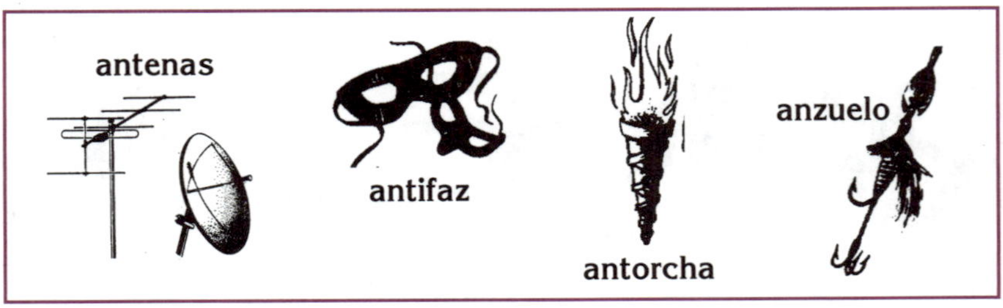

anunciar: 1. Hacer saber algo. *Han anunciado la llegada del tren.* ‖ **2.** Informar a la gente sobre algo por medio de periódicos, carteles, radio, etc. *Para anunciar algo en televisión hay que pagar mucho dinero.*

a-nun-**ciar:** V. tr. (Mod. 1: amar). *Sin.* **1.** Comunicar, decir. ‖ **2.** Publicar, divulgar, proclamar. *Fam.* Anuncio, anunciante.

añadir: Unir o juntar una cosa al sitio donde está otra. *Añade más agua al guiso.*

a-ña-**dir:** V. tr. (Mod. 3: partir). *Sin.* Sumar, agregar. *Ant.* Disminuir, quitar, restar. *Fam.* Añadidura, añadido.

apagar: Hacer que cese el fuego o la luz. *Los bomberos apagaron el incendio. Apaga la luz, vamos a ver unas diapositivas sobre el Universo.*

a-pa-**gar:** V. tr. (Mod. 1: amar). Se escribe *gu* en vez de *g* seguido de *-e: Apagué. Sin.* Extinguir. *Ant.* Encender. *Fam.* Apagón, apagado.

aparato: 1. Cosa o conjunto de cosas utilizadas para un fin. *En el gimnasio hay muchos aparatos.* ‖ **2.** Mecanismo formado por un conjunto de piezas que realizan una función. *Mi canción favorita sonó en el aparato de radio.*

a-pa-**ra**-to: Sust. m. Plural: aparatos.

aparecer: 1. Ponerse a la vista algo que estaba oculto. *La Luna apareció entre las nubes.* ‖ **2.** Llegar alguien a un sitio. *Como siempre, aparecerá cuando nadie lo espere.* ‖ **3.** Ser encontrado algo que se había perdido. *Ya han aparecido las llaves del coche.*

a-pa-re-**cer:** V. intr. irregular (Mod. 2c: parecer). *Sin.* **1.** Mostrarse. ‖ **2.** Presentarse. ‖ **3.** Hallarse. *Ant.* Desaparecer. *Fam.* Aparición, aparecido.

AÑO	
	Días: 365 (366 en año bisiesto, cada 4 años)
	Semanas: 52
	Meses: 12

aparcamiento

a b c d e f g h i j k l m n ñ o p q r s t u v w x y z

apartar: *Separar. *Aparta los lapiceros azules de los rojos.*
a-par-**tar:** V. tr. (Mod. 1: amar). *Fam.* Apartado, aparte.

apetito: Gana de comer. *El ejercicio físico es bueno para la salud y abre el apetito.*
a-pe-**ti**-to: Sust. m. singular. *Sin.* Apetencia. *Ant.* Inapetencia, desgana. *Fam.* Apetecer.

aplaudir: Dar una palma de la mano con otra en señal de entusiasmo. *Al acabar la actuación, el público aplaudió a los actores emocionado.*
a-plau-**dir:** V. tr. (Mod. 3: partir). *Sin.* Palmotear. *Fam.* Aplauso.

apreciar: Sentir cariño por una persona o cosa. *Aprecia mucho el libro que le regalaste por su cumpleaños. Mi hermano te aprecia mucho.*
a-pre-**ciar:** V. tr. (Mod. 1: amar). *Sin.* Estimar, valorar. *Ant.* Despreciar. *Fam.* Aprecio, apreciable, apreciado.

aprender: Obtener conocimientos mediante el estudio o la experiencia. *Estoy aprendiendo a conducir. Aprendió la lección de Historia en muy poco tiempo.*
a-pren-**der:** V. tr. (Mod. 2: temer). *Sin.* Instruirse. *Fam.* Aprendizaje, aprendiz.

apretado: Lo contrario de *flojo. *A mi hermana le encanta llevar vestidos muy apretados.*
a-pre-**ta**-do: Adj. m. / f. Apretada. Plural: apretados, apretadas. *Sin.* Prieto, ceñido, estrecho. *Ant.* Flojo. *Fam.* Apretar.

aprobar: Conseguir la calificación suficiente para superar un examen. *Aprobó las Matemáticas con buena nota, pero suspendió la Historia.*
a-pro-**bar:** V. tr. irregular (Mod. 1b: contar). *Sin.* Pasar. *Ant.* Suspender. *Fam.* Aprobación, aprobado.

apeadero

apio

apisonadora
-para aplanar el suelo-

aprovechar: 1. Usar algo al máximo. *Aprovecha el tiempo libre para estudiar. Aprovechó la tela sobrante para hacer una bolsa.* ‖ **2. Aprovecharse:** Usar algo para el propio beneficio, aunque dañe a otros. *Se aprovechó de que llegué tarde, pues eligió el mejor asiento.*

a-pro-ve-**char:** **1.** V. tr. y **2.** prnl. (Mod. 1: amar). *Sin.* **1.** Utilizar, explotar. ‖ **2.** Beneficiarse, servirse de. *Ant.* **1.** Desaprovechar. *Fam.* Aprovechamiento, provecho, aprovechable, aprovechado.

aproximar: *Acercar. *Aproximó sus manos al fuego para calentarse.*

a-pro-xi-**mar:** V. tr. (Mod. 1: amar). *Ant.* Alejar. *Fam.* Aproximación, aproximado, próximo.

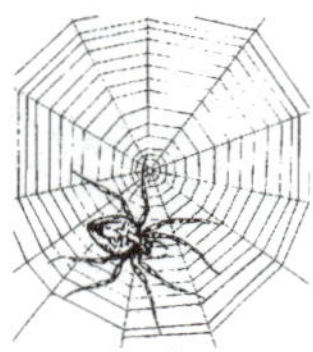

apuntar: 1. Señalar algo con el dedo o de otra manera. *Apunta tu ciudad en el mapa.* ‖ **2.** Señalar alguna cosa escrita con una raya, una nota, etc. *Apunta con una estrella los verbos.* ‖ **3.** Tomar nota por escrito de alguna cosa. *Apunta mi número de teléfono.*

a-pun-**tar:** V. tr. (Mod. 1: amar). *Sin.* **1.** Indicar. ‖ **2.** Notar. ‖ **3.** Anotar. *Fam.* Apunte, apuntado.

apuro: Situación que hay que resolver de solución difícil. *Estuve en un apuro cuando me quedé encerrado en el ascensor.*

a-**pu**-ro: Sust. m. Plural: apuros. *Sin.* Aprieto, dificultad. *Fam.* Apurar, apurado.

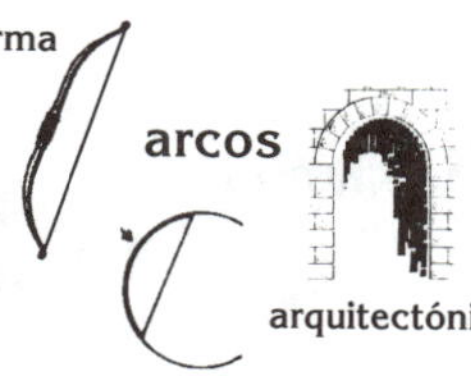

arder: Estar encendido. *Los leños ardían en la chimenea.*
ar-**der:** V. intr. (Mod. 2: temer). *Sin.* Quemarse. *Fam.* Ardor, ardiente.

aritmética: Parte de las Matemáticas que estudia las operaciones con números y cantidades. *El profesor puso un problema de Aritmética.*
a-rit-**mé**-ti-ca: Sust. f. singular.

arquitectura: Arte de proyectar y construir edificios. *La Arquitectura ha evolucionado a lo largo de la Historia.*
ar-qui-tec-**tu**-ra: Sust. f. singular. *Fam.* Arquitecto.

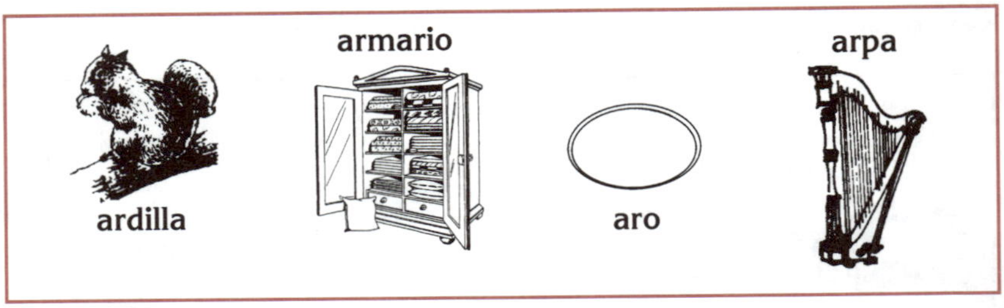

arrancar: 1. Separar una cosa del lugar donde está sujeta o del que forma parte. *Arrancaron el árbol seco.* ‖ 2. Ponerse en marcha un motor. *El coche estaba estropeado y no arrancaba.*
a-rran-**car:** 1. V. tr. y 2. intr. (Mod. 1: amar). Se escribe *qu* en vez de *c* seguido de *-e: Arranqué. Sin.* 1. Quitar, sacar. ‖ 2. Funcionar, marchar. *Fam.* Arranque.

arrastrar: 1. Llevar a una persona o cosa detrás, tirando de ella. *La locomotora arrastraba diez vagones.* ‖ 2. Llevar a alguien a hacer algo. *El apoyo del público nos arrastró a ganar el partido.* ‖ 3. **Arrastrarse:** Moverse tocando el suelo con el cuerpo. *Las serpientes se arrastran por la tierra.*
a-rras-**trar:** 1 y 2. V. tr. y 3. prnl. (Mod. 1: amar). *Sin.* 1. Remolcar. ‖ 2. Causar. ‖ 3. Reptar. *Fam.* Arrastramiento, arrastre, arrastrado.

ARTÍCULO					
	DETERMINADO		INDETERMINADO		CONTRACTO
	Singular	Plural	Singular	Plural	
m.	el	los	un	unos	del
f.	la	las	una	unas	al

arreglar: 1. Poner las cosas como deben estar. *Tienes que arreglar tu habitación.* ‖ **2.** Poner bien de nuevo algo que estaba en mal estado. *Mi reloj no funciona y nadie sabe arreglarlo.* ‖ **3.** Lavar, peinar, vestir, etc. a una persona *Ha arreglado a su hermana para ir a la fiesta.*

a-rre-**glar:** V. tr. (Mod. 1: amar). Se usa también **arreglarse** (prnl.): **3.** *Ha tardado una hora en arreglarse. Sin.* **1.** Ordenar. ‖ **2.** Reparar. *Ant.* **1.** Desordenar. ‖ **2.** Estropear. *Fam.* Arreglo, arreglado.

arriba: Lo contrario de *abajo. *Voy al desván, que está arriba.*

a-**rri**-ba: Adv. de lugar.

arrojar: 1. Lanzar algo lejos o al suelo. *Me arrojó la pelota.* ‖ **2.** Echar a alguien de un sitio. *Las ratas fueron arrojadas de la ciudad por el flautista de Hamelin.* ‖ **3.** Echar de dentro afuera humo, olor, brotes, etc. *Las chimeneas arrojan humo.*

a-rro-**jar:** V. tr. (Mod. 1: amar). *Sin.* **1.** Tirar, echar. ‖ **2** y **3.** Despedir, expulsar. *Ant.* **1.** Recoger. ‖ **2.** Acoger. *Fam.* Arrojado.

arte: 1. Manera como se hace o debe hacerse una cosa. *Domina el arte de la conversación.* ‖ **2.** Actividad humana dedicada a crear cosas bellas. *Las Bellas Artes son siete: Arquitectura, Pintura, Escultura, Literatura, Música, Danza y Cine.* ‖ **3.** Habilidad, facilidad para conseguir algo. *Le convenció con su arte.*

ar-te: Sust. ambiguo. Plural: artes. *Fam.* Artesanía, artista, artístico.

artículo: 1. Parte de la oración que acompaña al sustantivo y al adjetivo e indica género y número. ‖ **2.** Escrito breve sobre algún tema concreto que se publica en periódicos y revistas. *Ayer el periódico dedicó un artículo a mi colegio.* ‖ **3.** Todo aquello que se puede comprar y vender. *Los artículos de la nueva temporada acaban de llegar.*

ar-**tí**-cu-lo: Sust. m. Plural: artículos. *Sin.* **3.** Mercancía, género. *Fam.* **2.** Articulista.

asar: Preparar alimentos al fuego o al horno. *Hemos asado manzanas.*

a-**sar:** V. tr. (Mod. 1: amar). *Sin.* Cocinar, guisar. *Fam.* Asador, asado.

asegurar: 1. Afirmar lo que se está diciendo. *Aseguró que nos visitaría.* ‖ **2.** Hacer que una cosa quede bien sujeta y no se mueva. *Aseguró bien la ventana para que el viento no la abriera.* ‖ **3. Asegurarse:** Tener la seguridad de que todo es o está como debe. *Se aseguró de tener gasolina antes de comenzar el viaje.*

a-se-gu-**rar: 1** y **2.** V. tr. y **3.** prnl. (Mod 1: amar). *Sin.* **1.** Ratificar, garantizar. ‖ **2.** Afianzar, fijar. ‖ **3.** Cerciorarse. *Ant.* **1.** Dudar, vacilar, negar. ‖ **2.** Aflojar, descuidar. ‖ **3.** Despreocuparse. *Fam.* Asegurado, asegurador, seguro.

aseo: 1. Limpieza personal. *Lavarse y peinarse forman parte del aseo diario.* ‖ **2.** Lugar para lavarse y arreglarse. *Me lavé las manos en el aseo del restaurante antes de empezar a comer.*

a-**se**-o: Sust. m. Plural: aseos. *Fam.* Aseado, asear, asearse.

así: 1. De esta forma o de esa manera. *Debes hacerlo así.* ‖ **2.** Deseo de que algo suceda. *¡Así me toque la lotería!* ‖ **3.** Aunque. *No estudiará, así le castiguen.*

a-**sí: 1** y **2.** Adv. de modo. ‖ **3.** Conj. concesiva.

asignatura: Cada una de las materias que se estudian en la escuela, el colegio y la universidad. *Este curso tengo ocho asignaturas.*

a-sig-na-**tu**-ra: Sust. f. Plural: asignaturas. *Sin.* Disciplina.

asistir: 1. Estar presente en un lugar o acto. *Asistió mucho público al estreno de su última película.* ‖ **2.** Prestar ayuda a alguien. *La Madre Teresa de Calcuta asiste a los pobres.* ‖ **3.** Tratar y cuidar enfermos. *En los hospitales se asiste a los enfermos.*

a-sis-**tir: 1.** V. intr. y **2** y **3.** tr. (Mod. 3: partir). *Sin.* **1.** Presenciar, ir, acudir. ‖ **2.** Socorrer, ayudar, auxiliar, amparar. ‖ **3.** Atender, curar, vigilar. *Ant.* **1.** Faltar, ausentarse. ‖ **2** y **3.** Desasistir. ‖ **2.** Desamparar. ‖ **3.** Descuidar, desatender. *Fam.* Asistencia, asistente, asistenta.

asociación: Conjunto de personas unidas para un fin común. *Un grupo de amigos hemos formado una asociación deportiva.*

a-so-cia-ci-**ón:** Sust. f. Plural: asociaciones. *Sin.* Sociedad, corporación, comunidad, grupo, pandilla. *Fam.* Asociado, asociar, socio.

aspecto: Apariencia que tienen las personas o las cosas. *Después de dormir, tenía un aspecto agradable.*

as-**pec**-to: Sust. m. Plural: aspectos. *Sin.* Semblante, presencia, físico.

áspero: Lo contrario de *suave. *Esa toalla es muy áspera.*

ás-pe-ro: Adj. m. / f. Áspera. Plural: ásperos, ásperas. *Fam.* Aspereza.

atar: Unir o sujetar con nudos. *Le ató los cordones de los zapatos para que no los pisara.*

a-**tar:** V. tr. (Mod. 1: amar). *Sin.* Amarrar. *Ant.* Desatar. *Fam.* Atadura, atado.

atender: 1. Disponer los sentidos y la mente para enterarse de algo. *No atendió a la explicación del profesor.* || **2.** Cuidar personas. *Atendió a su hijo mientras estuvo enfermo.*

a-ten-**der: 1.** V. intr. y **2.** tr. irregular (Mod. 2a: entender). *Sin.* **1.** Escuchar, prestar atención. || **2.** Cuidar, velar. *Ant.* Desatender. *Fam.* Atención, atento, atentamente.

aterrizar: Descender a tierra un avión. *El avión no tuvo ningún problema para aterrizar.*

a-te-rri-**zar:** V. intr. (Mod. 1: amar). Se escribe *c* en vez de *z* seguido de -e: *Aterricen. Ant.* Despegar. *Fam.* Aterrizaje.

atraer: 1. Hacer que una cosa o persona se acerque. *Las playas atraen a los turistas.* || **2.** Despertar el gusto o el afecto de alguien por una persona o cosa. *Le atraen las novelas policíacas.*

a-tra-**er:** V. tr. irregular (Se conjuga como *traer). *Sin.* **1.** Captar. || **2.** Agradar, cautivar, interesar. *Ant.* **1.** Repeler, rechazar. || **2.** Desinteresar, desagradar. *Fam.* Atracción, atractivo.

asiento

asno o burro

aspiradora
-máquina para limpiar el polvo-

asta

astronauta

atrasar: **1.** Dejar algo para más tarde. *Decidieron atrasar la hora del partido.* ‖ **2.** Mover las agujas del reloj en sentido contrario. *Cuando viajas de Europa a América tienes que atrasar el reloj.*

a-tra-**sar:** V. tr. (Mod. 1: amar). Se usa también **atrasarse** (prnl.): **1.** *La primavera se ha atrasado este año.* ‖ **2.** *Se atrasó el reloj. Sin.* Retrasar(se). *Ant.* Adelantar(se). *Fam.* Atraso, atrasado.

atreverse: Decidirse a hacer o decir algo difícil o arriesgado. *Se atrevió a entrar sola en la cueva. No creo que se atreva a decirle la verdad.*

a-tre-**ver**-se: V. prnl. (Mod. 2: temer). *Sin.* Osar, arriesgarse. *Ant.* Acobardarse. *Fam.* Atrevimiento, atrevido.

aumentar: Hacer que algo tenga mayor extensión o cantidad de la que tenía. *Las lluvias aumentaron el cauce del río. El número de turistas aumentó durante el verano.*

au-men-**tar:** V. tr. o intr. (Mod. 1: amar). *Sin.* Crecer, agrandar, incrementar, ampliar, acrecentar. *Ant.* Decrecer, empequeñecer, reducir, disminuir. *Fam.* Aumento, aumentativo.

autor: Persona que ha hecho una obra o una acción. *El autor de esta novela es desconocido.*

au-**tor:** Sust. m. / f. Autora. Plural: autores, autoras.

autoridad: **1.** Persona que, por su cargo, mérito o nacimiento, tiene facultad para mandar. *El presidente es la mayor autoridad de una nación.* ‖ **2.** Capacidad de una persona para mandar y que los demás le obedezcan. *Los padres tienen autoridad sobre los hijos cuando son pequeños.*

au-to-ri-**dad:** Sust. f. Plural: autoridades. *Sin.* **1.** Jefe, gobernante, dirigente. ‖ **2.** Dominio, mando, poderío. *Ant.* **1.** Subordinado, dependiente. *Fam.* Autorizar, autoritario, autorización.

atún

aula
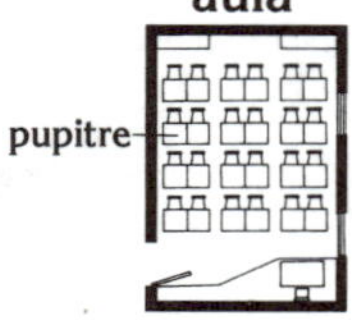

autobús

ave

avanzar: **1.** Ir hacia delante. *Los corredores avanzan hacia la meta.* ‖ **2.** Poner o mover una cosa hacia delante. *Avanzó la ficha roja dos casillas.*

a-van-**zar:** **1.** V. intr. y **2.** tr. (Mod. 1: amar). Se escribe *c* en vez de *z* seguido de *-e: Avancé. Sin.* Adelantar. *Ant.* Retroceder. *Fam.* Avance, avanzado.

aventura: Suceso poco habitual. *El viaje fue una aventura.*

a-ven-**tu**-ra: Sust. f. Plural: aventuras. *Sin.* Azar, peripecia. *Fam.* Aventurero, aventurado, aventurarse.

averiguar: Hacer lo necesario para conocer algo que no se sabe, o solucionar un problema. *Después de preguntar a muchas personas averigüé dónde vivía.*

a-ve-ri-**guar:** V. tr. (Mod. 1: amar). Se escribe gü en vez de gu delante de -e: *Averigüé. Sin.* Investigar, indagar, descubrir, rebuscar. *Ant.* Ignorar, desconocer. *Fam.* Averiguación.

avión: Vehículo con alas y motores que se mueve por el aire, y sirve para transportar personas y cosas. *No le gusta viajar en avión porque se marea.*

a-vi-**ón:** Sust. m. Plural: aviones. *Fam.* Aviador, avioneta, aviación.

ayer: **1.** El día anterior a hoy. *Ayer se acostó temprano, pero todavía está durmiendo.* ‖ **2.** Tiempo pasado. *El ayer ya pasó, pensemos en el mañana.*

a-**yer:** **1.** Adv. de tiempo. ‖ **2.** Sust. m. singular.

ayudar: **1.** Hacer algo con alguien para que éste logre una cosa. *Le ayudó a pintar la ventana.* ‖ **2.** Asistir a una persona necesitada o en apuros. *Los perros-guía ayudan a los ciegos.*

a-yu-**dar:** V. tr. (Mod. 1: amar). *Sin.* **1.** Colaborar, cooperar. ‖ **2.** Auxiliar. *Fam.* Ayuda, ayudante.

avellana

avenida

avestruz

avispa

ayuntamiento: 1. Grupo de personas, dirigidas por el alcalde, que se encargan de un municipio. *El Ayuntamiento ha decidido plantar más árboles.* ‖ **2.** Edificio donde ese grupo trabaja. *La fachada del Ayuntamiento tiene un reloj.*

a-yun-ta-**mien**-to: Sust. m. Plural: ayuntamientos.

azúcar: Sustancia blanca y sólida que se extrae de la remolacha y la caña de azúcar y sirve para endulzar. *Los dulces están hechos con mucha azúcar.*

a-**zú**-car: Sust. ambiguo (el azúcar moreno o el/la azúcar blanquilla). Plural m.: los azúcares.

azul: 1. Color del cielo sin nubes. *El azul celeste es más claro que el azul marino.* ‖ **2.** De ese color. *Esa chaqueta azul es muy bonita.*

a-**zul: 1.** Sust. m. Plural: azules. ‖ **2.** Adj. invariable en género. Plural: azules. *Fam.* Azulado.

AVES RAPACES

B b

bahía: Entrante natural de la costa. *Hubo tormenta y los barcos se refugiaron en la bahía.*
ba-**hí**-a: Sust. f. Plural: bahías. *Sin.* Ensenada.

bailar: Mover el cuerpo siguiendo el compás de la música. *Para bailar hay que tener sentido del ritmo.*
bai-**lar:** V. intr. (Mod. 1: amar). *Sin.* Danzar. *Fam.* Bailador, bailarín.

bajar: 1. Ir desde una posición o lugar a otro más bajo. *Bajó las escaleras corriendo.* ‖ **2.** Disminuir los sonidos, los precios, el peso, etc. *Ha bajado el precio del pan.*
ba-**jar: 1.** V. intr. o tr. y **2.** intr. (Mod. 1: amar). *Sin.* **1.** Descender. ‖ **2.** Disminuir, decrecer, menguar. *Ant.* Subir. *Fam.* Bajada, bajeza, bajo.

balcón: 1. Saliente con una barandilla, al que se accede a través de una ventana que llega al suelo y desde donde se puede mirar al exterior. *Me asomé al balcón para ver la cabalgata.* ‖ **2.** Lugar situado a la altura suficiente como para poder contemplar una gran extensión de tierra. *Desde el balcón de la montaña pudimos divisar todo el valle.*
bal-**cón:** Sust. m. Plural: balcones. *Sin.* **2.** Mirador. *Fam.* Balconada, balconcillo.

babero

babosa

bailarina o danzarina

balanza

ballena

banco: 1. Asiento de madera, hierro, piedras, etc., en el que pueden sentarse varias personas. *El abuelo se sienta en el banco del jardín.* ‖ **2.** Oficina en la que se guarda y presta dinero. *La gente deposita su dinero en los bancos.*

ban-co: Sust. m. Plural: bancos. *Sin.* **1.** Diván, escaño, poyo. *Fam.* Banqueta, bancarrota, banquero.

banquete: Comida a la que asisten muchas personas para celebrar algún acontecimiento. *En el banquete de bodas sirvieron una tarta enorme.*

ban-**que**-te: Sust. m. Plural: banquetes. *Sin.* Festín, convite, comilona.

bañar: 1. Meter a una persona o animal dentro de un líquido, generalmente agua, para que se lave, se divierta, etc. *La madre baña a su bebé todos los días por la noche, antes de darle el último biberón.* ‖ **2.** Introducir por completo una cosa en un líquido. *A mi hermana le encanta bañar sus tostadas en la leche.* ‖ **3.** Cubrir algo con una capa de una determinada sustancia. *Bañó el bizcocho con chocolate y nata.* ‖ **4.** Pasar o tocar el agua del mar o de un río por algún sitio. *El océano Atlántico baña la costa este de América.*

ba-**ñar**: V. tr. (Mod. 1: amar). Se usa también **bañarse** (prnl.): **1.** *Cuando hace buen tiempo, nos bañamos en la piscina*. *Sin*. **1.** Lavar(se), mojar(se). ‖ **2.** Remojar, empapar. ‖ **3.** Cubrir. ‖ **4.** Regar. *Fam.* Baño, bañera, bañador.

barato: Vendido o comprado a bajo precio. *Los coches de segunda mano son más baratos que los nuevos.*

ba-**ra**-to: Adj. m. / f. Barata. Plural: baratos, baratas. *Sin*. Rebajado, de ocasión, asequible. *Ant.* Caro. *Fam*. Abaratar, baratija, baratillo.

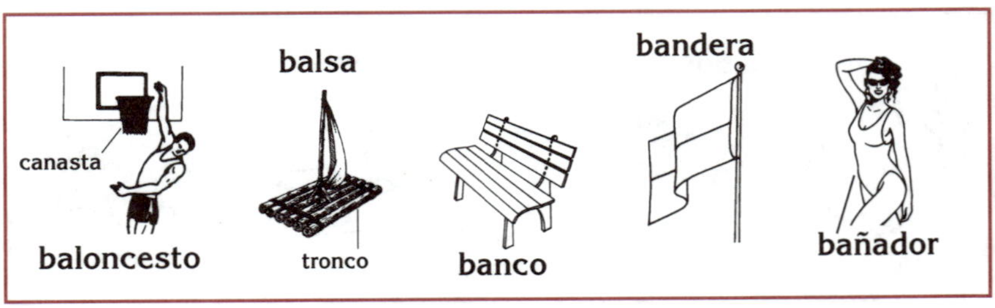

barrer: 1. Quitar la basura y el polvo del suelo con una escoba. *Tenemos que barrer las hojas de los árboles que han caído en el jardín.* ‖ **2.** Arrastrar algo. *El viento barrió los papeles que tenía sobre la mesa.* ‖ **3.** En deporte, derrotar al equipo contrario por una gran diferencia. *El equipo de Madrid barrió al de Milán por cinco goles a cero.*

ba-**rrer:** V. tr. (Mod. 2: temer). *Sin.* **1.** Limpiar, cepillar. ‖ **2.** Dispersar. ‖ **3.** Batir, arrollar. *Ant.* **1.** Ensuciar, manchar. ‖ **3.** Perder. *Fam.* Barrendero.

barrio: Cada una de las partes en las que se divide un pueblo o ciudad. *En mi barrio hay un parque muy grande.*

ba-rrio: Sust. m. Plural: barrios. *Sin.* Barriada. *Fam.* Barriobajero.

barro: 1. Mezcla de tierra y agua que se forma en los caminos cuando llueve. *Como mis zapatos tenían barro, me los quité al entrar en casa para no ensuciar.* ‖ **2.** Masa compuesta por tierra y agua que se utiliza para hacer jarras, vasijas y otros utensilios. *El alfarero es la persona que trabaja el barro con sus manos.*

ba-rro: Sust. m. Plural: barros. *Sin.* **1.** Lodo, fango, limo. ‖ **2.** Arcilla. *Fam.* Barrizal.

base: 1. Parte en la que se apoya o descansa alguna cosa. *La base de la lámpara era de hierro.* ‖ **2.** Las razones más importantes de una religión o teoría. *La base de la ley es la igualdad.*

ba-se: Sust. f. Plural: bases. *Sin.* **1.** Pie. ‖ **2.** Fundamento, cimiento, raíz. *Fam.* Basamento, básico, basar, basarse.

bastar: Ser suficiente y proporcionado. *Con un poco de dinero, me basta para ir al cine.*

bas-**tar:** V. intr. (Mod. 1: amar). *Sin.* Llegar, alcanzar. *Ant.* Faltar, escasear. *Fam.* Bastante.

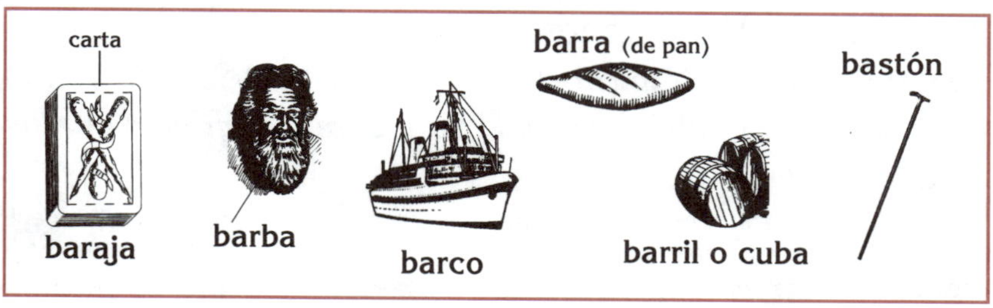

a
b
c
d
e
f
g
h
i
j
k
l
m
n
ñ
o
p
q
r
s
t
u
v
w
x
y
z

basura: **1.** Suciedad, polvo y cosas que se tiran porque no sirven para nada. *Las mondas de las frutas y hortalizas son basura.* || **2.** Lugar donde se arroja, que generalmente es un cubo. *Tiramos los periódicos viejos a la basura. Echa los restos de comida a la basura.*

ba-**su**-ra: Sust. f. Plural: basuras. *Sin.* **1.** Desperdicios, inmundicia, despojos, porquería. *Fam.* Basurero.

batalla: Lucha de un ejército contra otro. *En la batalla de Waterloo, Napoleón fue derrotado.*

ba-**ta**-lla: Sust. f. Plural: batallas. *Sin.* Combate, pelea, lucha, contienda. *Fam.* Batallar, batallón, batallador.

batería: **1.** Conjunto de piezas para guisar. *Me regalaron una batería de cocina de veinte piezas.* || **2.** Conjunto de instrumentos de percusión en una banda u orquesta. *Un amigo mío toca la batería en un grupo de rock.*

ba-te-**rí**-a: Sust. f. Plural: baterías.

bebé: Recién nacido, niño o niña de pocos meses que no sabe andar o empieza a hacerlo. *El bebé duerme en la cuna después de tomar su biberón.*

be-**bé:** Sust. m. Plural: bebés. *Sin.* Nene, rorro. *Ant.* Viejo, anciano.

beber: Tragar líquidos. *Antes de acostarme suelo beber un vaso de leche.*

be-**ber:** V. tr. (Mod. 2: temer). *Sin.* Sorber, absorber. *Fam.* Bebida, bebedero, bebedor.

bello: Que agrada cuando se mira o se oye. *Desde la ventana se ve un bello paisaje.*

be-llo: Adj. m. / f. Bella. Plural: bellos, bellas. *Sin.* Hermoso, lindo, bonito, precioso. *Ant.* Feo, horrible. *Fam.* Embellecer, belleza.

bendecir: **1.** Alabar, engrandecer. *Dicen los labradores que hay que bendecir la lluvia.* || **2.** Pedir la protección divina para alguien o algo. *Cuando bautizaron a mi hermano, el cura le bendijo.*

ben-de-**cir:** V. tr. irregular (Se conjuga como *decir, excepto en fut. imperfecto (*bendeciré,...*) y condicional (*bendeciría,...*) de indicativo, imperativo (*bendice)* y participio (*bendecido*)). *Sin.* Alabar, ensalzar, consagrar. *Ant.* **1.** Maldecir. *Fam.* Bendición, bendito.

beneficio: 1. Bien que se hace o se recibe de alguien. *Me hiciste un gran beneficio viniendo conmigo al médico.* ‖ **2.** Utilidad o provecho que recibe una persona o cosa debido a lo que otra hace o da. *Me produjo un gran beneficio estudiar contigo la lección. El Sol brilla en el cielo en beneficio de todos.* ‖ **3.** Dinero o todo aquello que se obtiene en un negocio. *La fábrica de caramelos aumentó este año sus beneficios porque vendió mucho.*

be-ne-**fi**-cio. Sust. m. Plural: beneficios. *Sin.* **1.** Favor. ‖ **2.** Utilidad, ayuda. ‖ **3.** Rendimiento, ganancia, fruto. *Ant.* **1** y **2.** Perjuicio. ‖ **3.** Pérdida, quebranto. *Fam.* Beneficioso, beneficiario.

besar: Tocar cariñosamente personas o cosas con los labios. *La madre besó a su hijo al acostarlo.*

be-**sar**: V. tr. (Mod. 1: amar). *Fam.* Besucón, besuquear.

biblioteca: Lugar en el que hay muchos libros ordenados, que se pueden leer, consultar y pedir prestados. *Me gusta leer en la biblioteca municipal.*

bi-blio-**te**-ca: Sust. f. Plural: bibliotecas. *Fam.* Bibliotecario.

bien: 1. Que está o se comporta como se debe. *El examen está muy bien, no tiene ningún error.* ‖ **2.** Algo que se tiene y se aprecia mucho. *La salud es el mayor bien.*

bien: 1. Adv. de modo. ‖ **2.** Sust. m. Plural: bienes. *Sin.* **1.** Perfecto, exacto. ‖ **2.** Provecho, posesión. *Ant.* Mal. *Fam.* Bienestar, bienhechor.

bizcocho: Dulce elaborado con una pasta hecha con harina, huevos y azúcar. *Mi abuela prepara unos bizcochos muy sabrosos.*

biz-**co**-cho. Sust. m. Plural: bizcochos. *Sin.* Bollo. *Fam.* Bizcochada.

baúl

biberón

bicicleta

bigote

billetera

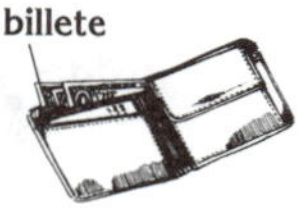

blanco: **1.** Color de la nieve o la leche. *La montaña está blanca y nevada.* ‖ **2.** Persona de raza europea o caucásica. *En Europa hay muchas personas de raza blanca.* ‖ **3.** Objeto contra el que se tira. *El punto central es el blanco donde tienes que acertar.*

blan-co: 1 y 2. Adj. m. / f. Blanca. También 1. Sust. m. y 2. Sust. m y f. Plural: blancos, blancas. ‖ 3. Sust. m. Plural: blancos. *Sin.* 1. Albo. *Ant.* 1. Negro. *Fam.* Blancura, blanquear.

boca: **1.** En los seres vivos, abertura para alimentarse. *Es de mala educación hablar con la boca llena.* ‖ **2.** Abertura que sirve para entrar o salir. *La boca del túnel está oscura.*

bo-ca: Sust. f. Plural: bocas. *Sin.* 1. Hocico, jeta. ‖ 2. Agujero, orificio, entrada, salida. *Fam.* Boquete, bocaza, boquilla.

boda: Ceremonia en la que un hombre y una mujer contraen matrimonio. *El pasado domingo asistí a la boda de mi hermano.*

bo-da: Sust. f. Plural: bodas. *Sin.* Casamiento, enlace, nupcias. *Fam.* Bodorrio.

bola: Cuerpo esférico hecho de cualquier material. *Los adivinos ven el futuro en su bola de cristal.*

bo-la: Sust. f. Plural: bolas. *Sin.* Esfera, globo, pelota. *Fam.* Bolera, bolazo.

bolsa: Artículo de tela u otro material que sirve para guardar cosas. *Me han regalado por mi cumpleaños una bolsa de deporte.*

bol-sa: Sust. f. Plural: bolsas. *Sin.* Saca, mochila, macuto. *Fam.* Bolso, bolsillo, desembolsar.

bolsillo: Bolsa pequeña cosida a los pantalones y vestidos, en la que se puede guardar el dinero y otras pequeñas cosas. *Tengo un agujero en el bolsillo del pantalón.*

bol-**si**-llo: Sust. m. Plural: bolsillos. *Sin.* Saquillo, portamonedas. *Fam.* Bolsa, bolso.

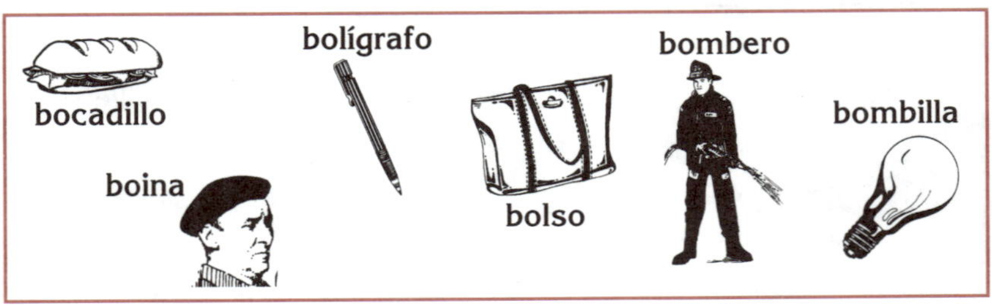

bombón: Dulce de chocolate que generalmente está relleno de crema o algún licor. *Como recompensa, mi madre me compró una caja de bombones.*

bom-**bón:** Sust. m. Plural: bombones. *Sin*. Chocolatina. *Fam*. Bombonera, bombonería.

bombona: Recipiente metálico, generalmente de forma cilíndrica, utilizado para contener gases. *Los submarinistas utilizan bombonas de oxígeno, para poder respirar bajo el agua.*

bom-**bo**-na: Sust. f. Plural: bombonas. *Fam*. Bomba.

bondad: Cualidad de algunas personas para hacer el bien. *Juan es una persona de enorme bondad, siempre ayuda a todo el mundo.*

bon-**dad:** Sust. f. Plural: bondades. *Sin*. Humanidad, virtud. *Ant*. Maldad, perversidad. *Fam*. Bondadoso, bondadosamente.

bonito: 1. De aspecto agradable. *Ese cuadro es muy bonito.* ‖ 2. Pez comestible, parecido al atún. *Con el bonito se pueden hacer conservas.*

bo-**ni**-to: 1. Adj. m. / f. Bonita. Plural: bonitos, bonitas. ‖ 2. Sust. m. Plural: bonitos. *Sin*. 1. Lindo, agraciado, hermoso. *Ant*. 1. Feo, desagradable.

bordado: Dibujo en relieve hecho con aguja e hilo. *El bordado de la colcha representa una flor.*

bor-**da**-do: Sust. m. Plural: bordados. *Fam*. Bordar, bordadura, bordador.

borde: Orilla o extremo de una cosa. *El borde de una acera se llama bordillo.*

bor-de: Sust. m. Plural: bordes. *Sin*. Límite, margen, linde, filo. *Fam*. Bordear.

borrar: 1. Quitar lo que se ha escrito o dibujado de un sitio. *Borró las últimas palabras porque no le gustaban.* ‖ 2. Quitar a alguien de un lugar. *Borró a María del equipo de baloncesto.*

bo-**rrar:** V. tr. (Mod. 1: amar). Se usa también **borrarse** (prnl.): 2. *Se borró de la lista de la excursión. Sin*. 1. Raspar, suprimir, tachar, eliminar. ‖ 2. Dar(se) de baja, eliminar. *Ant*. 1. Poner, marcar, escribir. ‖ 2. Apuntar(se), dar(se) de alta. *Fam*. Borrador, borrón, borroso.

borrasca: Tempestad en mar y tierra. *La borrasca destrozó el muelle.*

bo-**rras**-ca: Sust. f. Plural: borrascas. *Sin*. Tormenta, temporal. *Ant*. Bonanza. *Fam*. Aborrascado, borrascoso.

a **b** c d e f g h i j k l m n ñ o p q r s t u v w x y z

bosque: Terreno poblado de muchos árboles y arbustos. *A las afueras de la ciudad hay un bosque de pinos.*

bos-que: Sust. m. Plural: bosques. *Sin*. Espesura, selva. *Fam*. Guardabosque.

botar: 1. Elevarse una cosa al chocar contra el suelo. *Botó el balón y se lo pasó a su compañero. Tenía una pelota que botaba mucho.* ‖ **2.** Dar repetidos saltos una persona o animal. *Di botes de alegría al conocer la noticia.* ‖ **3.** Echar un barco al agua. *Mañana botarán el nuevo barco de la Armada.*

bo-**tar**: **1.** V. tr. o intr., **2.** intr. y **3.** tr. (Mod. 1: amar). *Sin*. **1** y **2.** Saltar. ‖ **1.** Rebotar. ‖ **2.** Brincar. *Fam.* Botador, botadura, bote.

brazo: 1. Miembro que va desde el hombro a la mano. *Levantó el brazo para saludar.* ‖ **2.** Cada una de las partes largas y estrechas de los sillones donde se pueden apoyar los brazos. *Los brazos del sillón que acabamos de comprar son muy cómodos.*

bra-zo: Sust. m. Plural: brazos. *Sin.* Miembro, parte, extremidad. *Fam.* Bracero.

breve: 1. De corta extensión o duración. *El examen de Matemáticas fue muy breve.* ‖ **2. LOC. en breve:** Muy pronto. *Es de noche, en breve saldrá la Luna.*

bre-ve: **1.** Adj. invariable en género. Plural: breves. ‖ **2.** Adv. de tiempo. *Sin.* **1.** Corto, reducido. ‖ **2.** Pronto, enseguida. *Ant.* **1.** Largo. ‖ **2.** A largo plazo. *Fam.* Abreviar, brevedad, brevemente.

brillar: 1. Despedir luz como las estrellas. *La luz de la Luna hacía brillar el agua.* ‖ **2.** Sobresalir en belleza, talento, etc. *Cuando estuvo en la universidad brilló por sus notas.*

bri-**llar:** V. intr. (Mod. 1: amar). *Sin.* **1.** Relucir, deslumbrar, centellear. ‖ **2.** Destacar. *Ant.* Empañar, deslucir. *Fam.* Abrillantar, brillantez, brillante.

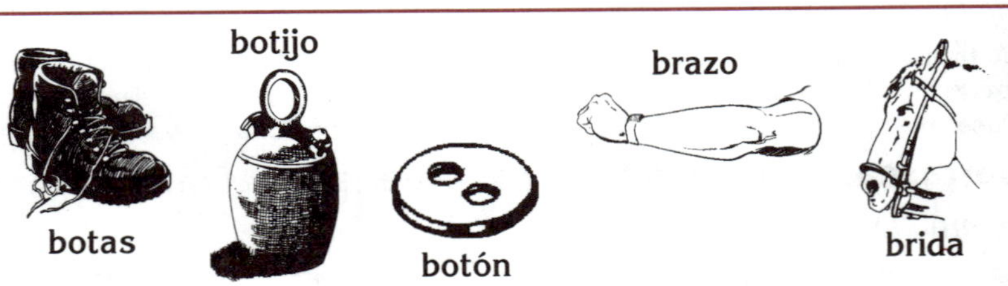

brindar: 1. Desear algo bueno a la vez que se levanta una copa. *Brindo porque volvamos a vernos.* ‖ **2.** Dedicar u ofrecer un logro personal a alguien. *Brindó la victoria del partido a su madre.* ‖ **3. Brindarse:** Ofrecerse alguien para hacer un trabajo o favor. *Mi amigo se brindó a pintar la casa conmigo.*

brin-**dar:** **1.** V. intr., **2** tr. y **3.** prnl. (Mod. 1: amar). *Sin.* **3.** Prestarse. *Fam.* Brindis.

brisa: Aire suave. *En la costa, la brisa viene del mar durante el día.*

bri-sa: Sust. f. Plural: brisas. *Sin.* Vientecillo.

brizna: Hebra de plantas, frutos, etc. *Una brizna de paja se enredó en mi pelo.*

briz-na: Sust. f. Plural: briznas.

broma: 1. Lo que hace o dice alguien para engañar sin mala intención. *Su hermano le despertó una hora antes para gastarle una broma.* ‖ **2.** Diversión. *En la fiesta todos estaban contentos y de broma.*

bro-ma: Sust. f. Plural: bromas. *Sin.* Chanza, guasa. *Ant.* Seriedad, gravedad. *Fam.* Bromista, bromita.

brotar: 1. Nacer o salir al exterior las plantas, las hojas y los líquidos. *En primavera brotan las hojas de los árboles.* ‖ **2.** Empezar a manifestarse una enfermedad. *Temo que brote el sarampión en el colegio.*

bro-**tar:** V. intr. (Mod. 1: amar). *Sin.* Nacer, aparecer. *Fam.* Brote.

budista: Persona que pertenece a la religión de Buda, llamada budismo. *En la India hay muchos budistas, porque allí nació Buda.*

bu-**dis**-ta: Sust. m. y f. Plural: budistas. *Fam.* Budismo.

bueno: 1. Se aplica a lo que conviene o gusta. *El perro es bueno para guiar a los ciegos.* ‖ **2.** Persona que hace el bien. *Mi hermana es muy buena, siempre cuida de mi abuelita.*

bue-no: Adj. m. / f. Buena. Plural: buenos, buenas. *Sin.* **1.** Útil, provechoso. ‖ **2.** Bondadoso. *Ant.* **1.** Inútil. ‖ **2.** Malo. *Fam.* Bondad.

burbuja: Esfera de aire u otro gas que sale a la superficie. *Si soplo sobre el jabón, se forman burbujas.*

bur-**bu**-ja: Sust. f. Plural: burbujas. *Sin.* Pompa, ampolla. *Fam.* Burbujeante.

burlar: 1. Salir airoso o escapar de una situación complicada. *Los atracadores consiguieron burlar la alarma del banco.* ‖ **2. Burlarse:** Reírse de alguien o algo. *Mis amigos se burlaron de mi nuevo peinado.*

bur-**lar: 1.** V. tr. y **2.** prnl. (Mod. 1: amar). *Sin.* **1.** Esquivar, evitar. ‖ **2.** Mofarse, pitorrearse. *Ant.* **1.** Frustrar, malograr. ‖ **2.** Respetar, tolerar. *Fam.* Burla, burlador.

buscar: Intentar encontrar personas o cosas. *Estoy buscando una palabra en el diccionario.*

bus-**car:** V. tr. (Mod. 1: amar). Se escribe *qu* en vez de *c* seguido de *-e: Busquemos, busqué. Sin.* Indagar. *Fam.* Búsqueda, busca, buscador.

C c

cabello: 1. Cada pelo de la cabeza de una persona. *Me he dado cuenta de que tengo una cana, un cabello blanco.* ‖ **2.** Conjunto formado por todos los pelos de la cabeza. *Me gusta más llevar el cabello suelto que recogido.*

ca-**be**-llo: Sust. m. Plural: cabellos. *Sin.* **1** y **2.** Pelo. ‖ **2.** Cabellera. *Fam.* Cabellera.

caber: Ser capaz de entrar en algún sitio. *El armario está tan lleno que no cabe más ropa en él.*

ca-**ber:** V. intr. irregular (Véase cuadro). *Sin.* Encajar. *Fam.* Cabida.

cabo: 1. Extremo de cualquier cosa. *El cabo de vela se consumió y todo quedó oscuro.* ‖ **2.** Punta de tierra que entra en el mar. *Al sur de la costa africana se encuentra el cabo de Buena Esperanza.* ‖ **3.** Cuerda para atar o amarrar. *El pescador amarró el bote con el cabo.* ‖ **4.** En el ejército, grado intermedio entre soldado y sargento. *El cabo da órdenes a los soldados.*

ca-bo: Sust. m. Plural: cabos. *Sin.* **1.** Punta. ‖ **2.** Espolón. *Ant.* **2.** Golfo. ‖ **3.** Soga. *Fam.* Cabotaje.

caballero

caballo

cabaña

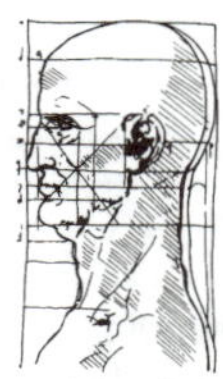

cabeza

CONJUGACIÓN DEL VERBO «CABER»

Formas personales

MODOS	INDICATIVO	SUBJUNTIVO
TIEMPOS	**SIMPLES**	
Presente	quepo cabes cabe cabemos cabéis caben	quepa quepas quepa quepamos quepáis quepan
Pretérito imperfecto o co-pretérito	cabía cabías cabía cabíamos cabíais cabían	cupiera o cupiese cupieras o cupieses cupiera o cupiese cupiéramos o cupiésemos cupierais o cupieseis cupieran o cupiesen
Pret. perfecto simple o pretérito	cupe cupiste cupo cupimos cupisteis cupieron	
Futuro	cabré cabrás cabrá cabremos cabréis cabrán	cupiere cupieres cupiere cupiéremos cupiereis cupieren
Condicional o pos-pretérito	cabría cabrías cabría cabríamos cabríais cabrían	
MODO IMPERATIVO Presente	cabe cabed	quepa quepan

Formas no personales

Infinitivo	caber
Gerundio	cabiendo
Participio	cabido

cabra: Animal mamífero de cuatro patas y con cuernos, que nos proporciona carne y leche. *Le gusta mucho el queso hecho con leche de cabra.*

ca-bra: Sust. f. Plural: cabras. *Fam.* Cabrito, cabrío, cabrero.

caer: Moverse una cosa de arriba abajo por su propio peso. *En otoño, caen las hojas de los árboles.*

ca-**er:** V. intr. irregular (Véase cuadro). Se usa también **caerse** (prnl.): *Se cayó. Sin.* Desplomar(se). *Ant.* Levantar(se). *Fam.* Caída, decaimiento.

calabaza: **1.** Planta de huerta. *A la calabaza también se le llama calabacera.* ‖ **2.** Fruto de esta planta. Tiene muchas pepitas o semillas y, por lo general, es grande, redondeado y de color amarillo o anaranjado. *Con una calabaza hicimos una máscara para la fiesta.*

ca-la-**ba**-za: Sust. f. Plural: calabazas. *Sin.* **1.** Calabacera. *Fam.* Calabazada, calabacín.

calcular: **1.** Realizar operaciones matemáticas. *Calculé los ladrillos que necesitamos para hacer la pared.* ‖ **2.** Deducir algo mediante análisis y observaciones. *Como hay nubes calculo que lloverá hoy.*

cal-cu-**lar:** V. tr. (Mod. 1: amar). *Sin.* **1.** Contar, hacer cálculos. ‖ **2.** Conjeturar, suponer. *Fam.* Cálculo, calculadora.

calentar: Dar calor a un cuerpo para hacer que aumente su temperatura. *Calenté la salsa de los espaguetis.*

ca-len-**tar:** V. tr. (Mod. 1: amar). Se usa también **calentarse** (prnl.): *Se calentó las manos en la hoguera. Sin.* Caldear(se), templar(se). *Ant.* Enfriar(se), refrescar(se). *Fam.* Calentador, calentamiento.

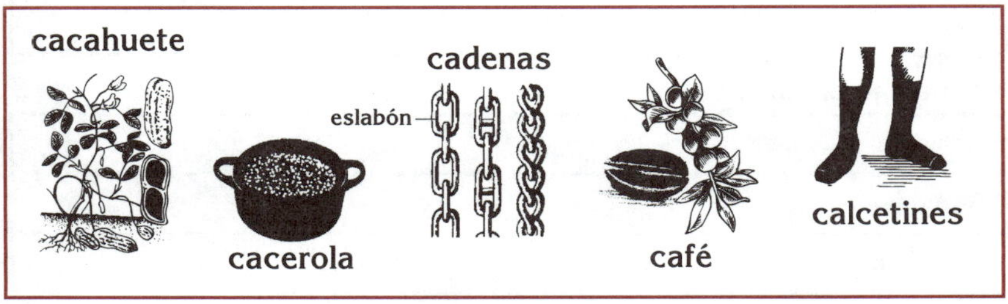

a b c d e f g h i j k l m n ñ o p q r s t u v w x y z

CONJUGACIÓN DEL VERBO «CAER»

Formas personales

MODOS	INDICATIVO	SUBJUNTIVO
TIEMPOS	**SIMPLES**	
Presente	caigo caes cae caemos caéis caen	caiga caigas caiga caigamos caigáis caigan
Pretérito imperfecto o co-pretérito	caía caías caía caíamos caíais caían	cayera o cayese cayeras o cayeses cayera o cayese cayéramos o cayésemos cayerais o cayeseis cayeran o cayesen
Pret. perfecto simple o pretérito	caí caíste cayó caímos caísteis cayeron	
Futuro	caeré caerás caerá caeremos caeréis caerán	cayere cayeres cayere cayéremos cayereis cayeren
Condicional o pos-pretérito	caería caerías caería caeríamos caeríais caerían	
MODO IMPERATIVO Presente	cae caed	caiga caigan

Formas no personales

Infinitivo	caer
Gerundio	cayendo
Participio	caído

calidad: 1. Conjunto de propiedades que permiten comparar una persona o cosa, con otra de su misma especie y saber si es mejor, igual o peor. *El jersey ha encogido al lavar porque su lana era de muy mala calidad.* ‖ 2. Superioridad o importancia de algo. *La calidad de sus productos hace que tenga muchos clientes.*

ca-li-**dad**: Sust. f. Plural: calidades. *Sin.* 1. Clase, categoría. ‖ 2. Excelencia. *Ant.* 2. Inferioridad, insignificancia. *Fam.* Cualidad, cualitativo.

cálido: 1. De temperatura elevada. *Florida tiene clima cálido.* ‖ 2. Afectuoso. *El Rey tuvo un cálido recibimiento.*

cá-li-do: Adj. m. / f. Cálida. Plural: cálidos, cálidas. *Sin.* 1. Caluroso, caliente. ‖ 2. Distendido. *Ant.* Frío, hostil. *Fam.* Caldeado.

calificar: 1. Decir de una persona o cosa que tiene cierta cualidad o circunstancia. *Calificaron muy mal su última película.* ‖ 2. Dar a alguien o algo un grado en una escala convenida. *Calificaron mi examen con un cinco.*

ca-li-fi-**car:** V. tr. (Mod. 1: amar). Se escribe *qu* en vez de *c* seguido de *-e: Califiqué.* *Sin.* 1. Clasificar. ‖ 2. Valorar. *Fam.* Calificación, calificado.

callar: 1. Guardar silencio, no hablar. *Mi hermano calla cuando mis padres le regañan.* ‖ 2. Cesar un ruido o sonido, por ejemplo un llanto, un grito, una canción, etc. *Calló la música y al fin pude entender lo que decías.* ‖ 3. No decir lo que se sabe o se siente. *Calló lo que sentía por él, porque le daba vergüenza confesarlo.*

ca-**llar:** 1 y 2. V. intr. y 3. tr. (Mod: amar). Se usa también **callarse** (prnl.): 1. *Se callaron cuando yo entré.* ‖ 2. *Se callaron los ruidos de la calle y pude dormir.* ‖ 3. *Se calló los verdaderos motivos.* *Sin.* 1. Silenciar, enmudecer. ‖ 2. Extinguirse, apagarse. ‖ 3. Ocultar, omitir, reservar. *Ant.* 1. Hablar. ‖ 2. Sonar, oír. ‖ 3. Decir, declarar, descubrir(se), contar. *Fam.* Callado.

calle: Camino, en el interior de una población, que suele estar limitado por dos hileras de edificios. *Mi amiga vive en la calle principal de la ciudad.*

ca-lle: Sust. f. Plural: calles. *Sin.* Vía pública, travesía, paseo, rúa. *Fam.* Calleja, callejero, callejón.

calma: 1. Estado del mar cuando no hay olas y de la atmósfera cuando no hay viento. *Los barcos zarparon pues el mar estaba en calma.* ‖ **2.** Tranquilidad. *Tómate las cosas con calma.* ‖ **3.** Lentitud al hablar o actuar. *Su calma me produjo sueño.*

cal-ma: Sust. f. singular. *Sin.* **1.** Quietud. ‖ **2.** Reposo, sosiego, paciencia. ‖ **3.** Parsimonia, pachorra. *Ant.* **1.** Marejada. ‖ **2.** Inquietud, impaciencia, intranquilidad. ‖ **3.** Prisa, rapidez. *Fam.* Calmado, calmante.

cambiar: 1. Dar o recibir una cosa por otra. *Cambió su coche viejo por una moto.* ‖ **2.** Reemplazar alguna cosa por otra igual. *Cambió las hojas de su agenda al comenzar un nuevo año.* ‖ **3.** Mover algo o alguien de un lugar a otro. *Cambiamos las sillas de lugar para poder sentarnos todos juntos.* ‖ **4.** Modificar la apariencia física o moral de una persona o el aspecto de una cosa. *Manuel cambió mucho desde que encontró trabajo.* ‖ **5. Cambiarse:** Ponerse ropa diferente a la que se llevaba puesta. *Se cambió porque tenía una fiesta.*

cam-**biar: 1, 2** y **3.** V. tr., **4.** intr. y **5.** prnl. (Mod. 1: amar) Se usa también **cambiarse** (prnl.): **1.** *Se cambió de nombre para que no pudieran localizarle.* ‖ **3.** *Se ha cambiado de casa. Sin.* **1.** Intercambiar, permutar, canjear. ‖ **2.** Sustituir. ‖ **3.** Trasladar(se), desplazar(se). ‖ **4.** Alterar. ‖ **5.** Mudarse. *Ant.* **1.** Conservar, retener. ‖ **4.** Mantener, permanecer. *Fam.* Cambista, cambio, cambiazo.

campaña: 1. Campo llano, sin montes. *Las ovejas pastaban en la campaña.* ‖ **2.** Conjunto de actividades para lograr un fin. *Los políticos realizan campañas electorales.* ‖ **3.** Período que abarca la cosecha o las ganancias. *La campaña de la uva ha terminado.* ‖ **4.** En lo militar, operaciones o salidas al exterior. *Fue herido en la campaña de África.*

cam-**pa**-ña: Sust. f. Plural: campañas. *Sin.* **1.** Campo abierto. ‖ **2.** Empeño. *Fam.* Campo.

calvo
-que ha perdido el pelo de la cabeza-

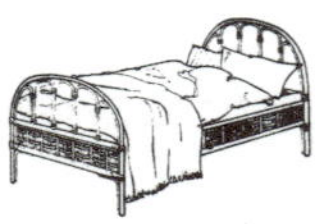

cama

cámara fotográfica

camello

campeón: El que gana en una competición deportiva, lucha, juego, etc. *El chico que conocimos ayer es campeón de tenis.*

cam-pe-**ón:** Sust. m. / f. Campeona. Plural: campeones, campeonas. *Sin.* Vencedor. *Fam.* Campeonato.

campesino: 1. Persona que vive y trabaja en el campo. *Los campesinos están alegres por la buena cosecha de este año.* ‖ **2.** Que se refiere o pertenece al campo. *Algunas casas campesinas tenían molino.*

cam-pe-**si**-no: **1.** Sust. m. / f. Campesina. Plural: campesinos, campesinas. ‖ **2.** Adj. m. / f. Campesina. Plural: campesinos, campesinas. *Sin.* **1.** Agricultor, labriego, labrador, aldeano. ‖ **2.** Rural, campestre. *Ant.* **2.** Urbano. *Fam.* Campo, campiña.

campo: 1. Terreno amplio fuera de los pueblos y ciudades. *Los domingos salimos a comer al campo.* ‖ **2.** Espacio limitado para practicar deportes. *En el campo de fútbol se mueven los jugadores.*

cam-po: Sust. m. Plural: campos. *Sin.* **1.** Campiña. *Fam.* Campista, campestre, campaña, campesino, campear, campero.

canal: 1. Paso natural o construido por el hombre para comunicar dos mares. *El canal de la Mancha está situado al norte de Europa.* ‖ **2.** Paso hecho por el hombre para que el agua tome la dirección deseada y sirva a un determinado propósito. *Mi tío ha decidido construir un canal para regar la tierra donde cultiva patatas.* ‖ **3.** Estación de radio o televisión. *Cambia de canal que van a poner nuestro programa favorito.*

ca-**nal:** Sust. m. Plural: canales. *Sin.* **1.** Estrecho. ‖ **2.** Acequia, reguera, cauce. ‖ **3.** Emisora. *Fam.* Canalizar, canalón.

camión

campana

campaña (tienda de)

a b **c** d e f g h i j k l m n ñ o p q r s t u v w x y z

cancha: Lugar donde se practican diversos deportes, sobre todo los de pelota. *Hemos alquilado la cancha de tenis para esta tarde.*

can-cha. Sust. f. Plural: canchas. *Sin.* Campo, pista, frontón. *Fam.* Canchero.

cansancio: Falta de fuerzas. *Siento cansancio porque he dormido mal. Después de jugar el partido de fútbol, sentía mucho cansancio.*

can-**san**-cio: Sust. m. Plural: cansancios. *Sin.* Fatiga. *Ant.* Descanso. *Fam.* Cansado, cansar, descansar.

cantar: **1.** Producir con la boca, por medio de la voz, sonidos musicales. *Cantamos una canción en su fiesta de cumpleaños. Le gusta mucho cantar.* ‖ **2.** Sonar los objetos. *Cantan las ruedas de la carreta, deberíamos ir mucho más despacio.* ‖ **3.** Confesar un secreto. *El ladrón cantó, nos dijo dónde había escondido el dinero.*

can-**tar:** V. tr. o intr. (Mod. 1: amar). *Sin.* **1.** Entonar. ‖ **3.** Revelar. *Ant.* **3.** Callar. *Fam.* Canto, canción, cantante.

cantidad: **1.** Propiedad de las cosas que se pueden medir o contar. *La cantidad de vestidos que tengo es 15.* ‖ **2.** Número indeterminado de algo. *Me dieron poca cantidad de bebida aunque les dije que tenía mucha sed.* ‖ **3.** Número elevado de personas o cosas. *Asistieron cantidad de personas a la conferencia sobre Literatura infantil.* ‖ **4.** Suma de dinero. *Le debemos una cantidad por su trabajo, prepara la factura para esta tarde.*

can-ti-**dad:** Sust. f. Plural: cantidades. *Sin.* **2.** Cuantía, medida, número. ‖ **3.** Abundancia, multitud. *Ant.* **3.** Escasez, falta, carencia. *Fam.* Cuantía, cuantioso.

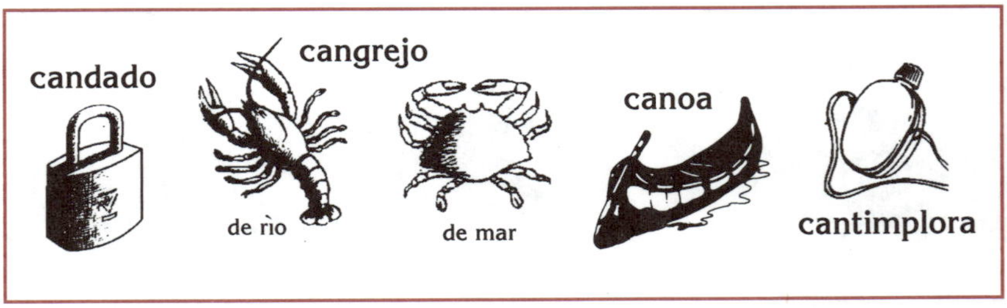

capa: 1. Ropa larga y suelta, sin mangas y abierta por delante, que se usa sobre los vestidos. *Se colocó su capa y su sombrero.* ‖ **2.** Sustancia o material que cubre algo. *He dado dos capas de pintura a la puerta.*

ca-pa: Sust. f. Plural: capas. *Sin.* **1.** Capote, manto. ‖ **2.** Baño, revestimiento.

capacidad: 1. Espacio que tiene una cosa para contener otras. *La plaza tiene capacidad para 10 000 personas.* ‖ **2.** Cualidades o condiciones que tiene una persona para hacer algo. *Juan tiene mucha capacidad para jugar al baloncesto.*

ca-pa-ci-**dad**: Sust. f. Plural: capacidades. *Sin.* **1.** Cabida, volumen. ‖ **2.** Facultad, habilidad. *Ant.* **2.** Ineptitud. *Fam.* Capaz, capacidad, capacitar.

capital: 1. Ciudad en la que viven los gobernantes de una provincia, nación, etc. *La capital de los Estados Unidos es Washington.* ‖ **2.** Importante o destacado. *Es de capital importancia para mí pasar al curso siguiente.* ‖ **3.** Dinero, fincas, joyas, etc., que posee alguien. *El abuelo ha dejado un gran capital.*

ca-pi-**tal: 1.** Sust. f. ‖ **2.** Adj. invariable en género. ‖ **3.** Sust. m. Plural: **1, 2** y **3.** Capitales. *Sin.* **2.** Esencial, primordial. ‖ **3.** Riqueza, patrimonio. *Ant.* **2.** Mínimo, insignificante. *Fam.* Capitalismo.

capitán: 1. Oficial del ejército, superior a un teniente e inferior a un comandante. *Pidió permiso al capitán para salir del cuartel.* ‖ **2.** El que manda un barco. *En un naufragio el capitán es el último en abandonar el barco.* ‖ **3.** Jefe de un equipo deportivo. *Han nombrado a mi hermano capitán del equipo de fútbol.*

ca-pi-**tán:** Sust. m. Plural: capitanes. *Fam.* Capitanear, capitanía.

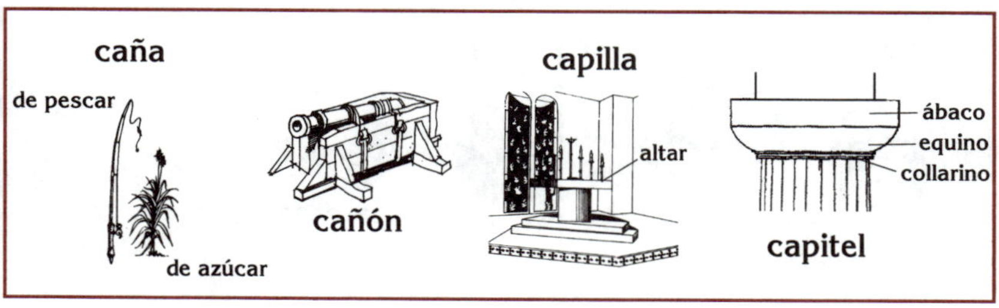

capítulo: Cada una de las partes en que se divide un libro u otro escrito. *En el último capítulo se resuelve el gran misterio de la novela.*

ca-**pí**-tu-lo: Sust. m. Plural: capítulos. *Sin.* Apartado, sección, título. *Fam.* Capitular, capitulación.

cara: **1.** Parte anterior de la cabeza de las personas y animales que abarca desde la frente hasta la barbilla. *En la cara tenemos los ojos, la boca y la nariz.* ‖ **2.** Expresión de ésta. *Después de descansar un rato, tenía muy buena cara.* ‖ **3.** Superficie de algunos objetos, sobre todo de los planos. *Una moneda tiene dos caras llamadas cara y cruz.*

ca-ra: Sust. f. Plural: caras. *Sin.* **1.** Rostro, faz. ‖ **2.** Aspecto, semblante. *Fam.* Careta, caradura, carota.

carácter: **1.** Modo de ser de cada persona. *Tiene muchos amigos por su buen carácter.* ‖ **2.** Letras o palabras de sistemas de escritura. *Este libro está escrito en caracteres chinos.*

ca-**rác**-ter: Sust. m. Plural: caracteres. *Sin.* **1.** Temperamento. ‖ **2.** Signo. *Fam.* Caracterizar, característico.

carbón: Materia sólida, negra y que arde fácilmente, usada como combustible para dar calor y energía. *El trabajo en las minas de carbón es muy duro.*

car-**bón:** Sust. m. Plural: carbones. *Fam.* Carbonero, carboncillo.

carecer: No tener alguna cosa. *El vagabundo carece de casa.*

ca-re-**cer:** V. intr. irregular (Mod. 2c: parecer). Va seguido de la preposición «de». *Sin.* Faltar. *Ant.* Sobrar. *Fam.* Carencia, carecimiento.

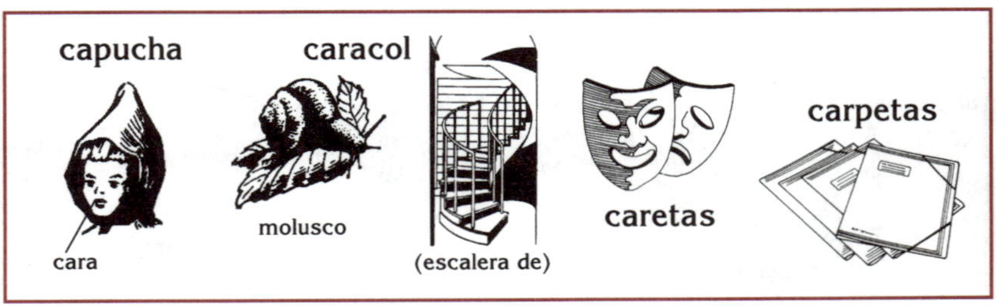

cargar: **1.** Poner cosas sobre algo o alguien para ser transportadas. *Cargaron los sacos en el remolque.* ‖ **2.** Llenar un utensilio o aparato con lo que necesita para funcionar. *Tienes que cargar la batería del coche.*

car-**gar:** V. tr. (Mod. 1: amar). Se escribe *gu* en vez de *g* seguido de *-e: Cargué. Ant.* Descargar. *Fam.* Carga, cargamento.

caricia: Demostración de cariño que alguien realiza con la mano. *Le hizo caricias al perro.*

ca-**ri**-cia: Sust. f. Plural: caricias.

caridad: Sentimiento que nos impulsa a ayudar a los demás. *Me pidió limosna por caridad y le ayudé.*

ca-ri-**dad:** Sust. f. singular. *Sin.* Compasión, humanidad, generosidad, solidaridad. *Ant.* Inhumanidad. *Fam.* Caritativo.

cariño: **1.** Sentimiento de amor hacia los demás. *La madre tiene cariño a su bebé.* ‖ **2.** Afecto a las cosas. *La casa es vieja, pero le tengo cariño.*

ca-**ri**-ño: Sust. m. Plural: cariños = mimos, caricias. *Sin.* **1.** Afecto, ternura, amor. **2.** Apego, estima, afición. *Ant.* Desamor, antipatía. *Fam.* Cariñoso, cariñito, encariñado, cariñosamente.

carne: Parte muscular del cuerpo de los animales. *Los vegetarianos no comen carne.*

car-ne: Sust. f. Plural: carnes. *Fam.* Carnaza, carnicería, carnal, cárnico, carnero.

carné: Documento o tarjeta de una persona con su fotografía, nombre, apellidos, etc., que demuestra quién es esa persona o si pertenece a una sociedad, a un colegio, etc. *El guardia no creyó que era él hasta que vio su carné de identidad.*

car-**né:** Sust. m. Plural: carnés.

caro: Lo contrario de *barato. *Los coches nuevos son más caros que los de segunda mano.*

ca-ro: Adj. m. / f. Cara. Plural: caros, caras. *Sin.* Costoso, oneroso. *Fam.* Carestía, encarecer.

carpintero: Persona cuya profesión consiste en trabajar la madera. *Un carpintero me hizo las mesas, las sillas y las estanterías de mi habitación.*

car-pin-**te**-ro: Sust. m. Plural: carpinteros. *Sin.* Ebanista. *Fam.* Carpintería.

carta: 1. Escrito que se manda por correo dentro de un sobre. *Me escribió una carta muy larga.* ‖ **2.** Cada una de las cartulinas que forman la baraja. *Cuando llueve solemos jugar a las cartas.* ‖ **3.** Cartones en los que se dibujan ríos, mares, montañas. *Las cartas de navegación indican el rumbo.*

car-ta: Sust. f. Plural: cartas. *Sin.* **1.** Misiva, epístola. ‖ **2.** Naipe. ‖ **3.** Mapa. *Fam.* Cartero, cartearse.

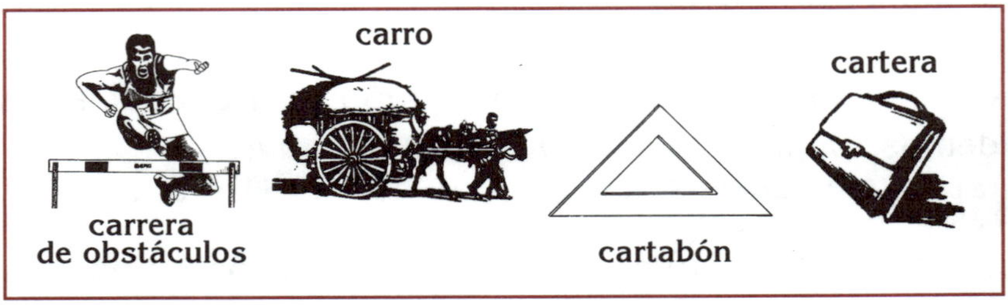

casar: 1. Unir a un hombre y a una mujer para formar un matrimonio. *Nos ha casado el juez esta mañana.* ‖ **2.** Unir o juntar una cosa con otra. *Uní las baldosas casando los dibujos.*

ca-**sar:** V. tr. (Mod. 1: amar). Se usa también **casarse** (prnl.): **1.** *Nos hemos casado hoy. Sin.* **1.** Desposar(se). ‖ **2.** Unir, encajar. *Ant.* **1.** Separar(se), divorciar(se). *Fam.* Casamiento, casarse.

casi: Cerca de, poco menos de, aproximadamente, por poco. *Se está poniendo el sol, casi no hay luz. Son casi las diez.*

ca-si: Adv. de cantidad.

caso: 1. Situación o conjunto de circunstancias. *El médico aplica el remedio según el caso.* ‖ **2. LOC. hacer caso:** Atender. *Aunque estoy enfermo, no me hacéis ningún caso.*

ca-so: **1.** Sust. m. Plural: casos. *Sin.* **1.** Ocasión.

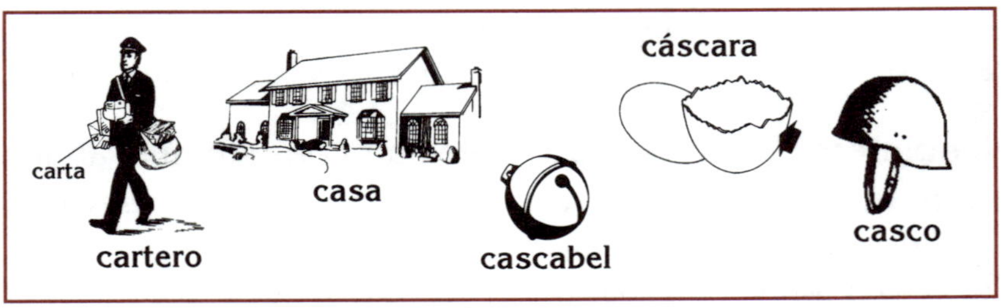

castigar: Imponer a alguien una pena porque ha cometido una falta, un error, etc. *Le castigaron por mala conducta.*
cas-ti-**gar:** V. tr. (Mod. 1: amar). Se escribe *gu* en vez de *g* seguido de *-e: Castiguen. Sin.* Sancionar, condenar. *Ant.* Perdonar, premiar, absolver. *Fam.* Castigo.

catálogo: Lista de personas, cosas o sucesos puestos en orden. *En la biblioteca hay catálogos de libros.*
ca-**tá**-lo-go: Sust. m. Plural: catálogos. *Sin.* Inventario. *Fam.* Catalogación, catalogar.

categoría: Cada uno de los grupos de personas o cosas ordenadas por su importancia. *Era tela de primera categoría.*
ca-te-go-**rí**-a: Sust. f. Plural: categorías. *Sin.* Clase.

causa: Lo que se considera como origen de algo. *La rotura de la presa fue la causa de la inundación.*
cau-sa: Sust. f. Plural: causas. *Sin.* Motivo, razón. *Fam.* Causante.

cd-rom: Disco compacto de memoria que sólo permite lectura, con capacidad para almacenar textos e imágenes. *La enciclopedia en cd-rom tiene vídeos muy interesantes.*
Sust. m.

ceder: Dar una persona a otra un objeto, acción o derecho. *Le cedí el asiento porque estaba muy cansado.*
ce-**der:** V. tr. (Mod. 2: temer). *Sin.* Transferir, transpasar. *Ant.* Retener. *Fam.* Cesión.

celebrar: **1.** Hacer una fiesta por algo que se considera importante: cumpleaños, aniversario, etc. *Celebramos nuestro aniversario de boda.* ‖ **2.** Ponerse contento por algo. *Celebro que hayas llegado a tiempo.*
ce-le-**brar:** V. tr. (Mod. 1: amar). *Sin.* **1.** Festejar. ‖ **2.** Congratularse. *Ant.* **2.** Lamentar. *Fam.* Celebración, celebridad, célebre.

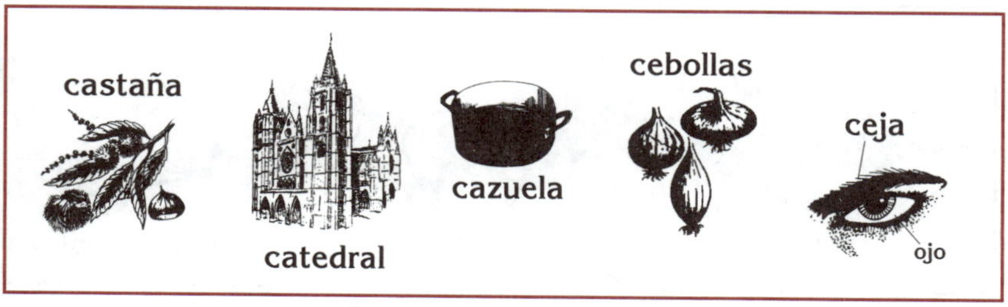

celeste: 1. Del *cielo. *Las estrellas son cuerpos celestes.* ‖ **2.** Del color azul del cielo. *Sus ojos son azul celeste.*

ce-**les**-te: Adj. invariable en género. Plural: celestes. *Sin.* Celestial.

centrar: 1. Fijar el punto medio de algo. *Ha centrado el título en mitad de la línea.* ‖ **2.** En fútbol, pasar el balón desde un lado al centro. *El extremo centró el balón al delantero, que marcó el gol de la victoria.*

cen-**trar:** V. tr. (Mod. 1: amar). *Sin.* **1.** Encuadrar. *Ant.* **1.** Descentrar. *Fam.* Centro.

cera: Sustancia que producen las abejas para hacer panales y que se usa para fabricar velas, muñecos, etc. *El domingo iré con la clase a ver el museo de cera.*

ce-ra: Sust. f. Plural: ceras. *Fam.* Céreo.

cerca: 1. Especie de pared o valla que cierra un terreno. *Los caballos no pueden salirse de la cerca.* ‖ **2.** Que está a poca distancia. *Mi casa está muy cerca de la iglesia.* ‖ **3. LOC. cerca de:** Aproximadamente. *Son cerca de las diez.*

cer-ca: **1.** Sust. f. Plural: cercas. ‖ **2.** Adv. de lugar y de tiempo. ‖ **3.** Adv. *Sin.* **1.** Empalizada, cercado. ‖ **2.** Próximo a, junto a. *Ant.* **2.** Lejos. *Fam.* Cercanía, cercado, verja.

cerda: 1. Hembra del cerdo, mamífero doméstico. *En la granja hay tres cerdas para criar.* ‖ **2.** Pelo grueso que tienen algunos animales. *Con las cerdas de jabalí se hacen cepillos.*

cer-da: **1.** Sust. f. / m. Cerdo. Plural: cerdas, cerdos. ‖ **2.** Sust. f. Plural: cerdas. *Sin.* **1.** Gorrina, chancha. ‖ **2.** Pelo, hebra.

cero: Signo matemático sin valor propio. *Ha tenido cero faltas, es decir, ninguna.*

ce-ro: Sust. m. Plural: ceros.

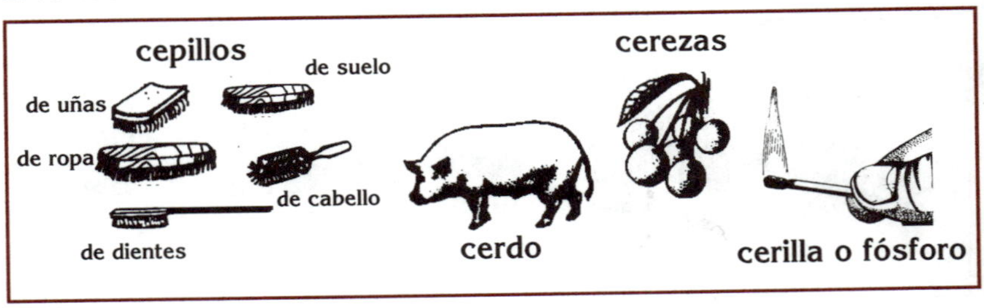

cerrar: 1. Colocar algo que impide el paso. *Una piedra cierra la cueva.* ‖ **2.** Señalar el final de algo. *El lunes cierran el plazo.* ‖ **3.** Estar en último lugar. *La letra "z" cierra el abecedario.* ‖ **4.** Juntar, acercar lados o extremos. *Cierra los ojos. No puedo cerrar esta caja.*

ce-**rrar:** V. tr. irregular (Mod. 1a: acertar). Se usa también **cerrarse** (prnl.): **4.** *La ventana se cerró con el viento. Sin.* **1.** Taponar, atrancar. ‖ **2.** Acabar, concluir. ‖ **4.** Unir(se). *Ant.* Abrir(se). *Fam.* Cerradura, cerrajero, cerrado.

cesar: 1. Acabarse una cosa, dejar de producirse. *La tormenta ha cesado, está saliendo el Sol.* ‖ **2.** Dejar de hacer algo que se estaba haciendo. *El niño ha cesado de llorar.* ‖ **3.** Dejar un empleo o cargo. *No ha vuelto a trabajar desde que cesó en su puesto.*

ce-**sar:** V. intr. (Mod. 1: amar). *Sin.* **1** y **2.** Parar, finalizar, concluir. ‖ **3.** Despedirse, retirarse, darse de baja, dimitir. *Ant.* Seguir, continuar. *Fam.* Cesación, cese.

champú: Loción para lavar el cabello. *Existen champús para los diferentes tipos de cabello.*

cham-**pú:** Sust. m. Plural: champús o champúes.

chapa: Hoja o lámina de metal, madera, etc. *Tapó el pozo con una chapa metálica.*

cha-pa: Sust. f. Plural: chapas. *Sin.* Placa, plancha, lámina. *Fam.* Chapado, chapar.

chaparrón: Lluvia fuerte y que dura poco. *El chaparrón nos pilló desprevenidos.*

cha-pa-**rrón.** Sust. m. Plural: chaparrones. *Sin.* Chubasco, aguacero.

charco: Agua contenida en un hoyo de la tierra. *Después de llover se forman muchos charcos en el suelo.*

char-co: Sust. m. Plural: charcos. *Fam.* Charca, encharcar.

cerrojo

cesta

chal

chaleco

chaquetón

charlar: **1.** Conversar. *Estuvieron charlando para aclarar las cosas.* ‖ **2.** Hablar mucho sin decir nada interesante. *Charló con el vecino acerca del tiempo.*

char-**lar:** V. intr. (Mod. 1: amar). *Sin.* **1.** Hablar. ‖ **2.** Parlotear. *Fam.* Charlatanería.

chato: Que tiene la nariz pequeña y aplastada. *El perro tiene una nariz muy chata.*

cha-to: Adj. m. / f. Chata. Plural: chatos, chatas. *Sin.* Romo, plano. *Fam.* Achatar.

chico: **1.** Pequeño o de poco tamaño. *Este abrigo es muy chico, no me cabe.* ‖ **2.** Niño. *Tu hermano es un buen chico.*

chi-co: **1.** Adj. m. / f. Chica. Plural: chicos, chicas. ‖ **2.** Sust. m. / f. Chica. Plural: chicos, chicas. *Sin.* **1.** Menudo. ‖ **2.** Rapaz, muchacho, chaval. *Ant.* **1.** Grande. *Fam.* Chiquillo.

chillar: Lanzar gritos agudos. *Chilla como un conejo.*

chi-**llar:** V. intr. (Mod. 1: amar). *Sin.* Vociferar. *Ant.* Susurrar. *Fam.* Chillido, chillón.

chispa: Partícula de fuego que salta. *Una chispa que saltó de la hoguera quemó la manta.*

chis-pa: Sust. f. Plural: chispas. *Sin.* Centella. *Fam.* Chispazo, chispeante, chispear.

chiste: Dicho ingenioso y gracioso. *Sabe muchos chistes que siempre nos hacen reír.*

chis-te: Sust. m. Plural: chistes. *Sin.* Broma, gracia. *Fam.* Chistoso.

chocolate: **1.** Pasta hecha con cacao y azúcar. *Me dieron una pastilla de chocolate para merendar.* ‖ **2.** Bebida que se hace cociendo esa pasta en agua o leche. *Para desayunar, prefiero una taza de chocolate.*

cho-co-**la**-te: Sust. m. Plural: chocolates. *Fam.* Chocolatina, chocolatera.

chófer: Persona que conduce un automóvil. *Mi vecino es chófer de un camión.*

chó-fer: Sust. m. Plural: chóferes. En América se pronuncia *chofer* (palabra aguda). *Sin.* Conductor.

chimenea

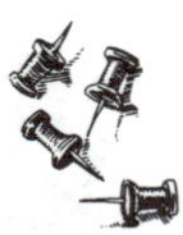

chinchetas

chistera

choque
-golpe o encontronazo-

a b c d e f g h i j k l m n ñ o p q r s t u v w x y z

churro: 1. Frito de sartén, hecho con una masa de harina y agua y cortado en trozos alargados. *A mi hermano le encanta desayunar chocolate con churros.* ‖ **2.** Algo que está mal hecho. *Este dibujo es un auténtico churro, es mejor que lo repitas.*

chu-rro: Sust. m. Plural: churros. *Sin.* **2.** Chapuza. *Fam.* Churrería, churrero.

ciclo: 1. Período de tiempo completo. *La llegada del hombre a la Luna cerró un ciclo de la historia.* ‖ **2.** Serie de acciones o fenómenos que se repiten en el mismo orden. *El ciclo de la cosecha se divide en siembra, crecimiento y recogida.* ‖ **3.** Período de tiempo que, una vez acabado, se vuelve a contar. *El tiempo que tarda la Tierra en dar la vuelta alrededor del Sol es un ciclo.*

ci-clo: Sust. m. Plural: ciclos. *Sin.* **1.** Etapa, época. ‖ **2.** Proceso. *Fam.* Cíclico, cíclicamente, ciclismo, ciclomotor.

ciego: Que no ve porque carece del sentido de la vista. *Un perro entrenado guiaba al ciego.*

cie-go: Sust. y adj. m. / f. Ciega. Plural: ciegos, ciegas. *Sin.* Invidente. *Fam.* Ceguera, cegar.

cielo: 1. Espacio que rodea la Tierra, claro y azul de día y oscuro y con estrellas de noche. *Hoy el cielo está muy nublado.* ‖ **2.** En la religión judeo-cristiana, el lugar en que están los seres celestiales: ángeles, santos, etc. *Las personas buenas van al cielo.*

cie-lo: Sust. m. Plural: cielos. *Sin.* **1.** Éter, firmamento, atmósfera. ‖ **2.** Edén, paraíso, gloria. *Ant.* **2.** Infierno. *Fam.* Celeste, celestial, cielito.

a b **c** d e f g h i j k l m n ñ o p q r s t u v w x y z

ciencia: 1. Conjunto de conocimientos que la humanidad tiene sobre las cosas. *La Ciencia ha evolucinado mucho desde el principio de los tiempos.* ‖ **2.** Conjunto de conocimientos sobre actividades y materias concretas. *Las Matemáticas son una ciencia exacta.*

cien-cia: Sust. f. Plural: **2.** Ciencias. *Sin.* **1.** Saber, cultura. ‖ **2.** Disciplina, asignatura. *Fam.* Científico, científicamente.

cierto: 1. Que es verdad. *Es cierto que hoy es mi cumpleaños.* ‖ **2.** Se usa delante del sustantivo en sentido indeterminado. *En cierta ocasión viajé a Europa.*

cier-to: Adj. m. / f. Cierta. Plural: ciertos, ciertas. *Sin.* **1.** Indudable, indiscutible, real, verdadero, seguro. ‖ **2.** Un, alguno. *Ant.* **1.** Falso, incierto, dudoso, erróneo. *Fam.* Certero, certeza, ciertamente.

cifra: Cada uno de los signos con que se representa un número. *423 es un número de tres cifras.*

ci-fra: Sust. f. Plural: cifras. *Sin.* Guarismo, dígito. *Fam.* Cifrado, cifrar.

cimiento: 1. Parte del edificio que está bajo tierra y que sirve para que se sostenga la construcción. *No sé cuándo acabarán la casa, sólo están hechos los cimientos.* ‖ **2.** Principio de alguna cosa. *Los cimientos de nuestra amistad son la sinceridad y la confianza.*

ci-**mien**-to: Sust. m. Plural: cimientos. *Sin.* **1.** Base, firme. ‖ **2.** Causa, origen, raíz, fundamento. *Fam.* Cimentar.

cine: 1. Sala con asientos y pantalla para ver películas. *Ayer vimos una película en el cine.* ‖ **2.** Arte de hacer películas cinematográficas o filmes. *El Cine está considerado como el séptimo arte.*

ci-ne: Sust. m. Plural: cines. *Fam.* Cinema, cinematógrafo, cinemascope, cinéfilo.

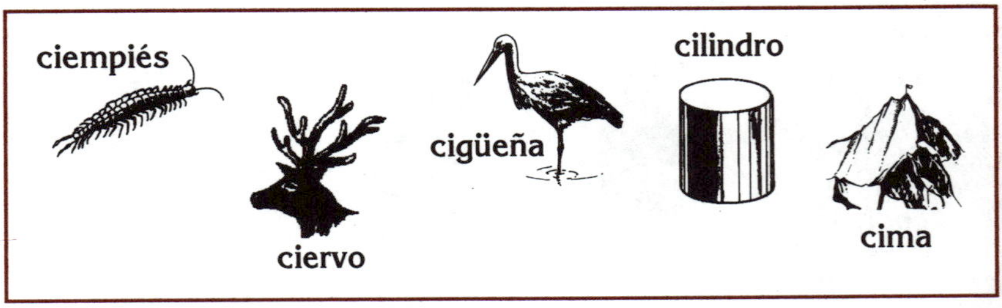

cinta: 1. Tira de tela, larga y estrecha, que se emplea para atar algo. *Te hice un bonito lazo con la cinta azul.* ‖ **2. Cinta transportadora:** Aparato que sirve para transportar personas o cosas. *Había una larga cola en el aeropuerto para recoger las maletas de la cinta.* ‖ **3. Cinta magnetofónica:** Tira especialmente preparada para grabar sonidos. *El concierto está grabado en dos cintas.* ‖ **4. Cinta cinematográfica:** Película o filme usado en el cine. *Mi padre se dedica a restaurar cintas antiguas.*

cin-ta: Sust. f. Plural: cintas. *Sin.* **1.** Banda, serpentina (de papel), cordón. ‖ **3.** Casete. ‖ **4.** Película, filme.

círculo: 1. Superficie limitada por una circunferencia. *Las monedas son círculos de metal.* ‖ **2.** Circunferencia. *Hizo un sol dibujando un círculo al que añadió rayos.* ‖ **3.** Lugar para reuniones de personas que pertenecen a un grupo determinado. *Mi amigo el pintor suele ir al Círculo de Bellas Artes.*

cír-cu-lo: Sust. m. Plural: círculos. *Sin.* **1** y **2.** Redondel. ‖ **3.** Club, agrupación, sociedad. *Fam.* Circular.

citar: 1. Señalar hora, día y lugar para ir a algún sitio. *Mi dentista me citó el lunes a las ocho.* ‖ **2.** Nombrar a una persona o repetir sus palabras. *Citó a Ramón y Cajal en el párrafo primero de sus memorias.*

ci-**tar:** V. tr. (Mod. 1: amar). *Sin.* **1.** Convocar, emplazar, dar cita. ‖ **2.** Mencionar, aludir. *Fam.* Citado, citación, cita.

ciudad: Población grande. *En las ciudades circulan muchos más vehículos que en el campo.*

ciu-**dad:** Sust. f. Plural: ciudades. *Sin.* Urbe, capital, metrópoli. *Fam.* Ciudadanía.

claro: 1. Con mucha luz, limpio. *El día está muy claro.* ‖ **2.** De color de un tono suave. *Algunas uvas son de color verde claro.* ‖ **3.** Que se entiende bien, fácil de comprender. *Su explicación ha sido muy clara.* ‖ **4.** Espacio libre en un conjunto de cosas. *Había un precioso claro en medio del bosque.*

cla-ro: **1, 2** y **3.** Adj. m. / f. Clara. Plural: claros, claras. ‖ **4.** Sust. m. Plural: claros. *Sin.* **1.** Luminoso, iluminado, radiante. ‖ **2.** Pálido. ‖ **3.** Inteligible, nítido. *Ant.* **1, 2** y **3.** Oscuro. ‖ **1.** Sombrío. ‖ **3.** Dudoso. *Fam.* Claramente, claroscuro, claridad, clarear.

a b **c** d e f g h i j k l m n ñ o p q r s t u v w x y z

clase: **1.** Conjunto de personas o cosas del mismo grado, calidad u oficio. *Si la clase de madera es nogal, te costará mucho dinero.* ‖ **2.** Grupo de alumnos que reciben la misma enseñanza. *La clase de mi hermano va al museo esta tarde.* ‖ **3.** Lugar donde se enseña. *Las clases de mi escuela tienen grandes ventanas.*

cla-se: Sust. f. Plural: clases. *Sin.* **1.** Categoría, tipo. ‖ **2.** Asignatura, materia. ‖ **3.** Aula. *Fam.* Clasismo, clasificación, clasificar.

clásico: **1.** Se dice de los autores y obras que son modelos dignos de imitación. *Cervantes es un escritor clásico en lengua española.* ‖ **2.** Se llaman así las obras de la antigüedad griega y romana. *El edificio tiene columnas de estilo clásico.*

clá-si-co: Sust. y adj. m. / f. Clásica. Plural: clásicos, clásicas. *Sin.* **2.** Grecorromano. *Fam.* Clasicismo, clasicista.

clima: El tiempo atmosférico (temperatura, nubosidad, vientos, etc.). *Las ciudades de la costa tienen clima húmedo.*

cli-ma: Sust. m. Plural: climas. *Fam.* Climático, climatología.

clínica: **1.** Parte práctica de la enseñanza de la Medicina. *No se perdía nunca las prácticas de Clínica.* ‖ **2.** Hospital, generalmente privado, donde trabajan uno o varios médicos. *Mi padre tiene una clínica dental.*

clí-ni-ca: Sust. f. Plural: clínicas. *Sin.* **2.** Sanatorio.

club: Nombre que se da a una asociación con fines sociales, deportivos o de recreo, y al lugar donde se reúnen. *Sus hermanos son socios de un club de natación.*

club: Sust. m. Plural: clubes. *Sin.* Agrupación, asociación, sociedad.

clavel

clavicordio

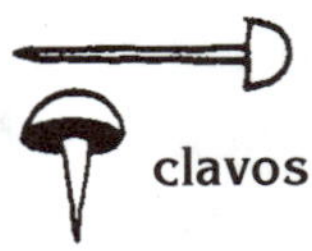

clavos

coco

cobarde: Lo contrario de *valiente. *Demostró no ser un cobarde al salvar al niño de las llamas.*

co-**bar**-de: Adj. invariable en género. Plural: cobardes. *Sin.* Tímido, temeroso, miedica. *Ant.* Valiente, atrevido. *Fam.* Cobardía, cobardemente.

cobrar: Recibir dinero como pago de algo. *El fontanero cobró mucho dinero por arreglar el grifo.*

co-**brar:** V. tr. (Mod. 1: amar). *Sin.* Recaudar, percibir. *Ant.* Pagar, abonar. *Fam.* Cobro, cobrador, cobranza.

cocina: 1. Sitio de una casa, restaurante, etc., donde se preparan las comidas. *En la cocina se encuentra el frigorífico o refrigerador.* ‖ **2.** Aparato en el que se guisan los alimentos. *Hemos decidido cambiar nuestra vieja cocina de gas por una eléctrica.*

co-**ci**-na: Sust. f. Plural: cocinas. *Sin.* **2.** Fogón, placa. *Fam.* Cocinar, cocinero.

coger: 1. Agarrar algo. *Cojo las cosas con la mano izquierda, porque soy zurdo.* ‖ **2.** Alcanzar a una persona o cosa que va delante. *Como corría más que yo, no pude cogerle.* ‖ **3.** Subir a un vehículo. *Cogí un autobús para volver a casa.* ‖ **4.** Contraer o padecer una enfermedad. *Mi hermano ha cogido la gripe y no puede ir hoy al colegio.*

co-**ger:** V. tr. (Mod. 2: temer). Se escribe *j* en vez de *g* seguido de *-a* u *-o: Cojas, cojo.* *Sin.* **1.** Asir, tomar. ‖ **2.** Alcanzar. ‖ **3.** Tomar, montar. ‖ **4.** Adquirir, pillar, agarrar. *Ant.* **1.** Soltar, dejar. ‖ **3.** Bajar, apearse. *Fam.* Cogida, cogido.

coincidir: 1. Encontrarse dos o más personas en un mismo sitio. *Coincidía con su vecino todos los días en el ascensor.* ‖ **2.** Ocurrir dos o más cosas al mismo tiempo. *Al dar las doce, las manecillas del reloj coinciden.*

coin-ci-**dir:** V. intr. (Mod. 3: partir). *Sin.* Encontrarse. *Fam.* Coincidencia.

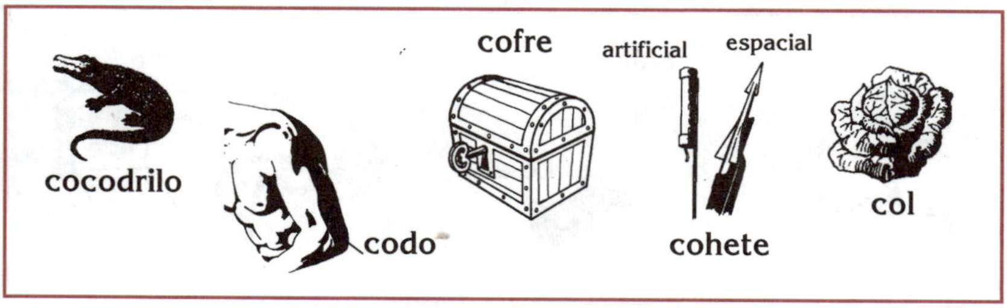

a b **c** d e f g h i j k l m n ñ o p q r s t u v w x y z

colaborar: Trabajar con otra u otras personas. *Toda la familia ha colaborado en el arreglo del tejado. Se ha ofrecido a colaborar en el nuevo proyecto.*

co-la-bo-**rar:** V. intr. (Mod. 1: amar). *Sin.* Ayudar, participar, cooperar. *Fam.* Colaboración, colaborador.

colección: Conjunto de cosas generalmente de la misma clase. *Tengo una colección de sellos. Ha decidido empezar una colección de mariposas.*

co-lec-**ción:** Sust. f. Plural: colecciones. *Sin.* Recopilación, selección. *Fam.* Coleccionista, coleccionar.

colegio: Centro de enseñanza para niños y jóvenes. *Las clases del colegio son grandes.*

co-**le**-gio: Sust. m. Plural: colegios. *Sin.* Escuela. *Fam.* Colegial.

colocar: **1.** Poner a una persona o cosa en el lugar donde debe estar. *Hace un año que colocaron nuevas farolas en mi calle.* ‖ **2.** Dar un empleo a alguien. *Va a colocar a su hija en la oficina donde él trabaja.*

co-lo-**car:** V. tr. (Mod. 1: amar). Se usa también **colocarse** (prnl.): **1.** *Colóquense más allá, por favor.* ‖ **2.** *Se ha colocado en una fábrica de pastas.* Se escribe *qu* en vez de *c* seguido de *-e: Coloqué. Sin.* **1.** Situar(se), instalar(se), disponer. ‖ **2.** Emplear(se). *Ant.* **1.** Descolocar(se). ‖ **2.** Despedir(se). *Fam.* Colocación.

colonia: **1.** Grupo de gente de un país, región o provincia que vive en otro territorio. *La colonia china en Canadá es muy numerosa.* ‖ **2.** Territorio que está fuera de una nación y sometido a ella. *La India fue una colonia inglesa.* ‖ **3.** Líquido aromático. *Mi colonia huele a lilas.*

co-**lo**-nia: Sust. f. Plural: colonias. *Sin.* **1.** Comunidad. ‖ **2.** Dominio, posesión. ‖ **3.** Esencia, perfume. *Fam.* Colonizar, colono, colonial, colonialismo.

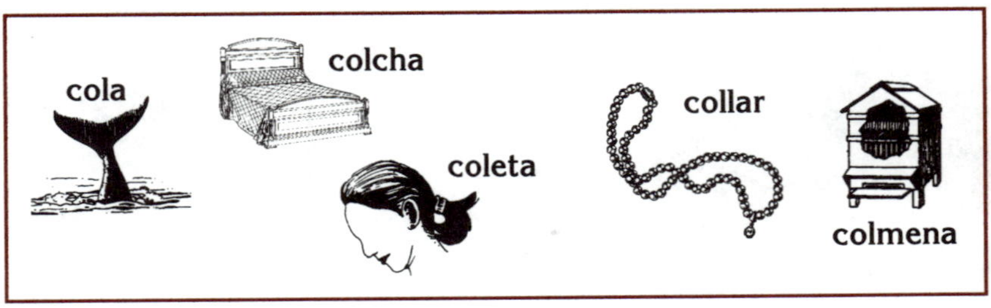

color: 1. Impresión que capta el ojo de los rayos de luz reflejados por un cuerpo. *Bajo la luz de la Luna, el mar era de color plateado.* ‖ **2.** Sustancia preparada para dar a las cosas un tono determinado. *Los colores primarios son el rojo, el amarillo, el azul y el negro.*

co-**lor:** Sust. m. Plural: colores. *Fam.* Coloración, colorido, colorear.

coma: 1. Signo ortográfico de puntuación que indica pausa breve o división en la oración. *Las comas facilitan la lectura.* ‖ **2.** Sueño profundo que se produce por enfermedad. *Se recuperó después de estar varios días en coma.*

co-ma: **1.** Sust. f. Plural: comas. ‖ **2.** Sust. m. singular. *Sin.* **2.** Sopor, inconsciencia. *Fam.* **1.** Comillas. ‖ **2.** Comatoso.

combatir: 1. Luchar personas o grupos entre sí. *David usó su ingenio para combatir contra Goliat.* ‖ **2.** Ir contra cierta cosa o idea. *Combatió siempre la ignorancia.*

com-ba-**tir:** **1.** V. intr. y **2.** tr. (Mod. 3: partir). *Sin.* **1.** Pelear, lidiar. ‖ **2.** Luchar contra, oponerse. *Fam.* Combate, combatiente.

combinar: Unir varias cosas de manera que formen un conjunto. *Las palabras se forman combinando varias letras.*

com-bi-**nar:** V. tr. (Mod. 1: amar). *Sin.* Juntar. *Fam.* Combinación, combinado.

comenzar: Empezar algo. *Por fin ha decidido comenzar la construcción de su nueva casa.*

co-men-**zar:** V. tr. irregular (Mod. 1a: acertar). Se escribe *c* en vez de *z* seguido de *-e: Comencé.* *Sin.* Iniciar. *Ant.* Terminar. *Fam.* Comienzo.

comer: Tomar alimentos por la boca. *Sin comer no se puede vivir. Le gusta comer legumbres.*

co-**mer:** V. tr. o intr. (Mod. 2: temer). *Sin.* Alimentarse, tragar. *Fam.* Comida, comedor, comestible.

colmillos

columna

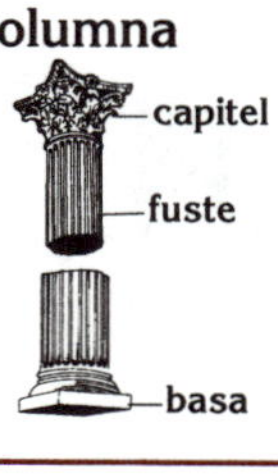

columpio

comadreja

comercio: 1. Actividad de comprar y vender cosas para ganar dinero. *El librero se dedica al comercio: compra libros al editor y los vende en su librería.* ‖ **2.** Tienda. *Tengo un comercio de fruta junto a la estación.*

co-**mer**-cio: Sust. m. Plural: comercios. *Sin.* **1.** Negocio. ‖ **2.** Establecimiento. *Fam.* Comerciar.

cometer: Hacer una cosa que está prohibida o que es errónea. *Está en la cárcel por haber cometido un robo.*

co-me-**ter:** V. tr. (Mod. 2: temer). *Sin.* Hacer, incurrir. *Fam.* Cometido.

cómico: Que puede divertir o dar risa. *Nos lo hemos pasado muy bien en la película cómica.*

có-mi-co: Adj. m. / f. Cómica. Plural: cómicos, cómicas. *Sin.* Divertido. *Ant.* Trágico. *Fam.* Comicidad, comedia.

comisión: 1. Conjunto de personas elegidas para hacer algo en representación de un grupo mayor. *Este año estoy en la comisión de festejos y voy a organizar un concierto.* ‖ **2.** Cantidad de dinero cobrada por hacer algo. *El agente vendió mi casa y cobró mucho dinero como comisión.*

co-mi-**sión:** Sust. f. Plural: comisiones. *Sin.* **1.** Representación, delegación. ‖ **2.** Honorarios, beneficio, porcentaje. *Fam.* Comisario, comisionado.

cómodo: 1. Que da bienestar. *Me siento cómodo con los zapatos nuevos.* ‖ **2.** Que es fácil de hacer. *Es muy cómodo calentar la comida con microondas.*

có-mo-do: Adj. m. / f. Cómoda. Plural: cómodos, cómodas. *Sin.* **1.** Confortable. ‖ **2.** Sencillo. *Ant.* **1.** Incómodo, molesto. ‖ **2.** Fastidioso, complicado. *Fam.* Comodidad.

compañero: Persona que estudia, trabaja, juega, etc., con otra. *Pepe es mi compañero de clase.*

com-pa-**ñe**-ro: Sust. m. / f. Compañera. Plural: compañeros, compañeras. *Sin.* Camarada, socio, colega. *Fam.* Compañerismo, compañía.

astro

cometa

juguete

cómoda

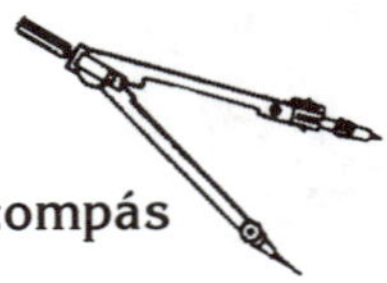

compás

comparar: Analizar dos o más cosas, o personas, para ver en qué son diferentes o parecidas. *Hemos comparado las chaquetas y la azul es más pequeña.*

com-pa-**rar:** V. tr. (Mod. 1: amar). *Sin.* Confrontar, cotejar. *Fam.* Comparación, comparable.

compensar: 1. Igualar en sentido opuesto el efecto de una cosa con el de otra. *Ha compensado las pérdidas de este mes con las ganancias del mes pasado.* ‖ 2. Dar algo a una persona por haber sufrido pérdidas, daños, etc. *Le compensaron con el importe de los cristales rotos, pero él todavía sigue muy disgustado.*

com-pen-**sar:** V. tr. (Mod. 1: amar). *Sin.* 1. Equilibrar, igualar. ‖ 2. Indemnizar, resarcir. *Ant.* 1. Descompensar, desnivelar, desequilibrar. *Fam.* Compensación.

competente: Se dice de la persona capaz de hacer o resolver algo. *En este asunto, sólo el juez es competente.*

com-pe-**ten**-te: Adj. invariable en género. Plural: competentes. *Sin.* Adecuado, apto, cualificado. *Ant.* Incompetente, inepto. *Fam.* Competencia, competer.

complacer: Dar gusto. *Cantó una canción más para complacer al público.*

com-pla-**cer:** V. tr. irregular (Mod. 2c: parecer). *Sin.* Satisfacer. *Ant.* Desagradar. *Fam.* Complacencia, complacido.

complemento: Cosa que se añade a otra para completarla. *El aceite y el vinagre son un complemento esencial de las ensaladas.*

com-ple-**men**-to: Sust. m. Plural: complementos. *Sin.* Suplemento, aditamento. *Fam.* Complementar, complementario.

completar: Hacer que una cosa esté entera o perfecta. *Sólo falta un asiento para completar la mesa.*

com-ple-**tar:** V. tr. (Mod. 1: amar). *Sin.* Terminar, acabar, llenar. *Fam.* Completamente, completo.

complicar: Añadir dificultades a las cosas. *No compliques el problema, no es tan difícil.*

com-pli-**car:** V. tr. (Mod. 1: amar). Se usa también **complicarse** (prnl.): *El catarro se complicó con pulmonía.* Se escribe *qu* en vez de *c* seguido de *-e: Compliqué.* *Sin.* Enredar(se), liar(se), dificultar. *Ant.* Simplificar. *Fam.* Complicación, complicado, cómplice.

componer: 1. Formar una cosa, juntando varias. *Con piedras de varios colores compuse un mosaico.* ‖ **2.** Crear una obra musical o literaria. *El poema que compuso era muy bello.* ‖ **3.** Volver a hacer que algo funcione. *Llevé a componer el reloj y ya marca la hora.*

com-po-**ner:** V. tr. irregular (Se conjuga como *poner). *Sin.* **1.** Hacer. ‖ **2.** Concebir, escribir. ‖ **3.** Arreglar. *Ant.* Descomponer. *Fam.* Composición, compostura.

comprar: Adquirir algo con dinero. *He comprado una cartera que me ha costado mucho dinero.*

com-**prar:** V. tr. (Mod. 1: amar). *Sin.* Adquirir. *Ant.* Vender. *Fam.* Compra, comprador.

comprender: 1. Entender el significado de algo. *Comprendí lo que quería decir.* ‖ **2.** Tener una cosa dentro de sí a otra. *Esta nueva colección comprende doce cuentos.*

com-pren-**der:** V. tr. (Mod. 2: temer). *Sin.* **1.** Entender. ‖ **2.** Abarcar, incluir. *Ant.* **2.** Excluir. *Fam.* Comprensible, comprensión, comprendido, incomprendido.

comprobar: Confirmar que una cosa es cierta o exacta. *He comprobado el resultado del problema.*

com-pro-**bar:** V. tr. (Mod. 1: amar). *Sin.* Verificar, revisar, confirmar. *Fam.* Comprobable, comprobante.

comprometerse: Obligarse uno mismo a hacer algo. *Los vecinos nos comprometimos a reconstruir la iglesia.*

com-pro-me-**ter**-se: V. prnl. (Mod. 2: temer). *Ant.* Escabullir(se), evadir(se). *Fam.* Comprometedor, compromiso, comprometido.

común: 1. Que pertenece a varias personas con bienes compartidos. *En este pueblo hay muchos pastos comunes.* ‖ **2.** Corriente, que se da con frecuencia. *Juan tiene una estatura muy común.*

co-**mún:** Adj. invariable en género. Plural: comunes. *Sin.* **1.** Comunal, colectivo. ‖ **2.** General, frecuente. *Ant.* **1.** Particular. ‖ **2.** Raro, inusual. *Fam.* Comunidad.

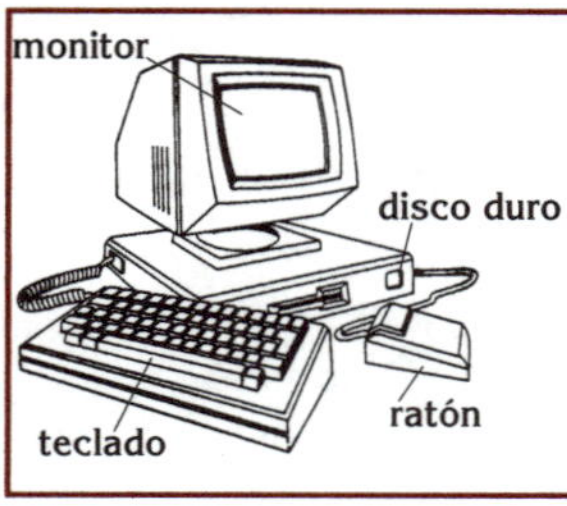

computadora u ordenador
-máquina que ha sido preprarada para elaborar una información o resultado a partir de unos datos-

concha

a b c d e f g h i j k l m n ñ o p q r s t u v w x y z

comunicar: 1. Descubrir o contar alguna cosa a alguien. *Le comunicó que habían operado a su padre.* ‖ **2. Comunicarse:** Hablar con alguien o escribirle. *Mi amigo se ha ido a vivir a otra ciudad y nos comunicamos por carta.*

co-mu-ni-**car:** **1.** V. tr. y **2.** prnl. (Mod. 1: amar). Se escribe *qu* en vez de *c* seguido de *-e*: *Comuniquen*. *Sin.* **1.** Manifestar, transmitir. ‖ **2.** Intercambiar(se), tratarse. *Ant.* **1.** Callar, ocultar. ‖ **2.** Incomunicarse. *Fam.* Comunicación, comunicativo, comunicante, comunicable, comunicado.

comunidad: Grupo de personas que tienen los mismos intereses. *La comunidad de vecinos ha decidido arreglar el tejado.*

co-mu-ni-**dad:** Sust. f. Plural: comunidades. *Sin.* Asociación, sociedad. *Fam.* Comunión, comunitario, común.

conceder: Permitir a alguien obtener cosas o hacerlas. *Le han concedido una beca.*

con-ce-**der:** V. tr. (Mod. 2: temer). *Sin.* Dar, otorgar. *Ant.* Negar, impedir, denegar. *Fam.* Concesión, concesionario, concedido.

concentración: Reunión en un punto de cosas o seres separados. *El domingo hay una concentración de cantantes de todo el país.*

con-cen-tra-**ción:** Sust. f. Plural: concentraciones. *Sin.* Reunión, centralización. *Ant.* Dispersión, descentralización. *Fam.* Concentrar, concentrado.

concurso: Prueba en la que se compite por un premio. *El cuadro de mi amigo ganó el primer premio del concurso.*

con-**cur**-so: Sust. m. Plural: concursos. *Sin.* Competición, certamen, torneo. *Fam.* Concursante, concursar.

condición: Cosa necesaria para que algo se realice. *Te dejo mi coche con la condición de que lo cuides.*

con-di-**ción:** Sust. f. Plural: condiciones. *Sin.* Limitación. *Fam.* Condicional, condicionado, incondicional, condicionar.

conducir: 1. Manejar un coche, camión, etc. *Para conducir un coche hay que sujetar el volante.* ‖ **2.** Llevar a alguien o algo de un sitio a otro. *El agua es conducida a través de canales.*

con-du-**cir:** V. tr. irregular (Véase cuadro). *Sin.* **1.** Pilotar. ‖ **2.** Trasladar, transportar. *Fam.* Conducto, conducción, conductor.

CONJUGACIÓN DEL VERBO «CONDUCIR»

Formas personales

MODOS	INDICATIVO	SUBJUNTIVO
TIEMPOS	**SIMPLES**	
Presente	conduzco conduces conduce conducimos conducís conducen	conduzca conduzcas conduzca conduzcamos conduzcáis conduzcan
Pretérito imperfecto o co-pretérito	conducía conducías conducía conducíamos conducíais conducían	condujera o condujese condujeras o condujeses condujera o condujese condujéramos o condujésemos condujerais o condujeseis condujeran o condujesen
Pret. perfecto simple o pretérito	conduje condujiste condujo condujimos condujisteis condujeron	
Futuro	conduciré conducirás conducirá conduciremos conduciréis conducirán	condujere condujeres condujere condujéremos condujereis condujeren
Condicional o pos-pretérito	conduciría conducirías conduciría conduciríamos conduciríais conducirían	
MODO IMPERATIVO Presente	conduce conducid	conduzca conduzcan

Formas no personales

Infinitivo	conducir
Gerundio	conduciendo
Participio	conducido

conducta: Manera de comportarse y actuar las personas. *El profesor le felicitó por su buena conducta en clase.*

con-**duc**-ta: Sust. f. Plural: conductas. *Sin.* Pauta, comportamiento, proceder. *Fam.* Conducirse.

conferencia: 1. Acción de hablar en público sobre un tema. *Mañana iremos a una conferencia sobre Literatura.* ‖ **2.** Conversación entre varias personas para tratar un tema de interés general. *La conferencia para la paz ha reunido a varios presidentes de gobierno.* ‖ **3.** Comunicación por teléfono entre ciudades distintas. *Una conferencia Madrid-Nueva York, cuesta mucho dinero.*

con-fe-**ren**-cia: Sust. f. Plural: conferencias. *Sin.* **1.** Coloquio, charla, discurso. ‖ **2.** Coloquio. *Fam.* Conferenciante, conferenciar.

confesar: 1. Decir algo que hasta el momento no se había dicho. *Él me confesó que me quería.* ‖ **2.** Decir a alguien, obligado por algo, lo que de otra forma no diría. *El ladrón acabó confesando dónde había escondido el dinero.* ‖ **3.** En la religión cristiana, decir los pecados al confesor antes de comulgar. *Fue a la iglesia a confesar sus faltas.*

con-fe-**sar:** V. tr. irregular (Mod. 1a: acertar). *Sin.* **1.** Manifestar, expresar, declarar. ‖ **2.** Admitir, reconocer, acusarse. *Ant.* **1** y **2.** Callar. ‖ **1.** Ocultar, omitir. ‖ **2.** Negar. *Fam.* Confesión, confesonario, confesionario, confesor.

confiar: 1. Esperar con seguridad que algo bueno pase. *Confío en que lleguemos a tiempo.* ‖ **2.** Dar o encargar una cosa a alguien de quien se tiene buena opinión. *Mientras estuvo ausente, confió la casa a un amigo suyo.*

con-fi-**ar: 1.** V. intr. y **2.** tr. (Mod. 1: amar). *Sin.* **1.** Esperar, creer, tener confianza. ‖ **2.** Dejar, encomendar, encargar. *Ant.* Desconfiar. *Fam.* Confianza, confiado, confidencia.

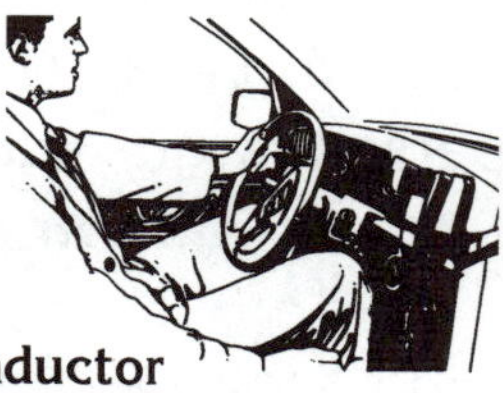
conductor

conejo

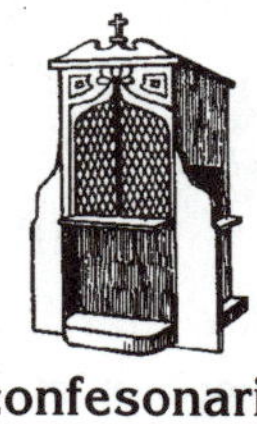
confesonario

a b **c** d e f g h i j k l m n ñ o p q r s t u v w x y z

CONJUNCIONES Conjunción es la parte invariable de la oración que une dos oraciones o dos palabras de una misma oración	
COORDINADAS	**Copulativas:** y, e, ni, que **Disyuntivas:** o, u **Adversativas:** mas, pero, sino, sin embargo **Distributivas:** ya... ya, bien... bien, ora... ora
SUBORDINADAS	**Causales:** porque, puesto que, pues **Consecutivas:** luego, por consiguiente, así que **Condicionales:** si, siempre que **Concesivas:** aunque, aun cuando **Comparativas:** así, tal como **Temporales:** cuando, después que, antes que **Finales:** para que, a fin de que

confidencia: Secreto que se dice a alguien en confianza. *Me hizo confidencias acerca de su viaje.*

con-fi-**den**-cia: Sust. f. Plural: confidencias. *Sin.* Secreto, revelación. *Fam.* Confidencial, confidencialmente, confidente.

conforme: **1.** Que se adapta o es como conviene. *Obtuvo un resultado conforme a su esfuerzo.* ‖ **2.** Que está de acuerdo con algo. *Estamos conformes con la fecha fijada para la reunión.*

con-**for**-me: Adj. invariable en género. Plural: conformes. *Sin.* **1.** Acorde, ajustado. ‖ **2.** Satisfecho. *Ant.* **1.** Disconforme. ‖ **2.** Descontento, insatisfecho. *Fam.* Conformidad, conformar.

confundir: Equivocar, desordenar una cosa. *Confundió mi nombre con el de mi hermano.*

con-fun-**dir:** V. tr. (Mod. 3: partir). Se usa también **confundirse** (prnl.): *Creo que se ha confundido de piso. Sin.* Perturbar, errar. *Ant.* Acertar. *Fam.* Confusión, confuso, confundido.

conjunto: **1.** Unión de personas, animales o cosas que tienen algo en común. *El conjunto de profesores ha hecho el programa del curso.* ‖ **2.** Grupo de personas que cantan, bailan, tocan instrumentos, etc. *Toca la guitarra en un conjunto de rock.*

con-**jun**-to: Sust. m. Plural: conjuntos. *Sin.* **1** y **2.** Grupo. ‖ **1.** Serie. ‖ **2.** Banda. *Fam.* Conjunción, conjuntar.

conocer: 1. Saber lo que es y cómo es cierta cosa o cierta persona. *No tardó nada en llegar porque conocía el camino.* ‖ 2. Ver por primera vez a una persona. *Ha oído hablar de él y tiene ganas de conocerle.*

co-no-**cer:** V. tr. irregular (Mod. 2c: parecer). *Sin.* **1.** Saber. *Ant.* Desconocer, ignorar. *Fam.* Conocimiento, conocido.

consciente: Que obra sabiendo lo que hace. *Al nadar era consciente de la profundidad.*

cons-**cien**-te: Adj. invariable en género. Plural: conscientes. *Sin.* Cuidadoso, responsable. *Ant.* Inconsciente. *Fam.* Consciencia, conscientemente.

consecuencia: Hecho que es el resultado de otro. *Lleva escayolada la pierna, como consecuencia de la fractura.*

con-se-**cuen**-cia: Sust. f. Plural: consecuencias. *Sin.* Efecto, resultado, repercusión. *Ant.* Causa, principio. *Fam.* Consecuente.

conseguir: Lograr lo que se pretende. *He conseguido aprobar latín.*

con-se-**guir:** V. tr. irregular (Mod. 6: pedir). *Sin.* Alcanzar, obtener. *Ant.* Perder, fracasar. *Fam.* Consecución, conseguido.

consejo: Cosa que una persona dice a otra sobre lo que debe hacer. *Mi consejo es que no conduzcas si hay mucha niebla.*

con-**se**-jo: Sust. m. Plural: consejos. *Sin.* Aviso, opinión, sugerencia, advertencia. *Fam.* Aconsejar, consejero.

conserva: Alimento que ha sido preparado y envasado especialmente para que dure mucho tiempo inalterable. *Compró varias latas de sardinas en conserva.*

con-**ser**-va: Sust. f. Plural: conservas. *Fam.* Conservar.

conservar: 1. Hacer que alguien o algo se mantenga en buen estado durante cierto tiempo. *Conservo el piano bien afinado. El frío conserva los alimentos.* ‖ 2. Guardar (con cuidado) una cosa. *Aún conservo la primera carta que me escribió.*

con-ser-**var:** V. tr. (Mod. 1: amar). Se usa también **conservarse** (prnl.): **1.** *La miel se conserva durante siglos. Sin.* **1.** Mantener(se), proteger(se), preservar(se). ‖ **2.** Guardar, custodiar. *Ant.* **1.** Deteriorar(se), estropear(se). ‖ **2.** Perder. *Fam.* Conserva, conservador, conservante, conservación, conservatorio.

considerar: 1. Tener una opinión sobre una persona o una cosa. *Considero que la profesora es buena. Considero difícil cruzar el río.* ‖ **2.** Pensar algo con detenimiento. *Antes de tomar una decisión debes considerarlo con calma.*

con-si-de-**rar:** V. tr. (Mod. 1: amar). *Sin.* **1.** Meditar, reflexionar, analizar. ‖ **2.** Juzgar, estimar. *Ant.* **1.** Desatender. *Fam.* Consideración, considerable, considerado.

constante: 1. Se dice de lo que no se detiene, debilita o varía. *Las agujas del reloj tienen un movimiento constante.* ‖ **2.** Continuo. *En clase hemos tenido constantes interrupciones.*

cons-**tan**-te: Adj. invariable en género. Plural: constantes. *Sin.* **1.** Invariable, permanente. ‖ **2.** Incesante, frecuente, persistente. *Ant.* **1.** Variable. ‖ **2.** Esporádico. *Fam.* Constancia, constantemente.

constituir: Formar algo con distintos elementos. *Padres e hijos constituyen una familia.*

cons-ti-tu-**ir:** V. tr. irregular (Mod. 9: huir). *Sin.* Integrar, componer. *Ant.* Descomponer. *Fam.* Constitución, constitucional.

construir: Hacer una cosa nueva, uniendo varios elementos. *Estoy construyendo una casa con madera y piedra.*

cons-tru-**ir:** V. tr. irregular (Mod. 9: huir). *Sin.* Edificar, fabricar. *Ant.* Destruir. *Fam.* Construcción, constructor.

consuelo: Descanso y alivio de penas y fatigas. *Las sombras de los árboles consuelan al caminante.*

con-**sue**-lo: Sust. m. Plural: consuelos. *Sin.* Alivio. *Ant.* Desconsuelo, desolación. *Fam.* Consolar, consolación.

consultar: 1. Pedir a una persona su opinión sobre algo. *Fui a consultar mi problema con un médico.* ‖ **2.** Mirar un libro para aprender algo o aclarar una duda. *Consulta el diccionario para saber el significado de una palabra.*

con-sul-**tar:** V. tr. (Mod. 1: amar). *Sin.* **1.** Pedir consejo, asesorarse. ‖ **2.** Aclarar, instruirse. *Fam.* Consulta, consultorio.

contacto: 1. Relación entre cosas que se tocan. *El hielo se convirtió en agua al contacto con el calor.* ‖ **2.** Relación o trato entre personas o grupos. *Me he puesto en contacto con el colegio para solucionar el problema.*

con-**tac**-to: Sust. m. Plural: contactos. *Sin.* **1.** Toque, roce. ‖ **2.** Combinación. *Ant.* **1.** Distanciamiento, alejamiento. ‖ **2.** Desconexión. *Fam.* Contactar.

contagiar: Pegar a otros una enfermedad. *Un niño que tuvo varicela ha contagiado a la mitad de la clase.*

con-ta-**giar:** V. tr. (Mod. 1: amar). *Sin.* Contaminar, infectar, pegar. *Fam.* Contagio, contagioso.

contar: 1. Numerar por orden las cosas de un conjunto, para saber cuántas hay. *He contado los libros y son veinte.* ‖ **2.** Explicar un suceso, una historia, etc. *La abuela sabe contar cuentos como nadie.*

con-**tar:** V. tr. irregular (Mod. 1b: contar). *Sin.* **1.** Numerar. ‖ **2.** Narrar, referir. *Fam.* Contado, contable, contador, contabilizar.

contemplar: Mirar algo con atención. *Me gusta contemplar las montañas nevadas.*

con-tem-**plar:** V. tr. (Mod. 1: amar). *Sin.* Observar, admirar. *Fam.* Contemplación, contemplativo.

contener: 1. Llevar dentro una cosa a otra. *La caja contiene un par de zapatos.* ‖ **2.** No hacer algo que se desea. *Cuando le contaron el chiste, contuvo la risa.*

con-te-**ner:** V. tr. irregular (Se conjuga como *tener). Se usa también **contenerse** (prnl.): **2.** *Tuvo que contenerse para no llorar.* *Sin.* **1.** Abarcar, incluir, englobar, encerrar. ‖ **2.** Aguantar(se), reprimir(se), dominar(se). *Fam.* Contenedor, contenido, continente.

contento: Alegre, satisfecho. *Está contento, porque le han dado sobresaliente en el examen.*

con-**ten**-to: Adj. m. / f. Contenta. Plural: contentos, contentas. *Sin.* Alegre. *Ant.* Triste. *Fam.* Contentar, contentarse.

contestar: Dar una respuesta a lo que se pregunta, se habla o se escribe. *Le contesté que no quería comprar nada. Nunca contesta a mis cartas.*

con-tes-**tar:** V. tr. (Mod. 1: amar). *Sin.* Responder. *Ant.* Callar. *Fam.* Contestación, contestador.

consola

construcción

contador
-aparato para medir el gasto de luz, agua, etc.-

a b **c** d e f g h i j k l m n ñ o p q r s t u v w x y z

continuo: Que dura o se hace sin interrupción. *Los vecinos molestaron toda la noche con un ruido continuo.*

con-**ti**-nuo: Adj. m. / f. Continua. Plural: continuos, continuas. *Sin.* Seguido, unido. *Ant.* Interrumpido, discontinuo, intermitente. *Fam.* Continuación, continuar, continuamente.

contrario: **1.** Opuesto a una cosa. *Su padre es contrario a que salga de noche.* ‖ **2.** Persona o grupo que lucha o está en oposición con otra. *El equipo contrario no se presentó al partido.*

con-**tra**-rio: **1.** Adj. m. / f. Contraria. Plural: contrarios, contrarias. ‖ **2.** Sust. m. Plural: contrarios. *Sin.* **1.** Desfavorable, inverso. ‖ **2.** Rival, adversario. *Ant.* **1.** Favorable. ‖ **2.** Amigo. *Fam.* Contrariedad, contrariar, contra.

contraste: Diferencia entre seres o cosas. *La torre blanca y el cielo azul forman un bello contraste.*

con-**tras**-te: Sust. m. Plural: contrastes. *Sin.* Oposición, diferencia. *Ant.* Semejanza. *Fam.* Contrastar, contrastado.

contribuir: Dar ayuda o dinero para algún fin. *Contribuyó al regalo con algo de dinero.*

con-tri-bu-**ir:** V. intr. irregular (Mod. 9: huir). *Sin.* Cooperar, colaborar, ayudar. *Fam.* Contribución, contribuyente.

convencer: Conseguir con razones que alguien haga cierta cosa. *Le he convencido para que aprenda inglés.*

con-ven-**cer:** V. tr. (Mod. 2: temer). Se escribe *z* en vez de *c* seguido de *-a* u *-o: Convenza, convenzo. Sin.* Persuadir, convertir. *Ant.* Disuadir. *Fam.* Convencimiento, convicción.

conveniente: Que es útil o bueno. *Es conveniente beber leche porque tiene vitaminas.*

con-ve-**nien**-te: Adj. invariable en género. Plural: convenientes. *Sin.* Provechoso, oportuno, beneficioso. *Ant.* Inconveniente, perjudicial. *Fam.* Convenir, conveniencia, convenido, convenientemente.

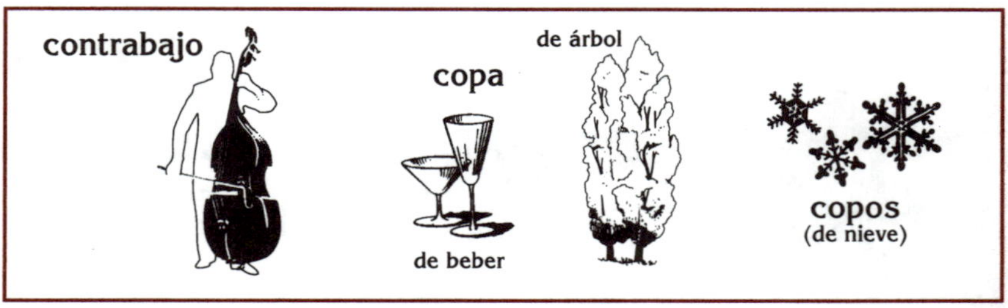

convento: Casa en que viven monjes o monjas. *Muchos conventos son monumentos históricos.*

con-**ven**-to: Sust. m. Plural: conventos. *Sin.* Abadía, monasterio. *Fam.* Conventual, conventillo, conventillero.

conversar: Hablar unas personas con otras. *Conversamos durante un buen rato.*

con-ver-**sar:** V. intr. (Mod. 1: amar). *Sin.* Charlar, dialogar, platicar. *Ant.* Callar. *Fam.* Conversación, conversador.

convertir: Transformar o cambiar una cosa en otra. *El molinero convierte el trigo en harina.*

con-ver-**tir:** V. tr. irregular (Mod. 4: sentir). Se usa también **convertirse** (prnl.): *Cuando hace frío, el agua se convierte en hielo. Sin.* Trocar(se), mudar(se), cambiar(se). *Fam.* Conversión, convertirse.

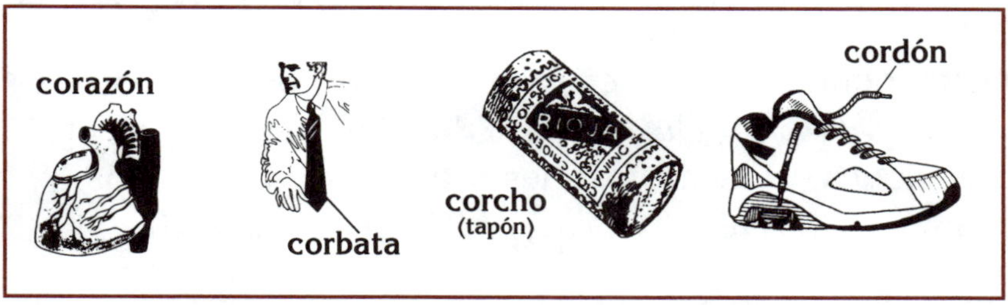

cooperativa: Asociación de varias personas con un fin común. *La cooperativa recoge todas las uvas para hacer vino.*

co-o-pe-ra-**ti**-va: Sust. f. Plural: cooperativas. *Sin.* Agrupación, mutualidad. *Fam.* Cooperación, cooperar, cooperador.

copiar: Dibujar o escribir una cosa igual que otra que ya estaba hecha. *Hemos copiado una poesía de José Martí para analizarla.*

co-**piar:** V. tr. (Mod. 1: amar). *Sin.* Imitar, duplicar. *Ant.* Crear, inventar. *Fam.* Copia, copiado.

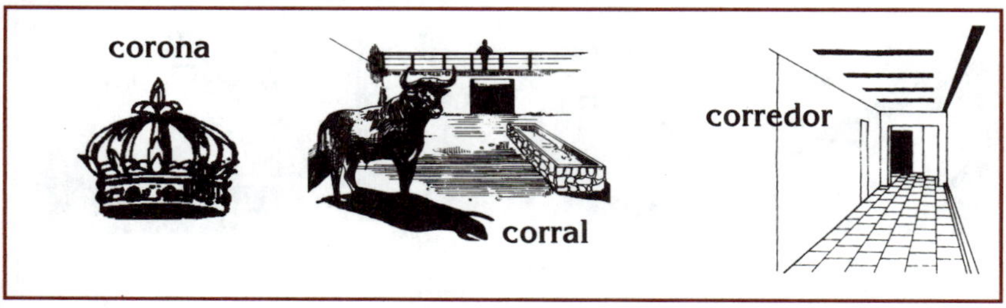

a b **c** d e f g h i j k l m n ñ o p q r s t u v w x y z

correo: 1. Cartas y paquetes que una persona envía a otra. *Está leyendo el correo de hoy.* ‖ **2.** Persona que antiguamente llevaba la correspondencia. *Miguel Strogoff era el correo del zar.* ‖ **3. Correos:** Servicio público que lleva cartas y paquetes. *Pon el sello a la carta y échala en correos.*

co-**rre**-o: Sust. m. Plural: correos. *Sin.* **1.** Correspondencia. ‖ **2.** Mensajero, emisario.

correr: 1. Ir deprisa en cualquier actividad. *No corras al escribir, que te vas a equivocar.* ‖ **2.** Andar tan deprisa que quedan por un momento ambos pies en el aire. *Si corres, llegarás antes.* ‖ **3.** Moverse un líquido de un lugar a otro. *El río corre por la llanura.*

co-**rrer:** V. intr. (Mod. 2: temer). *Sin.* **1.** Apresurarse. ‖ **2.** Trotar. ‖ **3.** Fluir, deslizarse. *Fam.* Correría, corredor, recorrer.

corresponder: 1. Tener relación una cosa con otra. *A esta taza, le corresponde ese plato.* ‖ **2.** Dar regalos, afectos, atenciones, etc., en respuesta a otros ya recibidos. *Me corresponde invitaros a mi boda, ya que yo fui a la vuestra.*

co-rres-pon-**der:** V. intr. (Mod. 2: temer). *Sin.* **1.** Casar con, concordar, ajustarse, adaptarse. ‖ **2.** Devolver, agradecer, cumplir con. *Ant.* **1.** Contrastar, diferir. ‖ **2.** Incumplir. *Fam.* Correspondencia, correspondiente.

corriente: 1. Que se desliza o fluye. *El agua corriente sale por los grifos.* ‖ **2.** Común, regular. *Yo compro pan de clase corriente.* ‖ **3.** Masa de aire, de agua, de electricidad, etc., que se mueve continuamente. *Nos quedamos sin luz porque hubo un corte de corriente.*

co-**rrien**-te: **1.** Participio activo de correr. ‖ **2.** Adj. invariable en género. Plural: corrientes. ‖ **3.** Sust. f. Plural: corrientes. *Sin.* **2.** Ordinario, normal. ‖ **3.** Flujo. *Ant.* **1.** Estancado. ‖ **2.** Original, extraordinario. *Fam.* Correr.

corro

corteza

cortina

costa

cortar: **1.** Dividir una cosa en partes, con un cuchillo, unas tijeras, una sierra, etc. *Corté la naranja en cuatro trozos.* ‖ **2.** Interrumpir algo que se está haciendo. *El profesor cortó mi intervención porque era la hora de salir.*

cor-**tar:** V. tr. (Mod. 1: amar). Se usa también **cortarse** (prnl): **1.** *Se cortó al afeitarse.* *Sin.* **1.** Partir, separar. ‖ **2.** Detener, suspender. *Ant.* **1.** Unir, pegar. ‖ **2.** Continuar, seguir. *Fam.* Cortante, cortado.

corto: Lo contrario de *largo. *Este año están de moda las faldas cortas. La película fue muy corta.*

cor-to: Adj. m. / f. Corta. Plural: cortos, cortas. *Fam.* Acortar, cortometraje.

cosecha: **1.** Conjunto de frutos que se recogen de una tierra cultivada. *La cosecha de trigo ha sido abundante.* ‖ **2.** Operación o tiempo de recogida de frutos. *Prometí pagarle para la cosecha.*

co-**se**-cha: Sust. f. Plural: cosechas. *Sin.* **1.** Producción. ‖ **2.** Recolección, recogida. *Fam.* Cosechadora, cosechero, cosechar.

coser: Unir con hilo dos o más trozos de tela, cuero, etc. *Me hice un desgarrón en la falda y tuve que coserlo.*

co-**ser:** V. tr. (Mod. 2: temer). *Ant.* Descoser. *Fam.* Cosido, descosido.

costar: **1.** Tener una cosa un precio fijado. *Esta casa cuesta más de lo que puedes pagar.* ‖ **2.** Ser comprada una cosa por un precio. *El abrigo me costó mucho dinero.* ‖ **3.** Causar una cosa dificultad, trabajo, etc. *Aprobar el examen me ha costado mucho esfuerzo.*

cos-**tar:** V. intr. irregular (Mod. 1b: contar). *Sin.* **1.** Importar, valer, ascender. ‖ **2.** Salir por. ‖ **3.** Suponer. *Fam.* Coste, costoso.

costumbre: Lo que se hace habitualmente. *Tengo costumbre de hacer gimnasia cada día.*

cos-**tum**-bre: Sust. f. Plural: costumbres. *Sin.* Uso, rutina, hábito. *Fam.* Acostumbrar, acostumbrado.

crear: Hacer que empiecen a existir seres o cosas. *Los escultores crean estatuas.*

cre-**ar:** V. tr. (Mod. 1: amar). *Sin.* Inventar, fundar. *Ant.* Aniquilar, destruir. *Fam.* Creación, creador.

crecer: Aumentar de tamaño o de número. *El pueblo ha crecido mucho, tiene más habitantes y más casas.*

cre-**cer:** V. intr. irregular (Mod. 2c: parecer). *Sin.* Aumentar, desarrollarse. *Ant.* Decrecer, disminuir. *Fam.* Crecimiento, crecida, crecido, acrecentar.

creer: 1. Aceptar como verdad lo que otra persona dice. *No creo lo que me has contado.* ‖ **2.** Tener opinión formada sobre algo. *Creo que sus padres no son de aquí porque tienen un acento diferente.*

cre-**er:** V. tr. (Mod. 2: temer). *Sin.* **1.** Dar crédito, confiar. ‖ **2.** Pensar, juzgar, opinar. *Ant.* **1.** Dudar, desconfiar. *Fam.* Creencia, credo, crédulo, creíble, increíble.

cristiano: Persona que pertenece a la religión de Cristo (el cristianismo). *Los cristianos van a misa los domingos.*

cris-**tia**-no: Sust. y adj. m. / f. Cristiana. Plural: cristianos, cristianas. *Fam.* Cristiandad.

cromo: *Estampa. *Tengo una colección de cromos de la naturaleza.*

cro-mo: Sust. m. Plural: cromos.

crónica: 1. Historia en que los hechos se ordenan según han ido ocurriendo. *Julio César escribió la crónica de la guerra de las Galias.* ‖ **2.** Relato breve de un hecho actual que se publica en periódicos y revistas. *Escribe todas las crónicas de los partidos desde que es cronista deportivo.*

cró-ni-ca: Sust. f. Plural: crónicas. *Sin.* **2.** Comentario, reportaje. *Fam.* Cronista.

crudo: Se aplica a los alimentos que no están ni cocidos ni guisados, o que están insuficientemente cocinados. *En Japón se come el pescado crudo. La tortilla estaba cruda por dentro.*

cru-do: Adj. m. / f. Cruda. Plural: crudos, crudas. *Fam.* Crudeza.

cremallera

cría
(de perro)

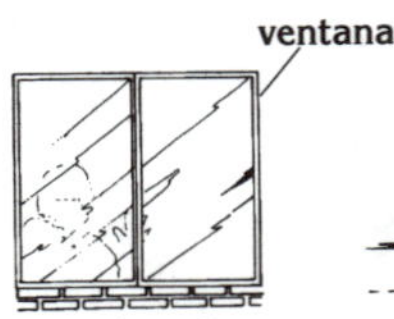

cristal

cruce
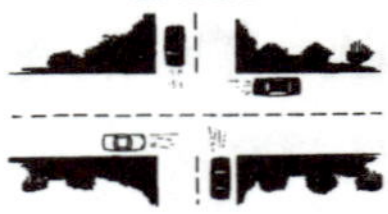

a b c d e f g h i j k l m n ñ o p q r s t u v w x y z

crujir: Hacer cierto ruido las cosas al rozarse o romperse. *Los muelles del sillón crujen cuando alguien se sienta.*

cru-**jir:** V. intr. (Mod. 3: partir). *Sin.* Rechinar, chirriar. *Fam.* Crujido, crujiente.

cruzar: 1. Atravesar una cosa sobre otra en forma de cruz. *El puente cruza el río.* ‖ **2.** Atravesar caminos o calles pasando de una parte a otra. *No debes cruzar la calle sin mirar.* ‖ **3. Cruzarse:** Pasar por un lugar dos personas o cosas en dirección opuesta. *El autobús del colegio se cruzó con un camión.*

cru-**zar: 1** y **2.** V. tr. y **3.** prnl. (Mod. 1: amar). Se escribe *c* en vez de *z* seguido de *-e: Crucemos. Sin.* **1** y **2.** Pasar. ‖ **3.** Coincidir. *Fam.* Cruzado, entrecruzar, cruce.

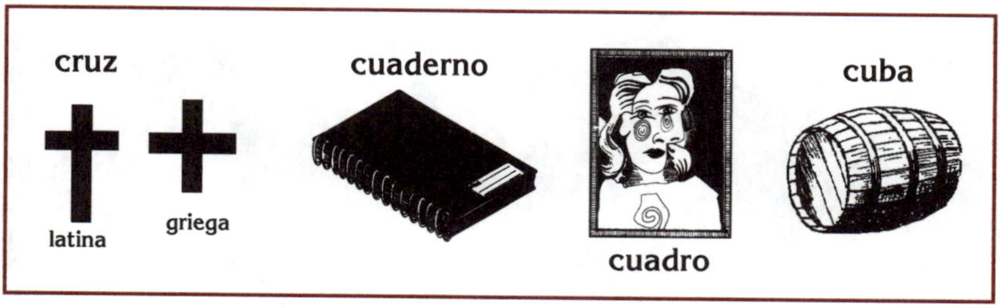

cualidad: Modo de ser de una cosa. *La cualidad del diamante es la dureza.*

cua-li-**dad:** Sust. f. Plural: cualidades. *Sin.* Propiedad, atributo, peculiaridad. *Fam.* Cualitativo.

cubrir: Estar o poner una cosa encima de otra, tapándola o guardándola. *El tejado cubre la casa.*

cu-**brir:** V. tr. (Mod. 3: partir). Participio irregular: **cubierto.** Se usa también **cubrirse** (prnl.): *El suelo se cubrió de nieve. Sin.* Tapar(se), envolver(se). *Ant.* Descubrir(se), destapar(se). *Fam.* Cubierta, cubierto.

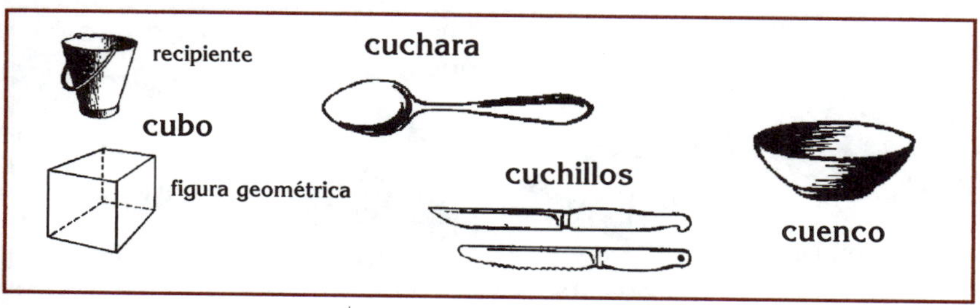

a b c d e f g h i j k l m n ñ o p q r s t u v w x y z

a b **c** d e f g h i j k l m n ñ o p q r s t u v w x y z

cuenta: 1. Operación aritmética. *Haz la cuenta de las sillas que hay.* ‖ **2.** Papel que indica la cantidad que hay que pagar por algo. *Acabó de comer y pidió la cuenta.*

cuen-ta: Sust. f. Plural: cuentas. *Sin.* **1.** Cómputo, cálculo, recuento. ‖ **2.** Factura, recibo, minuta. *Fam.* Contar.

cuento: 1. Relato de breve extensión, generalmente basado en la fantasía. *Conozco de memoria muchos cuentos de hadas.* ‖ **2.** Suceso falso o inventado para ocultar la verdad. *No me cuentes cuentos que ya sé que llegaste tarde.*

cuen-to: Sust. m. Plural: cuentos. *Sin.* **1.** Relato, narración. ‖ **2.** Mentira, embuste. *Fam.* Cuentista, contar.

cuidar: 1. Poner atención en hacer una cosa. *Cuida mucho la presentación de sus trabajos.* ‖ **2.** Ayudar a alguien. *Cuidó de su hermano cuando estuvo enfermo.* ‖ **3.** Guardar o conservar algo. *Cuida la ropa para que no se estropee.* ‖ **4. Cuidarse:** Preocuparse uno de su salud. *Se conserva joven, porque se cuida mucho.*

cui-**dar: 1**, **2** y **3.** V. tr. o intr. con «de» y **4.** prnl. (Mod. 1: amar). *Sin.* **1.** Mimar. ‖ **2.** Atender, velar. ‖ **3.** Guardar. ‖ **4.** Vigilarse. *Ant.* Descuidar(se), desatender. *Fam.* Cuidado, cuidadoso, cuidador.

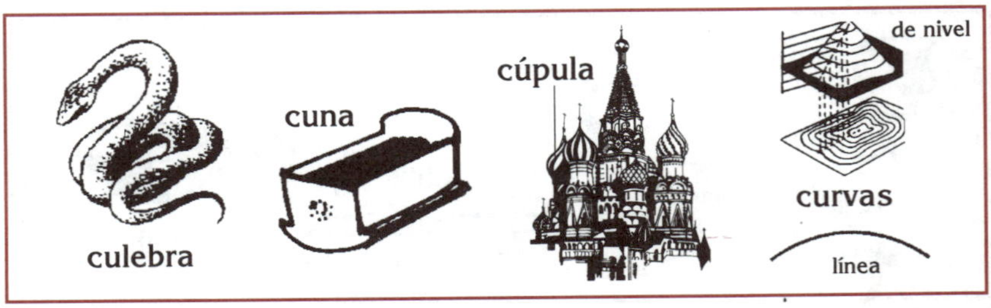

culpa: 1. Falta hecha voluntariamente. *Yo tengo la culpa de haber roto el cristal.* ‖ **2.** Responsabilidad o causa de que suceda algo bueno o malo, aunque haya sido sin querer. *La culpa del accidente la tuvo el mal tiempo. Aunque estuve allí, no tuve la culpa del robo.*

cul-pa: Sust. f. Plural: culpas. *Sin.* **1.** Pecado, delito. *Fam.* Culpabilidad, culpable, culpar.

cumplir: 1. Llevar a efecto algo: un deber, una orden, un encargo, un deseo, una promesa. *Cumplí la fecha de entrega del trabajo que me encargaron.* ‖ **2.** Llegar a tener una edad que se indica. *Mañana cumpliré 30 años.*

cum-**plir:** V. tr. (Mod. 3: partir). *Sin.* **1.** Ejecutar. *Fam.* Cumplimiento, cumplido.

curar: 1. Dar al enfermo los remedios necesarios. *Me curaron en el hospital.* ‖ **2. Curarse:** Recuperar la salud. *Aún no me he curado de la gripe.*

cu-**rar:** **1.** V. tr. y **2.** prnl. (Mod. 1: amar). *Sin.* **1.** Sanar. ‖ **2.** Reponerse, recuperarse. *Ant.* Enfermar. *Fam.* Cura, curación, incurable, curado.

curso: 1. Tiempo que dura un año escolar. *Estamos haciendo los exámenes finales del curso.* ‖ **2.** Recorrido de algo que se mueve. *El curso de este río tiene muchas curvas, es sinuoso.*

cur-so: Sust. m. Plural: cursos. *Sin.* **2.** Cauce, trayectoria. *Fam.* Cursar, cursillo.

D d

danza: Baile. *En todos los países hay danzas típicas.*

dan-za: Sust. f. Plural: danzas. *Fam.* Danzante, danzarina, danzar.

dañar: Causar dolor, perjuicio, un mal. *La tormenta dañó los árboles de la huerta.*

da-**ñar:** V. tr. (Mod. 1: amar). *Sin.* Maltratar, perjudicar, estropear. *Ant.* Beneficiar. *Fam.* Daño, dañino, dañado, damnificado.

dar: 1. Poner en manos de alguien algo sin recibir nada a cambio. *Me dio su bicicleta cuando se marchó de la ciudad.* ‖ **2.** Entregar algo. *Dame eso antes de que lo rompas.* ‖ **3.** Ofrecer conocimientos. *Ese profesor da clases de Inglés.* ‖ **4.** Producir. *La viña nos da uvas todos los otoños.*

dar: V. tr. irregular (Véase cuadro). *Sin.* **1.** Donar, regalar. ‖ **2.** Pasar. ‖ **3.** Impartir ‖ **4.** Rendir. *Ant.* **1.** Quitar. ‖ **2.** Tomar. ‖ **3.** Recibir. *Fam.* Dato, dativo.

deber: 1. Tener obligación de hacer algo. *Debes estudiar para aprender.* ‖ **2.** Tener obligación de pagar, devolver o dar dinero, una carta, una respuesta, etc. *Creo que le debo una explicación. Me debía mucho dinero, pero ya me lo ha devuelto.* ‖ **3. Debe de:** Expresa que quizá ha sucedido, sucede o sucederá una cosa. *Debe de hacer frío, pues todo el mundo va muy abrigado.* ‖ **4.** Cosa que hay que hacer. *Los ciudadanos tienen el deber de mantener limpia la ciudad.*

de-**ber: 1**, **2** y **3.** V. tr. (Mod. 2: temer). ‖ **4.** Sust. m. Plural: deberes. *Sin.* **1.** Estar obligado, haber de. ‖ **2.** Adeudar. ‖ **3.** Suponer. ‖ **4.** Obligación, responsabilidad. *Fam.* **1, 2** y **3.** Debido, debidamente. ‖ **2.** Deuda, débito, debido, deudor.

CONJUGACIÓN DEL VERBO «DAR»

Formas personales

MODOS	INDICATIVO	SUBJUNTIVO
TIEMPOS	**SIMPLES**	
Presente	doy das da damos dais dan	dé des dé demos deis den
Pretérito imperfecto o co-pretérito	daba dabas daba dábamos dabais daban	diera o diese dieras o dieses diera o diese diéramos o diésemos dierais o dieseis dieran o diesen
Pret. perfecto simple o pretérito	di diste dio dimos disteis dieron	
Futuro	daré darás dará daremos daréis darán	diere dieres diere diéremos diereis dieren
Condicional o pos-pretérito	daría darías daría daríamos daríais darían	
MODO IMPERATIVO Presente	da dad	dé den

Formas no personales

Infinitivo	dar
Gerundio	dando
Participio	dado

débil: Que tiene poca fuerza o intensidad. *El sonido era tan débil, que casi no se oía. Se había quedado muy débil después de permanecer tres meses en la cama.*

dé-bil: Adj. invariable en género. Plural: débiles. *Sin.* Flojo, endeble, frágil. *Ant.* Fuerte. *Fam.* Debilidad, debilitar, débilmente, debilitado.

década: Período de diez años. *En esta última década han sucedido hechos muy interesantes.*

dé-ca-da. Sust. f. Plural: décadas. *Sin.* Decenio.

decena: Conjunto de diez unidades. *Compré una decena de huevos.*

de-**ce**-na: Sust. f. Plural: decenas. *Fam.* Decenio.

decidir: Resolver una cosa que se dudaba. *Después de pensarlo mucho, decidí comprar un coche.*

de-ci-**dir:** V. tr. (Mod. 3: partir). Se usa también **decidirse** (prnl.): *Por fin se ha decidido a venir a vernos. Sin.* Determinar, optar por. *Ant.* Estar indeciso. *Fam.* Decisión, decidido, decisivo.

decir: Expresar las ideas con palabras. *Tengo que decirte lo que pienso.*

de-**cir:** V. tr. irregular (Véase cuadro). *Sin.* Referir, exponer, manifestar, hablar. *Ant.* Silenciar, callar, omitir. *Fam.* Dicho, decible, indecible.

declarar: 1. Decir algo que se sabe acerca de un asunto y que estaba oculto. *Declaró que él también había tomado parte en aquel asunto.* ‖ **2. Declararse:** Aparecer una cosa o empezar a notarse su acción. *Se declaró un incendio en el edificio porque dejaron el gas encendido.*

de-cla-**rar: 1.** V. tr. y **2.** prnl. (Mod. 1: amar). *Sin.* **1.** Explicar, revelar, manifestar. ‖ **2.** Producirse. *Fam.* Declarante, declaración, declarado.

decreto: Decisión legal de los gobernantes o de los jueces. *El decreto sobre la reforma de la enseñanza está a punto de salir.*

de-**cre**-to: Sust. m. Plural: decretos. *Sin.* Orden, dictamen, manifiesto. *Fam.* Decretar, decretado.

dedal: Objeto de costura que se pone en el dedo y sirve para empujar la aguja sin pincharse. *No me acostumbro a coser con dedal.*

de-**dal**: Sust. m. Plural: dedales.

CONJUGACIÓN DEL VERBO «DECIR»

Formas personales

MODOS	INDICATIVO	SUBJUNTIVO
TIEMPOS	**SIMPLES**	
Presente	digo dices dice decimos decís dicen	diga digas diga digamos digáis digan
Pretérito imperfecto o co-pretérito	decía decías decía decíamos decíais decían	dijera o dijese dijeras o dijeses dijera o dijese dijéramos o dijésemos dijerais o dijeseis dijeran o dijesen
Pret. perfecto simple o pretérito	dije dijiste dijo dijimos dijisteis dijeron	
Futuro	diré dirás dirá diremos diréis dirán	dijere dijeres dijere dijéremos dijereis dijeren
Condicional o pos-pretérito	diría dirías diría diríamos diríais dirían	
MODO IMPERATIVO Presente	di decid	diga digan

Formas no personales

Infinitivo	decir
Gerundio	diciendo
Participio	dicho

dedicar: 1. Destinar una cosa a un fin. *Ha dedicado sus esfuerzos a ejercitarse en la natación.* ‖ **2.** Destinar a una persona una cosa, como un libro, una canción, etc. *Dedicó el poema a su profesor.* ‖ **3. Dedicarse:** Trabajar en algo. *Se dedica a la restauración de edificios antiguos.*

de-di-**car: 1** y **2.** V. tr. y **3.** prnl. (Mod. 1: amar). Se escribe *qu* en vez de *c* seguido de *-e: Dediqué. Sin.* **1.** Emplear, asignar. ‖ **2.** Ofrecer. ‖ **3.** Ocuparse. *Fam.* Dedicación, dedicatoria, dedicado.

deducir: 1. Sacar consecuencias de datos o hechos anteriores. *Deduzco que es Navidad, porque los árboles están iluminados con luces de colores.* ‖ **2.** Descontar una parte de una cantidad. *Si del total deducimos la mitad, nos queda la otra mitad.*

de-du-**cir:** V. tr. irregular (Se conjuga como *conducir). *Sin.* **1.** Inferir, concluir. ‖ **2.** Rebajar, restar. *Fam.* Deducción, deductivo, deducido.

defectuoso: Que está mal hecho o incompleto. *El plano de la casa es defectuoso, porque las medidas no son exactas.*

de-fec-**tuo**-so: Adj. m. / f. Defectuosa. Plural: defectuosos, defectuosas. *Sin.* Imperfecto, incompleto, deficiente. *Ant.* Perfecto, completo. *Fam.* Defecto.

defender: Proteger. *Debemos defender la naturaleza y los animales. La montaña defiende al pueblo del viento.*

de-fen-**der:** V. tr. (Mod. 2: temer). *Sin.* Amparar, preservar. *Ant.* Atacar. *Fam.* Defensa, defensivo.

definitivo: Que está hecho y terminado, y ya no admite cambios. *Se ha fijado la fecha definitiva para la boda.*

de-fi-ni-**ti**-vo: Adj. m. / f. Definitiva. Plural: definitivos, definitivas. *Sin.* Concluyente, final. *Ant.* Provisional. *Fam.* Definitivamente.

dejar: 1. Soltar una cosa. *Dejé la sartén porque quemaba.* ‖ **2.** Permitir, no impedir. *¿No te dejan ir a la fiesta?* ‖ **3.** No ocuparse de alguien o algo. *Nunca deja a los niños solos.* ‖ **4.** No terminar algo que se está haciendo. *He dejado el libro a la mitad.* ‖ **5.** Encargar. *Dejó las plantas a su cuidado.*

de-**jar:** V. tr. (Mod. 1: amar). *Sin.* **1.** Desprenderse. ‖ **2.** Consentir, autorizar. ‖ **3.** Desentenderse. ‖ **4.** Cesar, abandonar. ‖ **5.** Encomendar. *Ant.* **1.** Retener. ‖ **2.** Impedir. ‖ **3.** Atender. ‖ **4.** Acabar. *Fam.* Dejado.

delegación: 1. Conjunto de personas que actúa en nombre de otras. *Como no podían ir todos los labradores, enviaron una delegación.* ‖ **2.** Oficina dependiente de otra. *Mi empresa tiene delegaciones en varias ciudades.*

de-le-ga-**ción:** Sust. f. Plural: delegaciones. *Sin.* **1.** Comité, comisión. ‖ **2.** Sucursal, filial. *Fam.* Delegado, delegar.

delgado: Lo contrario de *gordo. *Desde que no come dulces está más delgado.*

del-**ga**-do: Adj. m. / f. Delgada. Plural: delgados, delgadas. *Sin.* Flaco. *Ant.* Grueso. *Fam.* Delgadez, adelgazar.

demasiado: 1. Que es o tiene más de lo debido o de lo que se espera. *Hoy hace demasiado calor.* ‖ **2.** En exceso, exageradamente. *Eres demasiado curiosa.*

de-ma-**sia**-do: **1.** Adj. m. / f. Demasiada. Plural: demasiados, demasiadas. ‖ **2.** Adv. de cantidad. *Sin.* **1** y **2.** Mucho. ‖ **1.** Excesivo. ‖ **2.** Excesivamente. *Ant.* **1.** Escaso. ‖ **2.** Escasamente. *Fam.* Demasía.

demora: Retraso que por algún tiempo sufre una acción. *El avión saldrá con una hora de demora.*

de-**mo**-ra: Sust. f. Plural: demoras. *Sin.* Dilación, tardanza, retraso. *Ant.* Adelanto. *Fam.* Demorar, demorarse.

demostrar: 1. Probar que algo es cierto. *La caída de los objetos demuestra la fuerza de la gravedad de la Tierra.* ‖ **2.** Enseñar. *Demostró cómo funcionaba el aire acondicionado.*

de-mos-**trar:** V. tr. irregular (Mod. 1b: contar). *Sin.* **1.** Justificar, evidenciar. ‖ **2.** Mostrar. *Fam.* Demostrable, demostración.

dentro: En la parte interior de un lugar o en un espacio de tiempo. *El gato suele dormir dentro de la casa. El traje se lo haré dentro de una semana.*

den-tro: Adv. de lugar y de tiempo. *Ant.* Fuera. *Fam.* Adentro.

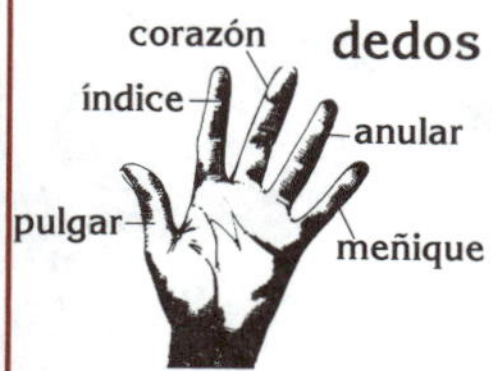

dedos

delantal

delfín

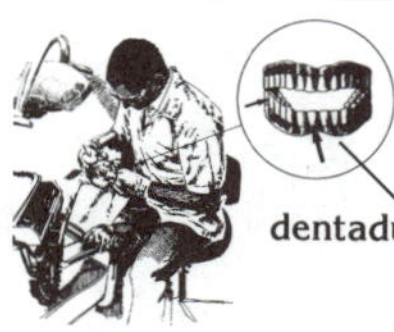

dentista

a b c d e f g h i j k l m n ñ o p q r s t u v w x y z

departamento: Cada una de las partes en que se divide un local, un territorio, una caja, etc. *Francia está dividida en departamentos. Cada vagón de este tren tiene diez departamentos.*
de-par-ta-**men**-to: Sust. m. Plural: departamentos. *Sin.* Sección, dependencia. *Fam.* Departamental.

depender: 1. Estar subordinado a alguien o algo. *Dependo de mi sueldo.* ‖ **2.** Ser causado o estar condicionado por alguien o algo. *Mi viaje depende de que haga buen tiempo.* ‖ **3.** Necesitar de una persona o cosa. *Un bebé depende de sus padres.*
de-pen-**der:** V. intr. (Mod. 2: temer). *Sin.* **1.** Estar sujeto a. ‖ **2.** Estar pendiente. *Ant.* Ser independiente. *Fam.* Dependencia, dependiente.

deporte: Ejercicio físico o juego con ciertas reglas, que se practica solo o en grupo. *El deporte es bueno para la salud.*
de-**por**-te: Sust. m. Plural: deportes. *Fam.* Deportividad, deportista, deportivo.

deprisa: Con rapidez. *Vístete deprisa, que llegamos tarde.*
de-**pri**-sa: Adv. de modo. *Sin.* Rápidamente. *Ant.* Despacio. *Fam.* Prisa.

derecho: 1. Que no se tuerce a un lado ni a otro. *El mástil del barco está derecho.* ‖ **2.** Que cae o mira al lado opuesto del corazón. *El acompañante se sienta en el lado derecho del coche.* ‖ **3.** Conjunto de estudios que forman la carrera de abogado. *Estudió Derecho, porque quería ser juez.* ‖ **4.** Facultad de hacer o exigir todo lo que es para nuestro bien según la ley. *Tengo derecho a estar en el parque, porque es público.*
de-**re**-cho: **1** y **2.** Adj. m. / f. Derecha. Plural: derechos, derechas. ‖ **3** y **4.** Sust. m. Plural: **4.** Derechos. *Sin.* **1.** Recto. ‖ **2.** Diestro. ‖ **3.** Leyes. *Ant.* **1.** Torcido. ‖ **2.** Izquierdo. ‖ **4.** Obligación. *Fam.* Derechista.

derramar: Tirar cosas líquidas o menudas. *Derramé la leche sobre el mantel.*

de-rra-**mar:** V. tr. (Mod. 1: amar). Se usa también **derramarse** (prnl.): *Se derramó la gasolina. Sin.* Verter(se), esparcir(se). *Fam.* Derramamiento, derramado.

derretir: Deshacer o disolver algo sólido. *El calor derritió el hielo.*

de-rre-**tir:** V. tr. irregular (Mod. 6: pedir). Se usa también **derretirse** (prnl.): *El helado se derritió. Sin.* Licuar(se), fundir(se). *Ant.* Solidificar(se). *Fam.* Derretimiento, derretido.

derribar: 1. Echar a tierra edificios (casas, muros, etc.). *Han derribado la torre vieja.* ‖ **2.** Hacer caer al suelo seres o cosas. *Tropezó con otro jugador y le derribó.*

de-rri-**bar:** V. tr. (Mod. 1: amar). *Sin.* **1.** Demoler. ‖ **2.** Tirar. *Ant.* Levantar. *Fam.* Derribo, derribado.

derrotar: Vencer al contrario. *Derrotaron a su contrincante en el concurso.*

de-rro-**tar:** V. tr. (Mod. 1: amar). *Sin.* Ganar, batir. *Fam.* Derrota, derrotado.

desagradar: Lo contrario de *agradar. *Me desagrada salir cuando hace frío.*

de-sa-gra-**dar:** V. intr. (Mod. 1: amar). *Sin.* Disgustar. *Ant.* Agradar, gustar.

desamparado: Que no tiene protección ni ayuda. *Existen asociaciones que ayudan a los desamparados.*

de-sam-pa-**ra**-do: Adj. m. / f. Desamparada. Plural: desamparados, desamparadas. *Sin.* Abandonado, dejado. *Ant.* Amparado. *Fam.* Desamparo, desamparar.

desaparecer: Dejar de verse una persona o cosa. *No encuentro mi muñeca, ha desaparecido.*

de-sa-pa-re-**cer:** V. intr. irregular (Mod. 2c: parecer). *Sin.* Ocultarse, esconderse. *Ant.* Aparecer. *Fam.* Desaparición, desaparecido.

desarrollar: 1. Hacer más grande y completa una cosa. *El Sol y el agua desarrollan las plantas.* ‖ **2.** Explicar algo. *El pintor desarrolló su teoría del color.*

de-sa-rro-**llar:** V. tr. (Mod. 1: amar). Se usa también **desarrollarse** (prnl.): **1.** *Los niños se desarrollan hasta hacerse adultos. Sin.* **1.** Hacer crecer, aumentar. ‖ **2.** Exponer. *Ant.* **1.** Reducir, decrecer. *Fam.* Desarrollo, desarrollado.

desastre: Suceso que produce daño y destrucción. *El incendio ha causado un terrible desastre.*

de-**sas**-tre: Sust. m. Plural: desastres. *Sin.* Catástrofe, desgracia. *Fam.* Desastroso.

a b c d e f g h i j k l m n ñ o p q r s t u v w x y z

a b c **d** e f g h i j k l m n ñ o p q r s t u v w x y z

desatar: Lo contrario de *atar. *Le desató los cordones de los zapatos porque él no podía.*

de-sa-**tar:** V. tr. (Mod. 1: amar). *Sin.* Soltar. *Ant.* Atar. *Fam.* Desatado.

desayuno: La primera comida del día. *Me gusta tomar como desayuno cereales con leche.*

de-sa-**yu**-no: Sust. m. Plural: desayunos. *Fam.* Desayunar.

descansar: Dejar de trabajar para reponer las fuerzas. *Descansó un rato después de la tarea.*

des-can-**sar:** V. intr. (Mod. 1: amar). *Sin.* Reposar, relajarse. *Ant.* Cansarse, fatigarse. *Fam.* Descanso, descansillo, descansado.

descargar: Lo contrario de *cargar. *Descargaron el remolque.*

des-car-**gar:** V. tr. (Mod. 1: amar). Se escribe *gu* en vez de *g* seguido de *-e*: *Descargué*. *Sin*. Vaciar. *Ant.* Cargar. *Fam.* Descarga.

descender: **1.** Ir de un sitio a otro más bajo. *Descendió de la montaña al valle.* ‖ **2.** Proceder de un ser vivo, una familia, pueblo, etc. *Su familia desciende de Italia.*

des-cen-**der:** V. intr. irregular (Mod. 2a: entender). *Sin.* **1.** Bajar. ‖ **2.** Provenir. *Ant.* **1.** Ascender, subir. *Fam.* Descenso, descendencia.

desconfiar: Dudar de alguien o algo. *No se lo podía decir a nadie, porque desconfiaba de todo el mundo.*

des-con-fi-**ar:** V. intr. (Mod. 1: amar). *Sin*. Recelar. *Fam.* Desconfianza, desconfiado.

desconocer: Lo contrario de *conocer. *Tardó mucho en llegar porque desconocía el camino.*

des-co-no-**cer:** V. tr. irregular (Mod. 2c: parecer). *Sin.* Ignorar. *Fam.* Desconocimiento.

descontento: Lo contrario de *contento. *Está descontento porque ha suspendido el examen.*

des-con-**ten**-to: Adj. m. / f. Descontenta. Plural: descontentos, descontentas. *Sin.* Triste, disgustado. *Fam.* Descontentar.

describir: Dibujar o explicar una cosa dando idea de cómo es. *Describí el tigre haciendo un dibujo del animal.*

des-cri-**bir:** V. tr. (Mod. 3: partir). Participio irregular: **descrito**. *Sin.* Trazar, definir. *Fam.* Descripción, descriptivo.

descubrir: Hallar lo que estaba oculto o tapado, o lo que era ignorado. *Pedro ha descubierto una mina de carbón.*

des-cu-**brir:** V. tr. (Mod. 3: partir). Participio irregular: **descubierto**. *Sin.* Encontrar, destapar. *Ant.* Cubrir, tapar. *Fam.* Descubrimiento, descubridor.

descuidar: Lo contrario de *cuidar. *Descuida bastante la presentación de sus trabajos.*

des-cui-**dar:** V. tr. (Mod. 1: amar). *Sin.* Desatender. *Fam.* Descuidado, descuido.

desear: **1.** Querer tener o hacer una cosa. *Los pueblos desean la paz.* ‖ **2.** Querer que pase o que no pase algo. *Deseo que llueva para que crezcan mis flores.*

de-se-**ar:** V. tr. (Mod. 1: amar). *Sin.* Ansiar, anhelar. *Ant.* Renunciar. *Fam.* Deseo.

desempeñar: Hacer el trabajo propio de un empleo, oficio o cargo. *Desempeña bien su tarea como portero.*

de-sem-pe-**ñar:** V. tr. (Mod. 1: amar). *Sin.* Cumplir. *Ant.* Incumplir. *Fam.* Desempeño.

desenganchar: Lo contrario de *enganchar. *El maquinista desenganchó el vagón.*

de-sen-gan-**char:** V. tr. (Mod. 1: amar). *Sin.* Soltar. *Fam.* Desenganchado.

desenvolver: Lo contrario de *envolver. *Desenvuelve el regalo para ver qué es.*

de-sen-vol-**ver:** V. tr. irregular (Mod. 2b: mover). Participio irregular: **desenvuelto**. *Sin.* Desempaquetar, desliar. *Fam.* Desenvuelto.

desgracia: Suceso que causa dolor. *Su muerte fue una desgracia para todos.*

des-**gra**-cia: Sust. f. Plural: desgracias. *Sin.* Mal, daño. *Ant.* Suerte. *Fam.* Desgraciado.

deshacer: Lo contrario de *hacer. *Como no le gustaban los colores, deshizo el jersey.*

des-ha-**cer:** V. tr. irregular (Se conjuga como *hacer). *Sin.* Romper, descomponer. *Fam.* Deshecho.

designar: Nombrar una cosa o representarla con otra. *Designamos lo desconocido con la letra X.*

de-sig-**nar:** V. tr. (Mod. 1: amar). *Sin.* Indicar, denominar. *Fam.* Designación, designio.

deslizar: Pasar una cosa sobre otra tocándola suavemente. *Para quitar el polvo, deslizo un paño por los muebles.*

des-li-**zar:** V. tr. (Mod. 1: amar). Se usa también **deslizarse** (prnl.): *Mis esquís se deslizan sobre la nieve.* Se escribe *c* en vez de *z* seguido de *-e: Deslice. Sin.* Resbalar, patinar. *Fam.* Deslizamiento, deslizante, deslizado.

desmontar: Lo contrario de *montar. *Desmonta del caballo, está muy cansado. Desmontó el motor del coche.*

des-mon-**tar:** V. tr. o intr. (Mod. 1: amar). *Sin.* Bajar, desarmar. *Fam.* Desmontado.

desnudar: Quitar toda o parte de la ropa. *Desnudó al niño para bañarlo.*

des-nu-**dar:** V. tr. (Mod. 1: amar). Se usa también **desnudarse** (prnl.): *Se desnudó. Sin.* Desvestir(se). *Ant.* Vestir(se). *Fam.* Desnudez, desnudo.

desobedecer: Lo contrario de *obedecer. *Desobedeció sus órdenes.*

de-so-be-de-**cer:** V. tr. irregular (Mod. 2c: parecer). *Fam.* Desobediencia.

desorden: Falta de colocación u organización de algo. *Su mesa era un completo desorden con todos los papeles desparramados.*

de-**sor**-den: Sust. m. Plural: desórdenes. *Sin.* Desorganización, confusión. *Ant.* Orden, organización. *Fam.* Desordenado, desordenar.

despacio: Poco a poco, con lentitud. *Conduce despacio por precaución.*

des-**pa**-cio: Adv. de modo. *Sin.* Lentamente, con calma, pausadamente. *Ant.* Deprisa.

despedir: **1.** Echar a una persona de un trabajo. *Despidió al chófer.* ‖ **2.** Acompañar a alguien que se marcha para decirle adiós. *Mis amigos me despidieron en la estación.*

des-pe-**dir:** V. tr. irregular (Mod. 6: pedir). *Sin.* **1.** Echar, expulsar, destituir. ‖ **2.** Decir adiós. *Ant.* **1.** Readmitir. ‖ **2.** Recibir. *Fam.* Despedida, despido, despedido.

despegar: **1.** Lo contrario de *aterrizar. *El avión tuvo problemas para despegar a causa del mal tiempo.* ‖ **2.** Lo contrario de *pegar. *Despegó el sello del sobre para su colección.*

des-pe-**gar:** **1.** V. intr. y **2.** tr. (Mod. 1: amar). Se escribe *gu* en vez de *g* seguido de *-e: Despegue. Sin.* **1.** Elevarse. ‖ **2.** Desencolar, desprender. *Fam.* Despegado.

despertar: Interrumpir el sueño de la persona que duerme. *Todos los días me despierta el timbre.*

des-per-**tar:** V. tr. irregular (Mod. 1a: acertar). Se usa también **despertarse** (prnl.): *Me despierto al amanecer. Sin.* Llamar. *Ant.* Dormir. *Fam.* Despertador, despierto.

después: Indica que algo está a continuación en el tiempo o en el espacio. *Después del domingo, viene el lunes.*

des-**pués:** Adv. de tiempo y de lugar. *Sin.* Posteriormente. *Ant.* Antes.

destacar: Mostrar los méritos o cualidades de una persona o cosa de modo que llame la atención. *El presidente, en su discurso, destacó los logros obtenidos.*

des-ta-**car:** V. tr. (Mod. 1: amar). Se escribe *qu* en vez de *c* seguido de *-e: Destaquen. Sin.* Sobresalir, resaltar. *Fam.* Destacado.

destapar: Lo contrario de *tapar. *Destapa la botella. Destapó al niño.*

des-ta-**par:** V. tr. (Mod. 1: amar). *Sin.* Descubrir. *Fam.* Destapado.

destinar: 1. Poner a alguien en un puesto o lugar. *Le han destinado a un cómodo trabajo.* ‖ **2.** Ordenar o señalar una cosa para un fin determinado. *Han destinado la zona para jardín.*

des-ti-**nar:** V. tr. (Mod. 1: amar). *Sin.* Dedicar, emplear. *Fam.* Destino, destinatario.

destruir: Deshacer una cosa. *La riada destruyó el puente.*

des-tru-**ir:** V. tr. irregular (Mod. 9: huir). *Sin.* Arruinar, asolar. *Ant.* Construir. *Fam.* Destrucción, destructivo.

detalle: Parte pequeña de un todo, que no es indispensable. *El lazo de mi vestido es un detalle que lo hace más bonito.*

de-**ta**-lle: Sust. m. Plural: detalles. *Sin.* Adorno, complemento. *Ant.* Conjunto, todo. *Fam.* Detallar, detallado, detallista.

detener: Hacer parar a alguien o algo en su avance. *La barrera del paso a nivel detuvo a los coches.*

de-te-**ner:** V. tr. (Mod 2: temer). Se usa también **detenerse** (prnl.): *El ascensor se detuvo entre dos pisos. Sin.* Parar(se), paralizar(se), retener. *Ant.* Continuar. *Fam.* Detención, detenimiento, detenido.

devorar: 1. Comerse un animal a otro. *El león devoró una gacela.* ‖ **2.** Comer con muchas ganas. *Devoró toda la comida en unos minutos .*

de-vo-**rar:** V. tr. (Mod. 1: amar). *Sin.* **1.** Despedazar. ‖ **2.** Engullir. *Fam.* Devorador.

día: 1. Tiempo que tarda la Tierra en dar una vuelta alrededor del Sol. *El día tiene veinticuatro horas.* ‖ **2.** Tiempo que dura la claridad del Sol entre una noche y otra. *En verano los días son más largos.*

dí-a: Sust. m. Plural: días. *Sin.* **1.** Jornada. *Ant.* **2.** Noche. *Fam.* Diario, diariamente.

despertador

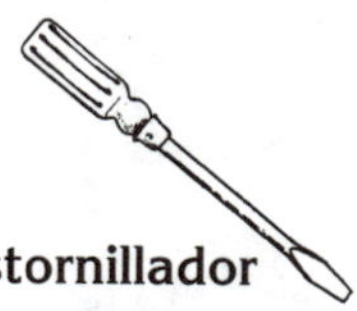

destornillador

delante

detrás

a b c **d** e f g h i j k l m n ñ o p q r s t u v w x y z

dialogar: *Conversar. *Dialogamos durante un buen rato.*
dia-lo-**gar:** V. intr. (Mod. 1: amar). Se escribe *gu* en vez de *g* seguido de *-e*: *Dialogué*. *Sin.* Hablar, platicar. *Ant.* Callar. *Fam.* Diálogo.

diccionario: Libro de palabras colocadas alfabéticamente y con sus significados o con su equivalencia en otro idioma. *Este libro que estás consultando es un diccionario.*
dic-cio-**na**-rio: Sust. m. Plural: diccionarios.

dicha: Sentimiento de felicidad. *El premio le llenó de dicha.*
di-cha: Sust. f. Plural: dichas. *Sin.* Felicidad. *Ant.* Desdicha. *Fam.* Dichoso.

dicho: 1. Participio del verbo *decir. *Ya se lo he dicho a mi hermano.* ‖ **2.** Frase hecha que resume la sabiduría popular. *Del dicho al hecho, va un gran trecho.*
di-cho: **1.** Part. m. / f. Dicha. Plural: dichos, dichas. ‖ **2.** Sust. m. Plural: dichos. *Sin.* **2.** Refrán, proverbio. *Fam.* **1.** Decir. ‖ **2.** Dichoso, dicharachero.

dictar: Decir algo para que alguien lo escriba. *Dictó una carta a su ayudante.*
dic-**tar:** V. tr. (Mod. 1: amar). *Fam.* Dictado.

diferencia: 1. Lo que hace que una cosa sea distinta de otra. *La única diferencia entre mis hermanos gemelos es el color del pelo.* ‖ **2.** Resultado de la operación de restar. *Después de hacer una resta, lo que queda es la diferencia.*
di-fe-**ren**-cia: Sust. f. Plural: diferencias. *Sin.* **1.** Desigualdad, disparidad. ‖ **2.** Resto. *Ant.* **1.** Igualdad. *Fam.* Diferir, diferenciar, diferenciación, diferente.

dificultad: Inconveniente que impide hacer o entender bien una cosa. *Tuve dificultad para aprobar el curso, pero al fin lo logré.*
di-fi-cul-**tad:** Sust. f. Plural: dificultades. *Sin.* Obstáculo, estorbo, contrariedad. *Ant.* Facilidad. *Fam.* Difícil, dificultoso, dificultar.

DIPTONGO: Unión de dos vocales, una abierta (a-e-o) y otra cerrada (i-u), o las dos cerradas, que se pronuncian en una misma sílaba.

DECRECIENTES	CRECIENTES	HOMOGÉNEOS
ai ei oi au eu ou	ia ie io ua ue uo	iu ui

HIATO: Unión de dos vocales que no forman diptongo porque son las dos abiertas o, porque siendo una cerrada y otra abierta, hay una tilde en la cerrada que deshace el diptongo.
A-é-re-o Ma-rí-a

TRIPTONGO: Unión de tres vocales, dos cerradas y una abierta en medio, que se pronuncian en una sola emisión de voz.
Miau Buey A-ve-ri-guáis

difunto: Persona muerta. *La familia del difunto estaba muy apenada.*

di-**fun**-to: Sust. y adj. m / f. Difunta. Plural: difuntos, difuntas. *Sin.* Muerto, cadáver. *Ant.* Vivo. *Fam.* Defunción.

digno: Que merece la cosa que se expresa (un premio, una alabanza, un castigo, etc.). *Por su valentía, es digno de admiración.*

dig-no: Adj. m. / f. Digna. Plural: dignos, dignas. *Sin.* Merecedor. *Ant.* Indigno. *Fam.* Dignidad, dignificar.

dinero: Conjunto de monedas y billetes. *Es muy rico, tiene mucho dinero.*

di-**ne**-ro: Sust. m. Plural (raro): dineros. *Sin.* Plata. *Fam.* Dineral.

dios: Ser superior al que se adora. *Los romanos creían en muchos dioses.*

dios: Sust. m. / f. Diosa. Plural: dioses, diosas. *Sin.* Divinidad, deidad. *Fam.* Divino.

dirigir: **1.** Llevar o enviar a una persona o una cosa hacia un lugar señalado. *Dirigió la barca hacia la orilla del río.* || **2.** Ser responsable de personas o cosas. *Dirige la empresa y toma todas las decisiones.*

di-ri-**gir:** V. tr. (Mod. 3: partir). Se usa también **dirigirse** (prnl.): **1.** *Nos encontramos a Manuel cuando nos dirigíamos a casa.* Se escribe *j* en vez de *g* seguido de *-a* u *-o: Dirija, dirijo.* *Sin.* **1.** Guiar, encaminar(se), orientar, conducir. || **2.** Gobernar, regir, mandar. *Fam.* Dirección, director, directo, dirigido, directamente.

a b c d e f g h i j k l m n ñ o p q r s t u v w x y z

discípulo: Persona que aprende bajo la dirección de un maestro. *Los discípulos atienden al profesor.*

dis-**cí**-pu-lo: Sust. m. / f. Discípula. Plural: discípulos, discípulas. *Sin.* Alumno. *Fam.* Disciplina, disciplinado.

disculpa: **1.** Razón que se da para pedir perdón o justificar una falta. *Te pido disculpas por haberte mentido.* ‖ **2.** Lo que se dice para librarse de algo o alguien. *Puse la disculpa de estar enfermo para no tener que ir.*

dis-**cul**-pa: Sust. f. Plural: disculpas. *Sin.* **1.** Perdón, justificación. ‖ **2.** Pretexto, excusa. *Fam.* Disculpar, disculpado.

discurso: Conjunto de frases sobre un tema que una persona dice a un grupo que le está escuchando. *El primer día de clase, el director pronunció un discurso ante todos los alumnos y profesores.*

dis-**cur**-so: Sust. m. Plural: discursos. *Sin.* Arenga, alocución, disertación. *Fam.* Discurrir, discursivo.

discutir: Presentar razones contra la opinión de otro. *Hemos discutido con el vendedor sobre el precio.*

dis-cu-**tir:** V. tr. o intr. (Mod. 3: partir). *Sin.* Debatir. *Fam.* Discusión, discutible.

disgusto: Sentimiento de pena o enfado producido por algo desagradable o molesto. *Me llevé un disgusto cuando perdí la cartera.*

dis-**gus**-to: Sust. m. Plural: disgustos. *Sin.* Desazón, molestia, inquietud. *Ant.* Gusto, alegría. *Fam.* Disgustar, disgustarse, disgustado.

disparar: Lanzar un proyectil con un arma. *Disparó una flecha con su arco.*

dis-pa-**rar:** V. tr. (Mod. 1: amar). *Sin.* Arrojar, despedir. *Fam.* Disparo.

dispersar: Separar en desorden varias cosas que estaban juntas. *El viento dispersó las nubes y lució de nuevo el Sol.*

dis-per-**sar:** V. tr. (Mod. 1: amar). *Sin.* Diseminar, desperdigar. *Ant.* Agrupar. *Fam.* Dispersión, dispersor, disperso.

disponible: Que puede ser usado o que está libre para hacer algo. *En ese hotel sólo queda una habitación disponible. Después del trabajo, estaré disponible para ir de compras contigo.*

dis-po-**ni**-ble: Adj. invariable en género. Plural: disponibles. *Sin.* Libre. *Ant.* Ocupado. *Fam.* Disponer, disponibilidad, disposición, dispuesto.

distancia: Espacio que hay entre dos puntos. *Desde mi casa a la estación, hay poca distancia.*

dis-**tan**-cia: Sust. f. Plural: distancias. *Sin.* Intervalo, trecho. *Fam.* Distar, distante.

distinguir: Reconocer las diferencias entre unas cosas y otras. *No distingue el color azul del verde, le parecen iguales.*

dis-tin-**guir:** V. tr. (Mod. 3: partir). *Sin.* Diferenciar. *Ant.* Confundir. *Fam.* Distinción, distinto, indistinto.

diverso: **1.** No igual. *Un perro y un gato son de diversa especie.* ‖ **2.** En plural significa varios. *Traigo diversos libros para leer.*

di-**ver**-so: Adj. m. / f. Diversa. Plural: diversos, diversas. *Sin.* **1.** Diferente, dispar. *Ant.* **1.** Igual. *Fam.* Diversidad, diversificar, diversificación.

divertir: Hacer reír y pasarlo bien. *Aquel juego divirtió a los niños, porque era muy interesante.*

di-ver-**tir:** V. tr. irregular (Mod. 4: sentir). Se usa también **divertirse** (prnl.): *Se divirtió. Sin.* Entretener(se), recrear(se). *Ant.* Aburrir(se), cansar(se). *Fam.* Diversión, divertido.

dividir: Hacer de una cosa varias partes. *Dividió el pastel en seis porciones.*

di-vi-**dir:** V. tr. (Mod. 3: partir). Se usa también **dividirse** (prnl.): *Nos dividimos en grupos. Sin.* Fraccionar, partir, separar(se). *Ant.* Unir(se), juntar(se). *Fam.* Dividendo, divisor, división, dividido.

doble: Que tiene dos veces una cantidad. *Veinte caramelos son el doble de diez.*

do-ble: Adj. invariable en género. Plural: dobles. *Sin.* Duplo. *Ant.* Medio.

docente: Que enseña. *Los profesores tienen una labor docente.*

do-**cen**-te: Adj. invariable en género. Plural: docentes. También sust. m. y f. Plural: docentes. *Sin.* Educativo. *Fam.* Docencia.

documento: Escrito que sirve para probar algo. *Este documento demuestra que tengo la propiedad de la finca.*

do-cu-**men**-to: Sust. m. Plural: documentos. *Sin.* Diploma, carné. *Fam.* Documentar, documentación, documental.

disco

disfraz

doblar

dólar EE UU

a b c **d** e f g h i j k l m n ñ o p q r s t u v w x y z

dolor: Sensación de pena o sufrimiento. *Tiene muchos dolores de cabeza. Sentí dolor cuando mi gato se escapó.*

do-**lor:** Sust. m. Plural: dolores. *Sin.* Daño. *Ant.* Gozo, bienestar, alegría. *Fam.* Dolencia, doloroso.

domar: Enseñar a ser manso a un animal por medio de ejercicios. *Tardamos muchísimo tiempo en domar a este caballo salvaje.*

do-**mar:** V. tr. (Mod. 1: amar). *Sin.* Domesticar, amaestrar. *Fam.* Doma, domador, domado.

domesticar: Conseguir que un animal obedezca. *Debes domesticar a tu gato cuando sea pequeño.*

do-mes-ti-**car:** V. tr. (Mod. 1: amar). Se escribe *qu* en vez de *c* seguido de *-e: Domestiqué. Sin.* Educar.

doméstico: 1. Que es o tiene relación con la casa. *Entre todas las tareas domésticas, prefiero la de cocinar.* ‖ **2.** Se dice de los animales que viven con el hombre. *El perro, el gato y la gallina son animales domésticos.*

do-**més**-ti-co: Adj. m. / f. Doméstica. Plural: domésticos, domésticas. *Sin.* **1.** Casero. *Ant.* **2.** Salvaje. *Fam.* Domesticar, domesticado.

domicilio: Casa donde una persona vive. *Mi domicilio está junto a la plaza.*

do-mi-**ci**-lio: Sust. m. Plural: domicilios. *Sin.* Casa, morada. *Fam.* Domiciliario, domiciliar.

dominar: 1. Tener poder sobre cosas o personas. *No se debe dominar a los demás.* ‖ **2.** Tener muchos conocimientos sobre algo. *Domina el italiano porque vivió en Venecia.*

do-mi-**nar:** V. tr. (Mod. 1: amar). *Sin.* **1.** Someter. ‖ **2.** Conocer, saber. *Ant.* **1.** Obedecer, acatar. ‖ **2.** Ignorar, desconocer. *Fam.* Dominio, dominador, dominante, dominado.

domingo: Día de la semana que está entre el sábado y el lunes. *Los domingos toda la familia vamos a comer a casa de los abuelos.*

do-**min**-go: Sust. m. Plural: domingos. *Fam.* Dominical.

dorado: De color de oro o que parece oro. *Las espigas de trigo son doradas.*

do-**ra**-do: Adj. m. / f. Dorada. Plural: dorados, doradas. *Fam.* Dorador, dorar.

dormir: **1.** Descansar con los ojos cerrados sin hacer ni sentir nada. *Dormía tan profundamente, que no le despertó la tormenta.* ‖ **2.** Hacer que alguien pierda el conocimiento por medios artificiales. *El médico le durmió para operarle.*

dor-**mir:** **1.** V. intr. y **2.** tr. irregular (Mod. 5: dormir). *Sin.* **1.** Descansar. ‖ **2.** Anestesiar. *Ant.* Despertar, velar. *Fam.* Dormilón, dormitar, dormido.

drama: Obra de teatro sobre temas serios o tristes. *Prefiero las comedias a los dramas.*

dra-ma: Sust. m. Plural: dramas. *Fam.* Dramático, dramaturgo, dramatizar.

dudar: No estar seguro de una cosa. *Dudo que apruebe el examen, aunque he estudiado. Dudo de su palabra.*

du-**dar:** V. intr. o tr. (Mod. 1: amar). *Sin.* Vacilar, titubear. *Ant.* Estar seguro, confiar. *Fam.* Duda, dudoso.

dueño: Persona que tiene una cosa. *Fue la dueña de esta casa hasta que yo se la compré.*

due-ño: Sust. m. / f. Dueña. Plural: dueños, dueñas. *Sin.* Amo, poseedor, propietario. *Fam.* Adueñarse.

dulce: **1.** De sabor como el del azúcar, la miel, etc. *Prefiero las comidas dulces a las saladas.* ‖ **2.** Cosa para comer hecha con azúcar. *Me regaló una caja de dulces.*

dul-ce: **1.** Adj. invariable en género. Plural: dulces. ‖ **2.** Sust. m. Plural: dulces. *Sin.* **1.** Azucarado. ‖ **2.** Pastel. *Fam.* Dulcificar, dulzura.

durar: Continuar existiendo. *Esta casa ha durado cien años.*

du-**rar:** V. intr. (Mod. 1: amar). *Sin.* Permanecer, subsistir. *Ant.* Cesar, terminar. *Fam.* Duración, duradero, durante.

duro: Que es difícil de cortar, aplastar, rayar, etc. porque es muy resistente. *El diamante es tan duro que corta el vidrio.*

du-ro: Adj. m. / f. Dura. Plural: duros, duras. *Sin.* Consistente, fuerte. *Ant.* Blando, frágil. *Fam.* Dureza.

ficha

dominó

dragón

dromedario

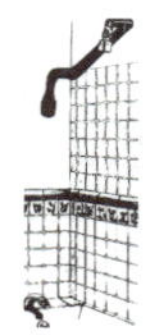

ducha

duende

E e

echar: 1. Hacer que, mediante un impulso, una cosa vaya a parar a alguna parte. *Echó la pelota a la canasta y marcó un tanto.* ‖ **2.** Hacer que una cosa caiga en un sitio. *No olvides echar la carta al buzón.* ‖ **3.** Hacer salir a uno de un lugar. *Le echaron del cine, porque no tenía entrada.* ‖ **4.** *Despedir a alguien de su trabajo. *Le echaron sin motivo alguno.* ‖ **5. Echarse:** Acostarse. *Se echaron a dormir la siesta.*

e-**char:** **1, 2, 3** y **4.** V. tr. y **5.** prnl. (Mod. 1: amar). *Sin.* **1.** Arrojar, lanzar, tirar. ‖ **2.** Meter. ‖ **3.** Expulsar. ‖ **4.** Destituir. ‖ **5.** Tumbarse, reposar. *Ant.* **1.** Retener. ‖ **2.** Sacar, extraer. ‖ **3.** Acoger. ‖ **4.** Admitir. ‖ **5.** Levantarse. *Fam.* Desechar.

eco: Repetición de un sonido reflejado por un cuerpo duro (una montaña, un túnel, etc.). *Gritó en la cueva y el eco devolvió su grito.*

e-co: Sust. m. Plural: ecos. *Sin.* Resonancia. *Fam.* Ecografía.

economía: 1. Buena administración de los bienes. *Su madre lleva muy bien la economía de la casa.* ‖ **2.** Riqueza de un país como resultado de su agricultura, ganadería, industria, etc. *La economía de ese país ha mejorado en los últimos años, gracias a la venta de sus productos en el extranjero.* ‖ **3. Hacer economías:** Disminuir el gasto y guardar parte del dinero. *Compra menos zapatos desde que decidió hacer economías.*

e-co-no-**mí**-a: Sust. f. Plural: economías. *Sin.* **1.** Administración, gobierno. ‖ **3.** Ahorrar. *Ant.* **3.** Gastar. *Fam.* Económico, economizar.

edad: 1. Tiempo que un ser ha vivido. *Su edad es avanzada, tiene ochenta años.* ‖ **2.** Cada uno de los períodos en los que se divide la historia. *En la Edad Media se construyeron muchos castillos.*

e-**dad:** Sust. f. Plural: edades. *Sin.* **1.** Años, vida. ‖ **2.** Era, época.

educar: 1. Desarrollar las facultades del niño o del joven por medio de ejemplos, ejercicios, etc. *Los profesores educan a los alumnos.* ‖ **2.** Enseñar buenos modales para vivir en sociedad. *No tiraba papeles al suelo, porque le habían educado bien.*

e-du-**car:** V. tr. (Mod. 1: amar). Se escribe *qu* en vez de *c* seguido de *-e: Eduqué. Sin.* **1.** Enseñar, instruir. ‖ **2.** Urbanizar. *Ant.* Maleducar, malcriar. *Fam.* Educación, educador, educado.

efectuar: Hacer alguna cosa. *Efectuó el pago de la matrícula ayer por la mañana.*

e-fec-tu-**ar:** V. tr. (Mod. 1: amar). *Sin.* Realizar, ejecutar. *Ant.* Deshacer, incumplir. *Fam.* Efecto, efectivo, efectuado.

ejemplo: 1. Caso o hecho que sirve de modelo para que se imite o para que se evite. *Su hermano es tan bueno, que siempre le ponen como ejemplo.* ‖ **2.** Hecho o texto que sirve para ilustrar o aclarar una opinión, una teoría, etc. *En este diccionario hay muchos ejemplos del uso de las palabras.*

e-**jem**-plo: Sust. m. Plural: ejemplos. *Sin.* **1.** Modelo, pauta. ‖ **2.** Explicación, aclaración. *Fam.* Ejemplar, ejemplificar.

ejercer: Hacer cosas propias de una profesión, oficio, empleo, etc. *Mi tío es arquitecto, pero no ejerce.*

e-jer-**cer:** V. tr. o intr. (Mod. 2: temer). Se escribe *z* en vez de *c* seguido de *-a* u *-o: Ejerza, ejerzo. Sin.* Practicar, desempeñar. *Fam.* Ejercicio, ejerciente.

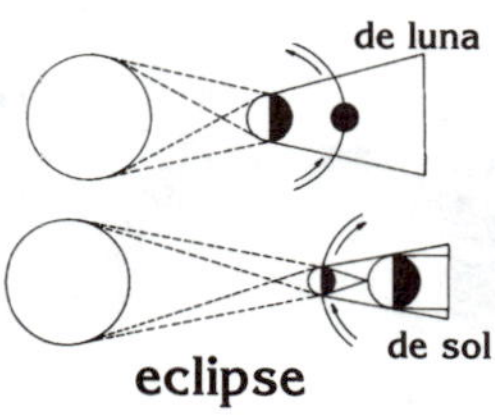

electricidad: Forma de energía que hace que las bombillas den luz, que los motores funcionen, etc. *Las lavadoras funcionan por electricidad.*

e-lec-tri-ci-**dad:** Sust. f. singular. *Sin.* Corriente eléctrica. *Fam.* Electricista, eléctrico.

elegante: Que tiene buen gusto, gracia y sencillez. *Vive en una casa muy elegante. Me he puesto muy elegante para ir a la fiesta.*

e-le-**gan**-te: Adj. invariable en género. Plural: elegantes. *Sin.* Distinguido. *Ant.* Descuidado. *Fam.* Elegancia.

elegir: **1.** Preferir a una persona o cosa entre otras. *Eligió el coche pequeño en vez del grande.* ‖ **2.** Nombrar por votación a alguien para un puesto. *Fue elegido presidente por mayoría.*

e-le-**gir:** V. tr. irregular (Mod. 6: pedir). Se escribe *j* en vez de *g* seguido de *-a* u *-o: Elijas, elijo. Sin.* **1.** Escoger, preferir. ‖ **2.** Designar, votar. *Fam.* Elección, elector, electo, elegido, elegible.

elemental: **1.** Fundamental, necesario. *Es elemental saber leer y escribir.* ‖ **2.** De fácil comprensión, muy sencillo y claro. *Esta explicación es elemental.*

e-le-men-**tal:** Adj. invariable en género. Plural: elementales. *Sin.* **1.** Primordial, básico, esencial. ‖ **2.** Simple, comprensible. *Ant.* **1.** Secundario. ‖ **2.** Complicado. *Fam.* Elemento.

elevar: **1.** Levantar una cosa. *La polea eleva los materiales.* ‖ **2.** Aumentar la cantidad, el valor, etc. de algo. *La crisis ha elevado los precios este año.*

e-le-**var:** V. tr. (Mod. 1: amar). Se usa también **elevarse** (prnl.): **1.** *El pájaro se elevó en el aire.* ‖ **2.** *El número de asistentes se elevó de 50 a 100. Sin.* **1** y **2.** Subir(se), alzar(se). ‖ **1.** Izar(se). ‖ **2.** Incrementar(se). *Ant.* Bajar, descender. *Fam.* Elevación, elevador, elevado.

electrodomésticos

elefante

embarcadero

embudo

elocuente: Que habla y se le entiende muy bien, utilizando el lenguaje con claridad y soltura. *Es tan elocuente que convence a todos.*

e-lo-**cuen**-te: Adj. invariable en género. Plural: elocuentes. *Fam.* Elocuencia.

elogio: Todo lo bueno que se dice de una persona o cosa por sus buenas cualidades o acciones. *Hizo grandes elogios de su profesor, hasta dijo que era un sabio.*

e-**lo**-gio: Sust. m. Plural: elogios. *Sin.* Alabanza. *Ant.* Censura. *Fam.* Elogioso, elogiar.

emoción: Estado agitado del ánimo como consecuencia de una experiencia que cambia el comportamiento normal. *Lloró de emoción cuando le entregaron el premio.*

e-mo-**ción:** Sust. f. Plural: emociones. *Sin.* Turbación. *Ant.* Impasibilidad. *Fam.* Emotividad, emocionante, emocionar.

empeño: **1.** Deseo grande de hacer o conseguir una cosa. *Tenía empeño en ir al cine.* ‖ **2.** Esfuerzo y constancia por conseguir algo. *Puso todo su empeño en acabar el dibujo.*

em-**pe**-ño: Sust. m. Plural: empeños. *Sin.* **1.** Afán, anhelo. ‖ **2.** Perseverancia, tesón. *Ant.* Indiferencia, desinterés. *Fam.* Empeñarse, empeñado.

emperador: **1.** Título dado al jefe del antiguo *imperio romano. *Augusto fue el primer emperador romano.* ‖ **2.** Título dado a los que mandaban sobre los reyes o grandes príncipes de los países bajo su dominio. *El emperador Carlos I de España y V de Alemania fue muy poderoso.*

em-pe-ra-**dor:** Sust. m. / f. Emperatriz. Plural: emperadores, emperatrices. *Fam.* Imperio, imperar.

empezar: **1.** Dar principio a una cosa. *El profesor empezó la clase con un dictado.* ‖ **2.** Iniciar el uso o consumo de una cosa. *Empecé el jamón ayer.* ‖ **3.** Tener principio una cosa. *El alfabeto empieza en la A.*

em-pe-**zar:** **1** y **2.** V. tr. y **3.** intr. irregular (Mod. 1a: acertar). Se escribe *c* en vez de *z* seguido de *-e: Empieces. Sin.* Iniciar, comenzar. *Ant.* Acabar, terminar. *Fam.* Empiece.

emplear: **1.** Dar un puesto de trabajo a alguien. *Le van a emplear como vendedor.* ‖ **2.** Hacer servir las cosas para algo. *Han empleado la plaza como teatro.*

em-ple-**ar:** V. tr. (Mod. 1: amar). *Sin.* **1.** Contratar. ‖ **2.** Usar. *Fam.* Empleo, empleado.

emprender: Empezar algo que es difícil o arriesgado. *El alpinista emprendió la subida de la montaña.*

em-pren-**der:** V. tr. (Mod. 2: temer). *Sin.* Iniciar, acometer. *Ant.* Acabar, finalizar. *Fam.* Empresa, emprendedor.

empresa: **1.** Acción difícil que se empieza con valor y decisión. *El descubrimiento de América fue una empresa difícil.* ‖ **2.** Sociedad o firma que hace negocios. *Tiene una empresa de automóviles usados.*

em-**pre**-sa: Sust. f. Plural: empresas. *Sin.* **1.** Tarea, trabajo, proyecto. ‖ **2.** Casa, compañía. *Fam.* Empresario, empresarial, *emprender.

empujar: Hacer fuerza contra una cosa para *moverla o *sostenerla. *Empujaron el coche estropeado hasta la gasolinera.*

em-pu-**jar:** V. tr. (Mod. 1: amar). *Sin.* Impulsar. *Fam.* Empujón, empuje.

enano: **1.** Muy pequeño en su especie. *En Oriente hacen jardines enanos.* ‖ **2.** Persona muy pequeña. *Cuando volvían de la mina, los siete enanitos encontraron a Blancanieves.*

e-**na**-no: **1.** Adj. m. / f. Enana. Plural: enanos, enanas. ‖ **2.** Sust. m. / f. Enana. Plural: enanos, enanas. *Sin.* Diminuto. *Ant.* Gigante. *Fam.* Enanismo.

encanto: Cosa o persona que gusta. *Este bebé es un verdadero encanto.*

en-**can**-to: Sust. m. Plural: encantos. *Fam.* Encantador, encantado, encantar.

encargar: **1.** Poner una cosa al cuidado de alguien. *Me han encargado cuidar al gato.* ‖ **2.** Pedir que se traiga o envíe de otro lugar alguna cosa. *He encargado a la librería unos libros.* ‖ **3. Encargarse:** Hacerse cargo de algo o alguien. *Yo me encargo de hacer la compra.*

en-car-**gar:** **1** y **2.** V. tr. y **3.** prnl. (Mod. 1: amar). Se escribe *gu* en vez de *g* seguido de *-e: Encargué. Sin.* **1.** Confiar, encomendar. ‖ **2.** Pedir, solicitar. ‖ **3.** Ocuparse. *Fam.* Encargo, encargado.

encerrar: **1.** Meter personas o animales en un lugar del que no puedan salir. *Nunca encierro pájaros en jaulas.* ‖ **2.** Guardar algo en un sitio cerrado. *Encerré mi coche en el garaje durante la noche.*

en-ce-**rrar:** V. tr. irregular (Mod. 1a: acertar). Se usa también **encerrarse** (prnl.): **1.** *Pedro se encerró en su habitación. Sin.* **1.** Recluir(se), apresar, aprisionar. ‖ **2.** Guardar, meter, ocultar. *Ant.* **1.** Liberar(se). ‖ **2.** Sacar. *Fam.* Encierro, encerrona, encerrado.

encoger: Hacerse más pequeñas las cosas. *Al lavar la chaqueta, ha encogido y ya no me sirve.*

en-co-**ger:** V. intr. (Mod. 2: temer). Se escribe *j* en vez de *g* seguido de *-a* u *-o*: *Encoja. Sin.* Menguar. *Ant.* Aumentar, ensanchar. *Fam.* Encogimiento, encogido.

encomendar: Encargar a alguien que haga algo o que cuide de un ser o de una cosa. *Le han encomendado la dirección de la empresa.*

en-co-men-**dar:** V. tr. irregular (Mod. 1a: acertar). *Sin.* Confiar, encargar. *Fam.* Encomendable, encomienda.

encontrar: **1.** Dar con un ser o cosa que se busca. *Encontró el viejo cofre en el desván.* ‖ **2.** Hallar a alguien o algo sin buscarlo. *Encontró a Carlos en el cine.*

en-con-**trar:** V. tr. irregular (Mod. 1b: contar). Se usa también **encontrarse** (prnl): **2.** *Me encontré con un amigo. Sin.* **1.** Hallar. ‖ **2.** Topar(se) con, tropezar(se) con. *Ant.* Perder(se). *Fam.* Encuentro, encontrado.

enemigo: **1.** Contrario, opuesto a una cosa. *Es enemigo del frío, por eso se ha ido a vivir al sur.* ‖ **2.** El contrario en la lucha. *Los enemigos nos atacaron durante la noche.*

e-ne-**mi**-go: **1.** Adj. m. / f. Enemiga. Plural: enemigos, enemigas. ‖ **2.** Sust. m. / f. Enemiga. Plural: enemigos, enemigas. *Sin.* **1.** Contrario, opuesto. ‖ **2.** Adversario, rival. *Ant.* **1** y **2.** Amigo. ‖ **2.** Aliado. *Fam.* Enemistad, enemistar.

energía: **1.** Fuerza y vigor del cuerpo. *Mi abuelo tiene todavía mucha energía.* ‖ **2.** En Física, capacidad de un cuerpo para producir un trabajo. *La energía eléctrica mueve los motores.*

e-ner-**gí**-a: Sust. f. Plural: energías. *Sin.* **1.** Fortaleza, vitalidad. ‖ **2.** Potencia, fuerza. *Ant.* **1.** Debilidad. *Fam.* Enérgico.

enero: Primer mes del año. *Vendrá a vernos en enero.*

e-**ne**-ro: Sust. m. Plural (raro): eneros.

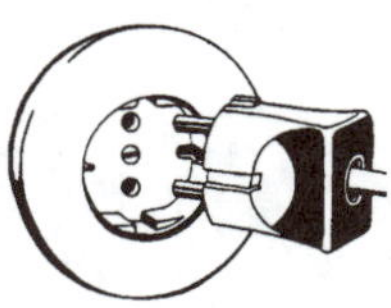

enchufe

encina

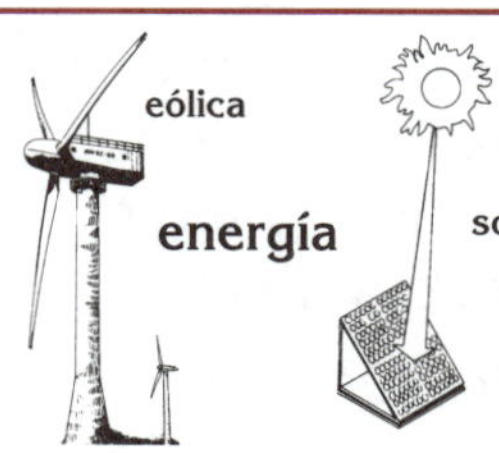

energía

enfado: Desagrado por algo que molesta. *Salió dando un portazo, para demostrar su enfado.*

en-**fa**-do: Sust. m. Plural: enfados. *Sin.* Enojo, fastidio. *Ant.* Agrado. *Fam.* Enfadar, enfadado.

enfermedad: Pérdida de la salud del cuerpo. *La enfermedad del sarampión se extendió por toda la escuela.*

en-fer-me-**dad:** Sust. f. Plural: enfermedades. *Sin.* Mal, dolencia. *Ant.* Salud. *Fam.* Enfermo, enfermería, enfermero, enfermar.

enfrentar: Hacer frente a una situación o peligro. *Tengo que enfrentar el problema, para poder solucionarlo.*

en-fren-**tar:** V. tr. (Mod. 1: amar). Se usa también **enfrentarse** (prnl.): *Los marineros se enfrentaron al temporal con valentía. Sin.* Encarar(se), oponer(se). *Fam.* Enfrentamiento.

enganchar: Agarrar una cosa con un gancho o colgarla de él. *El maquinista enganchó el vagón.*

en-gan-**char:** V. tr. (Mod 1: amar). Se usa también **engancharse** (prnl.): *Me enganché con una punta . Sin.* Sujetar. *Ant.* Desenganchar(se). *Fam.* Enganche, gancho.

engañar: Hacer creer a alguien una cosa que no es cierta. *Le engañó cuando le vendió una pluma que estaba rota.*

en-ga-**ñar:** V. tr. (Mod. 1: amar). *Sin.* Mentir, embaucar, timar. *Ant.* Desengañar. *Fam.* Engaño, engañoso, engañado.

enorme: Muy grande. *En esta sala tan enorme cabemos todos.*

e-**nor**-me: Adj. invariable en género. Plural: enormes. *Sin.* Gigantesco, colosal, desmedido. *Ant.* Minúsculo, pequeñísimo. *Fam.* Enormidad, enormemente.

enseguida: Inmediatamente. *Ven enseguida, es urgente.*

en-se-**gui**-da: Adv. de tiempo. También se escribe separado: en seguida. *Sin.* Pronto, seguidamente, rápidamente, en el acto.

enseñar: 1. Hacer que alguien aprenda algo. *Le enseñó el oficio de fontanero.* ‖ **2.** Mostrar algo para que sea visto. *Voy a enseñarte mi colección de sellos.*

en-se-**ñar:** V. tr. (Mod. 1: amar). *Sin.* **1.** Explicar, instruir, formar. ‖ **2.** Exponer, exhibir. *Ant.* **2.** Ocultar, esconder. *Fam.* Enseñanza, enseñante, enseñado.

entender: Tener idea clara de una cosa. *Aunque es muy pequeño, ya entiende lo que le decimos.*

en-ten-**der:** V. tr. irregular (Mod. 2a: entender). *Sin.* Comprender. *Fam.* Entendimiento.

enterarse: Conocer algo que no se sabía. *Ya me he enterado de la fecha del examen.*

en-te-**rar**-se: V. prnl. (Mod. 1: amar). *Sin.* Informarse. *Fam.* Enterado.

entero: Que está completo, sin falta alguna. *Tenía la colección entera, hasta que perdió una parte.*

en-**te**-ro: Adj. m. / f. Entera. Plural: enteros, enteras. *Sin.* Completo, íntegro. *Ant.* Incompleto, parcial. *Fam.* Entereza.

enterrar: Poner una cosa bajo *tierra. *Mi perro entierra los huesos en el jardín.*

en-te-**rrar:** V. tr. irregular (Mod. 1a: acertar). *Sin.* Esconder, meter, sepultar. *Ant.* Desenterrar. *Fam.* Entierro, enterrado.

entonces: 1. En aquel tiempo. *Le llamé, y entonces me contestó.* ‖ **2.** En tal caso, siendo así. *Si sabes conducir, entonces no necesitas chófer.*

en-**ton**-ces: **1.** Adv. de tiempo. ‖ **2.** Adv. de modo.

entrar: 1. Ir o pasar de fuera adentro. *Entré en el cine para ver la película.* ‖ **2.** Empezar a formar parte de un grupo, asociación, equipo, etc. *Carlos entró en el equipo de fútbol.*

en-**trar:** V. intr. (Mod. 1: amar). *Sin.* **1.** Meterse, penetrar. ‖ **2.** Ingresar. *Ant.* **1** y **2.** Salir. ‖ **2.** Abandonar. *Fam.* Entrada, entrante.

entregar: 1. Poner a seres o cosas en poder de otro. *Tuve que entregar el dinero de la multa.* ‖ **2. Entregarse:** Dedicarse por entero a una cosa. *Durante un año se entregó a su investigación.*

en-tre-**gar:** **1.** V. tr. y **2.** prnl. (Mod. 1: amar). Se escribe *gu* en vez de *g* seguido de *-e: Entregué. Sin.* **1** y **2.** Dar(se). ‖ **1.** Otorgar. *Ant.* **1.** Quitar. ‖ **2.** Desentenderse. *Fam.* Entrega, entregado.

entrenar: Preparar personas o animales para hacer algo bien, especialmente un deporte. *Ha entrenado a su perro, para que le lleve el periódico.*

en-tre-**nar:** V. tr. (Mod. 1: amar). Se usa también **entrenarse** (prnl.): *Me estoy entrenando para la carrera del domingo. Sin.* Adiestrar(se). *Fam.* Entrenamiento, entrenador.

entrevista: Encuentro de dos o más personas con un fin determinado. *Se celebró una entrevista para decidir quién sería el próximo director.*

en-tre-**vis**-ta: Sust. f. Plural: entrevistas. *Sin.* Reunión. *Fam.* Entrevistarse.

entusiasmo: Emoción alegre. *Todos aplaudieron con entusiasmo en el concierto.*

en-tu-**sias**-mo: Sust. m. Plural: entusiasmos. *Sin.* Pasión, exaltación. *Ant.* Indiferencia, desinterés, frialdad. *Fam.* Entusiasmado, entusiasta, entusiasmar.

enviar: 1. Hacer que una persona vaya a alguna parte. *Envió a su hijo a un campamento de verano.* ‖ **2.** Hacer que una cosa llegue a alguna parte. *Voy a enviar una carta a mi tío.*

en-vi-**ar:** V. tr. (Mod. 1: amar). *Sin.* **1** y **2.** Mandar. ‖ **2.** Expedir, remitir. *Ant.* **2.** Retener. *Fam.* Envío, enviado.

envolver: Cubrir una cosa con papel, tela, etc. *Envuelve el regalo con este papel tan bonito.*

en-vol-**ver:** V. tr. irregular (Mod. 2b: mover). Participio irregular: **envuelto**. *Sin.* Empaquetar, liar. *Ant.* Desenvolver. *Fam.* Envoltorio, envoltura, envolvente.

equipaje: Conjunto de cosas que se llevan en los viajes. *Subieron el equipaje a la habitación del hotel.*

e-qui-**pa**-je: Sust. m. Plural: equipajes. *Sin.* Maletas, bultos. *Fam.* Equipo, equipar.

equipo: 1. Conjunto de personas que se unen para hacer algo. *Se han formado equipos para recoger muestras de minerales.* ‖ **2.** Grupo de personas que buscan juntas el triunfo en un deporte. *Nuestro equipo ganó por gran diferencia al contrario.* ‖ **3.** Conjunto de prendas o cosas que sirven para un fin. *Por mi cumpleaños, me regalaron un equipo de buceo.*

e-**qui**-po: Sust. m. Plural: equipos. *Sin.* **1.** Grupo. ‖ **2.** Club. ‖ **3.** Accesorios, instrumental. *Fam.* Equipamiento, equipado, equipar.

erizo

de tierra

de mar

ermita

escalar

escalera

equivocarse: Hacer una cosa mal sin querer. *Se equivocó de piso, fue al primero en vez de ir al segundo.*

e-qui-vo-**car**-se: V. prnl. (Mod. 1: amar). Se escribe *qu* en vez de *c* seguido de *-e: Equivoqué. Sin.* Errar, fallar. *Ant.* Acertar. *Fam.* Equivocación, equívoco, equivocado.

error: Equivocación. *Tuve muchos errores en el dictado.*

e-**rror:** Sust. m. Plural: errores. *Sin.* Falta, fallo. *Ant.* Acierto. *Fam.* Erróneo, errado.

escándalo: Ruido, tumulto. *Los niños arman un gran escándalo en el patio.*

es-**cán**-da-lo: Sust. m. Plural: escándalos. *Sin.* Alboroto. *Ant.* Tranquilidad. *Fam.* Escandalera, escandaloso, escandalizar.

escapar: 1. Salir de un encierro o de un peligro. *Escapó de la enfermedad gracias a la ayuda del médico.* ‖ **2.** Salir deprisa y a escondidas. *El ladrón escapó de la cárcel.*

es-ca-**par:** V. intr. (Mod. 1: amar). Se usa también **escaparse** (prnl.): **1.** *El pájaro se escapó de la jaula.* ‖**2.** *Se escapó por la escalera de incendios. Sin.* **1.** Evadir(se), huir. ‖ **2.** Escabullirse, largarse. *Ant.* **1.** Quedarse. *Fam.* Escape, escapatoria, escapada.

escaso: Poco o insuficiente. *En verano hay escasas lluvias en el desierto.*

es-**ca**-so: Adj. m. / f. Escasa. Plural: escasos, escasas. *Sin.* Poco. *Ant.* Abundante. *Fam.* Escasez, escasear.

escenario: Lugar del teatro donde se representan las obras. *Al acabar la obra, los actores saludaron desde el escenario.*

es-ce-**na**-rio: Sust. m. Plural: escenarios. *Sin.* Escena, tablas. *Fam.* Escena, escenificar, escenografía.

escocer: Producirse una sensación muy desagradable de picor intenso, parecida a la quemadura. *Aunque te escueza, voy a echarte alcohol en la herida.*

es-co-**cer:** V. intr. irregular (Mod. 2b: mover). Se escribe *z* en vez de *c* seguido de *-a: Escuezan. Sin.* Picar. *Fam.* Escocedura, escocido.

local comercial

escaparate

escarabajo

escoba

escoger: Tomar o elegir una o más cosas o seres entre otros. *Juan fue escogido para representar a la clase.*

es-co-**ger:** V. tr. (Mod. 2: temer). Se escribe *j* en vez de *g* seguido de *-a* u *-o: Escojo, escojan. Sin.* Seleccionar, elegir, entresacar, optar por. *Fam.* Escogido.

escolar: 1. Que pertenece al estudiante o a la escuela. *Los textos escolares tienen que ser claros.* ‖ 2. Estudiante de alguna escuela. *Los escolares juegan en el patio.*

es-co-**lar:** 1. Adj. invariable en género. Plural: escolares. ‖ 2. Sust. m. y f. Plural: escolares. *Sin.* Colegial. *Fam.* Escuela, escolaridad.

esconder: Poner una cosa en un lugar secreto para que nadie la encuentre. *A veces, los piratas escondían sus tesoros en cuevas.*

es-con-**der:** V. tr. (Mod. 2: temer). *Sin.* Ocultar. *Ant.* Mostrar. *Fam.* Escondite, escondrijo, escondido, a escondidas.

escribir: Representar las palabras y las ideas con letras o con otros signos. *Mi hermano escribe muy bien, nunca pone faltas.*

es-cri-**bir:** V. tr. o intr. (Mod. 3: partir). Participio irregular: **escrito.** *Fam.* Escritura, escritor, escritorio, escrito.

escuchar: Atender o aplicar el oído para oír algo. *Escucha esta canción, es preciosa.*

es-cu-**char:** V. tr. o intr. (Mod. 1: amar). *Fam.* Escucha, escuchado.

escurrir: 1. Aprovechar las últimas gotas de un líquido que han quedado en un vaso, botella, etc. *Escurrió el aceite de la botella.* ‖ 2. Hacer que una cosa mojada despida el líquido que contiene. *Tienes que escurrir la toalla antes de tenderla.*

es-cu-**rrir:** V. tr. (Mod. 3: partir). *Sin.* 1. Apurar. ‖ 2. Secar. *Fam.* Escurridizo.

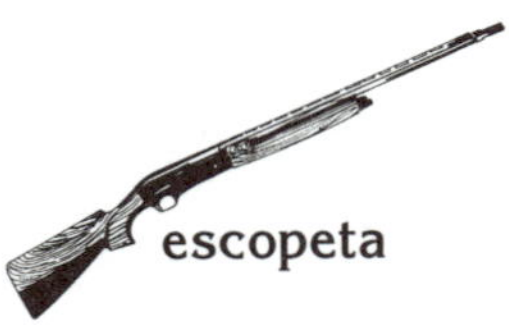
escopeta

escribir (máquina de)

escudo
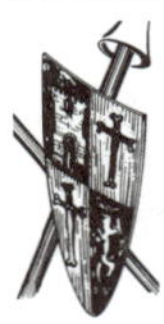

escultura o estatua

esfuerzo: Empleo del valor o la fuerza para conseguir algo. *Levantó las pesas con gran esfuerzo.*

es-**fuer**-zo: Sust. m. Plural: esfuerzos. *Sin.* Ánimo, vigor, afán. *Ant.* Desánimo, desgana. *Fam.* Esforzado, esforzarse.

espantoso: Que causa temor o pánico. *Ayer hubo una tormenta espantosa.*

es-pan-**to**-so: Adj. m. / f. Espantosa. Plural: espantosos, espantosas. *Sin.* Terrible, pavoroso. *Ant.* Agradable. *Fam.* Espanto, espantar.

español: Nacido o perteneciente a España. *El idioma español se habla en muchos países.*

es-pa-**ñol:** Adj. y sust. m. / f. Española. Plural: españoles, españolas. *Sin.* Hispánico. *Fam.* España, españolizar.

especial: **1.** Diferente de lo común o general. *Le hacen una comida especial, porque está enfermo.* ‖ **2.** Propio para algún fin. *Hay un tren especial para ir a esquiar.*

es-pe-**cial:** Adj. invariable en género. Plural: especiales. *Sin.* **1.** Singular, peculiar. ‖ **2.** Apropiado, específico, adecuado. *Ant.* **1.** General. ‖ **2.** Inadecuado. *Fam.* Especialidad, especialista, especialmente.

espectáculo: Diversión ante un grupo de gente en un teatro, en un circo, etc. *El espectáculo teatral resultó un éxito. Los desfiles de carrozas son un bonito espectáculo.*

es-pec-**tá**-cu-lo: Sust. m. Plural: espectáculos. *Sin.* Función, representación. *Fam.* Espectador, espectacular.

esperar: **1.** Creer que algo que se desea, ocurrirá. *Espero que la operación salga bien.* ‖ **2.** Permanecer en un sitio hasta que ocurra algo o llegue alguien. *Esperó su turno en el dentista.*

es-pe-**rar:** V. tr. (Mod. 1: amar). *Sin.* **1.** Confiar. ‖ **2.** Aguardar. *Ant.* **1.** Desconfiar. ‖ **2.** Abandonar. *Fam.* Espera, esperanza.

esfera

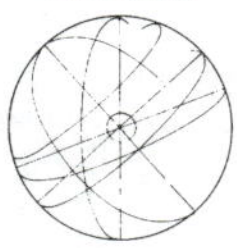

espadas

espantapájaros

esparadrapo

espejo

esposo: Persona que se ha casado. *Los esposos han ido de viaje de bodas.*

es-**po**-so: Sust. m. / f. Esposa. Plural: esposos, esposas. *Sin.* Cónyuge.

estación: 1. Cada una de las cuatro partes del año: invierno, primavera, verano y otoño. *La estación de la primavera es muy bonita.* ‖ **2.** Sitio donde paran los trenes, los autobuses, etc. *Llegamos tarde a la estación porque había mucho tráfico.*

es-ta-**ción:** Sust. f. Plural: estaciones. Sin. **2.** Apeadero. *Fam.* Estacionamiento.

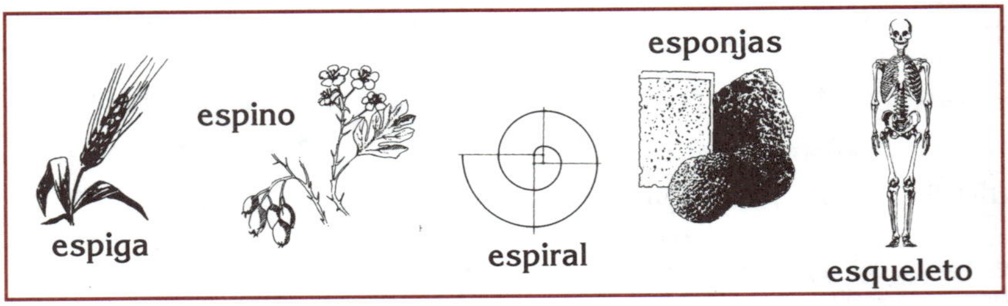

estadounidense: Perteneciente a los Estados Unidos de América o nacido allí. *La mayor parte de los estadounidenses hablan inglés.*

es-ta-dou-ni-**den**-se: Adj. invariable en género. Plural: estadounidenses. También sust. m. y f. Plural: estadounidenses. *Sin.* Norteamericano. *Fam.* Estados Unidos.

estallar: Abrirse y romperse una cosa haciendo mucho ruido. *La tubería estalló por la fuerza del agua.*

es-ta-**llar:** V. intr. (Mod. 1: amar). *Sin.* Explotar. *Fam.* Estallido.

estampa: Dibujo o imagen reproducida en un papel. *Tengo una colección de estampas de la naturaleza.*

es-**tam**-pa: Sust. f. Plural: estampas. *Fam.* Estampado, estampar.

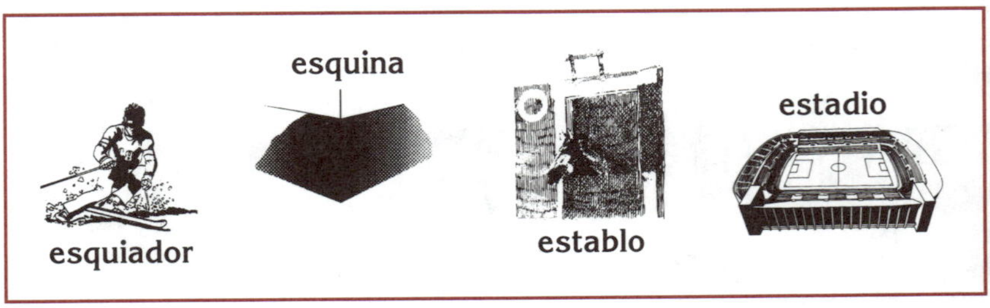

estar: 1. Existir, hallarse un ser o cosa en un lugar, situación o modo. *Están todos bien.* ‖ **2.** Seguido de algunos adjetivos, sentir o tener lo que ellos significan. *Está muy triste, siente una gran tristeza.*

es-**tar:** V. copul. irregular (Véase cuadro). *Fam.* Estado.

este: Uno de los cuatro puntos cardinales. *El Sol sale por el este.*

es-te: Sust. m. Plural (raro): estes. *Sin.* Oriente. *Ant.* Oeste.

estirar: Alargar una cosa. *Estiró la goma hasta romperla.*

es-ti-**rar:** V. tr. (Mod. 1: amar). *Sin.* Tensar. *Fam.* Estirón, estirado.

estorbar: *Molestar. *El coche le estorbaba para salir del garaje.*

es-tor-**bar:** V. tr. (Mod. 1: amar). *Sin.* Incomodar, entorpecer. *Fam.* Estorbo.

estrecho: 1. Que tiene poca anchura. *Esta carretera es muy estrecha, sólo cabe un coche.* ‖ **2.** Ajustado, apretado. *Los zapatos le hacían daño, porque eran demasiado estrechos.* ‖ **3.** Paso entre dos tierras por el que se unen dos mares. *En el estrecho de Gibraltar se juntan el océano Atlántico y el mar Mediterráneo.*

es-**tre**-cho: **1** y **2.** Adj. m. / f. Estrecha. Plural: estrechos, estrechas. ‖ **3.** Sust. m. Plural: estrechos. *Sin.* **1.** Reducido, angosto. ‖ **2.** Ceñido, justo. ‖ **3.** Canal. *Ant.* **1** y **2.** Ancho, amplio. ‖ **2.** Flojo. *Fam.* Estrechez, estrechado, estrechar.

estrenar: 1. Usar por primera vez una cosa. *Acaba de estrenar la nueva bicicleta.* ‖ **2.** Presentar al público por primera vez una película, una canción, una obra de teatro, etc. *Estrenará su última película el día de Navidad.*

es-tre-**nar:** V. tr. (Mod. 1: amar). *Sin.* **2.** Inaugurar, debutar. *Ant.* **2.** Clausurar, finalizar. *Fam.* Estreno, estrenado.

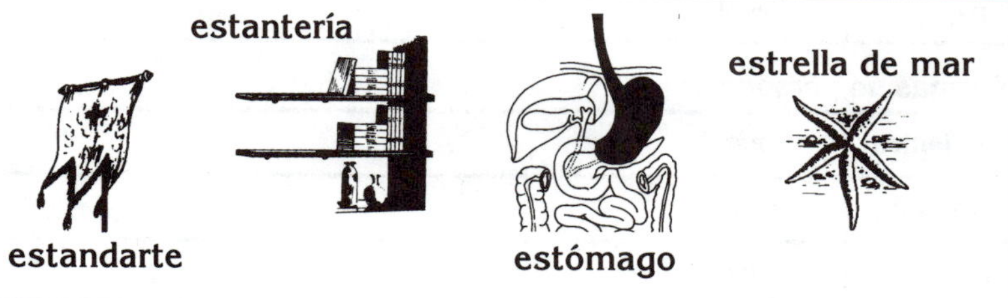

a b c d e f g h i j k l m n ñ o p q r s t u v w x y z

CONJUGACIÓN DEL VERBO «ESTAR»

Formas personales

MODOS	INDICATIVO	SUBJUNTIVO
TIEMPOS	**SIMPLES**	
Presente	estoy estás está estamos estáis están	esté estés esté estemos estéis estén
Pretérito imperfecto o co-pretérito	estaba estabas estaba estábamos estabais estaban	estuviera o estuviese estuvieras o estuvieses estuviera o estuviese estuviéramos o estuviésemos estuvierais o estuvieseis estuvieran o estuviesen
Pret. perfecto simple o pretérito	estuve estuviste estuvo estuvimos estuvisteis estuvieron	
Futuro	estaré estarás estará estaremos estaréis estarán	estuviere estuvieres estuviere estuviéremos estuviereis estuvieren
Condicional o pos-pretérito	estaría estarías estaría estaríamos estaríais estarían	
MODO IMPERATIVO Presente	está estad	esté estén

Formas no personales

Infinitivo	estar
Gerundio	estando
Participio	estado

estropear: **1.** Tratar mal una cosa o echarla a perder. *El frío ha estropeado las plantas.* ‖ **2.** Hacer que no llegue a su fin un proyecto. *La lluvia estropeó nuestro plan de ir a la playa.*

es-tro-pe-**ar:** V. tr. (Mod. 1: amar). Se usa también **estropearse** (prnl.): **1.** *La fruta se estropeó.* ‖ **2.** *El negocio se estropeó porque la maquinaria no llegó a tiempo. Sin.* **1.** Maltratar, deteriorar(se). ‖ **2.** Malograr(se). *Ant.* **1.** Arreglar(se). ‖ **2.** Prosperar. *Fam.* Estropicio, estropeado.

estudiante: Persona que está haciendo un curso en un colegio o universidad. *Los estudiantes de Química están ahora en el laboratorio.*

es-tu-**dian**-te: Sust. m. y f. Plural: estudiantes. *Sin.* *Escolar, alumno. *Fam.* Estudio, estudioso, estudiantil, estudiar.

etapa: Fase en el desarrollo de una acción u obra. *La juventud es una etapa de la vida.*

e-**ta**-pa: Sust. f. Plural: etapas. *Sin.* Período, época.

etcétera: Expresión latina utilizada generalmente en abreviatura (etc.) que sustituye, en una lista de cosas, algo que se sobreentiende. Significa «y lo demás». *Por la mañana me despierto, me lavo, desayuno, etcétera.*

et-**cé**-te-ra: Sust. m. singular.

eterno: Que no tiene fin. *Muchas religiones creen en un dios eterno, que nunca muere.*

e-**ter**-no: Adj. m. / f. Eterna. Plural: eternos, eternas. *Sin.* Perpetuo. *Ant.* Efímero. *Fam.* Eternidad, eternizar.

evitar: **1.** Alejar algún daño o peligro, hacer que no suceda. *Los bomberos evitaron el peligro de incendio.* ‖ **2.** Huir de hacer algo. *Dijo que estaba enfermo, para evitar ir a la escuela.*

e-vi-**tar:** V. tr. (Mod. 1: amar). *Sin.* **1.** Prevenir, precaver. ‖ **2.** Eludir, excusar. *Ant.* **2.** Afrontar. *Fam.* Evitable, inevitable.

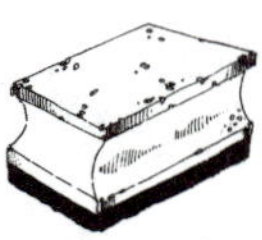

estropajo

estuche

estufa

etiqueta

exagerar: Dar proporción excesiva a una situación o cosa que se dice. *Exagera diciendo que su perro es tan grande como un elefante.*

e-xa-ge-**rar:** V. tr. (Mod. 1: amar). *Sin*. Dramatizar, magnificar, desorbitar, engrandecer. *Ant*. Atenuar, minorar. *Fam.* Exageración, exagerado.

examinar: 1. Estudiar, observar con cuidado una cosa o un ser. *Decidimos examinar el interior de la cueva.* ‖ **2.** Hacer una prueba a alguien, para que demuestre su preparación y conocimientos. *Examinó a sus alumnos de Inglés.*

e-xa-mi-**nar:** V. tr. (Mod. 1: amar). Se usa también **examinarse** (prnl.): **2.** *Me examiné del carné de conducir y aprobé a la primera. Sin.* **1.** Analizar, comprobar. *Fam.* Examen, examinador.

excelente: Que es muy bueno. *La casa está muy bien conservada, porque es de excelente material.*

ex-ce-**len**-te: Adj. invariable en género. Plural: excelentes. *Sin.* Estupendo. *Ant.* Malísimo, pésimo. *Fam.* Excelencia.

excursión: Ida a alguna ciudad, museo o lugar para estudio o diversión. *Fui con mi clase a Italia de excursión.*

ex-cur-**sión:** Sust. f. Plural: excursiones. *Sin.* Gira, visita, viaje. *Fam.* Excursionista.

exigir: Mandar que se haga algo. *Le exigí que viniera, aunque no quería.*

e-xi-**gir:** V. tr. (Mod. 3: partir). Se escribe *j* en vez de *g* seguido de *-a* u *-o: Exija. Sin.* Ordenar, obligar, imponer, reclamar. *Fam.* Exigencia, exigente.

existir: 1. Ser real y verdadera una cosa. *La Luna existe, los astronautas han estado en ella.* ‖ **2.** Tener vida. *En el bosque existen muchas plantas.* ‖ **3.** Haber, estar. *Hace años existía un lago aquí.*

e-xis-**tir:** V. intr. (Mod. 3: partir). *Sin.* **2.** Vivir. *Ant.* **2.** Morir. ‖ **3.** Faltar. *Fam.* Existencia, existencial, existente.

excavadora

globo dirigible

explosión

explosivos

éxito: 1. Resultado feliz de una labor. *Finalizó su investigación con éxito.* ‖ **2.** Buena aceptación que recibe una persona o cosa. *Su último libro sobre el medio ambiente ha tenido mucho éxito.*

é-xi-to: Sust. m. Plural: éxitos. *Sin.* **1.** Triunfo. ‖ **2.** Acogida. *Ant.* **1.** Fracaso. *Fam.* Exitoso.

explicar: 1. Contar a alguien lo que uno piensa. *Explicó a su amigo lo que había hecho el día anterior.* ‖ **2.** Exponer con palabras claras alguna cosa difícil. *Me explicó cómo llegar a la estación, indicándomelo en un mapa.* ‖ **3.** Enseñar una materia. *El profesor explicó muy bien la lección de Matemáticas.* ‖ **4. Explicarse:** Hacerse entender por medio de la palabra. *Se explica muy bien.*

ex-pli-**car:** **1, 2** y **3.** V. tr. y **4.** prnl. (Mod. 1: amar). Se escribe *qu* en vez de *c* seguido de *-e: Expliqué. Sin.* **1.** Comentar, describir. ‖ **2.** Aclarar, razonar. ‖ **3.** Impartir. ‖ **4.** Expresarse. *Fam.* Explicación, explicativo.

explorar: *Examinar. *Exploraron cuidadosamente el interior de la cueva.*

ex-plo-**rar:** V. tr. (Mod. 1: amar). *Sin.* Investigar, indagar, rastrear. *Fam.* Explorador.

exponer: 1. Presentar una cosa para que los demás la vean. *Los cuadros que han sido premiados se van a exponer en una sala del colegio.* ‖ **2.** Hablar sobre algo para que se conozca. *El médico expuso sus últimos descubrimientos sobre la gripe.* ‖ **3. Exponerse:** Ponerse en situación de daño o peligro. *Si subes a ese árbol tan alto, te expondrás a una caída.*

ex-po-**ner:** **1** y **2.** V. tr y **3.** prnl. irregular (Se conjuga como *poner). *Sin.* **1.** Exhibir, mostrar. ‖ **2.** Manifestar, expresar. ‖ **3.** Arriesgarse. *Fam.* Exposición, expositor, expuesto.

expresar: Decir o mostrar con palabras una cosa. *En la conferencia de ayer, expresó su última teoría sobre la posible vida en otros planetas.*

ex-pre-s**ar:** V. tr. (Mod. 1: amar). Se usa también **expresarse** (prnl): *Mi hermana se expresa mejor desde que lee libros. Sin.* Manifestar, explicar(se). *Fam.* Expresión, expresividad, expresivo.

extender: 1. Hacer que una cosa ocupe más lugar o espacio que el que ocupaba. *Japón ha extendido su industria por todo el mundo.* ‖ **2.** Separar lo que está amontonado. *El viento extendió las hojas.* ‖ **3.** Desenvolver o poner a la larga una cosa doblada. *He extendido el mantel sobre la mesa.*

ex-ten-**der:** V. tr. irregular (Mod. 2a: entender). *Sin.* **1.** Ampliar. ‖ **2.** Esparcir. ‖ **3.** Desplegar. *Ant.* **1.** Reducir. ‖ **2.** Concentrar, amontonar. ‖ **3.** Doblar, plegar. *Fam.* Extensión, extenso, extendido.

exterior: Que está por la parte de afuera. *La casa tiene una escalera exterior y otra interior.*

ex-te-**rior:** Adj. invariable en género. Plural: exteriores. *Sin.* Externo. *Ant.* Interior.

extranjero: 1. Que es o viene de otro país. *Tengo un libro con fotografías de países extranjeros.* ‖ **2.** Nacido en otra nación. *Nuestras playas están llenas de extranjeros que vienen de todos los países.* ‖ **3.** Toda nación que no es la propia. *Nunca he salido del país, no conozco nada del extranjero.*

ex-tran-**je**-ro: **1.** Adj. m. / f. Extranjera. Plural: extranjeros, extranjeras. ‖ **2.** Sust. m. / f. Extranjera. Plural: extranjeros, extranjeras. ‖ **3.** Sust. m. singular. *Sin.* **1** y **2.** Foráneo. *Ant.* **1** y **2.** Nativo.

extraño: 1. De nación, familia o profesión distinta de la propia. *Me enteré de su enfermedad por un extraño.* ‖ **2.** Raro. *Es extraño que no haya llegado todavía.*

ex-**tra**-ño: **1.** Adj. y sust. m. / f. Extraña. Plural: extraños, extrañas. ‖ **2.** Adj. m. / f. Extraña. Plural: extraños, extrañas. *Sin.* **1.** Forastero, desconocido. ‖ **2.** Singular, chocante. *Ant.* **1.** Propio. ‖ **2.** Normal, habitual, corriente. *Fam.* Extrañeza.

extraviarse: 1. Perder el camino. *Me extravié en el bosque y tuvieron que ir a buscarme.* ‖ **2.** No estar una cosa en su sitio y no saber dónde está. *Se ha extraviado el anillo.*

ex-tra-**viar**-se: V. prnl. (Mod. 1: amar). *Sin.* Perderse. *Fam.* Extravío.

extremo: 1. Lo más intenso, elevado o activo de una cosa. *En los Polos hace un frío extremo.* ‖ **2.** Parte primera o parte última de una cosa. *Un cabo es un extremo de tierra.* ‖ **3.** Punto último al que puede llegar una cosa. *Luchó hasta el extremo de sus fuerzas.*

ex-**tre**-mo: **1.** Adj. m. / f. Extrema. Plural: extremos, extremas ‖ **2** y **3.** Sust. m. Plural: extremos. *Sin.* **1.** Sumo. ‖ **2.** Punta. ‖ **3.** Límite. *Ant.* **1.** Moderado. ‖ **2.** Medio. *Fam.* Extremidad, extremista, extremar.

F f

fábrica: Lugar con maquinaria y cosas necesarias para producir otras nuevas, como coches, medicamentos, electricidad, etc. *Mi hermano trabaja de mecánico en una fábrica de motores.*

fá-bri-ca: Sust. f. Plural: fábricas. *Sin.* Industria, factoría. *Fam.* Fabricación, fabricante, fabricar.

fachada: Parte delantera de un edificio. *Han colocado un andamio delante de la casa porque van a pintar la fachada.*

fa-**cha**-da: Sust. f. Plural: fachadas.

fácil: **1.** Que se puede hacer sin mucho trabajo. *Es fácil andar en bicicleta.* ‖ **2.** Que puede suceder con toda probabilidad. *Es fácil que llueva porque el cielo está muy nublado.*

fá-cil: Adj. invariable en género. Plural: fáciles. *Sin.* **1.** Sencillo, factible. ‖ **2.** Probable. *Ant.* Difícil. *Fam.* Facilidad, facilitar, fácilmente.

facultad: **1.** Capacidad para hacer o ser algo. *Tiene facultades para ser un campeón.* ‖ **2.** Cada una de las divisiones en las que se divide una universidad, en función de las enseñanzas que se imparten. *Mi hermano estudia en la Facultad de Filosofía.*

fa-cul-**tad:** Sust. f. Plural: facultades. *Sin.* **1.** Aptitud. *Ant.* **1.** Incapacidad, imposibilidad. *Fam.* Facultativo.

faena: **1.** Trabajo. *En la casa hay muchas faenas que hacer.* ‖ **2.** Mala pasada. *El niño ha roto media vajilla, ¡vaya faena!*

fa-**e**-na: Sust. f. Plural: faenas. *Sin.* **1.** Tarea. ‖ **2.** Trastada.

fallecer: Morir, acabar la vida. *Mi abuelo falleció a una edad muy avanzada.*

fa-lle-**cer:** V. intr. irregular (Mod. 2c: parecer). *Sin.* Morir, perecer. *Ant.* Nacer. *Fam.* Fallecimiento.

fallo: *Error, equivocación. *Tuvo muy pocos fallos en el examen de Matemáticas.*

fa-llo: Sust. m. Plural: fallos. *Sin.* Falta. *Ant.* Acierto. *Fam.* Fallar.

falso: 1. Engañoso, que parece auténtico pero no lo es. *Es un puente romano falso; lo acaban de hacer.* ‖ 2. Contrario a la verdad. *Decidme si estas preguntas son verdaderas o falsas.* ‖ 3. Que dice mentiras. *Tu nuevo amigo es muy falso, no me fío de él.*

fal-so: Adj. m. / f. Falsa. Plural: falsos, falsas. *Sin.* 1. Aparente, simulado, fingido. ‖ 2. Incierto. ‖ 3. Mentiroso. *Ant.* 1. Auténtico. ‖ 2. Cierto, verdadero. ‖ 3. Veraz. *Fam.* Falsedad, falsear, falsificar.

falta: 1. Escasez de una cosa necesaria o útil. *El campo está seco por la falta de lluvias.* ‖ 2. Error, acto contrario al deber de cada uno. *Copiar en un examen es una grave falta.* ‖ 3. Ausencia de una persona del sitio donde debe estar. *Me pusieron falta ayer, porque no fui a clase.* ‖ 4. Acto contrario a las normas de un juego o deporte. *El árbitro no ha pitado la falta.*

fal-ta: Sust. f. Plural: faltas. *Sin.* 1. Carencia. ‖ 2 y 4. Infracción. ‖ 3. Inasistencia. *Ant.* 1. Abundancia. ‖ 3. Presencia. *Fam.* Falto, faltar.

familia: Grupo de personas que son parientes, es decir que tienen lazos de unión entre ellos. *Somos una gran familia, con tantos hermanos, tíos, primos...*

fa-**mi**-lia: Sust. f. Plural: familias. *Fam.* Familiar.

famoso: Que es conocido por mucha gente. *Quiere ser un cantante famoso en el mundo entero.*

fa-**mo**-so: Adj. m. / f. Famosa. Plural: famosos, famosas. *Sin.* Célebre, prestigioso, renombrado, notable. *Ant.* Ignorado. *Fam.* Fama, afamado.

farmacia: Tienda donde se venden y se hacen medicinas. *Compró aspirinas en la farmacia.*

far-**ma**-cia: Sust. f. Plural: farmacias. *Sin.* Botica. *Fam.* Fármaco, farmacéutico.

fatiga: Cansancio que se siente después de haber trabajado mucho. *Sentía una gran fatiga después del partido.*

fa-**ti**-ga: Sust. f. Plural: fatigas. *Sin.* Agotamiento. *Fam.* Fatigoso, fatigar.

favor: Ayuda, beneficio que se hace o se recibe. *Me hizo el favor de acompañarme a la estación.*

fa-**vor:** Sust. m. Plural: favores. *Sin.* Asistencia, servicio, atención. *Ant.* Perjuicio. *Fam.* Favorable, favorecido, favorecer.

febrero: Segundo mes del año: tiene 28 días y, cuando es bisiesto, 29. *Sólo conozco a una persona que haya nacido el 29 de febrero.*

fe-**bre**-ro: Sust. m. Plural (raro): febreros.

fecha: Indicación del tiempo en que se hace una cosa, especificando día, mes y año. *La carta que encontraron, tenía fecha del 25 de mayo de 1990.*

fe-cha: Sust. f. Plural: fechas. *Fam.* Fechado, fechar.

felicidad: Sentimiento de alegría, satisfacción, contento, etc., por haber conseguido algo o por encontrarse en una situación agradable. *El nacimiento de un niño da felicidad a los padres.*

fe-li-ci-**dad:** Sust. f. Plural: felicidades. *Sin.* Satisfacción, gusto, contento, dicha, alegría. *Ant.* Infelicidad, disgusto, tristeza. *Fam.* Felicitación, feliz, felicitar.

femenino: Propio o perteneciente a la mujer. *Es una mujer muy femenina.*

fe-me-**ni**-no: Adj. m. / f. Femenina. Plural: femeninos, femeninas.

feo: Lo contrario de *guapo. *No lleves esa chaqueta, estás muy feo con ella.*

fe-o: Adj. m. / f. Fea. Plural: feos, feas. *Sin.* Espantoso. *Ant.* Bello, bonito, hermoso. *Fam.* Fealdad.

ficha: Pieza de plástico, madera, etc., que sirve para contar en un juego. *Las fichas del parchís son de cuatro colores.*

fi-cha: Sust. f. Plural: fichas.

fiebre: Elevación de la temperatura normal del cuerpo a causa de una enfermedad. *Voy a ponerte el termómetro para ver si tienes fiebre.*

fie-bre: Sust. f. Plural: fiebres. *Sin.* Calentura, temperatura. *Fam.* Febril.

fiera: Animal salvaje, que no está domado. *El león, el tigre y la pantera son fieras.*

fie-ra: Sust. f. Plural: fieras. *Sin.* Bestia. *Fam.* Fiereza, fiero, feroz.

fiesta: **1.** Alegría, diversión. *Cantamos porque estamos de fiesta.* ‖ **2.** Día que la Iglesia celebra por ser domingo, Pascua, etc. *En la fiesta de San Juan, la iglesia está llena de flores.* ‖ **3.** Día en que una nación celebra algo y se cierran los sitios públicos (tiendas, oficinas, etc.). *El día de la Constitución es fiesta nacional.*

fies-ta: Sust. f. Plural: fiestas. Sin. **1.** Festejo. ‖ **2.** Celebración. ‖ **3.** Festividad. *Fam.* Festividad, festivo, festejar.

figura: **1.** Forma exterior de un cuerpo. *Aquella veleta tiene figura de gallo.* ‖ **2.** Pintura, dibujo o escultura que representa el cuerpo de una persona o de un animal. *Ese artista pinta muy bien figuras, pero no paisajes.* ‖ **3.** Persona que destaca por algo. *Beethoven es una gran figura en la música clásica.*

fi-**gu**-ra: Sust. f. Plural: figuras. *Sin.* **1.** Apariencia, silueta. ‖ **3.** Personalidad. *Fam.* Figurativo, figurar.

fijar: **1.** Sujetar una cosa en otra con clavos, pegamento, etc. *Está prohibido fijar carteles en esta pared.* ‖ **2.** Dirigir o aplicar intensamente. *Todos los alumnos fijaron la mirada en el maestro.* ‖ **3.** Determinar algo de una forma precisa: un sitio, un lugar, una cantidad, etc. *Fijamos la hora de salida del viaje. Los precios que se han fijado son más altos que los del año anterior.*

fi-**jar:** V. tr. (Mod. 1: amar). *Sin.* **1.** Asegurar, adherir. ‖ **2.** Localizar. ‖ **3.** Precisar, marcar, señalar. *Ant.* **1.** Soltar. ‖ **2.** Desviar. *Fam.* Fijo, fijado, fijeza.

filme: *Película. *Le gustan los filmes de aventuras.*

fil-me: Sust. m. Plural: filmes.

fin: **1.** Término de una cosa. *El fin de la novela estaba claro desde la primera página.* ‖ **2.** Objeto o motivo con que se hace una cosa. *La reunión tiene como fin hacer un trabajo entre todos.*

fin: Sust. m. Plural: fines. *Sin.* **1.** Final, remate, terminación, desenlace. ‖ **2.** Finalidad, objetivo, propósito. *Ant.* **1.** Comienzo, principio. *Fam.* Final, finalizar, finalmente.

fino: **1.** Delgado y delicado. *El papel es mucho más fino que el cartón.* ‖ **2.** Se dice de la persona delgada, alta y de rostro delicado. *Es tan fina que la ropa le sienta muy bien.* ‖ **3.** De buena educación, cortés. *Es muy fino, siempre deja sentar a los ancianos en el autobús.*

fi-no: Adj. m. / f. Fina. Plural: finos, finas. *Sin.* **1.** Sutil, exquisito. ‖ **2.** Elegante, esbelto. ‖ **3.** Correcto, atento, cumplido. *Ant.* **1.** Grueso, tosco. ‖ **2.** Vulgar, basto. ‖ **3.** Grosero, descortés. *Fam.* Finura, afinar.

firmar: Poner nombre y apellidos con la letra propia. *Firma la carta al final.*

fir-**mar:** V. tr. (Mod. 1: amar). *Sin.* Rubricar. *Fam.* Firma, firmado.

fideos

figuras geométricas

cilindro

cono

esfera

filete

físico: Exterior de una persona. *Es una persona inteligente, aunque no me gusta su físico.*

fí-si-co: Sust. m. Plural: físicos. *Sin.* Aspecto, cuerpo, fisonomía. *Fam.* Físicamente.

flaco: *Delgado. *Mi hermano se quedó muy flaco después de su larga enfermedad.*

fla-co: Adj. m. / f. Flaca. Plural: flacos, flacas. *Sin*. Escuálido, esquelético. *Ant*. Gordo, grueso, obeso. *Fam*. Flaqueza, flaquear, flacucho.

flojo: 1. Mal atado, poco ceñido o tirante. *Lleva flojo el nudo de la corbata. A mi hermana le encanta llevar vestidos muy flojos.* ‖ 2. Que no tiene actividad ni fuerza. *Sus piernas estaban tan flojas que no se sostenía de pie.*

flo-jo: Adj. m. / f. Floja. Plural: flojos, flojas. *Sin.* 1. Desatado, aflojado. ‖ 2. Débil. *Ant.* 1. Apretado. ‖ 2. Vigoroso, fuerte. *Fam.* Aflojar.

fondo: 1. La parte más baja de una cosa hueca. *Aún hay leche en el fondo de la botella.* ‖ 2. Suelo sobre el que está el agua en el mar, los ríos, etc. *El fondo del río tiene piedras.* ‖ 3. Profundidad. *El estanque sólo tiene medio metro de fondo, así que puedo tocar el suelo.*

fon-do: Sust. m. Plural: fondos. *Sin.* 1. Base. ‖ 2. Lecho. ‖ 3. Hondura. *Ant.* 1 y 2. Superficie. *Fam*. Fondear.

formar: 1. Dar *figura a una cosa. *Con la nieve he formado un muñeco.* ‖ 2. Juntar diferentes seres o cosas para que hagan un todo. *Formó un barco con todas las piezas.* ‖ 3. Hacer varios seres o cosas el todo del que son partes. *El agua forma parte del cuerpo humano.*

for-**mar:** 1, 2 y 3. V. tr. o 3. intr. (Mod. 1: amar). *Sin.* 1. Configurar, modelar. ‖ 2. Crear. ‖ 3. Integrar. *Ant.* 1. Deformar. ‖ 2. Destruir. *Fam.* Forma, formación, formado.

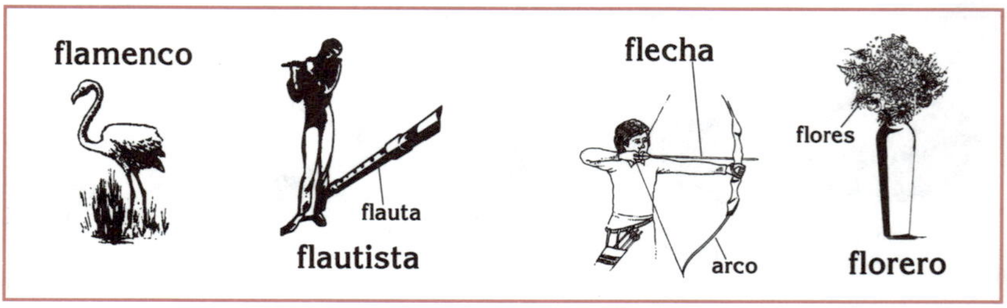

formidable: 1. Muy grande, enorme. *Las montañas de esta zona son formidables.* ‖ 2. Extraordinario, magnífico. *El último libro que he leído es formidable.*

for-mi-**da**-ble: Adj. invariable en género. Plural: formidables. *Sin.* 1. Colosal, gigantesco. ‖ 2. Estupendo. *Ant.* 1. Pequeño, mínimo, minúsculo. ‖ 2. Horrible.

fotografía: Estampa o cartulina donde se fijan las imágenes que recoge una cámara oscura. *Cuando fuimos a Italia, sacamos muchas fotografías de todos los monumentos.*

fo-to-gra-**fí**-a: Sust. f. Plural: fotografías. *Sin.* Foto. *Fam.* Fotógrafo, fotografiar.

francés: Perteneciente a Francia o nacido allí. *Yo hablo con acento francés, porque he vivido en Francia.*

fran-**cés:** Adj. y sust. m. / f. Francesa. Plural: franceses, francesas. *Sin.* Galo. *Fam.* Francia.

frase: Conjunto de palabras que tiene sentido. *«Que te mejores», es una frase que se dice a los enfermos.*

fra-se: Sust. f. Plural: frases. *Sin.* Expresión, oración. *Fam.* Frasear.

frecuente: Que se repite a menudo. *En la jungla las lluvias son frecuentes.*

fre-**cuen**-te: Adj. invariable en género. Plural: frecuentes. *Sin.* Corriente, usual, repetido. *Ant.* Raro, esporádico. *Fam.* Frecuencia, frecuentar, frecuentemente.

freír: Preparar algo en aceite o grasa hirviendo para comerlo. *Estoy friendo patatas.*

fre-**ír:** V. tr. irregular (Mod. 7: reír). Participio irregular: **frito.** *Fam.* Freiduría, frito.

frenar: Disminuir o parar el movimiento de un vehículo o máquina. *El conductor frenó el coche en el cruce porque el semáforo estaba rojo.*

fre-**nar:** V. tr. (Mod. 1: amar). *Sin.* Detener, moderar. *Ant.* Continuar, seguir. *Fam.* Freno, frenazo.

forzudo

fotografía

cámaras fotográficas

frasco

frente: 1. Parte superior de la cara, desde encima de los ojos hasta el pelo. *Tu hermana lleva un flequillo sobre la frente.* ‖ **2.** Parte delantera de una cosa. *En el frente de la casa está la puerta principal.*

fren-te: **1.** Sust. f. Plural: frentes. ‖ **2.** Sust. m. Plural: frentes. *Sin.* **2.** Fachada, frontal, anverso. *Ant.* **2.** Trasera, reverso.

fresco: 1. Frío, pero no mucho. *Los botijos conservan fresca el agua.* ‖ **2.** Reciente, acabado de hacer, de coger, etc. *Los huevos están frescos. Le gusta mucho más el pescado fresco que el congelado.*

fres-co: Adj. m. / f. Fresca. Plural: frescos, frescas. *Fam.* Frescura, refresco, refrescar.

frío: 1. Que está por debajo de la temperatura normal. *El café se ha quedado frío.* ‖ **2.** Temperatura muy baja. *El frío convierte el agua en hielo.*

frí-o: **1.** Adj. m. / f. Fría. Plural: fríos, frías. ‖ **2.** Sust. m. Plural: fríos. *Ant.* **1.** Caliente. ‖ **2.** Calor. *Fam.* Frialdad, friolero.

frotar: Pasar una cosa sobre otra con fuerza muchas veces. *Frotó la mesa hasta hacerla brillar. He frotado la mancha del mantel, pero no se ha quitado.*

fro-**tar:** V. tr. (Mod. 1: amar). *Sin.* Restregar. *Fam.* Frotamiento.

fruto: 1. Lo que producen las plantas, y donde se desarrolla la semilla. *El fruto de la viña es la uva.* ‖ **2.** Resultado de un trabajo o actividad. *Al cabo de un año, su zapatería empezó a dar frutos.*

fru-to: Sust. m. Plural: frutos. *Sin.* **2.** Beneficio, ganancia, resultado. *Fam.* **1.** Fruta, frutería, frutero, frutal.

fresas

frigorífico

frutas

fuego

fuente: **1.** Manantial de agua que brota de la tierra. *Este río nace en una fuente de montaña.* ‖ **2.** Aparato por el que sale el agua en los jardines, en las casas, etc. *Hay una fuente en la plaza.* ‖ **3.** Plato grande para llevar y servir comida. *Sirve el asado en la fuente.* ‖ **4.** Principio, origen de algo. *Los periodistas buscan las fuentes de las noticias.*

fuen-te: Sust. f. Plural: fuentes. *Sin.* **1.** Fontana. ‖ **3.** Bandeja. ‖ **4.** Causa.

fuera: En la parte exterior. *El perro corre fuera de la casa.*

fue-ra: Adv. de lugar. *Sin.* Afuera. *Ant.* Dentro. *Fam.* Foráneo, forastero.

fuerza: Capacidad para mover, levantar, etc., una cosa que pesa. *La fuerza de las olas rompió el muro.*

fuer-za: Sust. f. Plural: fuerzas. *Sin.* Vigor, robustez, energía, fortaleza. *Ant.* Debilidad. *Fam.* Fuerte, forzar.

fugarse: *Escapar. *El preso se fugó de la cárcel.*

fu-**gar**-se: V. prnl. (Mod. 1: amar). Se escribe *gu* en vez de *g* seguido de *-e: Me fugué.* *Sin.* Huir, evadirse. *Ant.* Permanecer. *Fam.* Fuga, fugado.

función: *Espectáculo. *La función teatral resultó un éxito.*

fun-**ción:** Sust. f. Plural: funciones. *Sin.* Representación.

fundar: Crear una ciudad, un colegio, una asociación, etc. *En la actualidad, se están fundando muchas sociedades en favor de la naturaleza.*

fun-**dar:** V. tr. (Mod. 1: amar). *Sin.* Establecer, formar, iniciar. *Fam.* Fundación, fundamento, fundador, fundamental.

fútbol: Juego entre dos equipos de once jugadores, que tienen que pasar el balón por una portería sin tocarlo con las manos. *En el recreo solemos jugar al fútbol.*

fút-bol: Sust. m. *Sin.* Balompié. *Fam.* Futbolista.

fuelle

furgoneta

fútbol
(campo de)

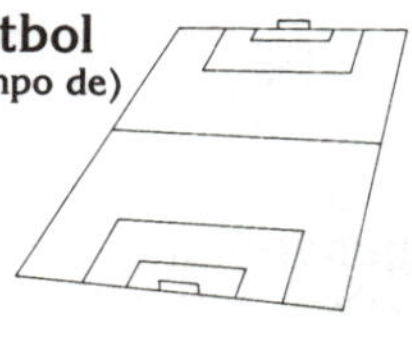

G g

a b c d e f **g** h i j k l m n ñ o p q r s t u v w x y z

galope: Marcha rápida del caballo. *Nuestro caballo corría a todo galope.*

ga-**lo**-pe: Sust. m. Plural: galopes. *Sin.* Galopada, carrera. *Fam.* Galopar.

ganado: 1. Participio de *ganar. *Ha ganado el primer premio de poesía.* ‖ **2.** Grupo de animales mansos que andan juntos y que generalmente nos prestan un servicio: proporcionan alimentos, transportan cosas, etc. *Hay ganado vacuno, cabrío, ovejuno, etc.*

ga-**na**-do: **1.** Part. m. / f. Ganada. Plural: ganados, ganadas. ‖ **2.** Sust. m. Plural: ganados. *Fam.* Ganadería, ganadero.

ganar: 1. Conseguir dinero o aumentarlo. *Su padre gana mucho dinero vendiendo cuadros.* ‖ **2.** Vencer en un juego, batalla, concurso, etc. *Ese escritor ya ha ganado varios premios. Nuestro equipo de baloncesto ha ganado el campeonato.* ‖ **3.** Ser mejor que otro en algo. *Él me gana corriendo, pero yo le gano nadando.*

ga-**nar:** V. tr. (Mod. 1: amar). *Sin.* **1.** Obtener, embolsar, ingresar. ‖ **2.** Triunfar. ‖ **3.** Aventajar, superar. *Ant.* Perder. *Fam.* Ganancia, ganador.

gabardina
-sirve para proteger de la lluvia-

gajo

gallina

gallo

gamba

garaje: 1. Sitio o *local para guardar automóviles. *Todas las noches deja el coche en el garaje.* ‖ 2. Taller para reparar automóviles. *Lleva el coche al garaje, el motor hace un ruido raro.*

ga-**ra**-je: Sust. m. Plural: garajes. *Sin.* 1. Cochera, aparcamiento.

garantía: Responsabilidad que asume un vendedor por la calidad de lo que vende, durante un período de tiempo determinado. Ésta se refleja en un documento firmado y sellado por él. *Me han arreglado gratis el reloj, pues tenía un año de garantía.*

ga-ran-**tí**-a: Sust. f. Plural: garantías. *Sin.* Seguridad. *Fam.* Garantizar, garantizado.

gas: Cuerpo que no tiene forma ni volumen determinado. Se opone a líquido y sólido. *El vapor de agua es gas.*

gas: Sust. m. Plural: gases. *Sin.* Fluido. *Fam.* Gaseosa, gaseoso.

gastar: 1. Emplear el dinero en una cosa. *Mi amigo gasta la mayor parte de su dinero en viajes.* ‖ 2. Estropear o consumir algo con el uso. *He gastado tanto estos calcetines que se me ha hecho un agujero.* ‖ 3. Usar, llevar. *Ella siempre gasta pantalones.*

gas-**tar:** V. tr. (Mod. 1: amar). *Sin.* 1. Invertir, desembolsar. ‖ 2. Desgastar, consumir, agotar. ‖ 3. Utilizar. *Ant.* 1. Ahorrar. ‖ 2. Conservar. *Fam.* Gasto, gastador.

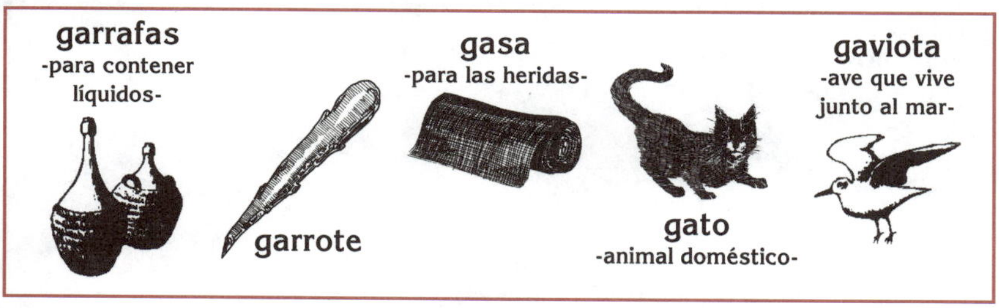

general: Común a muchos seres o cosas. *Según la opinión general, es un buen maestro.*

ge-ne-**ral:** Adj. invariable en género. Plural: generales. *Sin.* Colectivo, universal, global. *Ant.* Particular. *Fam.* Generalidad, generalizar, generalmente.

generoso: Que da mucho sin esperar nada a cambio. *Es muy generoso y siempre regala juguetes a los niños necesitados.*

ge-ne-**ro**-so: Adj. m. / f. Generosa. Plural: generosos, generosas. *Sin.* Espléndido, desprendido, desinteresado. *Ant.* Avaro, tacaño, ruin. *Fam.* Generosidad, generosamente.

genio: 1. *Carácter. *Tiene pocos amigos por su mal genio.* ‖ **2.** Persona muy inteligente, capaz de crear cosas nuevas y admirables. *Miguel Ángel fue un genio de la escultura.*

ge-nio: Sust. m. Plural: genios. *Sin.* **1.** Temperamento, humor, índole. ‖ **2.** Talento. *Fam.* Genialidad, genial.

gente: Conjunto de personas. *Los domingos hay gente en todas partes.*

gen-te: Sust. f. Plural: gentes. *Fam.* Gentío.

gigante: Contrario a *enano. *Le gustan los cuentos en los que aparecen gigantes y dragones.*

gi-**gan**-te: Adj. invariable en género. Plural: gigantes. También sust. m. / f. Giganta. Plural: gigantes, gigantas. *Sin.* Enorme. *Ant.* Pequeño, minúsculo. *Fam.* Gigantesco.

gimnasia: 1. Arte de desarrollar y dar fuerzas al cuerpo por medio de ejercicios. *La gimnasia es un deporte de competición.* ‖ **2.** Conjunto de ejercicios realizados para mantenerse en forma. *Hago gimnasia todos los días al levantarme.*

gim-**na**-sia: Sust. f. singular. *Fam.* Gimnasta.

girar: Moverse alrededor de un eje o en círculos. *La Tierra gira sobre sí misma y alrededor del Sol.*

gi-**rar:** V. intr. (Mod. 1: amar). *Sin.* Rotar, dar vueltas. *Fam.* Giro, giratorio.

geranio

girasol

globo (aerostático)

golondrina

góndola

gobernar: Mandar o dirigir una cosa. *Es difícil gobernar una nación.*

go-ber-**nar:** V. tr. irregular (Mod. 1a: acertar). *Sin.* Regir, guiar. *Fam.* Gobierno, gobernador, gobernante.

golpe: Encuentro violento de dos cuerpos. *Me di un golpe contra la farola.*

gol-pe: Sust. m. Plural: golpes. *Sin.* Encontronazo, choque. *Fam.* Golpear.

gordo: **1.** Que tiene muchas carnes. *Comiendo tantos dulces te pondrás gordo.* ‖ **2.** Muy abultado, voluminoso. *Ese árbol tiene el tronco muy gordo.*

gor-do: Adj. m. / f. Gorda. Plural: gordos, gordas. *Sin.* Grueso, corpulento. *Ant.* Delgado, fino. *Fam.* Engordar.

gozar: **1.** Tener una cosa útil, buena o agradable. *Goza de buena salud.* ‖ **2.** Sentir placer o alegría. *Los niños gozan en la playa.*

go-**zar:** **1.** V. tr. o intr. con «de» y **2.** intr. (Mod. 1: amar). Se escribe *c* en vez de *z* seguido de *-e: Gocemos. Sin.* Disfrutar. *Ant.* **1** y **2.** Sufrir. ‖ **2.** Aburrirse. *Fam.* Gozo, gozoso.

gracioso: Que hace reír. *Esos chistes son muy graciosos.*

gra-**cio**-so: Adj. m. / f. Graciosa. Plural: graciosos, graciosas. *Sin.* Chistoso. *Fam.* Gracia.

gran: **1.** Forma reducida de decir *grande, que se usa cuando va delante de un sustantivo singular. *Compró una gran casa a las afueras de la ciudad.* ‖ **2.** Principal o primero en un grupo. *El gran jefe dictó las normas.*

gran: Adj. invariable en género.

grande: Que sobresale de lo común y regular. *Era un hombre tan grande como un gigante.*

gran-de: Adj. invariable en género. Plural: grandes. El comparativo es **mayor,** y el superlativo **máximo.** *Ant.* Pequeño. *Fam.* Grandeza, grandullón, grandioso, agrandar.

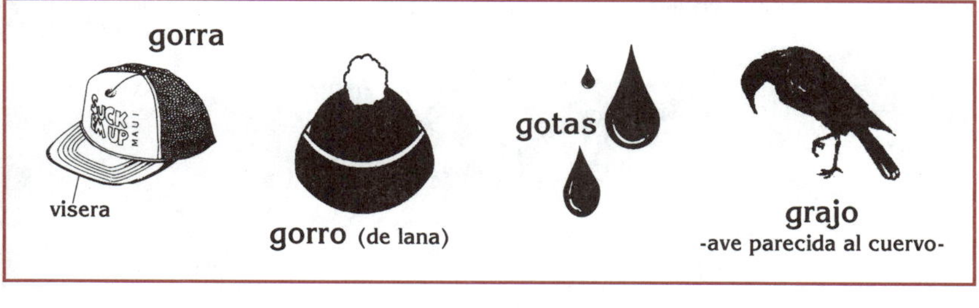

grano: **1.** Semilla o fruto de las plantas. *Hay granos de arroz, de maíz, de trigo...* ‖ **2.** Parte muy pequeña de una cosa. *Las pulgas son tan pequeñas como granos de arena.*

gra-no: Sust. m. Plural: granos. *Fam.* Granero.

gratis: Que no cuesta dinero. *Entré gratis en el cine con una invitación.*

gra-tis: Adv. de modo. *Sin.* Gratuitamente. *Fam.* Gratuito.

gratitud: Sentimiento por el cual queremos devolver un favor. *Siento una enorme gratitud hacia él por su ayuda.*

gra-ti-**tud:** Sust. f. Plural: gratitudes. *Sin.* Agradecimiento. *Ant.* Ingratitud. *Fam.* Grato, gratificar.

grave: **1.** Grande, importante. *Este problema es muy grave.* ‖ **2.** Se dice del que está muy enfermo. *Después del accidente, estuvo muy grave.*

gra-ve: Adj. invariable en género. Plural: graves. *Sin.* **1.** Serio. ‖ **2.** Enfermo. *Ant.* **1.** Ligero, insignificante. ‖ **2.** Leve, sano. *Fam.* Gravedad, agravar.

grillo: Insecto de color negro rojizo, que canta por las noches. *El canto del grillo es fácilmente reconocible.*

gri-llo: Sust. m. / f. Grilla. Plural: grillos, grillas. *Fam.* Grillera.

gris: Color de la ceniza, mezcla de blanco y negro o azul. *El anciano tiene el cabello gris.*

gris: Adj. invariable en género. Plural: grises. También sust. m. (el gris). Plural: grises. *Sin.* Ceniciento. *Fam.* Grisáceo.

gritar: Levantar la voz más de lo normal. *Gritó de miedo.*

gri-**tar:** V. intr. (Mod. 1: amar). *Sin.* Chillar, vocear. *Ant.* Susurrar. *Fam.* Grito, griterío.

grueso: *Gordo. *Ese árbol tiene el tronco muy grueso.*

grue-so: Adj. m. / f. Gruesa. Plural: gruesos, gruesas. *Sin.* Corpulento, voluminoso, abultado. *Ant.* Delgado, fino. *Fam.* Grosor, engrosar.

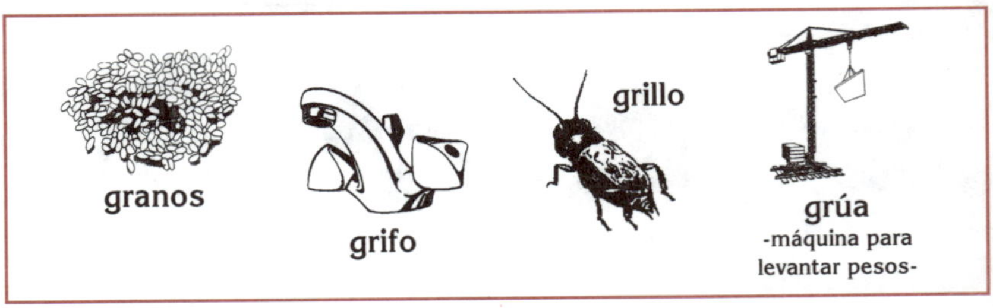

grupo: Varios seres o cosas que forman un conjunto. *El grupo al que pertenezco se dedica a actividades benéficas.*

gru-po: Sust. m. Plural: grupos. *Sin.* Conjunto, asociación, agrupación, combinación, colección, montón. *Fam.* Agrupamiento, agrupar.

guapo: Bien parecido. *Lleva esa chaqueta, estás muy guapo con ella.*

gua-po: Adj. m. / f. Guapa. Plural: guapos, guapas. *Sin.* Hermoso, bello. *Ant.* Feo. *Fam.* Guapura.

guarda: Persona que se encarga de cuidar una cosa. *El guarda del parque cierra las puertas a las diez.*

guar-da: Sust. m. y f. Plural: guardas. *Sin.* Vigilante, guardia, guardián, cuidador. *Fam.* Guardar, guardagujas.

guardar: 1. Cuidar y vigilar una cosa. *Hay dos pastores guardando ese rebaño de ovejas.* ‖ **2.** Poner una cosa en el lugar adecuado. *Guarda los vestidos en el armario y los calcetines en el cajón.*

guar-**dar:** V. tr. (Mod. 1: amar). *Sin.* **1.** Proteger, custodiar. ‖ **2.** Colocar, meter. *Ant.* **1.** Descuidar. ‖ **2.** Descolocar. *Fam.* Guarda, guardia, guardado.

guardia: 1. Conjunto de personas que defienden a una persona o un lugar. *Ese soldado pertenece a la guardia del rey.* ‖ **2. Guardia de tráfico:** Persona que dirige la circulación en las ciudades. *El guardia de tráfico nos indicó cuál era la dirección.*

guar-dia: **1.** Sust. f. ‖ **2.** Sust. m. y f. Plural: guardias.

guiar: 1. Mostrar el camino. *Mi hermano Juan nos guió hasta su casa.* ‖ **2. Guiarse:** Dejarse dirigir por algo o alguien. *Los navegantes se guiaron por la Estrella polar.*

gui-**ar: 1.** V. tr. y **2.** prnl. (Mod. 1: amar). Sin. **1.** Indicar, orientar. ‖ **2.** Orientarse. *Ant.* **1.** Desorientar, desviar. ‖ **2.** Desorientarse. *Fam.* Guía, guión.

grupo

guacamayo
-ave de América, especie de papagayo-

guante

guardia de tráfico

guisar: Preparar los alimentos sometiéndolos al calor del fuego. *El domingo nunca guisa, porque come fuera.*

gui-**sar:** V. tr. (Mod. 1: amar). *Sin.* Cocinar. *Fam.* Guiso, guisado.

gustar: Agradar una cosa, parecer bien. *Me gusta mucho nadar.*

gus-**tar:** V. intr. (Mod. 1: amar). *Sin.* Complacer, satisfacer, agradar. *Ant.* Disgustar, desagradar. *Fam.* Gusto, gustoso.

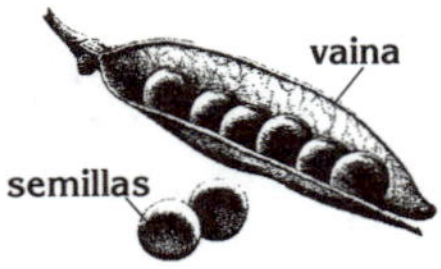

guisante

guitarra
-instrumento musical-

gusano
-pequeño animal que anda arrastrándose-

gusto: **1.** Uno de los cinco sentidos de nuestro cuerpo que nos permite percibir y distinguir el sabor de las cosas. *En los seres humanos el órgano del gusto es la lengua.* ‖ **2.** Sabor de las cosas. *Los limones tienen un gusto amargo.* ‖ **3.** Satisfacción que se siente por algún motivo. *Para mí es un gusto que lleguen las vacaciones.* ‖ **4.** Forma que cada persona tiene de apreciar las cosas. *Para mi gusto, estás mejor con falda que con pantalón.*

gus-to: Sust. m. Plural: gustos. *Sin.* **2.** Paladar. ‖ **3.** Deleite, placer, agrado. ‖ **4.** Opinión, apreciación. *Ant.* **3.** Desagrado. *Fam.* Gustar, gustoso, gustazo.

H h

haber: 1. Verbo auxiliar que sirve para conjugar otros verbos en los tiempos compuestos. *Yo he amado. Vosotros habíais ido. Nosotros hubiéramos estado.* ‖ 2. Ocurrir un suceso. *Hubo una importante reunión de médicos la semana pasada.* ‖ 3. Existir o hallarse una persona o cosa en un lugar, situación, condición, etc. *Hay suficientes razones para quedarme hoy en casa: llueve, hace frío y estoy cansada. Había mucha gente en el teatro ayer por la tarde.*

ha-**ber:** 1. V. aux. y 2 y 3. impers. irregular (Véase cuadro). *Sin.* 2. Acaecer, acontecer, sobrevenir.

habitar: Vivir en un lugar o casa. *Solamente yo habito la casa. Habita en el campo.*

ha-bi-**tar:** V. tr. o intr. con «en» (Mod. 1: amar). *Sin.* Morar. *Fam.* Habitación, habitante, habitado, habitable.

hablar: Decir palabras para darse a entender y comunicarse con otras personas. *No le gusta hablar por teléfono.*

ha-**blar:** V. intr. (Mod. 1: amar). *Sin.* Comunicarse, conversar. *Fam.* Habla, hablante, hablador.

haba

habitación

hábito

CONJUGACIÓN DEL VERBO «HABER»

Formas personales

MODOS	INDICATIVO	SUBJUNTIVO
TIEMPOS	**SIMPLES**	
Presente	he has ha hemos habéis han	haya hayas haya hayamos hayáis hayan
Pretérito imperfecto o co-pretérito	había habías había habíamos habíais habían	hubiera o hubiese hubieras o hubieses hubiera o hubiese hubiéramos o hubiésemos hubierais o hubieseis hubieran o hubiesen
Pret. perfecto simple o pretérito	hube hubiste hubo hubimos hubisteis hubieron	
Futuro	habré habrás habrá habremos habréis habrán	hubiere hubieres hubiere hubiéremos hubiereis hubieren
Condicional o pos-pretérito	habría habrías habría habríamos habríais habrían	
MODO IMPERATIVO Presente	he habed	haya hayan

Formas no personales

Infinitivo	haber
Gerundio	habiendo
Participio	habido

hacer: Crear, producir una cosa o ejecutar una acción. *El artista hizo un dibujo muy original. Hizo un bonito jersey para su hermana.*

ha-**cer:** V. tr. irregular (Véase cuadro). *Sin.* Elaborar, realizar, fabricar. *Ant.* Deshacer, destruir. *Fam.* Hecho, hechura.

hallar: *Encontrar. *Halló el viejo cofre en el desván.*

ha-**llar:** V. tr. (Mod. 1: amar). *Sin.* Descubrir. *Fam.* Hallazgo.

hambre: Ganas de comer. *Siempre tiene mucha hambre después de hacer deporte.*

ham-bre: Sust. f. Plural: hambres. En singular, se usa con el artículo masculino: *El hambre canina. Sin.* Apetito. *Ant.* Desgana, inapetencia. *Fam.* Hambriento.

harina: Polvo que resulta de moler trigo u otros granos. *El panadero usa la harina para hacer pan.*

ha-**ri**-na: Sust. f. Plural: harinas. *Fam.* Harinoso.

hartar: 1. Satisfacer con exceso las ganas de comer o beber. *La cocinera me hartó de dulces.* ‖ 2. Cansar o molestar a alguien. *Tantas llamadas le han hartado.*

har-**tar:** V. tr. (Mod. 1: amar). Se usa también **hartarse** (prnl.): 1. *Se hartó de pasteles.* ‖ 2. *Te hartarás de esperar. Sin.* 1. Saciar(se). ‖ 2. Fastidiar. *Fam.* Hartazgo, harto.

hecho: 1. Participio irregular de *hacer. ‖ 2. Cosa que se produce. *Una cosa son las palabras y otra los hechos.*

he-cho: 1. Part. m. / f. Hecha. Plural: hechos, hechas. ‖ 2. Sust. m. Plural: hechos. *Sin.* 2. Acción, obra. *Fam.* Hacer, hechura.

helado: 1. Muy *frío. *La habitación estaba helada.* ‖ 2. Golosina o postre de distintos sabores que se toma muy frío. *Cuando hace calor, le gusta tomar helados.*

he-**la**-do: 1. Adj. m. / f. Helada. Plural: helados, heladas. ‖ 2. Sust. m. Plural: helados. *Sin.* 1. Gélido, congelado. *Ant.* 1. Caliente, cálido. *Fam.* Hielo, helar.

hacha

hamaca
-sirve para tumbarse-

hebilla
(de cinturón)

helicóptero

a b c d e f g **h** i j k l m n ñ o p q r s t u v w x y z

CONJUGACIÓN DEL VERBO «HACER»

Formas personales

MODOS	INDICATIVO	SUBJUNTIVO
TIEMPOS	**SIMPLES**	
Presente	hago haces hace hacemos hacéis hacen	haga hagas haga hagamos hagáis hagan
Pretérito imperfecto o co-pretérito	hacía hacías hacía hacíamos hacíais hacían	hiciera o hiciese hicieras o hicieses hiciera o hiciese hiciéramos o hiciésemos hicierais o hicieseis hicieran o hiciesen
Pret. perfecto simple o pretérito	hice hiciste hizo hicimos hicisteis hicieron	
Futuro	haré harás hará haremos haréis harán	hiciere hicieres hiciere hiciéremos hiciereis hicieren
Condicional o pos-pretérito	haría harías haría haríamos haríais harían	
MODO IMPERATIVO Presente	haz haced	haga hagan

Formas no personales

Infinitivo	hacer
Gerundio	haciendo
Participio	hecho

hembra: Animal de sexo femenino. *La hembra del caballo es la yegua.*

hem-bra: Sust. f. / m. Macho. Plural: hembras, machos.

herencia: 1. Conjunto de cosas (dinero, bienes, etc.) que, al morir una persona, pasan a otras. *Esta casa es herencia de mi tía.* ‖ 2. Conjunto de cualidades del cuerpo que pasan de padres a hijos. *Los ojos claros le vienen de herencia.*

he-**ren**-cia: Sust. f. Plural: herencias. *Sin.* 1. Legado, cesión. ‖ 2. Familia. *Fam.* Heredero, heredar.

herida: Lesión o daño en el cuerpo de un ser vivo, realizado con un objeto o por efecto de un golpe. *Se hizo una herida en la cabeza al caer por la escalera. El perro que encontramos abandonado tenía una herida en la pata.*

he-**ri**-da: Sust. f. Plural: heridas. *Sin.* Corte, rasponazo, llaga. *Fam.* Herido, herir.

hermano: Persona que, con relación a otra, tiene los mismos padres. *Juan cuida a su hermano pequeño hasta que llega su mamá.*

her-**ma**-no: Sust. m. / f. Hermana. Plural: hermanos, hermanas. *Fam.* Hermandad.

hermoso: 1. *Bello. *Desde la ventana se ve un hermoso paisaje.* ‖ 2. Grande, abundante. *Esta habitación es hermosa.* ‖ 3. Saludable, robusto, utilizado para referirse a un niño. *A los dos meses, el bebé estaba hermoso.*

her-**mo**-so: Adj. m. / f. Hermosa. Plural: hermosos, hermosas. *Sin.* 1. Guapo, lindo, bonito, precioso. ‖ 2. Estupendo, espléndido. ‖ 3. Desarrollado, fuerte. *Ant.* 1. Feo, repelente, desagradable. ‖ 2. Pequeño, minúsculo. ‖ 3. Enclenque. *Fam.* Hermosura, hermosamente, hermosear.

héroe: 1. Persona famosa por sus acciones o virtudes. *Simón Bolívar es un héroe americano.* ‖ 2. El que realiza una acción difícil y admirada. *Fue un auténtico héroe en el incendio, salvó muchas vidas.* ‖ 3. Personaje principal de una película, de un libro, etc. *Al llegar el héroe, los bandidos huyeron de la ciudad.*

hé-ro-e: Sust. m. / f. Heroína. Plural: héroes, heroínas. *Sin.* 2. Valiente ‖ 3. Protagonista. *Ant.* 2. Cobarde. *Fam.* Heroicidad, heroísmo, heroico.

herramienta: *Instrumento de trabajo manual. *Compró varias herramientas de carpintería.*

he-rra-**mien**-ta: Sust. f. Plural: herramientas. *Sin.* Útil, utensilio.

hervir: **1.** Hacer burbujas un líquido por estar a alta temperatura. *Puse agua al fuego para que hirviera.* ‖ **2.** Tener una cosa en agua muy caliente. *Hirvió el biberón antes de dárselo al bebé.*

her-**vir:** **1.** V. intr. y **2.** tr. irregular (Mod. 4: sentir). *Sin.* **1.** Bullir. ‖ **2.** Cocer. *Fam.* Hervor, hervidero, hervido.

hielo: Agua convertida en cuerpo sólido por la baja temperatura. *Hay cubitos de hielo en el congelador. Me gusta patinar sobre hielo.*

hie-lo: Sust. m. Plural: hielos. *Fam.* Helado, helador, helar, deshielo.

hierro: Metal de color gris azulado, muy usado en la industria y en las artes. *El rastrillo de hierro se ha oxidado, tenemos que comprar otro.*

hie-rro: Sust. m. Plural: hierros. *Fam.* Herrero, herraje.

higiene: **1.** Parte de la Medicina, cuyos fines son conservar la salud y evitar las enfermedades. *Se celebró una conferencia sobre Higiene y Salud Pública.* ‖ **2.** Limpieza de las cosas y de las personas. *Por higiene es bueno lavarse las manos antes de comer.*

hi-**gie**-ne: Sust. f. singular. *Sin.* **2.** Aseo. *Ant.* **2.** Suciedad. *Fam.* Higiénico.

hijo: Persona con relación a sus padres. *Los hijos deben obedecer a sus padres.*

hi-jo: Sust. m. / f. Hija. Plural: hijos, hijas. *Fam.* Ahijado.

herradura

hiedra

hiena

hígado
-órgano del cuerpo humano-

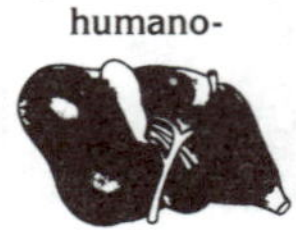

hinchar: Hacer que un objeto aumente de volumen llenándolo de aire u otra cosa. *Hinchó tanto el globo que estalló.*
hin-**char:** V. tr. (Mod. 1: amar). *Sin.* Inflar. *Ant.* Deshinchar. *Fam.* Hinchazón, hinchado.

historia: **1.** Narración de los hechos o sucesos del pasado (políticos, económicos, sociales, culturales, etc.) de un pueblo o nación. *Este año estudiaremos la Historia de América.* ‖ **2.** Cuento o narración inventada. *Esta es la historia de un hombre que conocí hace mucho tiempo.*
his-**to**-ria: Sust. f. Plural: **2.** Historias. *Sin.* **2.** Relato. *Fam.* Historiador, histórico.

hogar: **1.** Lugar donde una persona vive. *Me gusta estar en el hogar* ‖ **2.** Sitio donde se pone la *lumbre en cocinas, chimeneas, etc. *El fuego del hogar estaba apagado.*
ho-**gar:** Sust. m. Plural: hogares. *Sin.* **1.** Casa, domicilio. ‖ **2.** Fogón. *Fam.* Hogareño.

hoja: **1.** Cada una de las partes planas y delgadas, casi siempre verdes, que tienen las ramas de los árboles o el tronco de algunas plantas. *Algunos árboles pierden sus hojas en otoño.* ‖ **2.** Lámina delgada de metal, madera, papel, etc. *Este libro tiene muchas hojas.*
ho-ja: Sust. f. Plural: hojas. *Fam.* Hojarasca, hojear.

hombre: **1.** Animal racional. *Cuando digo «el hombre es vertebrado», me refiero al género humano.* ‖ **2.** Animal racional del sexo masculino. *Había dos mujeres y un hombre.*
hom-bre: Sust. m. Plural: hombres. *Sin.* **1.** Persona, ser humano. ‖ **2.** Varón. *Ant.* **2.** Mujer. *Fam.* Hombría, hombruno.

hondo: *Profundo. *El pozo es muy hondo, no podemos ver el fondo.*
hon-do: Adj. m. / f. Honda. Plural: hondos, hondas. *Ant.* Superficial. *Fam.* Hondura.

higo

hipopótamo

hogar
(de una chimenea)

hombro
-parte donde nace el brazo-

hora: 1. Cada una de las 24 partes iguales en que se divide un día. *Tardaré una hora en llegar.* ‖ **2.** Tiempo apropiado para hacer algo. *Ya es hora de ir a dormir.*

ho-ra: Sust. f. Plural: horas. *Sin.* **2.** Momento. *Fam.* Horario.

hospital: Edificio donde se atiende y cura a las personas. *Lleva ya un mes en el hospital desde que le operaron.*

hos-pi-**tal:** Sust. m. Plural: hospitales. *Sin.* Clínica, sanatorio. *Fam.* Hospitalario.

hotel: Edificio donde las personas que viajan pueden comer y dormir. *En un hotel hay muchos empleados, que cuidan de las personas que se alojan en él.*

ho-**tel:** Sust. m. Plural: hoteles. *Fam.* Hotelero.

hoy: 1. En este día. *Nuestros amigos van a venir hoy.* ‖ **2.** Actualmente, tiempo presente. *Hoy le van mejor las cosas que hace unos años.*

hoy: Adv. de tiempo.

hueco: Que está vacío por dentro. *Las ardillas vivían en un árbol hueco.*

hue-co: Adj. m. / f. Hueca. Plural: huecos, huecas. También sust. m.: *Hay un hueco en la pared. Sin.* Vacío, ahuecado. *Ant.* Lleno. *Fam.* Oquedad, ahuecar.

huerto: Terreno donde se cultivan árboles frutales, lechugas, coles, etc. *Detrás de la casa tenía un pequeño huerto.*

huer-to: Sust. m. Plural: huertos. *Fam.* Huerta, hortelano.

hueso: 1. Cada una de las piezas que forman el esqueleto de los vertebrados. *Se rompió un hueso de la pierna.* ‖ **2.** Parte dura que está en el interior de algunas frutas. *El melocotón, la ciruela, la guinda, etc., tienen hueso.*

hue-so: Sust. m. Plural: huesos. *Fam.* Óseo.

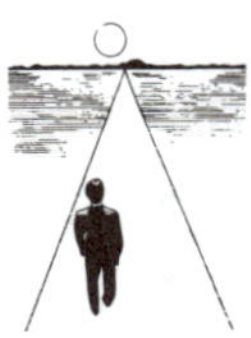

horizonte

hormigas

horno

hoyo -parte hundida de una superficie-

huir: Apartarse rápidamente de un lugar, de alguien o de algo para evitar un daño. *Huye de los perros, porque teme que lo muerdan.*

hu-**ir:** V. intr. irregular (Mod. 9: huir). *Sin.* Escapar. *Fam.* Huida, huidizo.

humanidad: El conjunto de todas las personas del mundo. *La humanidad está formada por multitud de razas.*

hu-ma-ni-**dad:** Sust. f. singular. *Sin.* Género humano. *Fam.* Humano, humanitario, humanizar.

húmedo: Mojado de agua o de otro líquido. *El pantalón aún no se ha secado, está húmedo.*

hú-me-do: Adj. m. / f. Húmeda. Plural: húmedos, húmedas. *Sin.* Empapado. *Ant.* Seco. *Fam.* Humedad, humedecer.

humilde: 1. Que no se da importancia. *Es muy humilde, nunca presume de su sabiduría.* ‖ **2.** Pobre. *Antes de hacerse rico, vivía en esta humilde casa.*

hu-**mil**-de: Adj. invariable en género. Plural: humildes. *Sin.* **1** y **2.** Modesto. ‖ **1.** Sencillo. *Ant.* **1.** Soberbio, altivo. ‖ **2.** Rico, acomodado. *Fam.* Humildad, humildemente.

hundir: 1. Meter en lo hondo. *Hundió la cabeza en el agua.* ‖ **Hundirse: 2.** Caerse un edificio, sumergirse una cosa. *El edificio se hundió porque estaba mal construido. El barco se ha hundido junto a la costa.* ‖ **3.** Ponerse triste y perder el ánimo. *Se hundió cuando supo que le habían suspendido.*

hun-**dir: 1.** V. tr. y **2** y **3.** prnl. (Mod. 3: partir). *Sin.* **1.** Sumergir. ‖ **2.** Derrumbarse, desplomarse, naufragar. ‖ **3.** Deprimirse, abatirse. *Ant.* **3.** Animarse. *Fam.* Hundimiento, hundido.

huracán: Viento muy fuerte. *El huracán levantó el tejado de varias casas del barrio.*

hu-ra-**cán:** Sust. m. Plural: huracanes. *Sin.* Vendaval, tifón. *Fam.* Huracanado.

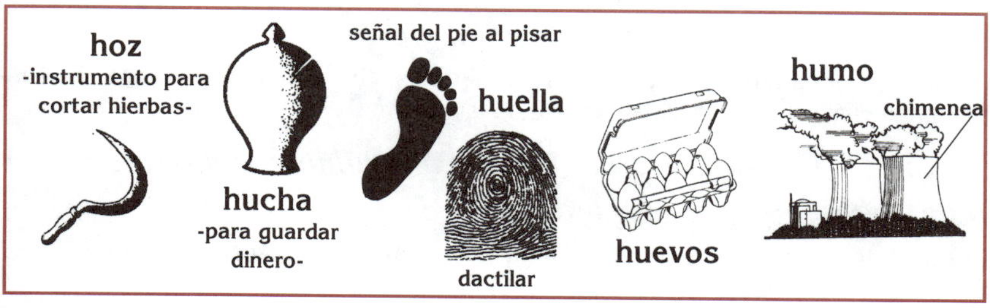

a b c d e f g h i j k l m n ñ o p q r s t u v w x y z

I i

idea: **1.** Conocimiento de una cosa. *No tengo idea de cómo llegar a su casa.* ‖ **2.** Intención de hacer algo. *Tengo idea de irte a visitar pronto.* ‖ **3.** Juicio u opinión que uno tiene de una persona o cosa. *He hablado sólo dos veces con él y ya tengo una idea de cómo es.*

i-**de**-a: Sust. f. Plural: ideas. *Sin.* **1.** Concepto, noción. ‖ **2.** Plan, proyecto. ‖ **3.** Impresión. *Ant.* **1.** Desconocimiento. *Fam.* Idear, ideal.

idéntico: *Igual. *Sus carteras eran idénticas.*

i-**dén**-ti-co: Adj. m. / f. Idéntica. Plural: idénticos, idénticas. *Sin.* Exacto, semejante, gemelo. *Ant.* Diferente, dispar. *Fam.* Identidad, identificar.

idioma: *Lengua. *Tras haber vivido en varios países, el embajador hablaba más de ocho idiomas.*

i-**dio**-ma: Sust. m. Plural: idiomas. *Fam.* Idiomático.

ignorar: No saber una cosa. *Le conozco de vista, pero ignoro su nombre.*

ig-no-**rar:** V. tr. (Mod. 1: amar). *Sin.* Desconocer. *Ant.* Conocer, saber. *Fam.* Ignorancia, ignorante.

igual: De la misma forma, tamaño, cantidad, etc., de otra cosa. *Tiene una cartera igual que la mía.*

i-**gual:** Adj. invariable en género. Plural: iguales. *Sin.* Semejante, idéntico. *Ant.* Diferente, distinto. *Fam.* Igualdad, igualar, igualmente.

iluminar: Dar luz. *Había dos enormes lámparas iluminando la habitación. Esta linterna ilumina poco.*

i-lu-mi-**nar:** V. tr. o intr. (Mod. 1: amar). *Sin.* Alumbrar. *Ant.* Oscurecer. *Fam.* Iluminación, iluminado.

imán: Mineral de hierro que atrae el hierro y el acero. *Todas las agujas se han quedado pegadas al imán.*

i-**mán:** Sust. m. Plural: imanes. *Fam.* Imantar, imanar.

imitar: Hacer una cosa muy parecida a otra. *Los loros imitan la voz humana.*

i-mi-**tar:** V. tr. (Mod. 1: amar). *Sin.* Emular, reproducir, copiar, repetir. *Fam.* Imitación, imitador.

impedir: Hacer imposible o difícil que ocurra o se haga una cosa. *Un alto muro impedía el paso. Un fuerte catarro me impidió asistir a la reunión.*

im-pe-**dir:** V. tr. irregular (Mod. 6: pedir). *Sin.* Imposibilitar, obstaculizar, frenar, entorpecer. *Ant.* Permitir, facilitar. *Fam.* Impedimento, impedido.

imperio: Conjunto de países bajo el dominio de un emperador. *El imperio español fue poderoso con Felipe II.*

im-**pe**-rio: Sust. m. Plural: imperios. *Fam.* Imperar.

importar: **1.** Ser algo muy interesante o conveniente. *Ya no le importa lo que la gente diga de él.* ‖ **2.** *Costar. *El abrigo importó mucho dinero.* ‖ **3.** Traer cosas del extranjero. *Mi país importa coches de Alemania.*

im-por-**tar:** **1.** V. intr. y **2** y **3.** tr. (Mod. 1: amar). *Sin.* **1.** Interesar. ‖ **2.** Costar. ‖ **3.** Adquirir. *Ant.* **1.** Despreciar ‖ **3.** Exportar, vender. *Fam.* **1.** Importancia, importante. ‖ **2.** Importe. ‖ **3.** Importación, importado.

imposible: No *posible o muy difícil. *Es imposible meter el mar en un puño. Es imposible que llueva esta tarde, porque no hay ninguna nube.*

im-po-**si**-ble: Adj. invariable en género. Plural: imposibles. También sust. m.: *Me estás pidiendo un imposible. Sin.* Irrealizable, improbable. *Ant.* Posible, factible. *Fam.* Imposibilidad, imposibilitar.

iguana

imagen de un santo / reflejada en un espejo

imprenta -para hacer libros, periódicos, etc.-

a b c d e f g h i j k l m n ñ o p q r s t u v w x y z

impresión: 1. Marca o señal que deja una cosa en otra, al apretar. *El perro dejó la impresión de sus huellas en el barro.* ‖ 2. Efecto que causa en alguien un determinado suceso. *Ver a su amiga después de tantos años le causó gran impresión.* ‖ 3. Opinión que una persona se forma de algo o alguien. *Me da la impresión de que es una persona agradable.*

im-pre-**sión:** Sust. f. Plural: impresiones. *Sin.* 1. Huella, rastro. ‖ 2. Sensación, impacto, emoción. ‖ 3. Corazonada, intuición. *Ant.* 2. Indiferencia, impasibilidad. *Fam.* 1. Imprenta, imprimir, impreso. ‖ 2. Impresionante, impresionable, impresionar.

incendio: Fuego grande que abrasa cosas que no estaban destinadas a arder. *El incendio destruyó todo el bosque.*

in-**cen**-dio: Sust. m. Plural: incendios. *Sin.* Quema. *Fam.* Incendiar, incendiado.

inclinar: Mover una cosa hacia un lado. *El huracán inclinó los árboles.*

in-cli-**nar:** V. tr. (Mod. 1: amar). Se usa también **inclinarse** (prnl.): *Tuvo que inclinarse para pasar esa puerta tan pequeña. Sin.* Ladear(se), torcer(se). *Fam.* Inclinación, inclinado.

incluir: 1. Poner una cosa dentro de otra. *Incluyó una fotografía en el sobre, con su última carta.* ‖ 2. Introducir en un grupo a algo o alguien. *Juan fue incluido en el equipo de baloncesto.*

in-clu-**ir:** V. tr. irregular (Mod. 9: huir). *Sin.* 1. Meter, insertar. ‖ 2. Colocar, admitir. *Ant.* Excluir, sacar. *Fam.* Inclusión, incluido, incluso, inclusive.

incómodo: Lo contrario de *cómodo. *Me siento incómodo con los zapatos nuevos.*

in-**có**-mo-do: Adj. m. / f. Incómoda. Plural: incómodos, incómodas. *Sin.* Molesto, desagradable. *Ant.* Confortable, agradable.

incompleto: Que no está entero o perfecto. *Presentó un trabajo incompleto.*

in-com-**ple**-to: Adj. m. / f. Incompleta. Plural: incompletos, incompletas. *Sin.* Inacabado, insuficiente. *Ant.* Entero, acabado.

inconveniente: 1. No *conveniente. *Conducir muy deprisa es algo inconveniente.* ‖ 2. Obstáculo para hacer una cosa. *Acabé muy pronto la tarea, pues no surgió ningún inconveniente.*

in-con-ve-**nien**-te: 1. Adj. invariable en género. Plural: inconvenientes. ‖ 2. Sust. m. Plural: inconvenientes. *Sin.* 1. Inoportuno, inapropiado. ‖ 2. Perjuicio, trastorno, objeción, dificultad, estorbo. *Ant.* 1. Conveniente. *Fam.* Inconveniencia, conveniencia.

independiente: Libre, que no *depende de otro. *Mi hermano ha vivido de forma independiente desde que encontró su primer trabajo.*

in-de-pen-**dien**-te: Adj. invariable en género. Plural: independientes. *Sin.* Autónomo. *Ant.* Dependiente, sometido, sujeto a. *Fam.* Independencia, independizar.

indicar: Dar a entender una cosa con gestos y señales. *Con un movimiento de la mano nos indicó la salida.*

in-di-**car:** V. tr. (Mod. 1: amar). Se escribe *qu* en vez de *c* seguido de *-e: Indiqué. Sin.* Mostrar, señalar. *Fam.* Indicación, indicador, indicio, indicado.

indio: 1. Perteneciente a la India o nacido allí. *Tiene un tapiz indio en su casa.* ‖ 2. Se dice del antiguo poblador de América, de sus descendientes y de sus cosas. *La cultura india se remonta a hace muchos años.*

in-dio: Adj. y sust. m. / f. India. Plural: indios, indias. *Sin.* 1. Hindú.

indiscutible: Que no se puede *discutir. *Su sabiduría es indiscutible.*

in-dis-cu-**ti**-ble: Adj. invariable en género. Plural: indiscutibles. *Sin.* Cierto, innegable. *Ant.* Discutible, dudoso. *Fam.* Discusión, discutir.

indispensable: Que es necesario. *La gasolina es indispensable para el automóvil.*

in-dis-pen-**sa**-ble: Adj. invariable en género. Plural: indispensables. *Sin.* Insustituible, fundamental, esencial, vital. *Ant.* Dispensable, prescindible, secundario. *Fam.* Dispensar.

industria: 1. Lugar donde se realiza el conjunto de operaciones destinadas a transformar cosas naturales en productos elaborados. *Su industria se dedica a transformar los diferentes pescados en conservas.* ‖ 2. Conjunto de fábricas de un mismo producto o de un mismo sitio. *La industria algodonera mexicana es importante para la economía del país.*

in-**dus**-tria: Sust. f. Plural: industrias. *Sin.* 1. Fábrica, factoría, empresa. *Fam.* Industrialización, industrial, industrializar.

inevitable: Que no se puede *evitar. *El encuentro fue inevitable, porque los dos estábamos invitados.*

i-ne-vi-**ta**-ble: Adj. invariable en género. Plural: inevitables. *Sin.* Ineludible. *Ant.* Evitable.

a b c d e f g h **i** j k l m n ñ o p q r s t u v w x y z

infancia: Edad del niño desde que nace hasta los doce años aproximadamente. *Tiene agradables recuerdos de su infancia.*

in-**fan**-cia: Sust. f. singular. *Sin.* Niñez. *Fam.* Infantil.

inferior: 1. Que está debajo de otra cosa. *Su despacho está en el piso inferior al nuestro.* ‖ **2.** Que es menos que otra cosa en calidad o cantidad. *El 2 es un número inferior al 3.*

in-fe-**rior:** Adj. invariable en género. Plural: inferiores. Es el comparativo de **bajo.** *Sin.* **2.** Peor, menor. *Ant.* Superior. *Fam.* Inferioridad, inferiormente.

inflar: *Hinchar. *Infló tanto el globo que estalló.*

in-**flar:** V. tr. (Mod. 1: amar). *Ant.* Desinflar. *Fam.* Inflador.

influir: 1. Causar una cosa ciertos efectos en otra. *La luz influye en el crecimiento de las plantas.* ‖ **2.** Tomar parte en algo para ayudar a una persona. *Su amigo influyó para que le dieran el trabajo.*

in-flu-**ir:** V. intr. irregular (Mod. 9: huir). *Sin.* **1.** Contribuir. ‖ **2.** Interceder, recomendar. *Fam.* Influencia, influjo, influyente.

informar: Dar noticia de una cosa. *Los periódicos informan.*

in-for-**mar:** V. tr. (Mod. 1: amar). *Sin.* Comunicar, enterar, contar, notificar. *Fam.* Información, informador, informe, informativo, informado.

informática: Conjunto de conocimientos científicos y técnicas que sirven para trabajar con los datos que se almacenan en calculadoras electrónicas, computadoras, etc. *Está haciendo un curso de informática.*

in-for-**má**-ti-ca: Sust. f. *Fam.* Informático.

iniciar: *Comenzar una cosa. *Los novios iniciaron el baile.*

i-ni-**ciar:** V. tr. (Mod. 1: amar). *Sin.* Empezar, inaugurar. *Ant.* Terminar, finalizar. *Fam.* Inicio, iniciativa, inicial, iniciado.

injusticia: Lo contrario de *justicia. *Es una injusticia que le haya reñido, él no tenía la culpa.*

in-jus-**ti**-cia: Sust. f. Plural: injusticias. *Sin.* Abuso, parcialidad. *Ant.* Imparcialidad.

inmaculado: Que no tiene mancha. *La nieve en el campo está inmaculada.*

in-ma-cu-**la**-do: Adj. m. / f. Inmaculada. Plural: inmaculados, inmaculadas. *Sin.* Limpio, impecable. *Ant.* Manchado, sucio.

inmenso: Muy grande. *La Pampa es una llanura inmensa.*

in-**men**-so: Adj. m. / f. Inmensa. Plural: inmensos, inmensas. *Sin.* Grandísimo, enorme, colosal. *Ant.* Minúsculo, reducido. *Fam.* Inmensidad.

inocente: 1. Que no tiene culpa. *El juez declaró al acusado inocente.* ‖ 2. Sin malicia, fácil de engañar. *Es un inocente, se creyó mi mentira.*

i-no-**cen**-te: Adj. invariable en género. Plural: inocentes. *Sin.* 2. Ingenuo, crédulo. *Ant.* 1. Culpable. ‖ 2. Astuto, incrédulo. *Fam.* Inocencia.

insecto: Animal pequeño que tiene un par de antenas y tres pares de patas. *Las moscas, las mariposas, las hormigas, las pulgas..., son insectos.*

in-**sec**-to: Sust. m. Plural: insectos. *Fam.* Insecticida, insectívoro.

insistir: 1. Repetir varias veces una petición o acción para lograr lo que se pretende. *Insistió una y otra vez hasta que cogieron el teléfono.* ‖ 2. Mantenerse firme en una idea. *Aunque nadie estaba de acuerdo, insistió en su afirmación.*

in-sis-**tir:** V. intr. (Mod. 3: partir). *Sin.* 1. Reiterar. ‖ 2. Persistir, perseverar. *Ant.* Desistir, renunciar. *Fam.* Insistencia, insistente.

inspeccionar: *Examinar. *Decidimos inspeccionar el interior de la cueva.*

ins-pec-cio-**nar:** V. tr. (Mod. 1: amar). *Sin.* Revisar, explorar. *Fam.* Inspección, inspector.

instalar: *Colocar. *Han instalado nuevas farolas en mi calle.*

ins-ta-**lar:** V. tr. (Mod. 1: amar). *Sin.* Situar, montar. *Ant.* Desarmar, desmontar. *Fam.* Instalación, instalador.

instante: Porción muy breve de tiempo. *No tardó ni un instante en subir las escaleras.*

ins-**tan**-te: Sust. m. Plural: instantes. *Sin.* Momento, segundo. *Fam.* Instantánea, instantáneo, instantáneamente.

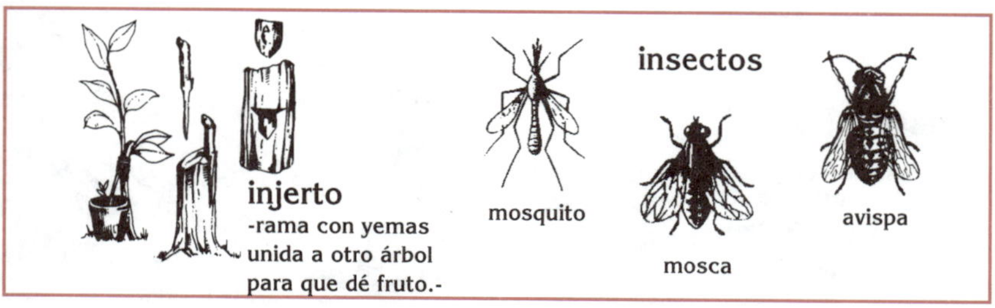

instrumento: 1. Utensilio que usamos para hacer una cosa. *Compró instrumentos de dibujo.* ‖ 2. Aquello que usamos para conseguir un fin. *Usó un alambre como instrumento para abrir la puerta.* ‖ 3. Objeto que sirve para producir sonidos. *Hay instrumentos de viento, de cuerda y de percusión.*
ins-tru-**men**-to: Sust. m. Plural: instrumentos. *Sin.* 1. Aparato, herramienta, útil. ‖ 2. Medio. *Fam.* Instrumental, instrumentalista.

insuficiente: Lo contrario de *suficiente. *La calificación que obtuve, fue insuficiente para aprobar.*
in-su-fi-**cien**-te: Adj. invariable en género. Plural: insuficientes. *Sin.* Escaso. *Ant.* Bastante, completo.

inteligencia: Facultad de conocer, entender y comprender. *Usó su inteligencia para resolver el problema.*
in-te-li-**gen**-cia: Sust. f. singular. *Sin.* Entendimiento, intelecto. *Fam.* Inteligente.

intentar: Proponerse lograr algo; hacer esfuerzos para conseguirlo. *Intentó escalar la montaña, pero fracasó.*
in-ten-**tar:** V. tr. (Mod. 1: amar). *Sin.* Procurar, tratar de. *Ant.* Desistir. *Fam.* Intención.

interior: 1. Que está en la parte de adentro. *La pared interior de la casa está pintada de azul.* ‖ 2. La parte interna de una cosa. *El interior del cajón está forrado de tela.*
in-te-**rior:** 1. Adj. invariable en género. Plural: interiores. ‖ 2. Sust. m. Plural: interiores. *Sin.* 1. Interno. *Ant.* Exterior. *Fam.* Interioridad, interiorizar, interiormente.

interjección: Voz que expresa asombro, sorpresa, dolor, etc. Va entre admiraciones (¡!) y forma una frase independiente. Interjección impropia es cualquier palabra (nombre, adverbio, etc.) usada con la misma intención que la interjección. *¡Vaya! Se me cayó al suelo.*
in-ter-jec-**ción:** Sust. f. Plural: interjecciones.

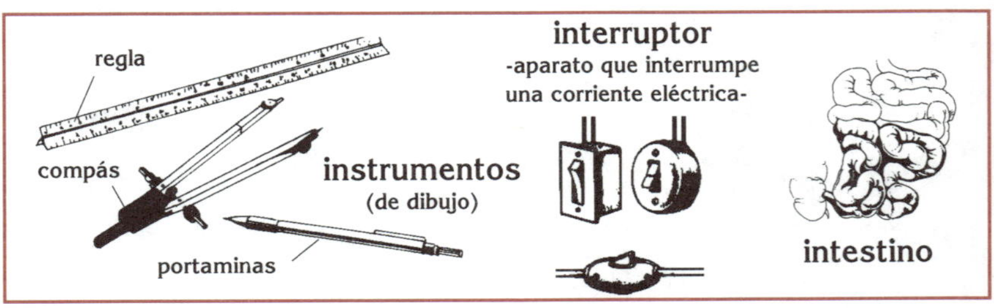

CLASIFICACIÓN DE LAS INTERJECCIONES	
PROPIAS o PRIMARIAS	¡ah!, ¡ajá!, ¡ay!, ¡hola!, ¡olé! **onomatopéyicas:** ¡plaf!, ¡zas!
IMPROPIAS o SECUNDARIAS	¡alto!, ¡arrea!, ¡Dios mío!, ¡hombre!, ¡sopla!, ¡vamos!, ¡fuera!, ¡demonios!

interminable: Que no tiene término o fin, o que parece no tenerlo. *La película me resultó interminable.*
in-ter-mi-**na**-ble: Adj. invariable en género. Plural: interminables. *Sin.* Inacabable, infinito, eterno. *Ant.* Breve, corto, limitado.

internacional: Que se refiere a dos o más naciones. *Del aeropuerto de mi ciudad salen vuelos internacionales.*
in-ter-na-cio-**nal:** Adj. invariable en género. Plural: internacionales. *Ant.* Nacional.

internet: Red mundial de computadores y ordenadores conectados entre sí. *Se pasaba el día conectado a internet.*
in-ter-**net:** Sust. m.

interno: *Interior. *Tengo un póster en la parte interna del armario.*
in-**ter**-no: Adj. m. / f. Interna. Plural: internos, internas. *Ant.* Exterior.

interrogación: **1.** *Pregunta. *«¿Cómo estás?», es una interrogación.* ‖ **2.** Signo ortográfico (¿?) que se pone al principio y al final de palabra o frase interrogativa.
in-te-rro-ga-**ción:** Sust. f. Plural: interrogaciones. *Sin.* **1.** Interrogante. *Ant.* **1.** Respuesta, contestación. *Fam.* Interrogatorio, interrogativo, interrogar.

interrumpir: Cortar en el espacio o en el tiempo la continuación de algo. *El árbol caído interrumpió el tráfico.*
in-te-rrum-**pir:** V. tr. (Mod. 3: partir). *Sin.* Parar, suspender. *Fam.* Interrupción, interrumpido.

inundar: Cubrir el agua terrenos y poblaciones. *El río inundó los campos al desbordarse.*
i-nun-**dar:** V. tr. (Mod. 1: amar). *Sin.* Anegar. *Fam.* Inundación, inundado.

inútil: No *útil. *Mis esfuerzos por convencerle fueron inútiles.*
i-**nú**-til: Adj. invariable en género. Plural: inútiles. *Sin.* Inservible, ineficaz, inepto. *Ant.* Útil, eficaz, habilidoso. *Fam.* Inutilidad, inutilizar, inútilmente.

inventar: Descubrir o crear algo nuevo. *Monturiol inventó el submarino en 1859. Las novelas las inventan los escritores.*

in-ven-**tar:** V. tr. (Mod. 1: amar). *Sin.* Concebir, idear. *Fam.* Invención, invento, inventor, inventiva, inventado.

invierno: Una de las cuatro estaciones del año. *El invierno es la estación más fría del año.*

in-**vier**-no: Sust. m. Plural: inviernos. *Fam.* Invernadero, invernal, invernar.

invisible: Que no puede ser visto. *Con la niebla, el paisaje se hizo invisible.*

in-vi-**si**-ble: Adj. invariable en género. Plural: invisibles. *Sin.* Imperceptible. *Ant.* Visible, perceptible. *Fam.* Invisibilidad.

invitar: 1. Comunicar a una persona el deseo de que vaya a una fiesta, a un acto público, etc. *Todos los años le invita a su fiesta de cumpleaños.* ‖ 2. Dar u ofrecer gratuitamente una cosa agradable a alguien. *Me invitó a comer para celebrar su ascenso.*

in-vi-**tar:** V. tr. (Mod. 1: amar). *Sin.* Convidar. *Fam.* Invitación, invitado.

inyección: Medicina que se introduce en el cuerpo por medio de una aguja. *El médico le recetó inyecciones de penicilina para que la curación fuese más rápida.*

in-yec-**ción:** Sust. f. Plural: inyecciones. *Fam.* Inyectar.

ir: Moverse de un lugar hacia otro. *Voy ahora mismo a tu casa, espérame.*

ir: V. intr. irregular (Véase cuadro). *Sin.* Dirigirse, encaminarse. *Fam.* Ida.

izquierdo: Qué está situado en el lado del corazón. *El conductor se sitúa en el lado izquierdo del coche.*

iz-**quier**-do: Adj. m. / f. Izquierda. Plural: izquierdos, izquierdas. *Ant.* Derecho.

inyección

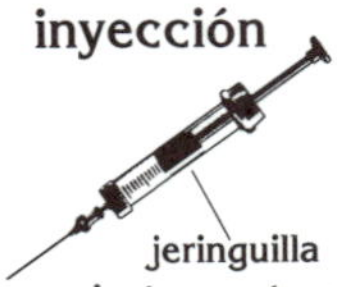

jeringuilla
-instrumento para inyectar líquidos-

isla
-porción de tierra rodeada de agua por todas partes-

itsmo
-franja de tierra que une una península al continente o dos continentes entre si-

CONJUGACIÓN DEL VERBO «IR»

Formas personales

MODOS	INDICATIVO	SUBJUNTIVO
TIEMPOS	**SIMPLES**	
Presente	voy vas va vamos vais van	vaya vayas vaya vayamos vayáis vayan
Pretérito imperfecto o co-pretérito	iba ibas iba íbamos ibais iban	fuera o fuese fueras o fueses fuera o fuese fuéramos o fuésemos fuerais o fueseis fueran o fuesen
Pret. perfecto simple o pretérito	fui fuiste fue fuimos fuisteis fueron	
Futuro	iré irás irá iremos iréis irán	fuere fueres fuere fuéremos fuereis fueren
Condicional o pos-pretérito	iría irías iría iríamos iríais irían	
MODO IMPERATIVO Presente	ve id	vaya vayan

Formas no personales

Infinitivo	ir
Gerundio	yendo
Participio	ido

J j

jamás: Nunca. *Jamás saldrá el Sol por el norte. Jamás había hecho una cosa así antes.*

ja-**más:** Adv. de tiempo. *Sin*. Ninguna vez. *Ant.* Siempre.

jarabe: Bebida compuesta de azúcar, agua y zumos o medicamentos. *El médico le ha recetado un jarabe contra la tos.*

ja-**ra**-be: Sust. m. Plural: jarabes. *Sin*. Sirope.

jardín: Terreno donde se cultivan flores, árboles y plantas de adorno. *Cerca del banco del jardín donde me siento hay una fuente.*

jar-**dín:** Sust. m. Plural: jardines. *Fam.* Jardinera, jardinero, jardinería.

jaula: Caja con barrotes que sirve para encerrar animales. *El pájaro se escapó de la jaula.*

jau-la: Sust. f. Plural: jaulas.

jefe: Persona que dirige y tiene responsabilidad sobre otras. *En cada departamento de la fábrica, manda un jefe.*

je-fe: Sust. m. / f. Jefa. Plural: jefes, jefas. *Sin.* Superior, patrón. *Ant*. Subordinado. *Fam.* Jefatura.

jabalí

jabonera

jabón

jamón

-carne curada de cerdo-

jarra

jarrón

-pieza de adorno-

jeringuilla: Instrumento que se utiliza para inyectar líquidos. *Le puso una inyección con la jeringuilla.*

je-rin-**gui**-lla: Sust. f. Plural: jeringuillas. *Sin.* Jeringa.

jornada: 1. Camino que se anda en un día de viaje. *Los peregrinos anduvieron varias jornadas de camino.* ‖ **2.** Todo el camino o viaje, aunque pase de un día. *Hicimos la jornada en coche.* ‖ **3.** Tiempo del trabajo diario de los trabajadores. *Mi jornada es de ocho horas.*

jor-**na**-da: Sust. f. Plural: jornadas. *Sin.* **1.** Etapa. ‖ **2.** Trayecto. ‖ **3.** Horario. *Fam.* Jornal, jornalero.

joven: De poca edad, pero mayor que un niño. *Mis padres se casaron cuando aún eran muy jóvenes.*

jo-ven: Adj. invariable en género. Plural: jóvenes. También sust.: *Los jóvenes tienen descuento en el tren. Sin.* Adolescente, muchacho. *Ant.* Viejo. *Fam.* Juventud, juvenil, jovenzuelo.

jueves: Día de la semana que está entre el miércoles y el viernes. *Los jueves tengo clase de gimnasia.*

jue-ves: Sust. m. invariable en número.

juez: Persona que tiene autoridad para juzgar y decidir si otra es culpable o inocente. *El juez declaró inocente al acusado.*

juez: Sust. y adj. m. / f. Jueza. Plural: jueces, juezas. *Fam.* Juicio.

jugar: Hacer algo para entretenerse o divertirse. *El gatito juega con el ovillo de lana.*

ju-**gar:** V. intr. irregular (Véase cuadro). Se escribe *gu* en vez de *g* seguido de -e: *Juegue*. *Sin*. Distraerse, recrearse. *Ant*. Aburrise. *Fam.* Juego, jugador, jugada, juguete.

julio: Séptimo mes del año. *En julio me voy a la playa.*

ju-lio: Sust. m. Plural (raro): julios.

jersey

jirafa

joyas -objetos de adorno en oro y plata-

joyero

junco

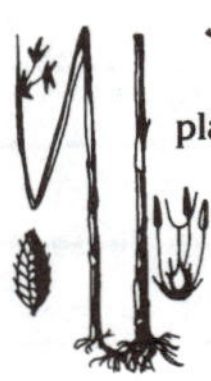

planta

embarcación

CONJUGACIÓN DEL VERBO «JUGAR»

Formas personales

MODOS	INDICATIVO	SUBJUNTIVO
TIEMPOS	**SIMPLES**	
Presente	juego juegas juega jugamos jugáis juegan	juegue juegues juegue juguemos juguéis jueguen
Pretérito imperfecto o co-pretérito	jugaba jugabas jugaba jugábamos jugabais jugaban	jugara o jugase jugaras o jugases jugara o jugase jugáramos o jugásemos jugarais o jugaseis jugaran o jugasen
Pret. perfecto simple o pretérito	jugué jugaste jugó jugamos jugasteis jugaron	
Futuro	jugaré jugarás jugará jugaremos jugaréis jugarán	jugare jugares jugare jugáremos jugareis jugaren
Condicional o pos-pretérito	jugaría jugarías jugaría jugaríamos jugaríais jugarían	
MODO IMPERATIVO Presente	juega jugad	juegue jueguen

Formas no personales

Infinitivo	jugar
Gerundio	jugando
Participio	jugado

junio: Sexto mes del año. *Siempre termino el curso en junio.*

ju-nio: Sust. m. Plural (raro): junios.

juntar: 1. Unir unas cosas con otras. *¿Has juntado ya todas las piezas del rompecabezas?* ‖ 2. Reunir, poner en el mismo lugar. *Juntaron a todos sus amigos para celebrar su nuevo trabajo.*

jun-**tar:** V. tr. (Mod. 1: amar). *Sin.* 1. Acoplar. ‖ 2. Agrupar, congregar. *Ant.* Separar. *Fam.* Juntura, junta, junto.

justicia: Virtud que inclina a dar a cada uno lo que se merece o corresponde. *Las calificaciones del examen se han dado con justicia.*

jus-**ti**-cia: Sust. f. Plural (raro): justicias. *Sin.* Equidad, imparcialidad. *Ant.* Injusticia, arbitrariedad. *Fam.* Justo.

juventud: 1. Edad que sigue a la niñez. *Mi abuela solía hablarnos de su juventud.* ‖ 2. Conjunto de jóvenes. *La juventud del barrio ha organizado una fiesta.*

ju-ven-**tud:** Sust. f. Plural: juventudes. *Sin.* Mocedad, adolescencia. *Ant.* Vejez. *Fam.* Joven, juvenil.

juzgar: 1. Pensar el juez si alguien es culpable o inocente y decidir si le corresponde o no castigo y cuál es. *Le van a juzgar por robo.* ‖ 2. Formarse una opinión sobre una cosa. *Le juzgué un holgazán y no lo era.*

juz-**gar:** V. tr. (Mod. 1: amar). Se escribe *gu* en vez de *g* seguido de -e: *Juzgué*. *Sin.* 2. Creer. *Fam.* Juzgado, juez, juicio.

K k

Kárate: Modalidad de lucha japonesa, considerada como deporte. *Algunas personas aprenden kárate para defenderse.*
ká-ra-te: Sust. m. *Fam*. Karateca.

Kilogramo: Unidad de peso que equivale a 1 000 gramos. *Cómprame un kilogramo de naranjas. 1 kilogramo equivale a 2,2046 libras.*
ki-lo-**gra**-mo: Sust. m. Plural: kilogramos. Se escribe también *quilogramo.* Se usa *kilo* y *quilo* como abreviatura.

Kilómetro: Medida de longitud que tiene 1 000 metros. *Anduvo cinco kilómetros. 1 kilómetro equivale a 0,6214 millas.*
ki-**ló**-me-tro: Sust. m. Plural: kilómetros. Se escribe también *quilómetro.*

Kiwi: 1. Fruta tropical de color verde y piel rugosa marrón. *El Kiwi era una fruta desconocida hace unos años.* ‖ **2.** Ave del tamaño de una gallina que tiene el pico largo y delgado y habita en Nueva Zelanda. *Los kiwis tienen sus alas tan poco desarrolladas que no pueden volar.*
Ki-wi: Sust. m. Plural: kiwis. Se escribe también *quivi* y *kivi.*

L l

labor: 1. Trabajo. *Las labores de la casa son muy variadas.* ‖ **2.** Adorno sobre tela, madera, etc. *Este manto lleva una fina labor de bordado.*

la-**bor:** Sust. f. Plural: labores. *Sin.* **1.** Tarea, faena. *Fam.* Laborioso, laborar.

lado: Lo que está a la derecha o a la izquierda de una persona o cosa. *Había árboles a ambos lados del camino.*

la-do: Sust. m. Plural: lados. *Sin.* Borde, flanco, costado. *Ant.* Centro. *Fam.* Lateral, ladeado, ladear.

ladrido: Voz del perro. *A lo lejos se oían ladridos: ¡Guau, guau!*

la-**dri**-do: Sust. m. Plural: ladridos. *Fam.* Ladrador, ladrar.

ladrón: Que *roba. *Los ladrones se llevaron todas las joyas.*

la-**drón:** Adj. y sust. m. / f. Ladrona. Plural: ladrones, ladronas. *Sin.* Caco, atracador, bandido. *Fam.* Ladronzuelo.

lámina: 1. Plancha delgada de cualquier material. *Forramos la mesa con una fina lámina de madera.* ‖ **2.** Dibujo, ilustración o grabado impreso en un papel, que ocupa gran parte del mismo. *El libro tenía bellas láminas de flores.*

lá-mi-na: Sust. f. Plural: láminas. *Sin.* **1.** Chapa, hoja. ‖ **2.** Estampa, grabado. *Fam.* Laminado, laminar.

ladrillo

lagarto

lago

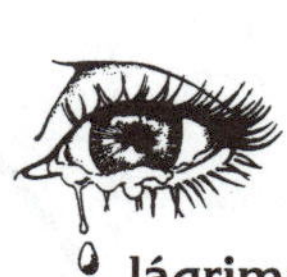

lágrima

lana: Pelo de las ovejas y carneros y de otros animales, que se hila y sirve para hacer tejidos. *En invierno duermo con mantas de pura lana.*

la-na: Sust. f. Plural: lanas. *Fam.* Lanar, lanudo.

lanzar: Tirar con violencia una cosa de modo que llegue lejos. *Se entretenía lanzando piedras al río.*

lan-**zar:** V. tr. (Mod. 1: amar). Se escribe *c* en vez de *z* seguido de *-e: Lancé, lancemos. Sin.* Arrojar, tirar, proyectar, impulsar. *Ant.* Retener, sujetar. *Fam.* Lanza, lanzamiento.

lámpara
-utensilio para dar luz-

lancha

langosta

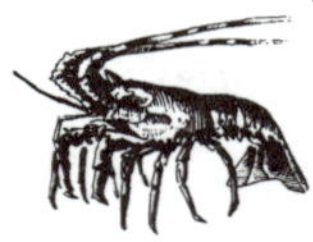

crustáceo

insecto

largo: 1. Que tiene mucha longitud. *Este año están de moda las faldas largas.* ‖ 2. Que dura mucho. *La película fue muy larga.* ‖ 3. *Longitud. *El largo de la piscina es de 50 metros.*

lar-go: 1 y 2. Adj. m. / f. Larga. Plural: largos, largas. ‖ 3. Sust. m. Plural: largos. *Sin.* 1 y 2. Dilatado, extenso, continuado. ‖ 3. Largura. *Ant.* 1 y 2. Corto. ‖ 1 y 3. Ancho. ‖ 2. Breve. *Fam.* Largura, alargado, alargar.

largura: *Longitud. *La largura de la tela era excesiva.*

lar-**gu**-ra: Sust. f. Plural: larguras.

lástima: Pena que se siente al ver sufrir a otros. *Me da lástima ver pájaros enjaulados.*

lás-ti-ma: Sust. f. Plural: lástimas. *Sin.* Compasión, piedad, dolor. *Ant.* Alegría. *Fam.* Lastimero, lastimoso.

lanza

lápiz
(plural:lápices)

lata
-envase o bote hecho de hojalata-

látigo

lavabo

lavar: Limpiar una cosa con agua u otro líquido. *La lavadora es una máquina que lava la ropa.*

la-**var:** V. tr. (Mod.1: amar). *Sin.* Fregar. *Ant.* Ensuciar, manchar. *Fam.* Lavabo, lavadero, lavadura, lavado.

lazo: 1. Atadura o nudo de cintas que sirve de adorno. *Para desatar el lazo, simplemente tira de un extremo.* ‖ 2. Nudo corredizo que se afloja y se aprieta tirando de un extremo. *Los vaqueros echan el lazo a las reses.*

la-zo: Sust. m. Plural: lazos. *Sin.* 1 y 2. Lazada. ‖ 1. Cinta. *Fam.* Enlazar.

leer: Pasar la vista por lo escrito o impreso para entender su significado, pronunciándolo o no en voz alta. *Cada noche, su madre le leía un cuento.*

le-**er:** V. tr. (Mod. 2: temer). *Fam.* Lectura, lector, legible, leído.

lejos: A gran distancia, en el tiempo o en el espacio. *Las estrellas están muy lejos. Las últimas vacaciones ya se han quedado muy lejos.*

le-jos: Adv. de tiempo y de lugar. *Sin.* Atrás. *Ant.* Cerca. *Fam.* Lejanía, lejano, alejar.

lengua: 1. Órgano situado en el interior de la boca que sirve para distinguir los sabores y para articular los sonidos de la voz. *La sopa estaba muy caliente y se quemó la lengua.* ‖ 2. Conjunto de palabras y modos de hablar de un pueblo o nación. *Tras haber vivido en varios países, el embajador hablaba más de ocho lenguas.*

len-gua: Sust. f. Plural: lenguas. *Sin.* 2. Idioma, lenguaje. *Fam.* Lingüística.

lento: Que se mueve o actúa muy despacio. *Los caracoles son animales de movimientos muy lentos.*

len-to: Adj. m. / f. Lenta. Plural: lentos, lentas. *Sin.* Pausado. *Ant.* Rápido. *Fam.* Lentitud.

lechuga -planta de huerta-

lechuza

leña

león

leopardo

letra: Cada uno de los signos escritos con que se representan los sonidos de una lengua. *El abecedario es la serie de las letras de un idioma.*

le-tra: Sust. f. Plural: letras. *Sin.* Carácter. *Fam.* Letrero, deletrear.

levantar: 1. Mover una cosa de abajo hacia arriba. *Levantó la enorme piedra sin apenas esfuerzo.* ‖ **2.** Poner en posición vertical algo que estaba inclinado o caído. *Levanta la botella antes de que se salga el líquido.* ‖ **3.** Construir un edificio. *Levantaron un banco enfrente de mi casa.* ‖ **4. Levantarse:** Dejar la cama. *Se levantaron al amanecer.*

le-van-**tar: 1, 2** y **3.** V. tr. y **4.** prnl. (Mod. 1: amar). *Sin.* **1.** Subir, izar, elevar, alzar. ‖ **2.** Incorporar, enderezar, erguir. ‖ **3.** Edificar, erigir . *Ant.* **1.** Bajar, descender. ‖ **2.** Tumbar, recostar, inclinar. ‖ **3.** Destruir, derribar. ‖ **4.** Acostarse. *Fam.* Levantamiento, levantado, levadizo.

ley: 1. Regla invariable a que están sujetas las cosas por su naturaleza. *Newton formuló la ley de la gravedad.* ‖ **2.** Lo que la autoridad manda o prohíbe a los ciudadanos de acuerdo con la justicia. *El robo está prohibido por la ley.*

ley: Sust. f. Plural: leyes. *Sin.* **2.** Orden, mandato. *Fam.* Legal, legislar.

liar: 1. *Atar y envolver una cosa. *Lía bien el paquete antes de enviarlo.* ‖ **2.** Engañar o meter a alguien en un compromiso. *Al final me liaron para ir al cine.*

li-**ar:** V. tr. (Mod. 1: amar). *Sin.* Empaquetar, embalar, enrollar. ‖ **2.** Enredar, embarcar, implicar. *Ant.* **1.** Desenvolver, desliar, desatar. *Fam.* Aliar, aliado, liante.

libertad: 1. Facultad que tiene el ser humano de elegir sus actos. *Tiene libertad para opinar.* ‖ **2.** Estado del que no es esclavo o no está preso. *El ladrón ya está en libertad.*

li-ber-**tad:** Sust. f. Plural: libertades. *Sin.* **1.** Independencia, voluntad. *Ant.* **1.** Dependencia, limitación. ‖ **2.** Cautiverio, esclavitud, prisión. *Fam.* Libre, liberar.

libélula

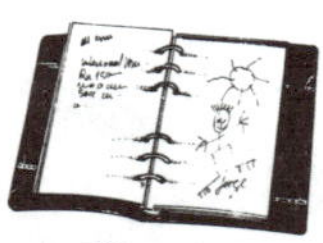

libreta

libro

liebre

librar: Evitar a alguien un trabajo, mal o peligro. *El salvavidas le libró de ahogarse.*

li-**brar:** V. tr. (Mod. 1: amar). *Sin.* Salvar, liberar, eximir. *Ant.* Imponer, comprometer. *Fam.* Librado, libre.

licenciado: Persona que ha obtenido en la universidad el título que le permite trabajar en su profesión. *Él es licenciado en Farmacia.*

lin-cen-**cia**-do: Adj. y sust. m. / f. Licenciada. Plural: licenciados, licenciadas.

ligero: **1.** Que pesa poco. *Esta manta es ligera como una pluma.* ‖ **2.** De movimientos rápidos. *En un tren ligero llegaremos antes.*

li-**ge**-ro: Adj. m. / f. Ligera. Plural: ligeros, ligeras. *Sin.* **1.** Leve, liviano. ‖ **2.** Veloz, ágil. *Ant.* **1.** Pesado. ‖ **2.** Lento, torpe. *Fam.* Ligereza, aligerar.

límite: **1.** Línea que separa dos territorios. *Los Pirineos señalan el límite entre Francia y España.* ‖ **2.** Término de una cosa. *Cuando el corredor llegó a la meta estaba agotado, al límite de sus fuerzas.*

lí-mi-te: Sust. m. Plural: límites. *Sin.* **1.** Confín, frontera. ‖ **2.** Fin, extremo. *Fam.* Limitación, limítrofe, limitar.

limpio: Que no tiene mancha ni suciedad. *Barrió el suelo para dejarlo limpio.*

lim-pio: Adj. m. / f. Limpia. Plural: limpios, limpias. *Sin.* Aseado, pulcro. *Ant.* Sucio. *Fam.* Limpieza, limpiador, limpiar.

líquido: Cuerpo que se puede derramar y que se adapta a la forma del recipiente que lo contiene. *El agua, la leche, el alcohol…, son líquidos.*

lí-qui-do: Sust. m. Plural: líquidos. También adj. m. / f. Líquida. Plural: líquidos, líquidas. *Sin.* Fluido. *Fam.* Liquidez, licuar.

limón
-fruto agrio-

línea
-raya-

linterna
-para dar luz-

líquido

lira
-instrumento musical-

liso: Que no tiene arrugas ni asperezas en su superficie. *Lijó la madera hasta dejarla lisa.*

li-so: Adj. m. / f. Lisa. Plural: lisos, lisas. *Sin.* Plano, pulido, llano. *Ant.* Arrugado, desigual. *Fam.* Alisado, lisura, alisar.

lista: 1. Pedazo estrecho y largo de tela, papel u otra cosa delgada. *Corta la tela en listas.* ‖ 2. Nombres de personas, cosas, hechos..., puestos en orden en una columna. *Esta es la lista de la compra.* ‖ 3. Raya de color sobre un fondo de otro color. *Llevaba un traje a listas que llamó mucho la atención.*

lis-ta: Sust. f. Plural: listas. *Sin.* 1. Tira. ‖ 2. Catálogo, listado, relación. ‖ 3. Banda, franja. *Fam.* 1. Listón. ‖ 2. Alistar. ‖ 3. Listado.

litro: Unidad de capacidad con la que se miden los líquidos. *Caben dos litros en esa botella.*

li-tro: Sust. m. Plural: litros.

llamar: 1. Dar voces o hacer gestos a una persona o animal para que venga. *Volvió la cabeza cuando le llamé.* ‖ 2. Telefonear. *Llama a María para ver a qué hora quedamos.* ‖ 3. Hacer sonar un timbre, campanilla, etc., para que alguien abra la puerta. *Entre sin llamar.*

lla-**mar:** 1 y 2. V. tr. y 3. intr. (Mod. 1: amar). *Sin.* 1. Avisar. *Fam.* Llamada, llamador.

llano: 1. Sin altos ni bajos. *Estaba buscando un terreno llano para construir su casa.* ‖ 2. Sencillo. *Aunque es famoso y rico, sigue siendo muy llano.*

lla-no: Adj. m. / f. Llana. Plural: llanos, llanas. *Sin.* 1. Igual, plano, liso, uniforme. ‖ 2. Natural, afable, humilde, accesible. *Ant.* 1. Accidentado, montañoso, desigual. ‖ 2. Presuntuoso, inaccesible, orgulloso. *Fam.* Llaneza, llanura.

litera
-cama pequeña-

llama

de fuego

mamífero rumiante de Suramérica

lobo

llave: **1.** Instrumento de metal que sirve para cerrar y abrir una cerradura. *Llamó al timbre, pues olvidó las llaves dentro de casa.* ‖ **2.** Instrumento que sirve para apretar y aflojar tuercas. *Los mecánicos y fontaneros utilizan llaves en su trabajo.*

lla-ve: Sust. f. Plural: llaves. *Fam.* Llavero.

llegar: **1.** Ir a parar a un lugar una persona o cosa. *Llegamos al aeropuerto al amanecer.* ‖ **2.** Conseguir lo que se desea. *Empezó de botones y ha llegado a director.*

lle-**gar:** V. intr. (Mod. 1: amar). Se escribe *gu* en vez de *g* seguido de *-e: Llegué. Sin.* **1.** Arribar , venir. ‖ **2.** Alcanzar, lograr. *Ant.* **1.** Salir, partir. ‖ **2.** Fracasar. *Fam.* Llegada.

llenar: Ocupar totalmente con alguna cosa un espacio vacío. *He llenado la maleta de ropa.*

lle-**nar:** V. tr. (Mod. 1: amar). *Sin.* Abarrotar, colmar. *Ant.* Vaciar. *Fam.* Lleno, rellenar.

llevar: **1.** Conducir a alguien o algo de una parte a otra. *Ya han llevado las maletas al coche. Le llevó a dar una vuelta en su moto nueva.* ‖ **2.** Traer puesta una prenda de vestir. *Como hace frío, llevaré el abrigo.*

lle-**var:** V. tr. (Mod. 1: amar). *Sin.* **1.** Transportar, trasladar, cargar, enviar. ‖ **2.** Vestir, lucir. *Fam.* Llevadero.

llorar: Derramar lágrimas porque se siente alegría, pena o alguna molestia en el ojo. *Su amigo se echó a llorar del susto.*

llo-**rar:** V. intr. (Mod. 1: amar). *Sin.* Sollozar. *Fam.* Lloro, lloroso, llorón.

lluvia: Agua que cae de las nubes. *Los paraguas nos protegen de la lluvia.*

llu-via: Sust. f. Plural: lluvias. *Sin.* Aguacero, chaparrón. *Ant.* Sequía. *Fam.* Llovizna, llover, lluvioso.

local: **1.** Perteneciente a un lugar. *El equipo local ganó al equipo visitante en el encuentro deportivo.* ‖ **2.** Sitio cerrado y cubierto. *Ha decidido comprar un local para poner una peluquería.*

lo-**cal:** **1.** Adj. m. Plural: locales. ‖ **2.** Sust. m. Plural: locales. *Sin.* **2.** Nave, establecimiento, recinto. *Fam.* Localidad, localismo.

loco: 1. Que ha perdido la razón. *Está loco, no está en su sano juicio.* || **2.** Imprudente, que hace las cosas sin pensar. *Conduce como un loco.*

lo-co: Adj. y sust. m / f. Loca. Plural: locos, locas. *Sin.* **1.** Demente, desequilibrado, chiflado. || **2.** Insensato, temerario, alocado. *Ant.* **1.** Sano, cuerdo, juicioso. || **2.** Sensato, prudente. *Fam.* Locamente, locura, loquero.

lograr: Llegar a tener o ser lo que se quiere. *Por fin ha logrado terminar de pintar.*

lo-**grar:** V. tr. (Mod. 1: amar). *Sin.* Conseguir, alcanzar, obtener. *Ant.* Fracasar, perder. *Fam.* Logro, malogrado.

longitud: La mayor de las dos dimensiones que tienen las figuras planas. *Un estadio de fútbol tiene mayor longitud que anchura.*

lon-gi-**tud:** Sust. f. Plural: longitudes.

luchar: *Pelear. *En las guerras, los hombres luchan por su país.*

lu-**char:** V. intr. (Mod. 1: amar). *Sin.* Combatir. *Ant.* Pacificar, conciliar. *Fam.* Lucha, luchador.

lucir: 1. *Brillar. *Después de una semana entera lloviendo, por fin lució el Sol.* || **2.** Destacar, sobresalir. *Ella lucía la más hermosa de la fiesta con su nuevo peinado.*

lu-**cir:** V. intr. irregular (Mod. 3b: lucir). *Sin.* **1.** Resplandecer. || **2.** Distinguirse, resaltar. *Fam.* Reluciente.

lugar: 1. Espacio que es o que puede ser ocupado por un cuerpo. *En esta casa habrá lugar para toda la familia.* || **2.** Sitio. *Creo que ya he ido a ese lugar.*

lu-**gar:** Sust. m. Plural: lugares. *Sin.* **2.** Paraje, punto. *Fam.* Lugareño.

lombriz

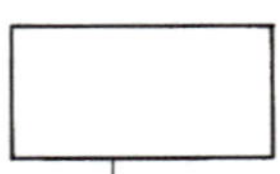

longitud
-la dimensión mayor-

loro

lupa

a b c d e f g h i j k **l** m n ñ o p q r s t u v w x y z

lumbre: 1. Materia que arde. *Hizo una gran lumbre con carbón y leña.* ‖ 2. Lugar donde se enciende fuego voluntariamente para guisar o calentar algo. *Acercó la cazuela a la lumbre.*

lum-bre: Sust. f. Plural: lumbres.

luminoso: Que despide luz. *Vimos una estrella muy luminosa.*

lu-mi-**no**-so: Adj. m. / f. Luminosa. Plural: luminosos, luminosas. *Sin.* Resplandeciente, radiante. *Ant.* Sombrío, oscuro, apagado. *Fam.* Luz, iluminado, iluminar.

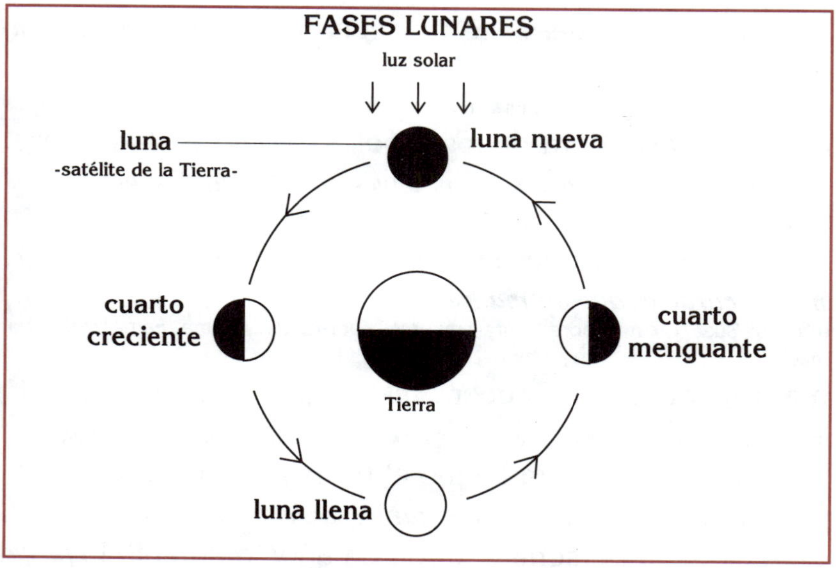

lunes: Día de la semana que está entre el domingo y el martes. *Los lunes me cuesta mucho levantarme.*

lu-nes: Sust. m. invariable en número.

luz: 1. Lo que hace que los objetos se vean. *A la luz del día todo está claro.* ‖ 2. Punto de donde parte. *Enciende la luz porque ya no veo nada.*

luz: Sust. f. Plural: luces. *Sin.* 1. Claridad, luminosidad. *Ant.* 1. Oscuridad. *Fam.* Lucir, lucero, lucerna.

M m

a b c d e f g h i j k l **m** n ñ o p q r s t u v w x y z

macho: Animal del sexo masculino. *El macho de la oveja es el carnero.*

ma-cho: Sust. m. / f. Hembra. Plural: machos, hembras. *Ant.* Hembra. *Fam.* Machote.

madera: Parte dura de los árboles debajo de la corteza. *La madera se usa para hacer muebles, puertas, tablas, etc.*

ma-**de**-ra: Sust. f. Plural: maderas. *Fam.* Madero, maderamen.

madre: Hembra que ha tenido hijos. *Mi hermano tiene el mismo carácter que mi madre.*

ma-dre: Sust. f. / m. Padre. Plural: madres, padres. *Sin.* Mamá. *Fam.* Madrastra, madrina.

madrugada: Al amanecer. *Salió de viaje de madrugada.*

ma-dru-**ga**-da: Sust. f. Plural: madrugadas. *Sin.* Alba. *Fam.* Madrugador, madrugar.

maduro: 1. Que está hecho el fruto y ya se puede recoger. *Le gustan las manzanas, tanto verdes como maduras.* ‖ **2.** Se dice de la persona entrada en años o adulta. *Mi profesor es un señor maduro.*

ma-**du**-ro: Adj. m. / f. Madura. Plural: maduros, maduras. *Sin.* **1.** Sazonado, formado. ‖ **2.** Experimentado. *Ant.* **1.** Verde. ‖ **2.** Infantil. *Fam.* Madurez, madurar.

maestro: 1. El que enseña una materia que conoce. *El maestro explicó una nueva lección de Matemáticas a sus alumnos.* ‖ **2.** El que sabe mucho de algo. *Ese cirujano es un maestro del bisturí.*

ma-**es**-tro: Sust. m. / f. Maestra. Plural: maestros, maestras. *Sin.* **1.** Profesor, instructor. ‖ **2.** Experto, hábil. *Ant.* **1.** Alumno. ‖ **2.** Inexperto, ignorante. *Fam.* Maestría, magisterio, magistral.

magnífico: Que causa admiración. *Los cuadros de Velázquez son magníficos.*

mag-**ní**-fi-co: Adj. m. / f. Magnífica. Plural: magníficos, magníficas. *Sin.* Admirable, excelente, notable, soberbio. *Ant.* Insignificante, pobre. *Fam.* Magnificencia.

malo: 1. Que no es o está todo lo bien que debería. *La comida era rica, pero nos sirvieron un postre muy malo.* ‖ 2. Que daña la salud. *El tabaco es malo.* ‖ 3. Que padece una enfermedad. *No pude ir a clase porque estaba malo.* ‖ 4. Que es inquieto y revoltoso. *De pequeño, el hermano de mi amiga era muy malo.*

ma-lo: Adj. m. / f. Mala. Plural: malos, malas. *Sin.* 1. Negativo, malvado, malicioso, defectuoso, deteriorado. ‖ 2. Nocivo, pernicioso, peligroso. ‖ 3. Enfermo, indispuesto. ‖ 4. Travieso, enredador. *Ant.* 1, 2, 3 y 4. Bueno. ‖ 1 y 2. Beneficioso. ‖ 1. Bondadoso. ‖ 3. Sano. ‖ 4. Tranquilo, obediente. *Fam.* Maldad, mal, malicia, malear.

mamífero: Animal vertebrado de sangre caliente que se desarrolla dentro del cuerpo materno y que de pequeño se alimenta de la leche de su madre. *La vaca, la ballena, el hombre, el murciélago, etc., son animales mamíferos.*

ma-**mí**-fe-ro: Adj. y sust. m. / f. (raro). Mamífera. Plural: mamíferos, mamíferas.

manco: Que le falta un brazo o una mano. *Se quedó manco de la mano derecha.*

man-co: Adj. m. / f. Manca. Plural: mancos, mancas.

mandar: 1. Decir a alguien lo que tiene que hacer. *El capitán mandó ponerse firme al soldado. Mi madre me mandó comprar el pan.* ‖ 2. Enviar algo a alguien. *Te he mandado un paquete de libros.*

man-**dar:** V. tr. (Mod. 1: amar). *Sin.* 1. Ordenar, dirigir. ‖ 2. Remitir. *Ant.* 1. Obedecer, cumplir. ‖ 2. Recibir. *Fam.* Mando, mandato, mandado.

madeja

magnetófono
-aparato que graba y reproduce sonidos-

maleta

maletín

mancha
-suciedad-

manejar: 1. Usar o traer entre las manos una cosa. *Manejas muy bien los pinceles.* ‖ **2.** Guiar un automóvil. *Maneja muy bien el coche.*

ma-ne-**jar:** V. tr. (Mod. 1: amar). *Sin.* **1.** Manipular, utilizar, emplear.‖ **2.** Conducir. *Ant.* **1.** Desusar. *Fam.* Manejo, manejable.

manera: Modo y forma de hacer una cosa. *Anda de una manera muy rara.*

ma-**ne**-ra: Sust. f. Plural: maneras. *Sin.* Procedimiento, método, sistema. *Fam.* Amanerado.

manifestar: Dar a conocer. *El director manifestó su retirada en público.*

ma-ni-fes-**tar:** V. tr. irregular (Mod. 1a: acertar). *Sin.* Declarar, exponer, expresar, anunciar. *Ant.* Silenciar, callar, ocultar. *Fam.* Manifestación, manifiesto.

manso: Tranquilo, sosegado. *Hay personas de carácter manso, animales mansos, como el cordero, y cosas mansas, por ejemplo un río sin remolinos.*

man-so: Adj. m. / f. Mansa. Plural: mansos, mansas. *Sin.* Apacible, dócil, reposado. *Ant.* Inquieto, bravo, turbulento. *Fam.* Mansedumbre, amansar.

mantener: 1. Dar a alguien el alimento necesario. *Ese matrimonio mantiene a sus diez hijos.* ‖ **2.** Conservar una cosa para que no se caiga o se tuerza. *Mantén la cuerda tensa.*

man-te-**ner:** V. tr. irregular (Se conjuga como *tener). *Sin.* **1.** Sustentar, alimentar, nutrir. ‖ **2.** Sostener, soportar. *Ant.* **1.** Desnutrir. ‖ **2.** Soltar. *Fam.* Mantenimiento.

mañana: 1. Tiempo que va desde que amanece hasta mediodía. *Cada mañana desayuna café.* ‖ **2.** Tiempo que va desde la medianoche hasta el mediodía. *¿Se levantó a las cuatro de la mañana o de la tarde?* ‖ **3.** El día siguiente al de hoy. *Hoy es día 1, mañana es día 2.*

ma-**ña**-na: **1** y **2.** Sust. f. Plural: mañanas. ‖ **3.** Adv. de tiempo.

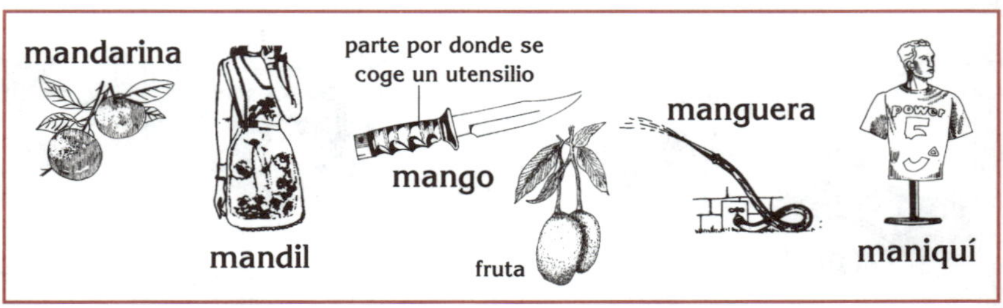

máquina: Instrumento creado por las personas para hacer más fácil el trabajo. *Hay máquinas de coser, de escribir, de fregar platos...*

má-qui-na: Sust. f. Plural: máquinas. *Sin.* Aparato, artificio. *Fam.* Maquinaria, maquinista, maquinilla, maquinar.

mar: 1. Masa de agua salada que cubre la mayor parte de la tierra. *Los científicos creen que la vida viene del mar.* ‖ **2.** Cada una de las partes en que se divide. *Navegamos por el mar de las Antillas.*

mar: Sust. ambiguo. Plural: mares. *Sin.* **1.** Océano. *Fam.* Marea, marejada, marina, marítimo.

maravilla: Suceso o cosa extraordinaria que causa admiración. *Las montañas nevadas me parecen una auténtica maravilla.*

ma-ra-**vi**-lla: Sust. f. Plural: maravillas. *Sin.* Prodigio. *Ant.* Horror. *Fam.* Maravillosa, maravilloso.

marcar: 1. Poner una señal a una cosa para distinguirla. *Los niños marcaron en el mapa, con una cruz, la ciudad donde vivían.* ‖ **2.** Pulsar los números del teléfono para llamar a alguien. *Marqué el número de mi casa para decir que llegaría más tarde.* ‖ **3.** Obtener un punto en un deporte. *Marcó un gol al empezar el partido.*

mar-**car:** V. tr. (Mod. 1: amar). Se escribe *qu* en vez de *c* seguido de *-e: Marqué. Sin.* **1.** Señalar. *Fam.* Marca, marcador, marcado.

marchar: 1. Ir o dejar un lugar. *Marchó de casa a las 10.* ‖ **2.** Funcionar una máquina. *Este reloj no marcha bien.*

mar-**char:** V. intr. (Mod. 1: amar). Se usa también **marcharse** (prnl.): **1.** *No te marches. Sin.* **1.** Salir, retirarse. ‖ **2.** Moverse. *Fam.* Marcha.

mano

mantel

manzana

mapa

a b c d e f g h i j k l m n ñ o p q r s t u v w x y z

margen: 1. Borde o *límite de una cosa. *En las márgenes del río hay juncos.* ‖ 2. Espacio blanco en los lados de una página. *Puso una nota en el margen.*

mar-gen: 1. Sust. ambiguo. Plural: márgenes. ‖ 2. Sust. m. Plural: márgenes. *Sin.* 1. Orilla, linde, extremidad. *Ant.* 1. Medio, centro. *Fam.* Marginal, marginar.

marido: Hombre casado, en relación a su esposa. *El marido de mi hermana es mi cuñado.*

ma-**ri**-do: Sust. m. Plural: maridos. *Sin.* Esposo, cónyuge.

marino: Perteneciente al mar. *La milla marina es diferente a la milla terrestre.*

ma-**ri**-no: Adj. m. / f. Marina. Plural: marinos, marinas. *Sin.* Marinero, marítimo, naútico. *Fam.* Mar, marina.

martes: Día de la semana que está entre el lunes y el miércoles. *Los martes siempre cocina mi hermano.*

mar-tes: Sust. m. invariable en número.

marzo: Tercer mes del año. *En marzo celebro mi santo.*

mar-zo: Sust. m. Plural (raro): marzos.

masa: 1. Mezcla espesa que se obtiene uniendo un líquido y una *sustancia en polvo. *El albañil hizo una masa con cemento y agua para tapar los agujeros.* ‖ 2. Conjunto numeroso de seres o cosas. *Había una masa de gente viendo el partido de balonmano.*

ma-sa: Sust. f. Plural: masas. *Sin.* 1. Pasta, argamasa. ‖ 2. Multitud, aglomeración. *Fam.* Masivo, amasar.

masculino: Se dice del ser con órganos para *fecundar. *El toro tiene sexo masculino.*

mas-cu-**li**-no: Adj. m. / f. Masculina. Plural: masculinos, masculinas. *Ant.* Femenino. *Fam.* Masculinidad.

margarita

marinero

marioneta

mariposa

masticar: Partir y deshacer los alimentos con los dientes. *La comida se digiere mejor masticándola mucho.*

mas-ti-**car:** V. tr. (Mod. 1: amar). Se escribe *qu* en vez de *c* seguido de *-e: Mastique. Sin.* Mascar, triturar, morder. *Fam.* Masticación.

mata: 1. Planta baja y con muchas hojas. *Las matas de romero estaban en flor.* ‖ 2. Ramito de una hierba. *Le llevó una mata de hierbabuena.*

ma-ta: Sust. f. Plural: matas. *Fam.* Matojo, matorral.

matar: Quitar la vida. *Los animales carnívoros matan a otros para poder comer.*

ma-**tar:** V. tr. (Mod. 1: amar). *Sin.* Sacrificar, asesinar. *Fam.* Matadero, matanza.

matemática: Ciencia que trata de la cantidad y los números. *Las partes de las Matemáticas son: el Álgebra, la Aritmética, la Geometría y la Trigonometría.*

ma-te-**má**-ti-ca: Sust. f. (singular raro). Plural: matemáticas. *Sin.* Ciencias exactas. *Fam.* Matemático.

materia: 1. Aquello de lo que están hechas las cosas. *Los estados de la materia son: sólido, líquido y gaseoso.* ‖ 2. Tema o asunto de que trata algo. *Hoy estudiaremos una nueva materia.*

ma-**te**-ria: Sust. f. Plural: materias. *Sin.* 1. Sustancia, esencia. ‖ 2. Cuestión, motivo. *Fam.* Materialismo, material.

matrimonio: 1. Unión legal de un hombre y una mujer para vivir juntos. *Mis padres contrajeron matrimonio en la catedral.* ‖ 2. Marido y mujer. *En esa casa viven un matrimonio y sus hijos.*

ma-tri-**mo**-nio: Sust. m. Plural: matrimonios. *Sin.* 1. Casamiento, boda. ‖ 2. Esposos, pareja. *Fam.* Matrimonial.

maullido: Voz del gato. *El maullido del gato suena así: ¡miau!*

mau-**lli**-do: Sust. m. Plural: maullidos. *Sin.* Mayido. *Fam.* Maullador, maullar.

máximo: 1. Tan grande que no hay otro mayor en su especie. *La máxima puntuación del examen es un 10.* ‖ 2. Límite superior o extremo a que puede llegar una cosa. *Subió el volumen de la radio al máximo.*

má-xi-mo: 1. Adj. m. superlativo de **grande**. / f. Máxima. Plural: máximos, máximas. ‖ 2. Sust. m. singular. *Sin.* 1. Supremo, sumo, superior. ‖ 2. Tope. *Ant.* Mínimo.

mayo: Quinto mes del año. *En mayo le iré a visitar.*

ma-yo: Sust. m. Plural (raro): mayos.

mayonesa: Salsa que se hace mezclando huevos y aceite. *Le gustan las judías verdes con mayonesa.*

ma-yo-**ne**-sa: Sust. f. Plural: mayonesas. *Sin.* Mahonesa.

mayor: **1.** Más grande. *Un camión es mayor que un coche.* ‖ **2.** De más edad. *Mi abuelo es mayor que mi padre.*

ma-**yor:** Adj. comparativo de **grande**, invariable en género. Plural: mayores. *Ant.* Menor. *Fam.* Mayoría.

mecánico: Persona que se dedica a arreglar máquinas. *Hay mecánicos especialistas en arreglar coches.*

me-**cá**-ni-co: Sust. m. Plural: mecánicos. *Fam.* Mecanismo, mecanizar.

mecanografía: Arte de escribir a máquina. *Estudia mecanografía por las tardes.*

me-ca-no-gra-**fí**-a: Sust. f. singular. *Sin.* Dactilografía. *Fam.* Mecanógrafo, mecanográfico, mecanografiar.

medicina: **1.** Arte y ciencia de evitar y curar las enfermedades del cuerpo humano. *Estudia Medicina porque siempre quiso curar a los demás.* ‖ **2.** Sustancia que se usa para curar enfermedades. *El médico le recetó varias medicinas contra la gripe.*

me-di-**ci**-na: Sust. f. Plural: **2.** medicinas. *Sin.* **2.** Medicamento. *Fam.* Médico, medicinal.

medida: **1.** Cualquiera de las unidades usadas para *medir longitudes, áreas o volúmenes (véase cuadro). ‖ **2.** Número y clase de sílabas que tiene un verso. *Por la medida de estos versos, sabrás de qué estrofa se trata.*

me-**di**-da: Sust. f. Plural: medidas. *Fam.* Medición, medidor, medir.

mazorca
-de maíz-

mecanismo
(de reloj)

mecedora

medalla

medio: **1.** Igual a la mitad de una cosa. *Comió media naranja.* ‖ **2.** Que está en el centro de algo o entre dos cosas. *Su familia es de clase media.* ‖ **3.** Punto central de una cosa. *La nariz está en medio de la cara.* ‖ **4.** Lo que puede servir para un fin. *El avión es un medio de transporte.* ‖ **5.** Todo aquello que nos rodea. *El medio natural de los peces es el agua.*

me-dio: **1** y **2.** Adj. m. / f. Media. Plural: medios, medias. ‖ **3, 4** y **5.** Sust. m. Plural: medios. *Sin.* **1.** Mitad. ‖ **2.** Intermedio. ‖ **3.** Centro. ‖ **4.** Recurso. ‖ **5.** Ambiente. *Fam.* Mediano.

medir: Comparar una cosa con otra, tomada como unidad, para saber cuántas veces la primera contiene a la segunda. *He medido la pared para ver si cabe el armario.*

me-**dir:** V. tr. irregular (Mod. 6: pedir). *Sin.* Calcular. *Fam.* Medida.

mejor: **1.** Más bueno. *Esta es la mejor ensalada que he comido.* ‖ **2.** Más bien. *Tus hermanos cantan mejor que tú.*

me-**jor:** **1.** Adj. comparativo de **bueno,** invariable en género. Plural: mejores. ‖ **2.** Adv. comparativo de **bien.** *Sin.* **1.** Superior. *Ant.* Peor. *Fam.* Mejoría, mejorado, mejorar.

memoria: **1.** Capacidad para recordar las cosas pasadas. *Tenía poca memoria y olvidaba las lecciones enseguida.* ‖ **2.** Escrito que expone hechos o datos sobre un tema. *El director presentó una memoria de las actividades del curso.*

me-**mo**-ria: Sust. f. Plural: memorias. *Sin.* **1.** Recuerdo. ‖ **2.** Relación. *Ant.* **1.** Olvido. *Fam.* Memorable, memorizar.

mencionar: Hablar de alguien o algo. *El maestro mencionó a Machado al hablar de poesía.*

men-cio-**nar:** V. tr. (Mod. 1: amar). *Sin.* Citar, nombrar, aludir. *Ant.* Omitir. *Fam.* Mención.

menor: **1.** Más pequeño. *Un perro es menor que un elefante.* ‖ **2.** De menos edad. *Juan es menor que Pedro.*

me-**nor:** Adj. comparativo de **pequeño**, invariable en género. Plural: menores. *Ant.* Mayor. *Fam.* Minoría.

mejillón
-molusco-

melena

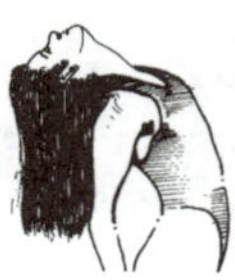

melocotón

melón

MEDIDAS

LONGITUD

Sistema métrico
milímetro (mm)
10 mm = 1 centímetro (cm)
100 cm = 1 metro (m)
1 000 m = 1 kilómetro (km)

Sistema británico o imperial
pulgada (in)
12 in = 1 pie (ft)
3 ft = 1 yarda (yd)
1 760 yd = 1 milla = 5 280 ft

VOLUMEN

Sistema métrico
milímetro cúbico (mm^3)
1 000 mm^3 = 1 centímetro cúbico (cm^3)
1 000 cm^3 = 1 decímetro cúbico (dm^3) = 1 litro
1 000 dm^3 = 1 metro cúbico (m^3)

Sistema británico o imperial
pulgada cúbica (cu in)
1 728 cu in = 1 pie cúbico (cu ft)
27 cu ft = 1 yarda cúbica (cu yd)

SUPERFICIE

Sistema métrico
milímetro cuadrado (mm^2)
100 mm^2 = 1 centímetro cuadrado (cm^2)
10 000 cm^2 = 1 metro cuadrado (m^2)
100 m^2 = 1 área (a) = 1 decámetro cuadrado
100 a = 1 hectárea (ha) = 1 hectómetro cuadrado
100 ha = 1 kilómetro cuadrado (km^2)

Sistema británico o imperial
pulgada cuadrada (sq in)
144 sq in = 1 pie cuadrado (sq ft)
9 sq ft = 1 yarda cuadrada (sq yd)
4 840 sq yd = 1 acre
640 acres = 1 milla cuadrada (sq mile)

CAPACIDAD

Sistema métrico
mililitro (ml)
1 000 ml = 1 litro (l)
1 000 l = 1 kilolitro (kl)

Sistema británico o imperial
gill
4 gills = 1 pinta
2 pintas = 1 cuarto
4 cuartos = 1 galón = 277,274 cu in

Medidas norteamericanas
1 galón (líquido) = 0,8327 galón (imp)
1 galón = 0,9689 galón (imp)
1 onza = 1,0408 onzas (imp)
16 onzas = 1 pinta EE UU

PESO	OTRAS UNIDADES
Sistema métrico **miligramo (mg)** 1 000 mg = 1 gramo (g) 1 000 g = 1 kilogramo (kg) 100 kg = 1 quintal (q) 1 000 kg = 1 tonelada (t) **Sistema británico o imperial** **(Sistema Avoirdupois)** grano (gr); dracma (dr) 1 grano = 0,0648 gramos 1 libra = 453,6 gramos 1 onza = 28,35 gramos 1 piedra = 14 libras = 6,34 kilogramos	**ELECTRICIDAD - kilovatio** (kw) **GAS - metro cúbico** (m^3) **PETRÓLEO - barril** **TEMPERATURA - grado centígrado** (ºC) **CANTIDAD CALOR - caloría** (cal) **TIEMPO - segundo** (s) **LLUVIA - litro por metro cuadrado** (l/m^2) **AGUA - metro cúbico** (m^3) **HORMIGÓN - metro cúbico** (m^3) **CARBÓN - tonelada** (t) **TRIGO - quintal** (q) **VINO - hectolitro** (hl) **ORO - quilate** (kl) **MADERA - metro cúbico** (m^3)

DATOS MÁS COMUNES DE CONVERSIÓN

1 acre = 0,4047 hectáreas
1 centímetro = 0,3937 pulgadas
1 centímetro cúbico = 0,0610 pulgadas cúbicas
1 pie = 0,3048 metros = 30,48 centímetros
1 galón (imp) = 4,5461 litros
1 gramo = 0,0353 onzas
1 hectárea = 2,4710 acres
1 pulgada = 2,54 centímetros
1 kilo = 2,2046 libras
1 kilómetro = 0,6214 millas
1 litro = 0,220 galón (imp) = 0,2642 galón (EE UU) = 1,7598 pintas (imp)
1 metro = 39,3701 pulgadas = 3,2808 pies = 1,0936 yardas
1 milla = 1,6093 kilómetros
1 milla marina = 1,852 km
1 legua = 5,5727 kilómetros
1 milímetro = 0,03937 pulgadas
1 onza = 28,350 gramos
1 libra = 460 gramos
1 yarda = 0,9144 metros
1 pinta (imp) = 0,5683 litros
1 cuarto = 1,136 litros = 2 pintas

mensaje: Comunicación hecha de palabra o enviada por escrito. *Algunas palomas saben llevar mensajes.*

men-**sa**-je: Sust. m. Plural: mensajes. *Sin.* Recado, noticia, aviso, nota, misiva. *Fam.* Mensajería, mensajero.

mente: Capacidad para pensar, entender y recordar. *Era un genio, poseía una mente superdotada.*

men-te: Sust. f. Plural: mentes. *Sin.* Intelecto, inteligencia, entendimiento. *Fam.* Mentalidad, mental.

mentira: Lo que se dice sabiendo o creyendo que no es verdad. *No se deben decir mentiras.*

men-**ti**-ra: Sust. f. Plural: mentiras. *Sin.* Embuste, trola, falsedad, engaño. *Ant.* Verdad. *Fam.* Mentiroso, mentir.

menudo: **1.** Pequeño. *Es un chico muy menudo, pero sano.* ‖ **2.** De poca importancia. *No merece la pena hablar de un asunto tan menudo.* ‖ **3. LOC. a menudo:** Muchas veces. *En verano voy a la playa a menudo.*

me-**nu**-do: **1** y **2.** Adj. m. / f. Menuda. Plural: menudos, menudas. ‖ **3.** Adv. *Sin.* **1.** Pequeño. ‖ **2.** Insignificante. ‖ **3.** Frecuentemente. *Fam.* Menudencia, menudear.

mercado: Lugar público en el que se compran y venden cosas. *Me gusta comprar la fruta y la verdura en el mercado.*

mer-**ca**-do: Sust. m. Plural: mercados. *Sin.* Plaza. *Fam.* Mercadería, mercader.

mercancía: Todo lo que se vende y se compra. *El almacén está lleno de mercancía.*

mer-can-**cí**-a: Sust. f. Plural: mercancías. *Sin.* Artículo, producto. *Fam.* Mercantil.

merecer: Ganarse un premio o un castigo. *Fue tan valiente, que mereció una recompensa.*

me-re-**cer:** V. tr. irregular (Mod. 2c: parecer). *Sin.* Conseguir, lograr. *Ant.* Desmerecer. *Fam.* Merecimiento, merecido, mérito, merecidamente.

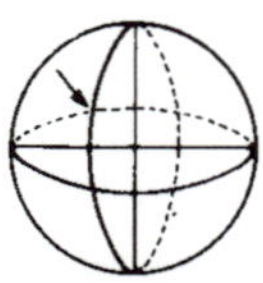

meridiano
-línea de la esfera terrestre que va de polo a polo-

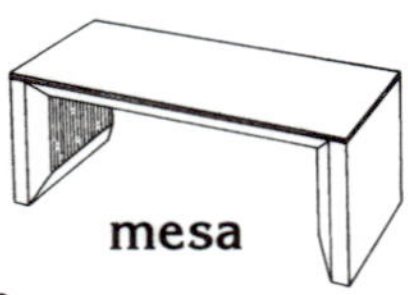

mesa

metamorfosis
(de la rana)

mes: Cada una de las doce partes en que se divide el año. *Estuvo de vacaciones durante el mes de agosto.*

mes: Sust. m. Plural: meses. *Fam.* Mensualidad, mensual.

metal: Cuerpo sólido simple, conductor de la electricidad y del calor, como el hierro, el oro, el mercurio, etc. *Los metales tienen un brillo especial.*

me-**tal:** Sust. m. Plural: metales. *Fam.* Metálico, metalurgia.

metamorfosis: **1.** Cambio de una cosa en otra. *Desde que abrieron ese gran supermercado, la ciudad ha sufrido una gran metamorfosis.* ‖ **2.** Cambio que experimentan muchos animales durante su desarrollo. *Las metamorfosis más conocidas son las de la rana y la mariposa.*

me-ta-mor-**fo**-sis: Sust. f. invariable en número. *Sin.* **1.** Transformación, cambio. ‖ **2.** Evolución, mutación. *Ant.* Invariabilidad. *Fam.* Metamorfosear.

meter: Colocar una cosa dentro de otra o en alguna parte. *Metí el abrigo en el armario.*

me-**ter:** V. tr. (Mod. 2: temer). Se usa también **meterse** (prnl.): *Se metió en la cama. Sin.* Encerrar(se), introducir(se), incluir. *Ant.* Sacar, extraer. *Fam.* Metedura, metido.

metro: **1.** Unidad de longitud, base del sistema métrico decimal. *Muchos jugadores de baloncesto miden más de dos metros.* ‖ **2.** Medida que tiene un verso. *Esos poemas tienen distinta variedad de metro.* ‖ **3.** Tren subterráneo que funciona en ciudades grandes para llevar personas rápidamente de un sitio a otro. *Londres, Madrid, Nueva York, etc., tienen metro.*

me-tro: Sust. m. Plural: metros. *Sin.* **3.** Metropolitano. *Fam.* Métrica, métrico.

MESES DEL AÑO	
Enero (31 días)	Julio (31 días)
Febrero (28 días)	Agosto (31 días)
Marzo (31 días)	Septiembre (30 días)
Abril (30 días)	Octubre (31 días)
Mayo (31 días)	Noviembre (30 días)
Junio (30 días)	Diciembre (31 días)

metro

mexicano: Nacido en o perteneciente al país de México o a su capital. *Los antiguos habitantes de México construyeron hermosas pirámides.*

me-xi-**ca**-no: Adj. y sust. m. / f. Mexicana. Plural: mexicanos, mexicanas. Se escribe también *mejicano. Fam.* México.

mezclar: Unir, juntar una cosa con otra. *Mezcló arena con agua, para hacer un castillo.*

mez-**clar:** V. tr. (Mod. 1: amar). *Sin.* *Incorporar, combinar. *Fam.* Mezcla, mezcladora, mezclado.

microscopio: Instrumento que sirve para observar los objetos muy pequeños. *Examinamos el ala de una mosca con el microscopio.*

mi-cros-**co**-pio: Sust. m. Plural: microscopios.

miel: Sustancia amarilla muy dulce que producen las abejas. *Fuimos a recoger miel de la colmena.*

miel: Sust. f. Plural: mieles. *Fam.* Meloso.

miembro: 1. Extremidad del ser humano o del animal, articulada con el tronco. *Los brazos son los miembros superiores.* ‖ **2.** Persona que forma parte de una asociación o comunidad. *Soy miembro de un club de tenis.*

miem-bro: Sust. m. Plural: miembros. *Sin.* **1.** *Extremidad. ‖ **2.** Socio. *Fam.* Desmembrar.

miércoles: Día de la semana que está entre el martes y el jueves. *El miércoles los alumnos irán a visitar una fábrica.*

miér-co-les: Sust. m. invariable en número.

mil: Diez veces cien. *Pronto se celebrará el milenario de la ciudad, pues hace casi mil años que fue fundada.*

mil: Adj. invariable en género. Plural: miles.

mina: 1. *Yacimiento en el que se excavan pozos y galerías para extraer el mineral útil que contiene. *Hay minas a cielo abierto en las que no es necesario excavar.* ‖ 2. Barra de un mineral llamado grafito, que forma el interior del lapicero. *La parte del lapicero con la que escribimos es la mina.* ‖ 3. Aquello que es útil o que tiene muchas cosas buenas. *Juan es una mina de conocimientos.*

mi-na: Sust. f. Plural: minas. *Sin.* 1. Explotación. ‖ 2. Lápiz. ‖ 3. Filón. *Fam.* Minero, minado, minar, minería.

mínimo: 1. Tan pequeño que no hay otro menor en su especie. *Mi casa es mínima, ya no cabe ni una persona más.* ‖ 2. Límite inferior o extremo a que se puede reducir una cosa. *Al dormir se consume el mínimo de energía.*

mí-ni-mo: 1. Adj. m. / f. Mínima. Plural: mínimos, mínimas. ‖ 2. Sust. m. singular. *Sin.* 1. Pequeñísimo, minúsculo. *Ant.* 1. Enorme. ‖ 2. Máximo. *Fam.* Menos, minimizar.

ministro: Jefe de cada una de las partes en que se divide el Gobierno de una nación. *El ministro de Sanidad y el ministro de Cultura se reunieron con el presidente del Gobierno.*

mi-**nis**-tro: Sust. m. / f. Ministra. Plural: ministros, ministras. *Fam.* Ministerio, ministerial.

minuto: Cada una de las 60 partes iguales en que se divide una hora. *Un minuto tiene 60 segundos.*

mi-**nu**-to: Sust. m. Plural: minutos. *Fam.* Minutero.

mirar: 1. *Fijar la vista en una cosa. *Miró el cuadro durante horas.* ‖ 2. Buscar algo. *Mira en la estantería.* ‖ 3. Revisar o registrar. *Nos miraron el equipaje en la aduana.*

mi-**rar:** V. tr. (Mod. 1: amar). *Sin.* 1. Observar, contemplar. ‖ 2. Rebuscar. ‖ 3. Examinar. *Fam.* Mirada, mirador, mirilla.

misterio: Cosa secreta u oculta, que no se puede comprender ni explicar. *Si hay o no otros planetas habitados es un misterio.*

mis-**te**-rio: Sust. m. Plural: misterios. *Sin.* Secreto, enigma, incógnita. *Fam.* Misterioso.

mitad: 1. Cada una de las dos partes iguales de una cosa. *Una mitad para ti y otra para mí.* ‖ 2. Centro de una cosa. *Hay una estatua en mitad de la plaza.*

mi-**tad:** Sust. f. Plural: mitades. *Sin.* Medio.

moda: Costumbre de una época determinada. *Llevar sombrero no está de moda.*

mo-da: Sust. f. Plural: modas. *Sin.* Boga, actualidad. *Fam.* Modo, moderno, modelo.

modelo: 1. Lo que sirve como muestra para copiarlo igual. *El arte griego sirvió de modelo a los romanos.* ‖ **2.** Persona u objeto que copia un pintor, un escultor, etc. *El pintor tomó como modelo a su propia hija.* ‖ **3.** Persona de buena figura que luce los vestidos de última creación para que otros los conozcan. *Ha habido un desfile de modelos en París.*

mo-**de**-lo: Sust. m. Plural: modelos. *Sin.* **1.** Ejemplo, patrón, muestra. ‖ **3.** Maniquí. *Fam.* Modelado.

modificar: Cambiar. *El horario de trenes ha sido modificado.*

mo-di-fi-**car:** V. tr. (Mod. 1: amar). Se escribe *qu* en vez de *c* seguido de *-e: Modifiqué. Sin.* Variar, alterar, reformar, transformar. *Ant.* Conservar, permanecer, mantener. *Fam.* Modificación, modificado.

mojar: Echar agua u otro líquido sobre algo. *Mojó la ropa antes de plancharla.*

mo-**jar:** V. tr. (Mod. 1: amar). Se usa también **mojarse** (prnl.): *Se ha mojado los pantalones. Sin.* Humedecer(se). *Ant.* Secar(se). *Fam.* Mojadura, mojado, remojo.

moler: Reducir una cosa a pequeños trozos o hasta hacerla polvo. *Molió los granos de café.*

mo-**ler:** V. tr. (Mod. 2: temer). *Sin.* Triturar, pulverizar, machacar. *Fam.* Molienda, molino, molinillo, molido.

molestar: 1. Causar incomodidad. *El coche le molestaba para salir del garaje.* ‖ **2. Molestarse:** Tomarse algún interés para tratar de resolver un asunto. *Se molestó mucho por conseguirnos las entradas.*

mo-les-**tar:** **1.** V. tr. y **2.** prnl. (Mod. 1: amar). *Sin.* **1.** Cansar, aburrir, incordiar. ‖ **2.** Interesarse, esforzarse. *Ant.* **1.** Agradar, alegrar. ‖ **2.** Desinteresarse. *Fam.* molestia.

mitón

mocasín

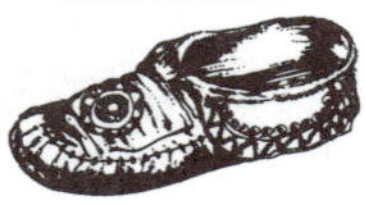

mochila

molino

molusco: Animal invertebrado de cuerpo blando, protegido por una concha o caparazón. *El caracol es un molusco.*
mo-**lus**-co: Sust. y adj. m. Plural: moluscos.

momento: Mínimo espacio de tiempo. *Espérame un momento que ahora mismo acabo.*
mo-**men**-to: Sust. m. Plural: momentos. *Sin.* Instante, minuto, segundo. *Fam.* Momentáneo.

monasterio: Casa donde vive un grupo de religiosos. *Los monjes trabajaban el huerto del monasterio.*
mo-nas-**te**-rio: Sust. m. Plural: monasterios. *Sin.* Convento, abadía. *Fam.* Monástico.

moneda: Pieza de metal, generalmente redonda y con inscripciones, que tiene un determinado valor. *Gasté algunas monedas para comprar dulces.*
mo-**ne**-da: Sust. f. Plural: monedas. *Fam.* Monetario.

monitor: Pantalla de una computadora. *Se estropeó el monitor y la imagen se ve borrosa.*
mo-ni-**tor**: Sust. m. Plural: monitores. *Sin.* Pantalla.

montar: **1.** Subir en un caballo u otro animal. *Montó en su caballo y se fue a dar un paseo.* ‖ **2.** Poner en su lugar las piezas o partes de un aparato. *Mi hermano desmontó el motor del coche y lo volvió a montar.*
mon-**tar:** **1.** V. tr. o intr. y **2.** tr. (Mod. 1: amar). *Sin.* **1.** Cabalgar. ‖ **2.** Armar, acoplar. *Ant.* **1.** Desmontar. ‖ **2.** Desarmar, desajustar. *Fam.* **1.** Montura. ‖ **2.** Montador, montaje.

moral: **1.** Conducta de una persona. *Mi moral no me permite engañar a los demás.* ‖ **2.** Perteneciente o relativo a las acciones de las personas, calificándolas de buenas o malas. *Es poco moral decir mentiras.* ‖ **3.** Parte de la Filosofía que trata del bien y de las buenas o malas acciones humanas. *La Moral también se llama Ética.* ‖ **4.** Árbol cuyo fruto es la mora. *El moral que había en nuestra huerta se ha secado.*
mo-**ral:** **1** y **3.** Sust. f. singular. ‖ **2.** Adj. invariable en género. Plural: morales. ‖ **4.** Sust. m. Plural: morales. *Sin.* **1** y **3.** Ética. ‖ **1.** Conciencia, honradez. ‖ **2.** Ético. *Ant.* **2.** Inmoral. *Fam.* Moralidad, moraleja.

morder: Clavar los dientes en una cosa. *El perro muerde el hueso.*

mor-**der:** V. tr. irregular (Mod. 2b: mover). *Sin.* Mordisquear, dentellar, roer. *Fam.* Mordisco, mordido.

morir: Dejar de vivir. *El abuelo murió de 90 años.*

mo-**rir:** V. intr. irregular (Mod. 5: dormir). *Sin.* Fallecer, perecer. *Ant.* Nacer. *Fam.* Muerte, muerto, moribundo.

mostrar: *Exponer a la vista una cosa. *En los museos de pintura, los cuadros son mostrados al público.*

mos-**trar:** V. tr. irregular (Mod. 1b: contar). *Sin.* Enseñar, exhibir, descubrir. *Ant.* Esconder, ocultar. *Fam.* Muestra, mostrador, demostrar.

motivo: Lo que mueve a hacer algo. *El motivo de nuestro viaje fue asistir a la boda.*

mo-**ti**-vo: Sust. m. Plural: motivos. *Sin.* Causa, razón, móvil. *Fam.* Motivación, motivar.

mover: Cambiar de lugar una cosa. *Movió el armario para limpiar detrás.*

mo-**ver:** V. tr. irregular (Mod. 2b: mover). *Sin.* Desplazar, transportar, trasladar. *Ant.* Inmovilizar, dejar. *Fam.* Movimiento, móvil.

muchacho: *Niño o joven. *Salió con otros muchachos.*

mu-**cha**-cho: Sust. m. / f. Muchacha. Plural: muchachos, muchachas. *Sin.* Chico.

mucho: **1.** Numeroso, abundante. *Este año hemos cosechado mucho trigo.* ‖ **2.** En gran número o cantidad. *El río creció mucho con las lluvias. Ha tardado mucho.*

mu-cho: **1.** Adj. m. / f. Mucha. Plural: muchos, muchas. ‖ **2.** Adv. de cantidad y de tiempo. *Sin.* Bastante. *Ant.* Poco. *Fam.* Muchísimo.

mudo: Que no puede hablar. *Los mudos se expresan por señas.*

mu-do: Adj. y sust. m. / f. Muda. Plural: mudos, mudas. *Fam.* Mudez, enmudecer.

morsa
-animal-

mosca

mosquito

motocicleta

motorista

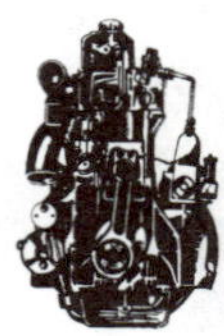

motor

mujer: Persona del sexo femenino. *En la clase de idioma hay más mujeres que hombres.*

mu-**jer:** Sust. f. Plural: mujeres. *Fam.* Mujerío.

multitud: Número grande de personas o cosas. *La multitud llenaba la plaza.*

mul-ti-**tud:** Sust. f. Plural: multitudes. *Sin.* Muchedumbre, gentío, abundancia. *Fam.* Multitudinario.

mundo: **1.** Todas las cosas creadas. *Hay varias teorías sobre el origen del mundo.* ‖ **2.** La Tierra. *Hay muchos países en el mundo.* ‖ **3.** Todas las personas. *Todo el mundo quiere ser feliz.*

mun-do: Sust. m. Plural: mundos. *Sin.* **1.** Universo ‖ **2.** Esfera terrestre. ‖ **3.** Humanidad, género humano. *Fam.* Mundial, mundialmente.

músculo: Órgano responsable del movimiento en el cuerpo de las personas y los animales. *La pantera contrajo sus músculos antes de saltar.*

mús-cu-lo: Sust. m. Plural: músculos. *Fam.* Musculatura, muscular, musculoso.

museo: Lugar donde se guardan y se muestran objetos importantes del arte o la ciencia. *En el Museo del Prado admiramos cuadros de Velázquez. El fin de semana iremos a ver el Museo de Ciencias Naturales.*

mu-**se**-o: Sust. m. Plural: museos. *Sin.* Galería. *Fam.* Museístico.

música: Arte de combinar los sonidos y el ritmo para agradar el oído. *Mis hermanos estudian Música en el conservatorio.*

mú-si-ca: Sust. f. singular. *Sin.* Melodía. *Fam.* Músico, musicalidad, musical.

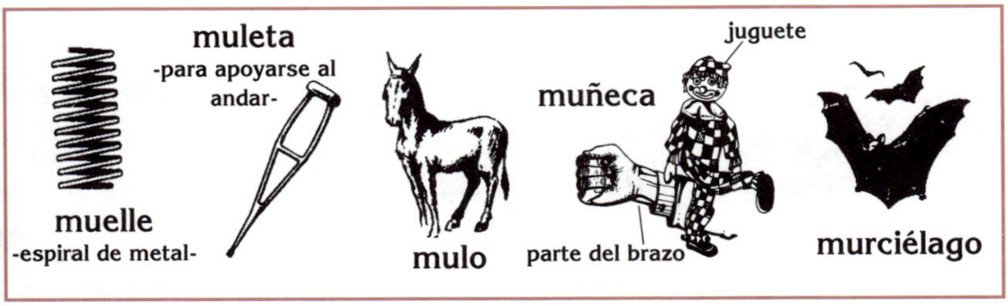

N n

a b c d e f g h i j k l m **n** ñ o p q r s t u v w x y z

nacer: **1.** Venir al mundo un ser vivo. *El niño nació en invierno.* ‖ **2.** Empezar a crecer las plantas. *Al árbol le ha nacido una nueva rama.* ‖ **3.** *Brotar el agua de la tierra. *En las montañas nacen muchas fuentes.*

na-**cer:** V. intr. irregular (Mod. 2c: parecer). *Sin.* **1** y **2.** Salir. ‖ **2.** Brotar. ‖ **3.** Manar. *Ant.* Morir. *Fam.* Nacimiento, nacido, naciente.

nación: Conjunto de los habitantes y tierras de un país que tienen el mismo gobierno. *México es una gran nación.*

na-**ción:** Sust. f. Plural: naciones. *Sin.* Estado, patria, país. *Fam.* Nacionalidad, nacional, nacionalizar.

narrar: *Contar lo ocurrido. *El viajero narraba a sus amigos las aventuras que había vivido.*

na-**rrar:** V. tr. (Mod. 1: amar). *Sin.* Contar, relatar, referir, exponer. *Ant.* Callar, silenciar. *Fam.* Narración, narrador.

natural: **1.** Producido por la naturaleza y no por las personas. *La luz del Sol es natural; la de las lámparas, artificial.* ‖ **2.** Nacido en un lugar determinado. *Es peruano, natural de Perú.*

na-tu-**ral:** Adj. invariable en género. Plural: naturales. *Sin.* **2.** Nativo. *Ant.* **1.** Artificial. *Fam.* Naturaleza, naturalidad, naturalmente.

naturaleza: **1.** Propiedad característica de cada ser. *La naturaleza de la hormiga es muy distinta a la del perro.* ‖ **2.** Conjunto y orden de todas las cosas del Universo. *El movimiento de los astros obedece a leyes de la naturaleza.*

na-tu-ra-**le**-za: Sust. f. singular. Plural: naturalezas. *Sin.* **1.** Esencia. *Fam.* Naturalizar.

navegar: Viajar por el agua. *Navegaron a través del océano.*

na-ve-**gar:** V. intr. (Mod. 1: amar). Se escribe *gu* en vez de *g* seguido de *-e: Navegué. Fam.* Nave, navío, navegación, navegable.

necesidad: Todo aquello que hace mucha falta. *Comer es de primera necesidad para vivir.*

ne-ce-si-**dad:** Sust. f. Plural: necesidades. *Fam.* Necesario, necesitado, necesitar.

negar: **1.** Decir que no es verdad una cosa. *Negó haber comido las galletas.* ‖ **2.** Decir que no a lo que se pide. *El alcalde negó el permiso para la fiesta.*

ne-**gar:** V. tr. irregular (Mod. 1a: acertar). Se escribe *gu* en vez de *g* seguido de *-e: Negué. Sin.* **1.** Desmentir. ‖ **2.** Denegar. *Ant.* **1.** Afirmar. ‖ **2.** Permitir, conceder. *Fam.* Negación, negatividad, negativo.

negocio: **1.** Asunto, trabajo u ocupación. *Tengo varios negocios entre manos.* ‖ **2.** Aquella actividad que produce ganancias o beneficios. *Un hotel y una fábrica son los negocios de su familia.*

ne-**go**-cio: Sust. m. Plural: negocios. *Sin.* **2.** Empresa, ocupación. *Fam.* Negociación, negociante, negociar.

negro: **1.** De color totalmente oscuro. *El negro resulta de la falta de todo color.* ‖ **2.** Persona de raza etiópica. *La raza más numerosa en África es la negra.*

ne-gro: Adj. y sust. m. / f. Negra. Plural: negros, negras. *Ant.* **1.** Blanco. *Fam.* Negrura, negruzco, ennegrecer.

nervio: Cada una de las fibras que llevan las órdenes del cerebro, la médula y otros centros nerviosos al resto del cuerpo. *Ante una luz muy fuerte, el nervio óptico hace que el párpado se cierre.*

ner-vio: Sust. m. Plural: nervios. *Fam.* Nerviosismo, nervioso.

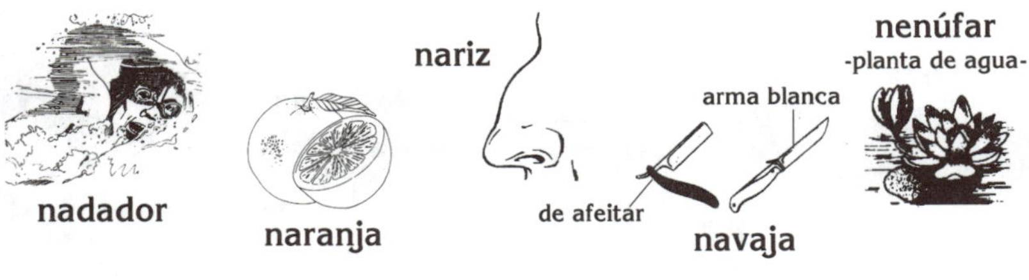

nieto: En relación a una persona, hijo de su hijo o hija. *El abuelo narra historias a sus nietos.*

nie-to: Sust. m. / f. Nieta. Plural: nietos, nietas.

nieve: Agua helada en copos blancos que cae de las nubes. *Mis vecinos han hecho un muñeco de nieve en el jardín de su casa.*

nie-ve: Sust. f. Plural: nieves. *Fam.* Nevado, nevar.

niño: Persona que tiene pocos años y poca experiencia. *Mi hermano ha pasado rápidamente de niño a adolescente.*

ni-ño: Adj. y sust. m. / f. Niña. Plural: niños, niñas. *Sin.* Nene, muchacho, pequeño, crío. *Ant.* Adulto. *Fam.* Niñez, niñería.

noche: Período de tiempo entre la puesta y la salida del Sol. *En las noches claras brilla la Luna.*

no-che: Sust. f. Plural: noches. *Ant.* Día. *Fam.* Nocturno, anochecer.

nombre: Palabra que se da a los seres y cosas para diferenciarlos de los demás. *Su nombre es Pedro.*

nom-bre: Sust. m. Plural: nombres. *Sin.* Denominación, apelativo. *Fam.* Nombrado, nominal, nombrar.

normal: 1. Que está en su estado natural. *La temperatura normal del cuerpo humano es de 36 ºC.* ‖ 2. Que se mueve dentro de los límites habituales. *Lo normal en él es ser siempre puntual.*

nor-**mal:** Adj. invariable en género. Plural: normales. *Sin.* 1. Natural, ordinario, corriente. ‖ 2. Regular, usual. *Ant.* Anormal, extraño, insólito. *Fam.* Norma, normalidad, normalizar, normalmente.

norte: Uno de los cuatro puntos cardinales. *La brújula siempre señala el norte.*

nor-te: Sust. m. Plural (raro): nortes. *Sin.* Septentrión. *Fam.* Nórdico, norteño.

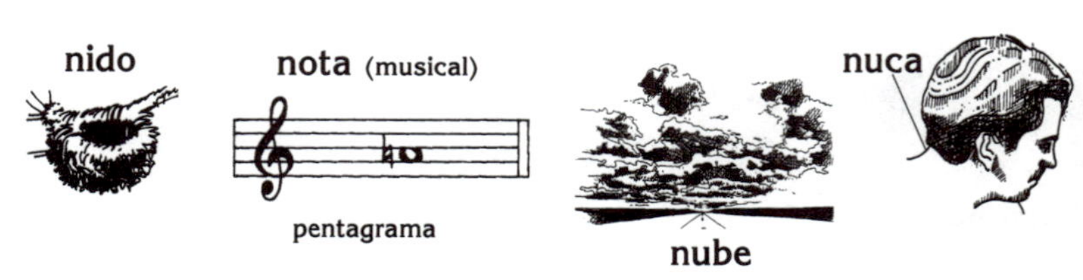

nota: 1. Breve texto escrito que aclara o comunica algo. *Tras haber escuchado la conferencia, hizo una nota para la prensa.* ‖ **2.** Calificación de un examen. *He sacado una buena nota.* ‖ **3.** Signo que representa cada uno de los sonidos musicales. *Do, re, mi..., son notas musicales.*

no-ta: Sust. f. Plural: notas. *Sin.* **1.** Resumen, apunte. *Fam.* Notado, anotado, notar.

noticia: Comunicación de un suceso o de una novedad. *Leí las noticias en el periódico.*

no-**ti**-cia: Sust. f. Plural: noticias. *Sin.* Información, eco, novedad. *Fam.* Noticiario, noticiero.

noviembre: Undécimo y penúltimo mes del año. *Compro los regalos de Navidad en noviembre.*

no-**viem**-bre: Sust. m. Plural (raro): noviembres.

nuevo: Recién hecho o fabricado. *¿Has visto ya los billetes nuevos?*

nue-vo: Adj. m. / f. Nueva. Plural: nuevos, nuevas. *Ant.* Viejo, antiguo. *Fam.* Novedad, novedoso, innovar.

numeral: Se dice del pronombre o adjetivo que expresa idea de número, bien sea cantidad (cardinal) u orden (ordinal). Véase cuadro.

nu-me-**ral:** Adj. m. Plural: numerales.

numeroso: Que está formado por muchos seres o cosas. *Había un grupo numeroso de gente a la puerta.*

nu-me-**ro**-so: Adj. m. / f. Numerosa. Plural: numerosos, numerosas. *Sin.* Abundante, cuantioso. *Ant.* Escaso. *Fam.* Número, numeración, numérico, numerar.

nunca: En ningún tiempo, ninguna vez. *Nunca he visto el mar.*

nun-ca: Adv. de tiempo. *Sin.* Jamás.

NUMERALES

ORDINALES	
1.º	primero
2.º	segundo
3.º	tercero
4.º	cuarto
5.º	quinto
6.º	sexto
7.º	séptimo
8.º	octavo
9.º	noveno
10.º	décimo
11.º	undécimo
12.º	duodécimo
13.º	decimotercero
14.º	decimocuarto
15.º	decimoquinto
16.º	decimosexto
17.º	decimoséptimo
18.º	decimoctavo
19.º	decimonoveno
20.º	vigésimo
21.º	vigésimo primero
22.º	vigésimo segundo
30.º	trigésimo
31.º	trigésimo primero
32.º	trigésimo segundo
40.º	cuadragésimo
50.º	quincuagésimo
60.º	sexagésimo
70.º	septuagésimo
80.º	octogésimo
90.º	nonagésimo
100.º	centésimo
101.º	centésimo primero
102.º	centésimo segundo
110.º	centésimo décimo
200.º	ducentésimo
300.º	tricentésimo
400.º	cuadringentésimo
500.º	quingentésimo
600.º	sexcentésimo
700.º	septingentésimo
800.º	octingentésimo
900.º	noningentésimo
999.º	noningentésimo nonagésimo noveno
1 000.º	milésimo
1 532.º	milésimo quingentésimo trigésimo segundo
2 000.º	dosmilésimo
3 000.º	tresmilésimo
4 000.º	cuatromilésimo
10 000.º	diezmilésimo
100 000.º	cienmilésimo
500 000.º	quinientosmilésimo
1 000 000.º	millonésimo

CARDINALES

0	cero
1	uno
2	dos
3	tres
4	cuatro
5	cinco
6	seis
7	siete
8	ocho
9	nueve
10	diez
11	once
12	doce
13	trece
14	catorce
15	quince
16	dieciséis
17	diecisiete
18	dieciocho
19	diecinueve
20	veinte
21	veintiuno
22	veintidós
23	veintitrés
24	veinticuatro
25	veinticinco
26	veintiséis
27	veintisiete
28	veintiocho
29	veintinueve
30	treinta
31	treinta y uno
32	treinta y dos
40	cuarenta
41	cuarenta y uno
42	cuarenta y dos
50	cincuenta
51	cincuenta y uno
52	cincuenta y dos
60	sesenta
70	setenta
80	ochenta
90	noventa
100	ciento (apóc. cien)
101	ciento uno
102	ciento dos
200	doscientos
201	doscientos uno
202	doscientos dos
300	trescientos
400	cuatrocientos
500	quinientos
600	seiscientos
700	setecientos
800	ochocientos
900	novecientos
1 000	mil
1 001	mil uno
1 002	mil dos
1 100	mil ciento (apóc. mil cien)
1 101	mil ciento uno
1 102	mil ciento dos
1 200	mil doscientos
1 201	mil doscientos uno
1 202	mil doscientos dos
1 300	mil trescientos
1 400	mil cuatrocientos
1 500	mil quinientos
1 600	mil seiscientos
1 700	mil setecientos
1 800	mil ochocientos
1 900	mil novecientos
2 000	dos mil
2 001	dos mil uno
2 002	dos mil dos
2 100	dos mil ciento (apóc. cien)
3 000	tres mil
4 000	cuatro mil
5 000	cinco mil
10 000	diez mil
11 000	once mil
12 000	doce mil
20 000	veinte mil
21 001	veintiún mil uno
30 000	treinta mil
40 000	cuarenta mil
100 000	cien mil
200 000	doscientos mil
300 000	trescientos mil
1 000 000	un millón
1 000 001	un millón uno
1 000 010	un millón diez
1 000 100	un millón ciento
1 001 000	un millón mil
1 010 000	un millón diez mil
1 100 000	un millón cien mil
2 000 000	dos millones
2 000 100	dos millones ciento (apóc. cien)
2 001 000	dos millones mil
3 000 000	tres millones
10 000 000	diez millones
100 000 000	cien millones
1 000 000 000	mil millones
1 000 000 000 000	un billón (Europa)
1 000 000 000	un billón (EE UU)

Ñ ñ

ñame: Raíz comestible o tubérculo, con un tallo muy largo, hojas grandes con forma de corazón y flores pequeñas y verdosas. *El ñame se suele comer en los países tropicales.*

ña-me: Sust. m. Plural: ñames.

ñandú: Ave americana parecida al avestruz y que se diferencia de ella por tener tres dedos en cada pie y ser más pequeña. *El único ñandú que he visto ha sido en el zoológico de mi ciudad.*

ñan-**dú:** Sust. m. Plural: ñandús, ñandúes.

ñoño: Muy soso y poco decidido. *Es un niño tan ñoño que no se separa de su madre.*

ño-ño: Adj. m. / f. Ñoña. Plural: ñoños, ñoñas. *Sin.* Apocado. *Fam.* Ñoñería, ñoñez.

ñu: Mamífero de África del Sur que parece un caballo con cabeza de toro. *Ayer vi un reportaje acerca de los ñus.*

ñu: Sust. m. Plural: ñus-ñúes.

O o

obedecer: Hacer alguien lo que se le manda. *Obedeció sus órdenes.*

o-be-de-**cer:** V. tr. irregular (Mod. 2c: parecer). *Sin.* Acatar, someterse, cumplir. *Ant.* Desobedecer, rebelarse. *Fam.* Obediencia, obediente.

objeto: 1. Cosa, aquello que tiene carácter material. *El baúl estaba lleno de objetos inútiles.* ‖ 2. Finalidad. *El objeto del viaje es visitar a mi madre.*

ob-**je**-to: Sust. m. Plural: objetos. *Sin.* 1. Ente, elemento, accesorio. ‖ 2. Fin, propósito, intención. *Fam.* Objetivo.

obligar: Hacer que alguien haga o cumpla una cosa. *En el ejército obligan a llevar uniforme.*

o-bli-**gar:** V. tr. (Mod. 1: amar). Se escribe *gu* en vez de *g* seguido de *-e: Obligué. Sin.* Exigir, forzar, imponer. *Ant.* Eximir, dispensar, liberar. *Fam.* Obligación, obligatorio.

obra: 1. Cosa producida por alguien o por algo. *El Gran Cañón es obra de la naturaleza.* ‖ 2. Edificio en construcción. *En las obras de la nueva estación trabajan muchas personas.*

o-bra: Sust. f. Plural: obras. *Sin.* 1. Producto, trabajo, resultado, fruto. ‖ 2. Edificación, construcción. *Fam.* Obrador, obrero.

oasis

obelisco

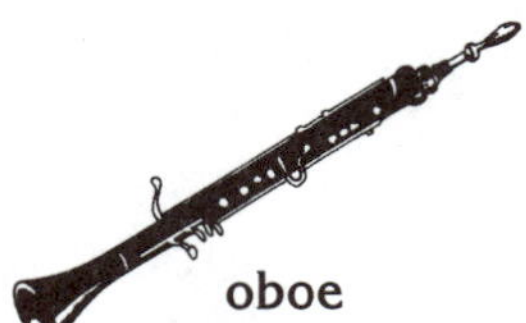
oboe
-instrumento musical de viento-

a b c d e f g h i j k l m n ñ **o** p q r s t u v w x y z

observar: Fijar la vista atentamente en alguien o algo. *He observado el comportamiento de mi hijo pequeño.*

ob-ser-**var:** V. tr. (Mod. 1: amar). *Sin.* Examinar, contemplar, estudiar, vigilar. *Fam.* Observación, observatorio.

obstáculo: Todo aquello que impide hacer o conseguir algo. *Un río sin puente, puede ser un obstáculo insalvable.*

obs-**tá**-cu-lo: Sust. m. Plural: obstáculos. *Sin.* Inconveniente, estorbo, molestia, problema, impedimento. *Ant.* Facilidad, ayuda. *Fam.* Obstaculizar.

obtener: Llegar a tener lo que se quiere o merece. *Ella ha obtenido el puesto de directora del banco.*

ob-te-**ner:** V. tr. irregular (Se conjuga como *tener). *Sin.* Conseguir, lograr, alcanzar, ganar. *Ant.* Perder, fracasar. *Fam.* Obtención, obtenido.

ocasión: Tiempo o lugar adecuado para hacer una cosa. *Mañana tendrás ocasión de conocer a mi amigo.*

o-ca-**sión:** Sust. f. Plural: ocasiones. *Sin.* Oportunidad, posibilidad. *Fam.* Ocasional.

océano: Mar que cubre la mayor parte de la Tierra. *Se divide en cinco océanos: Atlántico, Glacial Antártico, Glacial Ártico, Índico y Pacífico.*

o-**cé**-a-no: Sust. m. Plural: océanos. *Fam.* Oceánico.

octubre: Décimo mes del año. *Recojo setas en octubre.*

oc-**tu**-bre: Sust. m. Plural (raro): octubres.

ocultar: *Esconder. *Los árboles ocultan la cueva.*

o-cul-**tar:** V. tr. (Mod. 1: amar). *Sin.* Tapar, disimular, camuflar. *Ant.* Descubrir, destapar. *Fam.* Ocultación, oculto.

ocupar: **1.** Tomar posesión de un lugar o establecerse en él. *El ejército enemigo ha ocupado nuestro país. Ya está ocupada la nueva habitación.* ‖ **2.** Llenar un espacio. *Ocupé la única butaca vacía.*

o-cu-**par:** V. tr. (Mod. 1: amar). *Sin.* **1.** Apoderarse, apropiarse, conquistar, habitar. ‖ **2.** Llenar, situarse. *Ant.* Abandonar, desocupar. *Fam.* Ocupación, ocupado.

ocurrir: **1.** Tener lugar un acontecimiento o hecho. *Ha ocurrido un magnífico suceso: he aprobado.* ‖ **2. Ocurrirse:** Venir inesperadamente una idea a la mente. *Se me ha ocurrido una solución.*

o-cu-**rrir:** **1.** V. intr. y **2.** prnl. (Mod. 3: partir). *Sin.* **1.** Acontecer, pasar, suceder. *Fam.* Ocurrencia, ocurrente, ocurrido.

odiar: Sentir tanto *disgusto por algo o por alguien, que se desea su mal. *Te odio porque me dejaste solo.*

o-**diar:** V. tr. (Mod. 1: amar). *Sin.* Aborrecer, detestar. *Ant.* Amar, querer. *Fam.* Odioso.

oeste: Uno de los cuatro puntos cardinales. *El Sol se oculta por el oeste.*

o-**es**-te: Sust. m. Plural (raro): oestes.

oficio: Trabajo que tiene una persona. *Mi oficio es el de zapatero.*

o-**fi**-cio: Sust. m. Plural: oficios. *Sin.* Ocupación, profesión. *Fam.* Oficial, oficina.

ofrecer: Prometer o dar voluntariamente una cosa. *Me ofrecieron su casa durante el verano.*

o-fre-**cer:** V. tr. irregular (Mod. 2c: parecer). *Sin.* Brindar, prestar. *Fam.* Oferta, ofrecimiento.

oído: Sentido del cuerpo con el que se reciben los sonidos. *Tiene muy buen oído para la música.*

o-**í**-do: Sust. m. Plural: oídos. *Fam.* Oír, desoír.

oír: Recibir los sonidos por medio del oído. *Los sordos no oyen, pero pueden entenderse por gestos.*

o-**ír:** V. tr. irregular (Véase cuadro). *Fam.* Oído, oyente.

olfato: Sentido del cuerpo que sirve para distinguir aromas, perfumes y otros olores. *Los perros de caza tienen muy buen olfato.*

ol-**fa**-to: Sust. m. Plural: olfatos. *Fam.* Olfateo, olfatear.

olvidar: **1.** Dejar de tener en la memoria. *He olvidado la edad que tienes.* ‖ **2.** Dejar algo en un sitio sin querer. *He olvidado los libros en la clase.*

ol-vi-**dar:** V. tr. (Mod. 1: amar). *Sin.* **2.** Extraviar. *Ant.* **1.** Acordarse, recordar. *Fam.* Olvido.

oca

oficios

ojo
-órgano de la vista-

ola
-movimiento del agua del mar-

CONJUGACIÓN DEL VERBO «OÍR»

Formas personales

MODOS	INDICATIVO	SUBJUNTIVO
TIEMPOS	**SIMPLES**	
Presente	oigo	oiga
	oyes	oigas
	oye	oiga
	oímos	oigamos
	oís	oigáis
	oyen	oigan
Pretérito imperfecto o co-pretérito	oía	oyera u oyese
	oías	oyeras u oyeses
	oía	oyera u oyese
	oíamos	oyéramos u oyésemos
	oíais	oyerais u oyeseis
	oían	oyeran u oyesen
Pret. perfecto simple o pretérito	oí	
	oíste	
	oyó	
	oímos	
	oísteis	
	oyeron	
Futuro	oiré	oyere
	oirás	oyeres
	oirá	oyere
	oiremos	oyéremos
	oiréis	oyereis
	oirán	oyeren
Condicional o pos-pretérito	oiría	
	oirías	
	oiría	
	oiríamos	
	oiríais	
	oirían	
MODO IMPERATIVO Presente	oye	oiga
	oíd	oigan

Formas no personales

Infinitivo	oír
Gerundio	oyendo
Participio	oído

opinión: Lo que se piensa sobre algo o alguien. *Mi opinión sobre la poesía es que es maravillosa.*

o-pi-**nión:** Sust. f. Plural: opiniones. *Sin.* Juicio, valoración. *Fam.* Opinable, opinar.

oponer: **1.** Poner una cosa contra otra para impedir su efecto. *El niño opuso resistencia a que le viera el médico.* ‖ **2.** **Oponerse:** Estar en contra de algo. *Me opongo a la idea.*

o-po-**ner:** **1.** V. tr. y **2.** prnl. irregular (Se conjuga como *poner). *Sin.* **1** y **2.** Enfrentar(se). ‖ **2.** Rechazar. *Ant.* **2.** Facilitar. *Fam.* Oposición.

oportunidad: *Ocasión. *Pasó tu gran oportunidad.*

o-por-tu-ni-**dad:** Sust. f. Plural: oportunidades. *Fam.* Oportunismo, oportuno.

oración: **1.** *Frase. *La mayoría de las oraciones se componen de sujeto, verbo, etc...* ‖ **2.** Conjunto de palabras para pedir o agradecer algo a Dios. *Antes de acostarse, rezó sus oraciones.*

o-ra-**ción:** Sust. f. Plural: oraciones. *Sin.* **2.** Plegaria, ruego. *Fam.* Orador, orar.

ordenar: **1.** Poner una cosa como debe estar. *Ordena tu habitación.* ‖ **2.** *Mandar. *El capitán ordenó ponerse firme al soldado.*

or-de-**nar:** V. tr. (Mod. 1: amar). *Sin.* **1.** Arreglar. ‖ **2.** Disponer. *Ant.* **1.** Desordenar. ‖ **2.** Cumplir. *Fam.* Orden, ordenanza, ordenado.

organismo: Conjunto de los órganos de un ser vivo y sus leyes de funcionamiento. *El organismo humano es complicado.*

or-ga-**nis**-mo: Sust. m. Plural: organismos. *Fam.* Órgano.

órgano: **1.** Instrumento musical. *Está aprendiendo a tocar el órgano.* ‖ **2.** Parte del cuerpo de un ser vivo que ejerce una función necesaria para vivir. *El hígado es un órgano.*

ór-ga-no: Sust. m. Plural: órganos. *Fam.* Organismo.

orgullo: Sentimiento de superioridad. *Tiene mucho orgullo.*

or-**gu**-llo: Sust. m. Plural: orgullos. *Sin.* Arrogancia, vanidad, soberbia, altivez. *Ant.* Humildad, modestia, sencillez. *Fam.* Orgulloso, orgullosamente.

orangután

orca
-ballena-

organillo

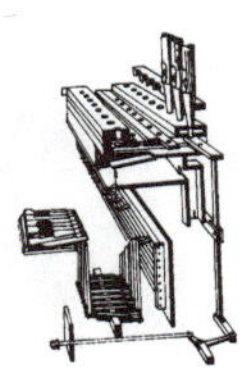

órgano

orientar: 1. Colocar una cosa respecto a los puntos cardinales. *Su casa está orientada al sur.* ‖ 2. Dirigir una cosa hacia un fin. *Voy a orientar mis estudios hacia la Medicina.*

o-rien-**tar:** V. tr. (Mod. 1: amar). *Sin.* 1. Situar, emplazar. ‖ 2. Encauzar, dirigir, encaminar. *Ant.* Desorientar. *Fam.* Orientación, orientado.

origen: Aquello de donde procede una cosa. *Nuestro idioma es de origen latino.*

o-**ri**-gen: Sust. m. Plural: orígenes. *Sin.* Principio, raíz, procedencia. *Ant.* Término, fin, conclusión. *Fam.* Original, originario, originar.

orilla: Extremo o límite de la superficie de algunas cosas. *Las barcas están junto a la orilla del mar.*

o-**ri**-lla: Sust. f. Plural: orillas. *Sin.* Borde, límite, margen. *Fam.* Orillado, orillar.

oro: Metal precioso de color amarillo. *El oro brilla.*

o-ro: Sust. m. Plural (raro): oros.

orquesta: Conjunto de músicos y de instrumentos que tocan unidos en un mismo lugar. *La orquesta dio un concierto ayer por la tarde.*

or-**ques**-ta: Sust. f. Plural: orquestas. *Fam.* Orquestación, orquestado.

oscuro: 1. Que tiene poca luz. *Los sótanos son oscuros.* ‖ 2. De un color más cercano al negro. *Viste de azul oscuro.*

os-**cu**-ro: Adj. m. / f. Oscura. Plural: oscuros, oscuras. *Sin.* 1. Sombrío, apagado. *Ant.* Claro, luminoso. *Fam.* Oscuridad, oscurecer.

otoño: Una de las cuatro estaciones del año. *Las hojas de los árboles caen en otoño.*

o-**to**-ño: Sust. m. Plural: otoños. *Fam.* Otoñal.

otorgar: *Conceder. *Le han otorgado una beca.*

o-tor-**gar:** V. tr. (Mod. 1: amar). Se escribe *gu* en vez de *g* seguido de *-e: Otorgué. Sin.* Consentir, permitir, dar. *Ant.* Negar. *Fam.* Otorgado.

P p

pacer: Comer el ganado la hierba del campo. *Las vacas pacían en el prado.*

pa-**cer:** V. intr. irregular (Mod. 2c: parecer). *Sin.* Pastar. *Fam.* Apacentar.

pacífico: Quieto, tranquilo. *El perro de mis vecinos es muy pacífico.*

pa-**cí**-fi-co: Adj. m / f. Pacífica. Plural: pacíficos, pacíficas. *Sin.* Sosegado, calmado. *Ant.* Guerrero. *Fam.* Paz, pacificar.

pacto: Convenio o acuerdo entre dos o más personas. *Existía un pacto secreto entre las dos familias.*

pac-to: Sust. m. Plural: pactos. *Sin.* Concierto, tratado. *Fam.* Pactar.

padecer: *Sufrir. *Padezco gripe pero pronto me curaré.*

pa-de-**cer:** V. tr. irregular (Mod. 2c: parecer). *Sin.* Soportar, aguantar, tolerar. *Ant.* Gozar, disfrutar. *Fam.* Padecimiento, paciente.

padre: Varón o macho que ha tenido hijos. *Te pareces más a tu padre que a tu madre.*

pa-dre: Sust. m. Plural: padres. *Sin.* Progenitor, papá. *Fam.* Padrastro, padrino, paterno.

pagar: Dar una persona a otra lo que le debe. *Pagué el dinero que debía por la compra de mis zapatos.*

pa-**gar:** V. tr. (Mod. 1: amar). Se escribe *gu* en vez de *g* seguido de *-e: Pagué. Sin.* Abonar, saldar. *Ant.* Deber. *Fam.* Pago, pagado, pagador.

página: Cada una de las dos caras de las hojas de un libro o cuaderno, y lo escrito en ellas. *Me faltan 10 páginas para terminar el libro.*

pá-gi-na: Sust. f. Plural: páginas. *Sin.* Plana. *Fam.* Paginación, paginar.

país: Conjunto de tierras y personas con un gobierno y un idioma común. *Argentina y Chile son países vecinos.*

pa-**ís:** Sust. m. Plural: países. *Sin.* Nación, patria, territorio. *Fam.* Paisaje, paisano.

pálido: De color menos vivo de lo normal. *Me quedé pálido del susto. De tanto lavarla, la camiseta se quedó pálida.*

pá-li-do: Adj. m. / f. Pálida. Plural: pálidos, pálidas. *Sin.* Macilento, descolorido, blanquecino. *Ant.* Vivo. *Fam.* Palidez, palidecer.

pánico: Gran *temor. *El monstruo causaba un enorme pánico a los niños.*

pá-ni-co: Sust. m. Plural: pánicos. *Sin.* Horror, espanto, pavor, terror.

pagoda
-templo de Oriente-

pala
-herramienta-

palmera
-la hoja se llama *palma*-

panal

papel: **1.** Lámina delgada hecha con pasta de madera u otros materiales. *El papel se emplea para escribir, dibujar, envolver cosas...* ‖ **2.** Personaje que representa un actor o una actriz. *Ese actor siempre hace papeles de bueno.*

pa-**pel:** Sust. m. Plural: papeles. *Fam.* **1.** Papeleta, papelera, empapelar.

parar: **1.** *Dejar de hacer una actividad o un movimiento . *Ya ha parado de llover.* ‖ **2.** Poner fin al movimiento o la acción de algo. *El portero nos paró a la entrada del cine.*

pa-**rar:** **1.** V. intr. y **2.** tr. (Mod. 1: amar). *Sin.* **1.** Detenerse, cesar, frenarse. ‖ **2.** Detener, impedir, frenar, retener. *Ant.* **1.** Avanzar. ‖ **2.** Movilizar. *Fam.* Parada, parador, parado.

pantalón

paquetes

paracaídas

paraguas

parecer: 1. Tener determinada forma exterior. *Por sus rasgos, parece asiático.* ‖ **2.** Creer, dar una opinión. *Me parece que te has equivocado.* ‖ **3. Parecerse:** Tener una persona o cosa un aspecto físico o carácter similar a otra. *Mis hermanos se parecen como dos gotas de agua.*

pa-re-**cer: 1.** V. copul., **2.** intr. y **3.** prnl. irregular (Mod. 2c: parecer). *Sin.* **1.** Aparentar, semejar. ‖ **2.** Opinar, juzgar, pensar. ‖ **3.** Asemejarse. *Ant.* **3.** Diferenciarse, distinguirse. *Fam.* Parecido.

parte: 1. Porción de un todo. *Ya he hecho mi parte del trabajo.* ‖ **2.** Sitio o lugar. *Ha visitado muchas partes del mundo.*

par-te: Sust. f. Plural: partes. *Sin.* **1.** Pedazo, trozo. ‖ **2.** Punto. *Fam.* Participación, partir.

participar: 1. Tener uno parte en una cosa. *Los doce participamos en el juego.* ‖ **2.** Dar una noticia. *Te participo que saldremos temprano.*

par-ti-ci-**par: 1.** V. intr. y **2.** tr. (Mod. 1: amar). *Sin.* **1.** Intervenir, tomar parte. ‖ **2.** Notificar, comunicar, avisar, anunciar. *Fam.* Participación, participante, partícipe.

partido: 1. Dividido en partes. *La tarta está partida.* ‖ **2.** Competición deportiva entre dos jugadores o equipos. *El partido de baloncesto terminó en empate.* ‖ **3.** Conjunto de personas que defienden la misma opinión. *El partido ecologista defiende la naturaleza.*

par-**ti**-do: **1.** Part. m. / f. Partida. Plural: partidos, partidas. ‖ **2** y **3.** Sust. m. Plural: partidos. *Sin.* **1.** Cortado, troceado. ‖ **2.** Encuentro. ‖ **3.** Agrupación. *Fam.* Partición, partir.

partir: 1. Hacer de una cosa varias partes. *Ha partido la piña en seis trozos.* ‖ **2.** Romper algo. *Partió el cristal con el balón.* ‖ **3.** Ponerse en camino. *Partió hacia el sur.*

par-**tir: 1** y **2.** V. tr. y **3.** intr. (Mod. 3: partir). Se usa también **partirse** (prnl.): **2.** *Se partió el jarrón. Sin.* **1.** Fraccionar, dividir, trocear, fragmentar. ‖ **2.** Quebrar(se), rajar(se). ‖ **3.** Irse, marcharse. *Ant.* **1.** Unir, juntar. ‖ **3.** Quedarse. *Fam.* Partición, partido, repartir.

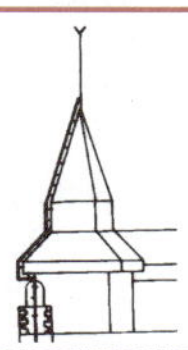

pararrayos
-aparato contra los rayos de las tormentas-

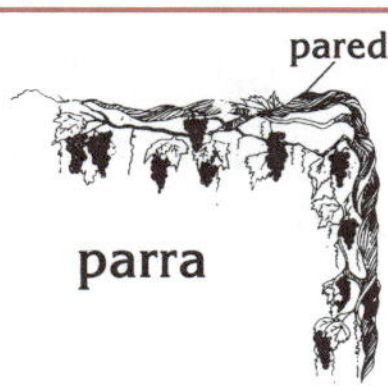

parteluz

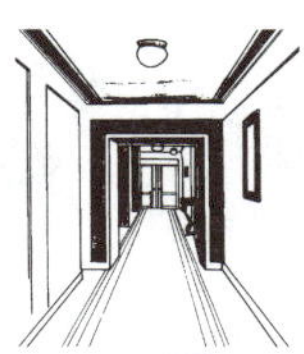

pasillo

a b c d e f g h i j k l m n ñ o **p** q r s t u v w x y z

pasar: 1. Ir o llevar de un lugar a otro. *Pasó la calle y torció a la derecha.* ‖ **2.** Hacer que algo o alguien entre en un lugar. *Pasó el balón por el aro.* ‖ **3.** Estar o permanecer. *He pasado unos días en casa de mi hermana.* ‖ **4.** Obtener un buen resultado en una prueba. *Pasé el examen de conducir sin ningún problema.* ‖ **5.** Padecer una enfermedad. *Pasé la viruela de pequeño.* ‖ **6.** Aventajar, superar. *El corredor pasó a su rival en la curva.*

pa-**sar:** V. tr. (Mod. 1: amar). *Sin.* **1.** Transportar, cruzar. ‖ **2.** Introducir, meter. ‖ **4.** Aprobar, superar. ‖ **5.** Tener, sufrir. ‖ **6.** Adelantar, sobrepasar. *Ant.* **2.** Sacar. ‖ **4.** Suspender. *Fam.* Paso, pasadizo, pasarela.

pasear: Ir de un lugar a otro sin prisa y para distraerse. *Suele pasear por el campo.*

pa-se-**ar:** V. intr. (Mod. 1: amar). *Sin.* Caminar, andar, dar una vuelta. *Fam.* Paseo, paso, paseante.

pasta: 1. Masa obtenida de un sólido y un líquido, que se puede trabajar con las manos o con máquinas para darle distintos usos. *Hizo una figura de pasta de papel. Hizo una pasta de cemento para tapar el bache.* ‖ **2.** Masa de harina y otras cosas, con la que se hacen dulces, pan, fideos, tallarines, etc. *La pasta de la empanada de ayer tenía un agradable sabor.* ‖ **3.** Cubierta de un libro. *Dame ese libro de pastas azules.*

pas-ta: Sust. f. Plural: pastas. *Sin.* **3.** Tapa, encuadernación. *Fam.* **1.** Pastizo, pastoso. ‖ **2.** Pastel.

patio: Espacio de un edificio rodeado de paredes, pero sin tejado. *Los niños juegan en el patio.*

pa-tio: Sust. m. Plural: patios.

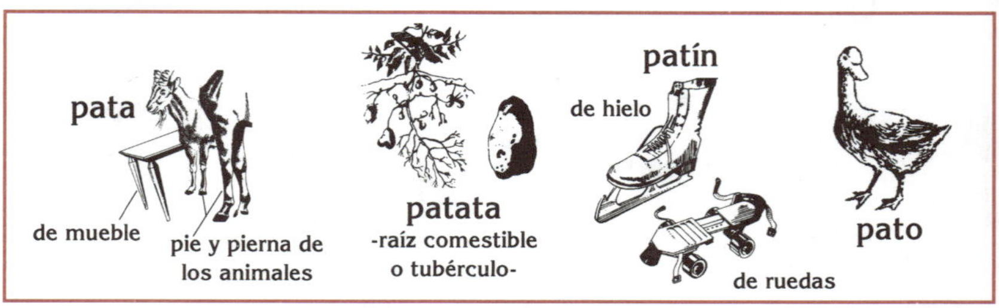

patria: *País. *Dejó su patria para ir al extranjero.*

pa-tria: Sust. f. Plural: patrias. *Sin.* Nación, tierra. *Fam.* Patriotismo, patriota.

peatón: Persona que se desplaza a pie por la calle. *Las aceras de las calles son para los peatones.*

pe-a-**tón:** Sust. m. / f. Peatona. Plural: peatones, peatonas. *Sin.* Viandante, transeúnte. *Fam.* Peatonal.

pedazo: Parte de una cosa que ha sido separada del resto. *Se comió el pedazo más grande del pastel.*

pe-**da**-zo: Sust. m. Plural: pedazos. *Sin.* Trozo, porción, cacho, parte, fracción, fragmento. *Ant.* Conjunto, todo. *Fam.* Despedazar.

pedir: Decir o rogar a alguien si puede hacer o dar algo. *Voy a pedirle la raqueta para jugar.*

pe-**dir:** V. tr. irregular (Mod. 6: pedir). *Sin.* Solicitar, suplicar, demandar. *Ant.* Dar, conceder. *Fam.* Petición, pedigüeño, pedido.

pegar: 1. Unir una cosa con otra atándolas, cosiéndolas, con pegamento, etc. *Pega el sello en el sobre y escribe la dirección.* ‖ 2. Dar golpes. *Mi padre nunca nos ha pegado.*

pe-**gar:** V. tr. (Mod. 1: amar). Se escribe *gu* en vez de *g* seguido de -e: *Pegué*. *Sin.* 1. Adherir. ‖ 2. Golpear, maltratar. *Ant.* 1. Despegar, desunir. *Fam.* Pegamento, pegajoso.

pelear: Combatir de palabra o físicamente personas o animales. *Mi gato y mi perro nunca pelean entre sí.*

pe-le-**ar:** V. intr. (Mod. 1: amar). *Sin.* Contender, enfrentarse, luchar, reñir. *Fam.* Pelea, peleador, peleón.

película: 1. Piel o capa fina y delgada. *Cubrieron la pared con una película de pintura.* ‖ 2. Cinta que tiene imágenes fotográficas que se proyectan en una superficie mediante una máquina de cine. *Le gustan las películas de aventuras.*

pe-**lí**-cu-la: Sust. f. Plural: películas. *Sin.* 1. Membrana, telilla , lámina. ‖ 2. Celuloide, filme. *Fam.* Peliculero.

pavo real

pecera

pecho o tórax

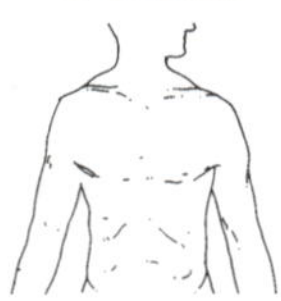

peine

peligro: Posibilidad de que pase algo malo. *Es un peligro saltarse el semáforo en rojo.*

pe-**li**-gro: Sust. m. Plural: peligros. *Sin.* Amenaza, riesgo. *Ant.* Seguridad. *Fam.* Peligroso, peligrar.

pena: Sentimiento de dolor o sufrimiento. *Sintió mucha pena al no poder ir a la excursión.*

pe-na: Sust. f. Plural: penas. *Sin.* Disgusto, dolor, padecimiento, tristeza. *Ant.* Alegría, gozo. *Fam.* Penalidad, penoso, penar.

pensar: Examinar una cosa con atención y cuidado. *Dale tiempo para pensar la respuesta.*

pen-**sar:** V. tr. irregular (Mod. 1a: acertar). *Sin.* Discurrir, meditar, reflexionar. *Ant.* Improvisar. *Fam.* Pensamiento, pensador.

peor: 1. Más malo. *El reloj nuevo de mi hermano es mucho peor que el mío.* ‖ 2. Más mal. *En los sitios secos, las plantas crecen peor.*

pe-**or:** 1. Adj. comparativo de **malo**, invariable en género. Plural: peores. ‖ 2. Adv. comparativo de **mal**. *Sin.* Inferior. *Ant.* Mejor. *Fam.* Empeoramiento, empeorar.

pequeño: Lo contrario de *grande. *Su habitación es demasiado pequeña para poder meter el armario.*

pe-**que**-ño: Adj. m. / f. Pequeña. Plural: pequeños, pequeñas. *Sin.* Corto, reducido, menudo, chico. *Ant.* Grande, enorme. *Fam.* Pequeñez, empequeñecer.

perder: 1. Dejar de tener o no encontrar una cosa. *He perdido el reloj que me regalaron.* ‖ 2. No conseguir lo que se desea. *Perdí la ocasión de comprar un buen coche.* ‖ 3. **Perderse:** No saber dónde se está. *Se perdió en el bosque y tuvieron que salir a buscarle.*

per-**der:** 1 y 2. V. tr. y 3. prnl. irregular (Mod. 2a: entender). *Sin.* 1. Extraviar, despistar. ‖ 2. Desperdiciar. ‖ 3. Extraviarse, despistarse, desorientarse. *Ant.* 1. Encontrar, hallar. ‖ 2. Ganar, lograr, aprovechar. ‖ 3. Orientarse. *Fam.* Pérdida, perdición, perdido.

película

pelo

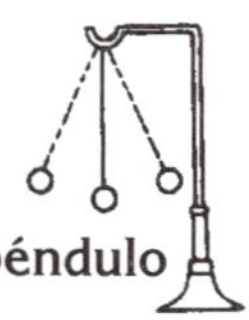

péndulo

peonza

peras

perdonar: No tomar en cuenta lo que alguien ha hecho mal o no obligarle a pagar lo que debe. *Te perdonaré si no vuelves a hacerlo.*

per-do-**nar:** V. tr. (Mod. 1: amar). *Sin.* Eximir, absolver, dispensar, redimir, disculpar. *Ant.* Castigar. *Fam.* Perdón, perdonavidas.

pereza: Falta de ganas, descuido en las cosas que hay que hacer. *Le da pereza salir de casa cuando llueve.*

pe-**re**-za: Sust. f. Plural: perezas. *Sin.* Dejadez, indolencia, negligencia. *Ant.* Diligencia. *Fam.* Perezoso.

perfecto: Que es el mejor. *El mecanismo de mi reloj es perfecto.*

per-**fec**-to: Adj. m. / f. Perfecta. Plural: perfectos, perfectas. *Sin.* Excelente, exacto, inmejorable. *Ant.* Imperfecto, defectuoso. *Fam.* Perfección, perfeccionar.

perfumar: Dar buen olor. *El tomillo perfuma el monte.*

per-fu-**mar:** V. tr. (Mod. 1: amar). *Sin.* Aromatizar. *Fam.* Perfume, perfumería, perfumado.

periódico: 1. Que pasa, se hace o dice cada cierto tiempo. *Las estaciones del año son periódicas.* ‖ **2.** Papel donde se imprimen noticias, anuncios, etc., que se publica cada día. *He leído la noticia en el periódico.*

pe-**rió**-di-co: **1.** Adj. m. / f. Periódica. Plural: periódicos, periódicas. ‖ **2.** Sust. m. Plural: periódicos. *Sin.* **1.** Regular, cíclico. ‖ **2.** Diario, rotativo. *Ant.* **1.** Irregular, desacostumbrado. *Fam.* **1.** Periodo o período, periodicidad, periódicamente. ‖ **2.** Periodismo, periodista.

perjudicar: *Dañar. *Fumar perjudica la salud.*

per-ju-di-**car:** V. tr. (Mod. 1: amar). Se escribe *qu* en vez de *c* seguido de *-e: Perjudiqué.* *Sin.* Lastimar, menoscabar, lesionar, arruinar. *Ant.* Beneficiar, ayudar, favorecer. *Fam.* Perjudicado, perjudicial, perjuicio.

permanecer: Mantenerse sin cambio en un mismo lugar o situación. *El terremoto fue leve, todo permaneció como estaba.*

per-ma-ne-**cer:** V. intr. irregular (Mod. 2c: parecer). *Sin.* Continuar, persistir, quedarse. *Ant.* Ausentarse, cambiarse. *Fam.* Permanencia, permanente.

perdiz

periódico

periscopio

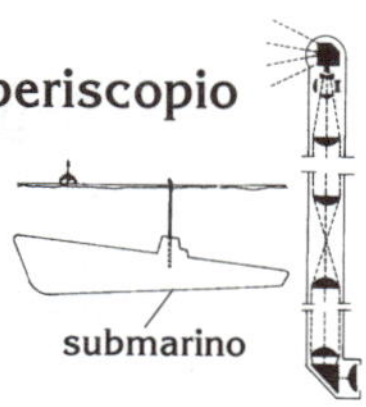

ostra

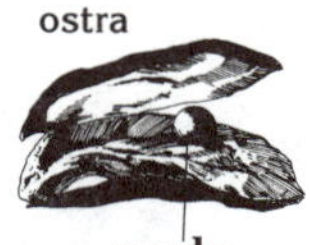

perla
-formada dentro de las conchas de algunos moluscos-

permitir: Autorizar a alguien a hacer una cosa. *El letrero decía: «Se permite la entrada».*

per-mi-**tir:** V. tr. (Mod. 3: partir). *Sin.* Acceder, consentir, tolerar, dejar. *Ant.* Prohibir, negar, impedir. *Fam.* Permiso, permisible, permitido.

perseguir: Ir detrás del que se escapa o está escondido, para alcanzarlo. *Los perros persiguieron a la liebre.*

per-se-**guir:** V. tr. irregular (Mod. 6: pedir). *Sin.* Acosar, hostigar, buscar. *Fam.* Persecución, perseguidor.

persona: Ser humano. *Hombres, mujeres, niños y niñas son personas.*

per-**so**-na: Sust. f. Plural: personas. *Sin.* Individuo, ser, sujeto. *Fam.* Personalidad.

personaje: Cada uno de los seres creados por el escritor en libros, filmes, obras de teatro, etc. *Caperucita, la abuelita y el lobo feroz, son personajes de los cuentos de Perrault.*

per-so-**na**-je: Sust. m. Plural: personajes. *Sin.* Figura. *Fam.* Personificar.

pertenecer: **1.** Ser de alguien una cosa. *El coche pertenece a la empresa.* ‖ **2.** Ser una cosa parte de otra o hacer relación a ella. *Este parque pertenece a otro barrio.*

per-te-ne-**cer:** V. intr. irregular (Mod. 2c: parecer). *Sin.* **1.** Ser de. ‖ **2.** Corrresponder, incumbir, concernir. *Fam.* Pertenencia.

pesar: **1.** Tener un determinado *peso. *La maleta llena pesa 25 kilos.* ‖ **2.** Usar un instrumento: balanza, báscula, etc., para saber el *peso de una cosa. *Pesaron los sacos de trigo en una báscula.* ‖ **3.** Causar dolor. *Le pesó no haber ido a verle.* ‖ **4.** Dolor. *Sintió un gran pesar por la derrota de su equipo.*

pe-**sar:** **1** y **3.** V. intr. y **2.** tr. (Mod. 1: amar). ‖ **4.** Sust. m. Plural: pesares. *Sin.* **3.** Apenar, disgustar. ‖ **4.** Pena, aflicción, consternación. *Ant.* **4.** Alegría, gozo, placer. *Fam.* Pesadez, pésame, pesado.

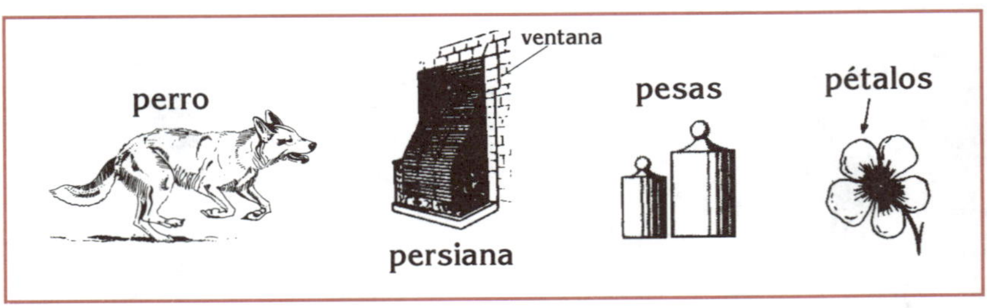

pescar: *Sacar peces del agua usando redes, caña, etc. *Hay tan pocas ballenas, que está prohibido pescarlas.*

pes-car: V. tr. (Mod. 1: amar). Se escribe *qu* en vez de *c* seguido de *-e: Pesquemos. Fam.* Pesca, pescadería, pescado, pescador.

peso: **1.** Fuerza con que la Tierra atrae a los cuerpos. *En el espacio los astronautas carecen de peso.* ‖ **2.** Instrumento para pesar, también llamado balanza. *El peso marca un kilo.*

pe-so: Sust. m. Plural: Pesos. *Sin.* **1.** Gravedad de la Tierra. ‖ **2.** Balanza. *Fam.* Pesar.

pie: **1.** Miembro del cuerpo humano que está al final de la pierna. *Para andar, avanza un pie y a continuación el otro.* ‖ **2.** *Base. *El pie de la lámpara era de hierro.*

pie: Sust. m. Plural: pies. *Sin.* **1.** Extremidad. ‖ **2.** Pedestal, basa. *Fam.* Pedestre.

piel: **1.** Membrana que cubre todo el cuerpo de las personas y de los animales. *El Sol le quemó la piel.* ‖ **2.** Parte de fuera de algunos frutos. *Siempre come las peras con piel.*

piel: Sust. f. Plural: pieles. *Sin.* **1.** Película. ‖ **2.** Cáscara, monda. *Fam.* Peletería.

pieza: **1.** Parte de una cosa. *Desarmó el reloj en piezas.* ‖ **2.** Cada una de las habitaciones de una casa. *La cocina es la pieza más pequeña de la casa.*

pie-za: Sust. f. Plural: piezas. *Sin.* **1.** Parte, trozo, fragmento, porción. ‖ **2.** Habitación, cuarto, estancia, aposento. *Fam.* Despiece.

pila: **1.** Montón. *Haz una pila con los periódicos viejos.* ‖ **2.** Recipiente grande de piedra, madera, cemento, etc., que se llena de agua. *Llené la pila de agua para lavar la ropa.* ‖ **3.** Aparato que produce energía eléctrica. *Lleva una radio a pilas a todos los sitios.*

pi-la: Sust. f. Plural: pilas. *Sin.* **1.** Rimero, acumulación. ‖ **2.** Abrevadero, lavadero. *Fam.* Apilar, pileta, pilón.

pez
-animal que vive en el agua-

piano
-instrumento musical-

picos
(de ave)

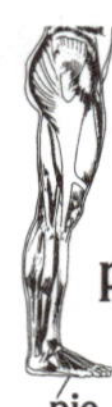

pierna

pie

pillar: Atrapar a alguien o algo. *La policia pilló a los ladrones cuando intentaban salir de la ciudad.*
pi-**llar:** V. tr. (Mod. 1: amar). *Sin*. Agarrar, capturar. *Ant*. Liberar, soltar. *Fam*. Pillo.

piloto: Persona que dirige un barco, un coche, un avión, etc. *Para ser piloto de aviones, se necesita mucha preparación.*
pi-**lo**-to: Sust. m. Plural: pilotos. *Sin*. Conductor. *Fam*. Pilotaje, pilotar.

pintar: **1.** Representar algo en una superficie con líneas y colores. *Los cuadros que pintó Picasso, son admirados en todo el mundo.* ‖ **2.** Cubrir con un color la superficie de las cosas. *He pintado las sillas de blanco.*
pin-**tar:** V. tr. (Mod. 1: amar). *Sin*. **1.** Colorear, retratar, plasmar. ‖ **2.** Barnizar. *Fam*. Pintor, pintura

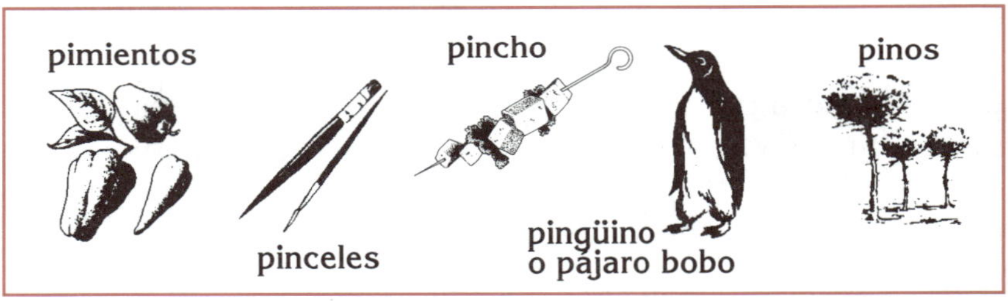

pisar: Poner el pie sobre alguna cosa. *Prohibido pisar el césped.*
pi-**sar:** V. tr. (Mod. 1: amar). *Fam*. Pisada, pisotón, pisotear.

piso: **1.** Suelo. *El piso de la sala estaba cubierto por una alfombra.* ‖ **2.** En un edificio con varias viviendas, cada una de ellas. *He comprado un piso de cuatro habitaciones.* ‖ **3.** Cada una de las *plantas o altos de un edificio. *El ático es el piso más alto de la casa, y el piso más bajo es el sótano.*
pi-so: Sust. m. Plural: pisos. *Sin*. **1.** Pavimento. ‖ **2.** Casa, apartamento. ‖ **3.** Planta.

plan: Idea de hacer algo. *No tengo planes para las vacaciones.*

plan: Sust. m. Plural: planes. *Sin.* Proyecto. *Fam.* Planear.

plancha: **1.** Lámina de metal lisa y delgada. *El soldador unió las planchas de hierro.* ‖ **2.** Utensilio que sirve para quitar las arrugas de la ropa. *La plancha tan caliente te quemará la ropa.*

plan-cha: Sust. f. Plural: planchas. *Sin.* **1.** Placa, chapa, hoja. *Fam.* **2.** Planchar.

planeta: Cuerpo celeste que sólo brilla por la luz que refleja del Sol, alrededor del cual gira. *Los planetas de nuestro Sistema Solar son: Mercurio, Venus, la Tierra, Marte, Júpiter, Saturno, Urano, Neptuno y Plutón.*

pla-**ne**-ta: Sust. m. Plural: planetas. *Sin.* Astro. *Fam.* Planetario.

plano: *Llano. *Estaba buscando un terreno plano para construir su casa.*

pla-no: Adj. m. / f. Plana. Plural: planos, planas. *Sin.* Raso, uniforme, igual, liso. *Ant.* Desigual. *Fam.* Planear, planicie.

planta: **1.** Parte inferior del pie, con la que se pisa. *Tiene las plantas de los pies sucias por haber andado descalzo.* ‖ **2.** Vegetal, ser que crece y vive sin moverse por propio impulso. *La planta de la patata da flores blancas.* ‖ **3.** Conjunto de habitaciones o viviendas de un edificio que están a la misma altura. *La salita está en la planta baja.*

plan-ta: Sust. f. Plural: plantas. *Sin.* **3.** Piso. *Fam.* **1.** Plantilla. ‖ **2.** Plantación, plantel.

plata: **1.** *Metal precioso de color blanco brillante. *Estos candelabros son de plata.* ‖ **2.** Dinero. *Este negocio le ha proporcionado mucha plata.*

pla-ta: Sust. f. Plural (raro): platas. *Fam.* Plateado.

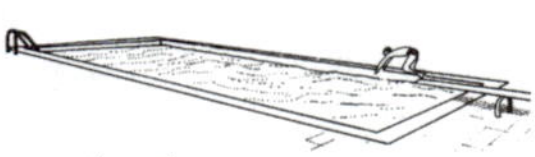
piscina

placa
(de mármol)

plancha
(de ropa)

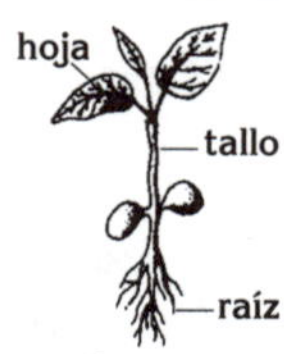

planta

playa: Orilla del mar o del río casi llana y cubierta de arena. *Los niños hacen castillos de arena en la playa.*

pla-ya: Sust. f. Plural: playas. *Sin.* Costa, litoral, margen, ribera. *Fam.* Playero.

plaza: 1. Lugar ancho y espacioso de un pueblo o ciudad. *Los ancianos se reúnen en la plaza.* ‖ **2.** Lugar determinado para una persona o cosa. *Todas las plazas del tren están ocupadas.*

pla-za: Sust. f. Plural: plazas. *Sin.* **1.** Ágora, foro, glorieta. ‖ **2.** Puesto, sitio. *Fam.* Plazoleta, plazuela.

pluma: 1. Cada una de las piezas que cubren el cuerpo de las aves. *Le regalaron un loro con plumas de vistosos colores.* ‖ **2.** Instrumento que sirve para escribir. *Carlos tiene un juego de pluma y bolígrafo.*

plu-ma: Sust. f. Plural: plumas. *Fam.* Plumaje, plumero, plumilla, plumín.

población: 1. Número de personas que viven en un lugar. *La población de América ha aumentado mucho durante el siglo XX.* ‖ **2.** Lugar con calles y casas donde viven personas. *Esta población tiene una bonita plaza.*

po-bla-**ción:** Sust. f. Plural: poblaciones. *Sin.* **1.** Habitantes. ‖ **2.** Ciudad, villa, localidad. *Fam.* Poblado, poblar.

pobre: Que no tiene lo necesario para vivir. *El hombre más rico del pueblo, de joven era muy pobre.*

po-bre: Adj. invariable en género. Plural: pobres. *Sin.* Menesteroso, necesitado. *Ant.* Rico, afortunado. *Fam.* Pobreza, empobrecer.

poco: Lo contrario de *mucho. *Este año hemos cosechado poco trigo. Ha tardado poco.*

po-co: Adj. m. / f. Poca. Plural: pocos, pocas. Adv. de cantidad y de tiempo.

poder: 1. Ser capaz de hacer una cosa. *Ese hombre pudo levantar la piedra.* ‖ **2.** Tener ocasión, tiempo, facilidad, etc., de hacer algo. *Podremos ir al campo mañana.* ‖ **3.** Ser posible que suceda algo. *Puede que salga el Sol.* ‖ **4.** Facultad de mandar. *Le dieron poder para tomar decisiones.*

po-**der:** **1** y **2.** V. tr. y **3.** impers. irregular (Véase cuadro). ‖ **4.** Sust. m. Plural: Poderes. *Sin.* **1.** Conseguir, lograr. ‖ **4.** Autoridad, facultad, mando.

CONJUGACIÓN DEL VERBO «PODER»

Formas personales

MODOS	INDICATIVO	SUBJUNTIVO
TIEMPOS	**SIMPLES**	
Presente	puedo puedes puede podemos podéis pueden	pueda puedas pueda podamos podáis puedan
Pretérito imperfecto o co-pretérito	podía podías podía podíamos podíais podían	pudiera o pudiese pudieras o pudieses pudiera o pudiese pudiéramos o pudiésemos pudierais o pudieseis pudieran o pudiesen
Pret. perfecto simple o pretérito	pude pudiste pudo pudimos pudisteis pudieron	
Futuro	podré podrás podrá podremos podréis podrán	pudiere pudieres pudiere pudiéremos pudiereis pudieren
Condicional o pos-pretérito	podría podrías podría podríamos podríais podrían	
MODO IMPERATIVO Presente	pueda poded	pueda puedan

Formas no personales

Infinitivo	poder
Gerundio	pudiendo
Participio	podido

poema: Obra en *verso. *Pablo Neruda compuso bellísimos poemas.*

po-**e**-ma: Sust. m. Plural: poemas. *Sin.* Poesía, trova. *Fam.* Poesía, poeta.

poesía: 1. Expresión de la belleza y los sentimientos por medio del *verso o la prosa. *Poetas como Virgilio, Dante y Garcilaso, me enseñaron a amar la poesía.* ‖ **2.** Poema. *Te voy a leer una poesía de Rubén Darío.*

po-e-**sí**-a: Sust. f. Plural: **2.** Poesías. *Sin.* **1.** Poética. *Ant.* **2.** Prosa. *Fam.* Poético, poetizar.

polideportivo: Recinto generalmente cubierto, en el que se pueden practicar diversos deportes. *Están construyendo un polideportivo en nuestro barrio.*

po-li-de-por-**ti**-vo: Sust. m. Plural: polideportivos.

política: 1. Ciencia, doctrina u opinión sobre el gobierno de los Estados. *Maquiavelo escribió un tratado de Política.* ‖ **2.** Actividad de los que rigen o desean regir una nación. *El ministro recién elegido ha dedicado su vida a la política.* ‖ **3.** Habilidad con que se usan los medios para lograr un fin. *La nueva política de la empresa ha conseguido grandes mejoras.*

po-**lí**-ti-ca: Sust. f. Plural (raro): políticas. *Fam.* Político, politiquear.

polvo: 1. Parte más menuda y desecha de la tierra muy seca. *El polvo de los caminos se convirtió en barro tras la lluvia.* ‖ **2.** Lo que queda de las cosas sólidas, moliéndolas hasta hacer partes muy pequeñas. *Hemos molido el café hasta convertirlo en polvo.*

pol-vo: Sust. m. Plural: **2.** Polvos. *Fam.* Polvareda, pólvora, polvoriento.

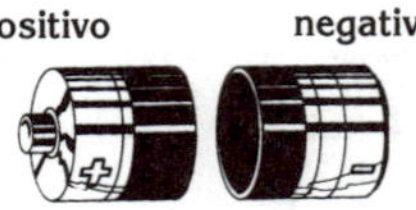

polo magnético

polo terrestre

poncho

porrón

poner: 1. Dejar en un sitio a alguien o algo. *Puso los zapatos en la caja.* ‖ 2. Preparar algo para un fin. *Vamos a poner la mesa para comer.* ‖ 3. Hacer que algo funcione. *Pon la radio para escuchar las noticias.* ‖ 4. Vestir. *Ponle el jersey rojo.* ‖ 5. Soltar el huevo las aves. *La gallina puso un huevo.* ‖ 6. Escribir. *Pon tu nombre en la primera hoja del cuaderno.*

po-**ner:** V. tr. irregular (Véase cuadro). Se usa también **ponerse** (prnl.): **4.** *Me puse el pantalón nuevo*. *Sin.* **1.** Colocar, depositar, situar. ‖ **2.** Disponer. ‖ **3.** Encender, conectar. ‖ **5.** Deponer, echar. ‖ **6.** Anotar. *Ant.* **1** y **2.** Quitar, descolocar. ‖ **3.** Desenchufar, desconectar. ‖ **4.** Desvestir(se). *Fam.* Puesto.

popular: 1. Que es del *pueblo o tiene que ver con él. *Enseña bailes populares.* ‖ 2. Que es conocido y gusta a muchos. *Esta actriz es muy popular.*

po-pu-**lar:** Adj. invariable en género. Plural: populares. *Sin.* **1.** Folclórico. ‖ **2.** Famoso. *Ant.* **2.** Impopular, desconocido. *Fam.* Popularidad, pueblo.

porción: Cantidad separada de otra mayor. *Le dio una porción de su tarta de manzana.*

por-**ción:** Sust. f. Plural: porciones. *Sin.* Parte, trozo. *Fam.* Proporción.

portar: 1. Llevar o traer. *Portaban pancartas en la manifestación.* ‖ 2. **Portarse:** Tener una determinada *conducta. *Suele portarse bien en clase.*

por-**tar:** V. tr. (Mod. 1: amar). *Sin.* **1.** Transportar. ‖ **2.** Comportarse. *Fam.* Portador.

poseer: Tener alguien una cosa. *Posee varias casas.*

po-se-**er:** V. tr. (Mod. 2: temer). En las formas que llevan posei + vocal acentuada, la *-i* cambia a *-y: Poseyó, poseyera*. *Sin.* Disfrutar, contar con. *Fam.* Posesión, poseedor, posesivo.

posible: Que puede ser u ocurrir. *Es posible que llueva hoy.*

po-**si**-ble: Adj. invariable en género. Plural: posibles. *Sin.* Probable, realizable, factible. *Ant.* Imposible, irrealizable, improbable. *Fam.* Posibilidad, posiblemente.

posición: 1. Situación o manera en que alguien o algo está puesto. *Le dolía el cuello por haber dormido en mala posición.* ‖ 2. Puesto que ocupa una persona o grupo dentro de la sociedad o en una clasificación. *Tiene una posición social respetable. El equipo de mi ciudad va en tercera posición.*

po-si-**ción:** Sust. f. Plural: posiciones. *Sin.* **1.** Colocación, disposición, postura. ‖ **2.** Categoría, situación, clase.

CONJUGACIÓN DEL VERBO «PONER»

Formas personales

MODOS	INDICATIVO	SUBJUNTIVO
TIEMPOS	**SIMPLES**	
Presente	pongo pones pone ponemos ponéis ponen	ponga pongas ponga pongamos pongáis pongan
Pretérito imperfecto o co-pretérito	ponía ponías ponía poníamos poníais ponían	pusiera o pusiese pusieras o pusieses pusiera o pusiese pusiéramos o pusiésemos pusierais o pusieseis pusieran o pusiesen
Pret. perfecto simple o pretérito	puse pusiste puso pusimos pusisteis pusieron	
Futuro	pondré pondrás pondrá pondremos pondréis pondrán	pusiere pusieres pusiere pusiéremos pusiereis pusieren
Condicional o pos-pretérito	pondría pondrías pondría pondríamos pondríais pondrían	
MODO IMPERATIVO Presente	pon ponga poned pongan	

Formas no personales

Infinitivo	poner
Gerundio	poniendo
Participio	puesto

poste: Madero, piedra o columna que se coloca verticalmente para que sirva de apoyo o de señal. *Los cables de la luz se sujetan con postes.*

pos-te: Sust. m. Plural: postes. *Sin*. Pilar, soporte.

postura: *Posición. *Le dolía el cuello por haber dormido en mala postura.*

pos-**tu**-ra: Sust. f. Plural: posturas. *Sin*. Colocación, disposición. *Fam.* Poner.

pozo: **1.** Hoyo profundo hecho en la tierra para sacar agua, petróleo, etc. de su interior. *Estaba sacando agua del pozo con un caldero.* || **2.** Hoyo profundo hecho en la tierra para bajar a una mina. *Esta mina tiene varios pozos en explotación.*

po-zo: Sust. m. Plural: pozos. *Fam.* Pocero, poza.

práctica: Ejercicio de un arte o ciencia. *Tras largos estudios, se dedicó a la práctica de la Medicina.*

prác-ti-ca: Sust. f. Plural: prácticas. *Sin*. Experiencia, trabajo. *Fam.* Practicante, practicar, practicable.

precio: Cantidad de dinero en que se estima o valora una cosa. *Compraré esos zapatos tan caros, cuando rebajen su precio.*

pre-cio: Sust. m. Plural: precios. *Sin.* Coste, importe.

precioso: **1.** Excelente, que merece estimación y aprecio. *Su ayuda fue preciosa.* || **2.** De mucho valor o alto precio. *El rubí es una piedra preciosa.* || **3.** Hermoso. *Tienen un niño precioso.*

pre-**cio**-so: Adj. m. / f. Preciosa. Plural: preciosos, preciosas. *Sin.* **1.** Exquisito, primoroso. || **2.** Costoso, preciado. || **3.** Bonito, lindo, bello. *Ant.* **1.** Despreciable, desagradable. || **2.** Insignificante, barato. || **3.** Feo. *Fam.* Preciosidad, preciosura.

postal

poste

postigo

pozo

a b c d e f g h i j k l m n ñ o **p** q r s t u v w x y z

preciso: **1.** Necesario. *Es preciso que vayas a la escuela.* ‖ **2.** Exacto. *El tren llegó en el momento preciso.*

pre-**ci**-so: Adj. m. / f. Precisa. Plural: precisos, precisas. *Sin.* **1.** Indispensable. ‖ **2.** Puntual, fijo. *Ant.* Impreciso. *Fam.* Precisión, precisar, precisamente.

preferir: *Escoger o gustar más una persona o cosa entre varias. *Preferimos jugar al tenis.*

pre-fe-**rir:** V. tr. irregular (Mod. 4: sentir). *Sin.* Elegir, escoger. *Fam.* Preferencia, preferible, preferido.

pregunta: Lo que se dice a alguien para que responda lo que sabe. *Aunque la pregunta era sencilla, no supe contestarla.*

pre-**gun**-ta: Sust. f. Plural: preguntas. *Sin.* Cuestión, demanda, interrogación. *Ant.* Contestación, respuesta. *Fam.* Preguntar.

preguntar: Hacer *preguntas. *Me ha preguntado dónde está la biblioteca.*

pre-gun-**tar:** V. tr. (Mod. 1: amar). *Sin.* Demandar, interrogar. *Ant.* Contestar, responder. *Fam.* Pregunta, preguntón.

premiar: Dar una cosa a alguien por haber hecho algo bien. *El dibujo sobre las aves fue premiado con un viaje.*

pre-**miar:** V. tr. (Mod. 1: amar). *Sin.* Recompensar, galardonar. *Ant.* Castigar, sancionar. *Fam.* Premio.

prensa: **1.** Aparato que sirve para aplastar, comprimir o hacer más pequeño el volumen de algo. *Para obtener el aceite, se meten las aceitunas en la prensa. Los metales se meten en prensas para convertirlos en láminas.* ‖ **2.** Conjunto de los periódicos y las revistas. *La prensa diaria se vende en los quioscos.*

pren-sa: Sust. f. Plural: **1.** Prensas. *Sin.* **1.** Compresora. ‖ **2.** Periódico. *Fam.* **1.** Prensado, prensar.

preocupación: Inquietud que produce algo. *El futuro es su mayor preocupación.*

pre-o-cu-pa-**ción:** Sust. f. Plural: preocupaciones. *Sin.* Desvelo, intranquilidad, desasosiego. *Fam.* Preocupado, preocupar.

preparar: Poner una cosa en orden o a punto, para un fin o un uso. *Mi hermano ha preparado ya las maletas para el viaje.*

pre-pa-**rar:** V. tr. (Mod. 1: amar). *Sin.* Arreglar, disponer. *Ant.* Improvisar. *Fam.* Preparación, preparativo.

PREPOSICIONES					
a	cabe	de	entre	para	sin
ante	con	desde	hacia	por	sobre
bajo	contra	en	hasta	según	tras

preposición: Parte invariable de la oración, que indica la relación que hay entre dos palabras.
pre-po-si-**ción:** Sust. f. Plural: preposiciones. *Fam.* Preposicional.

presenciar: Estar en un lugar cuando ocurre un hecho importante. *Muchos alemanes presenciaron la caída del muro de Berlín.*
pre-sen-**ciar:** V. tr. (Mod. 1: amar). *Sin.* Ser testigo, asistir. *Fam.* Presencia, presente.

presentar: 1. Poner una cosa ante alguien. *Presentó sus grabados a un experto en arte.* ‖ 2. Dar el nombre de una persona a otra que está en el mismo lugar, cuando no se conocen entre sí. *Nos presentó a su amigo en la fiesta.* ‖ 3. **Presentarse:** *Aparecer en un lugar. *Como siempre, se presentará cuando nadie lo espere.*
pre-sen-**tar:** 1 y 2. V. tr. y 3. prnl. (Mod. 1: amar). *Sin.* 1. Enseñar, exponer, mostrar. ‖ 2. Introducir. ‖ 3. Comparecer, acudir. *Fam.* Presentación.

presente: 1. Que está en un sitio. *No estuve presente cuando ocurrió, pero me lo contaron.* ‖ 2. Actual o que sucede en el momento en que se habla. *En el momento presente, no trabajo.* ‖ 3. Tiempo en que estamos. *En el pasado había menos comodidades que en el presente.* ‖ 4. Regalo. *Le llevaron un bonito presente al hospital.*
pre-**sen**-te: 1 y 2. Adj. invariable en género. Plural: presentes. También 1. Sust. m. y f. plural. ‖ 3 y 4. Sust. m. Plural: presentes. *Sin.* 1. Asistente. ‖ 2. Reciente, contemporáneo. ‖ 3. Actualidad. ‖ 4. Obsequio. *Ant.* 1. Ausente. ‖ 3. Pasado, futuro.

presidir: Tener el primer lugar en un acto, reunión, empresa, etc. *El alcalde preside el Ayuntamiento.*
pre-si-**dir:** V. tr. (Mod. 3: partir). *Sin.* Dirigir, mandar, gobernar. *Fam.* Presidente.

a b c d e f g h i j k l m n ñ o p q r s t u v w x y z

prestar: Dejar algo a una persona para que lo use por un tiempo y lo devuelva. *Por fin hemos devuelto al banco el dinero que nos prestó.*

pres-**tar:** V. tr. (Mod. 1: amar). *Sin.* Dejar, anticipar, adelantar. *Ant.* Devolver. *Fam.* Prestamista, préstamo, prestado.

pretender: Intentar lograr algo. *Pretende cruzar el Atlántico en solitario.*

pre-ten-**der:** V. tr. (Mod. 2: tener). *Sin.* Aspirar, procurar, desear, querer. *Ant.* Renunciar, abandonar. *Fam.* Pretendiente, pretensión.

primavera: Una de las cuatro estaciones del año. *En muchos países, en primavera florecen las plantas.*

pri-ma-**ve**-ra: Sust. f. Plural: primaveras. *Fam.* Primaveral.

primero: Se dice del ser vivo o cosa que va delante de todos los demás. *La primera persona que llegó, tuvo que esperar al resto.*

pri-**me**-ro: Adj. m. / f. Primera. Plural: primeros, primeras. Se usa **primer** delante de un sust. m. singular: *Enero es el primer mes del año. Sin.* Adelantado. *Ant.* Último.

principal: *Primero en importancia. *El trabajo principal fue limpiar, lo demás era secundario.*

prin-ci-**pal:** Adj. invariable en género. Plural: principales. *Sin.* Fundamental, esencial. *Ant.* Accesorio, secundario. *Fam.* Principalmente.

principio: **1.** Primera parte de una cosa. *El principio del libro me gustó más que el final.* ‖ **2.** Base u origen de un pensamiento. *¿En qué principio se basa tu teoría?*

prin-**ci**-pio: Sust. m. Plural: principios. *Sin.* **1.** Comienzo, inicio. ‖ **2.** Fundamento. *Ant.* **1.** Final. *Fam.* Principiante, principiar.

prisa: *Rapidez con que pasa o se hace una cosa. *Tenía tanta prisa, que ni se paró a saludarnos.*

pri-sa: Sust. f. Plural: prisas. *Sin.* Presteza, prontitud, apresuramiento. *Ant.* Lentitud, tranquilidad. *Fam.* Deprisa.

privar: **1.** Quitar a alguien una cosa que tenía. *El insomnio es una enfermedad, priva del sueño a quien lo padece.* ‖ **2.** Prohibir. *El médico le privó de varios alimentos.*

pri-**var:** V. tr. (Mod. 1: amar). *Sin.* **1.** Despojar, desposeer, arrebatar. ‖ **2.** Vedar, denegar. *Ant.* **1.** Dar, dotar. ‖ **2.** Permitir, conceder. *Fam.* Privación, privado.

probar: 1. *Examinar las cualidades de personas o cosas. *Ha probado su invento y funciona bien.* || **2.** Dar a conocer la verdad de una cosa con razones, instrumentos o testigos. *Esta factura prueba que pagué la cuenta.* || **3.** Tomar un poco de comida o bebida para conocer o comprobar su sabor. *Prueba la salsa para ver si está sosa. Nunca he probado la comida china.*

pro-**bar:** V. tr. irregular (Mod. 1b: contar). *Sin.* **1.** Experimentar, ensayar. || **2.** Justificar, demostrar. || **3.** Catar, degustar. *Fam.* Probabilidad, probable, probado.

problema: 1. Cuestión o pregunta que se trata de aclarar. *Tengo un problema: no sé si pintar la cocina de amarillo o de salmón.* || **2.** Conjunto de hechos o circunstancias que impiden hacer algo o lo dificultan. *Encontrar vivienda en las grandes ciudades, es un serio problema hoy en día.* || **3.** En Matemáticas, ejercicio que hay que resolver a partir de unos datos. *Hice sin ninguna dificultad todos los problemas del examen.*

pro-**ble**-ma: Sust. m. Plural: problemas. *Sin.* **1.** Enigma, duda, pega. || **2.** Dificultad, obstáculo, inconveniente. *Ant.* **1.** Solución. || **2.** Facilidad. *Fam.* Problemático.

proceder: 1. Modo de portarse o de actuar. *Un mal proceder, no admite disculpa.* || **2.** Tener origen o nacer una cosa de otra. *El vino procede de las uvas.*

pro-ce-**der: 1.** Sust. m. Plural: procederes. || **2.** V. intr. (Mod. 2: temer). *Sin.* **1.** Comportamiento, conducta. || **2.** Provenir, descender. *Fam.* Procedimiento, procedente, procedencia, proceso.

procurar: Hacer lo posible para lograr lo que se desea. *Cuando acabe mis estudios, procuraré conseguir un trabajo.*

pro-cu-**rar:** V. tr. (Mod. 1: amar). *Sin.* Intentar, pretender , tratar, esforzarse.

primate

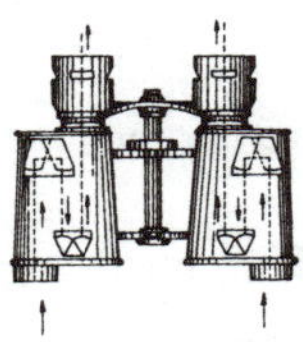

prismáticos

proa
-parte delantera de un barco-

popa
-parte trasera de un barco-

a b c d e f g h i j k l m n ñ o **p** q r s t u v w x y z

producir: 1. Dar vida o fruto. *Este manzano ha producido manzanas por primera vez.* ‖ 2. Ser causa, originar. *La sequía fue producida por la falta de lluvia.* ‖ 3. Fabricar. *En esta fábrica se producen automóviles.*

pro-du-**cir:** V. tr. irregular (Se conjuga como *conducir). *Sin.* 1. Generar. ‖ 2. Causar, ocasionar. ‖ 3. Elaborar, hacer. *Fam.* Producción, producto, productivo.

profesión: Trabajo que tiene una persona. *Mi vecino es carpintero de profesión.*

pro-fe-**sión:** Sust. f. Plural: profesiones. *Sin.* Empleo, oficio, ocupación. *Fam.* Profesional.

profesor: *Maestro. *El profesor explicó una nueva lección de Matemáticas a sus alumnos.*

pro-fe-**sor:** Sust. m. / f. Profesora. Plural: profesores, profesoras. *Sin.* Educador, instructor, monitor. *Fam.* Profesorado, profesoral.

profundo: 1. Que tiene el fondo muy alejado de la superficie o boca. *El pozo es muy profundo, no podemos ver el fondo.* ‖ 2. Muy vivo o intenso. *Tengo un sueño tan profundo que no me despierta el despertador.*

pro-**fun**-do: Adj. m. / f. Profunda. Plural: profundos, profundas. *Sin.* 1. Hondo. ‖ 2. Penetrante. *Ant.* 1. Superficial. ‖ 2. Ligero. *Fam.* Profundidad, profundizar.

progresar: Mejorar una cosa. *La Medicina ha progresado mucho en el último siglo.*

pro-gre-**sar:** V. intr. (Mod. 1: amar). *Sin.* Adelantar, prosperar, evolucionar, perfeccionarse. *Ant.* Retroceder, empeorar, estancarse. *Fam.* Progresión, progreso, progresivamente, progresivo.

prohibir: *Impedir usar o hacer una cosa. *Han prohibido bañarse en esta playa debido a la contaminación.*

pro-hi-**bir:** V. tr. (Mod. 3: partir). *Sin.* Vedar, negar, impedir. *Ant.* Conceder, dejar, permitir, autorizar. *Fam.* Prohibición, prohibido, prohibitivo.

prometer: Obligarse a hacer, decir o dar una cosa. *Lo haré, porque te lo he prometido.*

pro-me-**ter:** V. tr. (Mod. 2: temer). *Sin.* Asegurar, comprometerse, garantizar. *Fam.* Promesa, prometedor, prometido.

pronombre: Parte de la oración que sustituye al sustantivo o lo determina. (Véase cuadro).

pro-**nom**-bre: Sust. m. Plural: pronombres.

CLASIFICACIÓN DE LOS PRONOMBRES

PERSONALES: Sustituyen a nombres de personas.

		1.ª persona	2.ª persona	3.ª persona
Singular	Masculino	yo, me, mi, conmigo	tú, te, ti, contigo	el, le, lo
	Femenino	yo, me, mi, conmigo	tú, te, ti, contigo	ella, la, le
	Neutro			ello, lo, le
Plural	Masculino	nosotros, nos	vosotros, os	ellos, los, les
	Femenino	nosotras, nos	vosotras, os	ellas, las, les

DEMOSTRATIVOS: Indican una idea de lugar.

		Cerca del hablante	Cerca del oyente	Lejos de los dos
Singular	Masculino	este	ese	aquel
	Femenino	esta	esa	aquella
Plural	Masculino	estos	esos	aquellos
	Femenino	estas	esas	aquellas

POSESIVOS: Indican una idea de posesión.

		Un solo poseedor	Varios poseedores
Singular	Masculino	mío - tuyo - suyo	nuestro - vuestro - suyo
	Femenino	mía - tuya - suya	nuestra - vuestra - suya
Plural	Masculino	míos - tuyos - suyos	nuestros - vuestros - suyos
	Femenino	mías - tuyas - suyas	nuestras - vuestras - suyas

INDEFINIDOS: Sustituyen al sustantivo de manera imprecisa.

alguien, nadie, quienquiera, algo, nada, poco, demasiado...

RELATIVOS: Se refieren a un ser del que ya se ha hablado, que se llama antecedente.

que, cual, cuales, quien, quienes, cuyo, cuya, cuyos, cuyas, cuanto, cuanta, cuantos, cuantas

INTERROGATIVOS Y EXCLAMATIVOS: Sustituyen al sustantivo en frases interrogativas y exclamativas.

Son las mismas formas de los pronombres relativos, excepto *cuyo,* y siempre llevan tilde

pronto: 1. Veloz, rápido. *Desearon al enfermo un pronto restablecimiento.* ‖ **2.** En poco tiempo. *Ven pronto, tengo muchísima prisa.*

pron-to: **1.** Adj. m. / f. Pronta. Plural: prontos, prontas. ‖ **2.** Adv. de tiempo. *Sin.* **1.** Acelerado, rápido. ‖ **2.** Prontamente.

propaganda: Acción y efecto de dar a conocer una cosa. *Han hecho mucha propaganda del libro para vender más ejemplares.*

pro-pa-**gan**-da: Sust. f. singular. *Sin.* Publicidad, difusión. *Fam.* Propagandístico, propagar.

propiedad: 1. Dominio que se tiene sobre una cosa. *El parque es propiedad de todos.* ‖ **2.** Cualidad esencial de una persona o cosa. *El imán tiene la propiedad de atraer al hierro y otros metales.*

pro-pie-**dad:** Sust. f. Plural: propiedades. *Sin.* **1.** Pertenencia, posesión. ‖ **2.** Atributo, característica. *Fam.* Propietario, propio, apropiar.

proponer: 1. Explicar una cosa a alguien para que la sepa o para que la siga. *Te propongo ir a ver una película de risa, ¿qué opinas?* ‖ **2. Proponerse:** Decidir hacer o no una cosa. *Me he propuesto hacer ejercicio cada día. Se ha propuesto no volver a verle.*

pro-po-**ner: 1.** V. tr. y **2.** prnl. irregular (Se conjuga como *poner). *Sin.* **1.** Sugerir, plantear, exponer. ‖ **2.** Determinar, pretender, empeñarse, procurar. *Fam.* Proposición, propósito, propuesta.

proseguir: *Seguir. *Prosigue con el trabajo hasta las 10.*

pro-se-**guir:** V. tr. o intr. irregular (Mod. 6: pedir). *Sin.* Avanzar, reanudar.

proteger: Defender a una persona, animal o cosa de un posible peligro. *El tejado de la casa nos protege de la lluvia. Los padres siempre protegen a sus hijos.*

pro-te-**ger:** V. tr. (Mod. 2: temer). Se escribe *j* en vez de *g* seguido de *-a* u *-o: Proteja.* *Sin.* Amparar, preservar, resguardar. *Ant.* Desproteger, desamparar. *Fam.* Protección, protector, protegido.

provincia: Cada una de las divisiones de un país o Estado sujeta a una autoridad administrativa. *Tarapacá es una provincia de Chile.*

pro-**vin**-cia: Sust. f. Plural: provincias. *Fam.* Provincial, provinciano.

próximo: Que está cerca en el espacio o en el tiempo. *La casa está próxima al mar. Está próximo el día de su santo.*

pró-xi-mo: Adj. m. / f. Próxima. Plural: próximos, próximas. *Sin.* Cercano, vecino. *Ant.* Lejano. *Fam.* Proximidad, aproximar, próximamente.

proyectar: 1. Lanzar una cosa de manera que recorra cierta distancia. *Proyectó la flecha e hizo diana.* ‖ **2.** Idear, hacer un plan. *Proyectan construir un puente.* ‖ **3.** Hacer visible una imagen sobre una superficie o pantalla. *Proyectaron la película sobre una pared blanca.*

pro-yec-**tar:** V. tr. (Mod. 1: amar). *Sin.* **1.** Arrojar, impulsar. ‖ **2.** Planear, tramar. *Fam.* Proyección, proyectista, proyecto, proyector.

publicidad: Conjunto de medios usados para dar a conocer una cosa. *Esa canción ha recibido una enorme publicidad en radio y televisión.*

pu-bli-ci-**dad:** Sust. f. singular. *Sin.* Difusión, divulgación, propaganda. *Fam.* Plublicista.

público: 1. Visto o sabido por todo el mundo. *Es inútil que lo niegues, es de dominio público.* ‖ **2.** Que es de todos. *Las playas son públicas.* ‖ **3.** Conjunto de personas que se juntan en un lugar. *El público llenaba el teatro cada noche.*

pú-bli-co: **1** y **2.** Adj. m. / f. Pública. Plural: públicos, públicas. ‖ **3.** Sust. m. Plural: públicos. *Sin.* **1.** Notorio, manifiesto. ‖ **3.** Concurrencia, gente, audiencia. *Ant.* **1.** Secreto, desconocido. ‖ **2.** Privado, particular. *Fam.* Publicación, publicar.

pueblo: 1. Población de menor categoría y tamaño que una ciudad. *Nací en un pequeño pueblo de la montaña.* ‖ **2.** Conjunto de personas de un lugar, región o país. *El pueblo americano está formado por multitud de razas.*

pue-blo: Sust. m. Plural: pueblos. *Sin.* **1.** Villa, aldea. ‖ **2.** Nación, población. *Fam.* Pueblo, pueblerino, popular.

proyector

puchero

puente

puercoespín

a b c d e f g h i j k l m n ñ o **p** q r s t u v w x y z

puerto: 1. Lugar en la costa, abrigado y seguro donde se detienen los barcos para cargar y descargar mercancias, y embarcar y desembarcar pasajeros. *No saldrán los barcos del puerto hasta que cese la marejada.* ‖ **2.** Paso estrecho entre montañas. *El puerto está cerrado debido a la nieve.*

puer-to: Sust. m. Plural: puertos. *Sin.* **1.** Muelle, embarcadero. ‖ **2.** Garganta.

punto: 1. Signo ortográfico (.) que señala el final de una oración e implica una pausa en la lectura. *El texto tenía tan pocos puntos que no entendimos lo que quería decir.* ‖ **2. Punto cardinal:** Cada una de las cuatro direcciones, Norte, Sur, Este y Oeste, en que está dividida la brújula, tomando como referencia el movimiento del Sol, y que nos sirven para orientarnos. *Los puntos cardinales Este y Oeste se determinan por la salida y la puesta del Sol.*

pun-to: Sust. m. Plural: puntos.

puro: Que no tiene mezcla ni imperfección alguna. *Es agua pura, sin contaminar.*

pu-ro: Adj. m. / f. Pura. Plural: puros, puras. *Sin.* Limpio, incontaminado. *Ant.* Impuro, contaminado. *Fam.* Pureza, purificar.

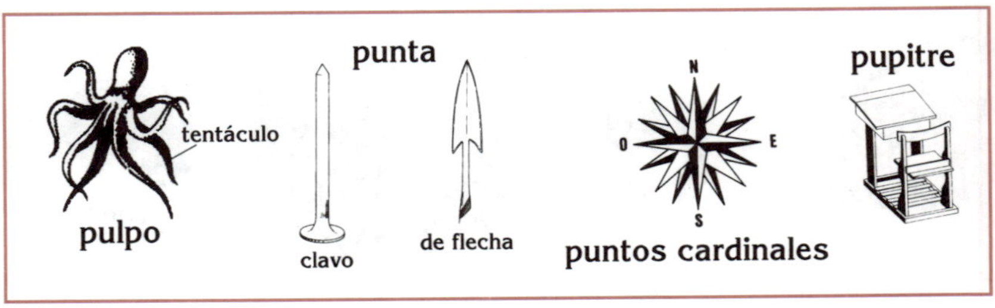

Q q

quebrar: 1. Romper, separar con violencia las partes de un todo. *El huracán quebró muchos árboles.* ‖ **2.** Hundirse una empresa. *El negocio no quebrará mientras tengamos más ingresos.*

que-**brar: 1.** V. tr. y **2.** intr. irregular (Mod. 1a: acertar). *Sin.* **1.** Partir, quebrantar, tronchar, resquebrajar, destrozar. ‖ **2.** Arruinarse. *Ant.* **1.** Unir, fortalecer. *Fam.* Quiebra, quebradizo, quebrado.

quedar: 1. Detenerse o permanecer en un lugar. *Quedó en casa porque llovía.* ‖ **2.** Citarse con alguien. *Quedé con mi madre para comprar los regalos de Navidad.* ‖ **3. Quedarse con:** Retener una cosa propia o de otro. *¿Quieres quedarte tú con los libros?*

que-**dar: 1** y **2.** V. intr. y **3.** prnl. (Mod. 1: amar). Se usa también **quedarse** (prnl.): **1.** *Se quedó con nosotros. Sin.* **1.** Estar. ‖ **2.** Acordar. ‖ **3.** Apropiarse, apoderarse, adquirir. *Ant.* **1.** Irse. ‖ **3.** Devolver. *Fam.* Quedo.

queja: Expresión de dolor, pena o enfado. *A pesar del dolor, no ha hecho una sola queja. Me dieron el cambio equivocado y tuve que hacer una queja.*

que-ja: Sust. f. Plural: quejas. *Sin.* Quejido, lamento, disgusto, protesta. *Fam.* Quejarse, quejoso, quejumbroso.

quemar: 1. Consumir con fuego. *Quemó los periódicos viejos en la hoguera.* ‖ **2. Quemarse:** Sentir dolor por acción del calor intenso. *No te arrimes a la cocina, puedes quemarte.*

que-**mar: 1.** V. tr. y **2.** prnl. (Mod. 1: amar). *Sin.* **1.** Incendiar, arder. ‖ **2.** Abrasarse. *Fam.* Quema, quemadura, quemazón, quemado.

querer: 1. Sentir amor o cariño por algo o alguien. *Quiere mucho a sus hermanos.* ‖ **2.** Tener deseo de poseer algo. *Quiere una bicicleta nueva.* ‖ **3.** Tener el deseo de hacer algo. *Este año quiero aprobar el curso y por eso estoy estudiando mucho.*

que-**rer:** V. tr. irregular (Véase cuadro). *Sin.* **1.** Amar, apreciar, estimar. ‖ **2.** Ambicionar, desear. ‖ **3.** Pretender, anhelar. *Ant.* **1.** Odiar, aborrecer. ‖ **2** y **3.** Conformarse, resignarse, desistir. *Fam.* Querencia, querido.

quieto: 1. Que no se mueve. *Haré la foto cuando se queden quietos.* ‖ **2.** Sosegado, que no molesta. *Parece mentira, pero mi hermano estuvo muy quieto durante las dos horas que esperamos en el médico.*

quie-to: Adj. m. / f. Quieta. Plural: quietos, quietas. *Sin.* **1.** Inmóvil, fijo. ‖ **2.** Pacífico. *Ant.* **1.** Móvil. ‖ **2.** Inquieto. *Fam.* Quietud.

quincena: Período de 15 días seguidos. *La primera quincena de agosto voy a ver a mis abuelos.*

quin-**ce**-na: Sust. f. Plural: quincenas.

quirófano: Sala de un hospital donde los médicos operan a los enfermos. *La operación era muy sencilla y sólo estuvo una hora en el quirófano.*

qui-**ró**-fa-no: Sust. m. Plural: quirófanos.

quitar: 1. Tomar una cosa separándola de otra o de un lugar. *Quité la cáscara a la castaña. Quita los platos de la mesa.* ‖ **2.** Coger algo contra la voluntad de su dueño. *Le quitaron la cartera.*

qui-**tar:** V. tr. (Mod. 1: amar). *Sin.* **1.** Retirar, apartar. ‖ **2.** Birlar, hurtar, robar. *Ant.* **1.** Poner. ‖ **2.** Devolver. *Fam.* Quitamanchas, quitasol.

quena -instrumento musical-

queso -producto de la leche-

quetzal

quinqué

quitasol o sombrilla

CONJUGACIÓN DEL VERBO «QUERER»

Formas personales

MODOS	INDICATIVO	SUBJUNTIVO
TIEMPOS	**SIMPLES**	
Presente	quiero quieres quiere queremos queréis quieren	quiera quieras quiera queramos queráis quieran
Pretérito imperfecto o co-pretérito	quería querías quería queríamos queríais querían	quisiera o quisiese quisieras o quisieses quisiera o quisiese quisiéramos o quisiésemos quisierais o quisieseis quisieran o quisiesen
Pret. perfecto simple o pretérito	quise quisiste quiso quisimos quisisteis quisieron	
Futuro	querré querrás querrá querremos querréis querrán	quisiere quisieres quisiere quisiéremos quisiereis quisieren
Condicional o pos-pretérito	querría querrías querría querríamos querríais querrían	
MODO IMPERATIVO Presente	quiere quered	quiera quieran

Formas no personales

Infinitivo	querer
Gerundio	queriendo
Participio	querido

R r

ración: *Porción de comida. *El granjero dio a las gallinas su ración diaria de pienso.*

ra-**ción:** Sust. f. Plural: raciones. *Sin.* Parte. *Fam.* Racionamiento, racionado, racionar.

raíz: 1. Órgano o parte de las plantas que crece bajo tierra, que sirve para sujetarlas y para que reciban su alimento. *La zanahoria es una planta de raíz comestible.* || 2. Origen o principio de una cosa. *Mi familia tiene sus raíces en África: de allí procede.*

ra-**íz:** Sust. f. Plural: raíces. *Sin.* 2. Base, fundamento. *Fam.* Enraizar.

rapidez: Prisa o celeridad al hacer las cosas. *¡Con qué rapidez hemos comido el pastel! Ven con toda rapidez, es muy importante.*

ra-pi-**dez:** Sust. f. singular. *Sin.* Velocidad, ligereza, prontitud, apresuramiento, aceleración. *Ant.* Lentitud, parsimonia, calma, tardanza. *Fam.* Rápido, rápidamente.

raro: Poco común, poco frecuente. *Es muy raro que en Sevilla nieve en verano.*

ra-ro: Adj. m. / f. Rara. Plural: raros, raras. *Sin.* Extraordinario, extraño, infrecuente, insólito, excepcional. *Ant.* Normal, frecuente. *Fam.* Rareza, raramente.

rabo

radiador
-aparato que da calor-

raíles

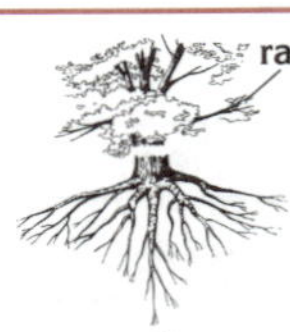

raíz

rana
-batracio-

rato: Espacio corto de tiempo. *Esperamos un rato y nos marchamos.*

ra-to: Sust. m. Plural: ratos. *Sin.* Lapso, instante, momento.

rayo: **1.** Línea de luz producida por un cuerpo luminoso. *Los rayos del Sol calientan la Tierra. La ciencia ha dado un gran paso adelante con el descubrimiento del rayo láser.* ‖ **2.** Chispa eléctrica que se produce cuando hay tormenta. *Los rayos iluminaban el cielo durante la tormenta.*

ra-yo: Sust. m. Plural: rayos.

raza: **1.** Cada uno de los grupos que forman la humanidad y que tienen características físicas diferentes. *Soy mestizo: mi padre es de raza india y mi madre de raza blanca.* ‖ **2.** Grupo de animales o plantas con características y origen comunes. *Le regalaron un gato de raza persa.*

ra-za: Sust. f. Plural: razas. *Sin.* **1.** Etnia. ‖ **2.** Especie, familia. *Fam.* Racial.

razón: **1.** Facultad de pensar y discurrir. *El estudio de la Filosofía estimula la razón.* ‖ **2.** Todo aquello por lo que se hace algo. *No hay razón que justifique la guerra.*

ra-**zón:** Sust. f. Plural: razones. *Sin.* **1.** Entendimiento, inteligencia, juicio, raciocinio. ‖ **2.** Argumento, causa, motivo, móvil. *Ant.* **1.** Sinrazón, incapacidad. *Fam.* Razonable, razonar.

real: **1.** Que existe o ha existido de verdad. *El autor de esta novela mezcla seres reales con personajes de su invención.* ‖ **2.** Relativo al rey o a la realeza. *La corona real se puede ver en el museo, junto con las joyas reales.*

re-**al:** Adj. invariable en género. Plural: reales. *Sin.* **1.** Verdadero, existente, cierto, auténtico, verídico. ‖ **2.** Regio, soberano. *Ant.* **1.** Irreal, imaginario, inexistente, incierto. *Fam.* **1.** Realidad, realizar. ‖ **2.** Realeza.

a b c d e f g h i j k l m n ñ o p q **r** s t u v w x y z

realizar: Llevar a cabo una acción. *Por fin he realizado mi deseo de volar.*

re-a-li-**zar:** V. tr. (Mod. 1: amar). Se escribe *c* en vez de *z* seguido de *-e: Realicé. Sin.* Efectuar, ejecutar, hacer, desarrollar. *Fam.* Realización, realizado.

rebelde: Que no *obedece. *Es muy rebelde, nunca hace lo que le mandan.*

re-**bel**-de: Adj. invariable en género. Plural: rebeldes. *Sin.* Desobediente, indisciplinado. *Ant.* Obediente. *Fam.* Rebeldía, rebelión, rebelarse.

recibir: 1. Tomar una persona lo que le dan o le *envían. *Aún no he recibido el paquete de libros que me enviaste por correo hace una semana.* ‖ **2.** Ir al encuentro de alguien que viene de fuera. *Mis padres y mi hermana pequeña fueron a recibirme a la estación.*

re-ci-**bir:** V. tr. (Mod. 3: partir). *Sin.* **1.** Admitir, aceptar, coger, percibir. ‖ **2.** Esperar. *Ant.* **1.** Rechazar, enviar, entregar, dar. *Fam.* Recepción, recibimiento.

reciente: Acabado de hacer. *No te sientes en esa silla, la pintura está reciente.*

re-**cien**-te: Adj. invariable en género. Plural: recientes. *Sin.* Nuevo, fresco. *Ant.* Pasado, estropeado. *Fam.* Recién, recientemente.

recobrar: *Recuperar. *Los buzos recobraron el viejo tesoro hundido. Se recobró de la operación con rapidez.*

re-co-**brar:** V. tr. (Mod. 1: amar). Sin. Rescatar, curarse.

recoger: 1. Levantar algo que se ha caído. *Recogió las llaves que se le habían caído.* ‖ **2.** Juntar lo que está separado o disperso. *Recoge tus juguetes, es hora de cenar.* ‖ **3.** Coger los frutos. *El mal tiempo nos ha impedido recoger la cosecha.* ‖ **4.** Guardar. *Recoge la ropa en el armario.* ‖ **5.** Ir a buscar a una persona o cosa donde sabemos que se encuentra. *Te recogeré en la estación. Pasé por Correos a recoger un paquete.* ‖ **6. Recogerse:** Irse a casa. *Se recogieron pronto porque tenían que madrugar.*

re-co-**ger:** **1, 2, 3, 4** y **5.** V. tr. y **6.** prnl. (Mod. 2: temer). Se escribe *j* en vez de *g* seguido de *-a* u *-o*: *Recoja. Sin.* **1.** Alzar. ‖ **2.** Reunir, ordenar, amontonar. ‖ **3.** Recolectar, cosechar. ‖ **4.** Colocar. ‖ **6.** Marcharse, retirarse. *Ant.* **1.** Tirar. ‖ **2.** Desordenar, dispersar. ‖ **4.** Sacar. ‖ **6.** Salir, quedarse. *Fam.* Recogida, recogedor.

reconocer: **1.** *Examinar. *El científico reconoció la planta para clasificarla.* ‖ **2.** Darse cuenta de que una persona o cosa es la misma que se cree o se busca. *Reconocí a tu hermano por la foto.* ‖ **3.** Confesar una equivocación, dar la razón a otro. *Tengo que reconocer que lo que dices es cierto.*

re-co-no-**cer:** V. tr. irregular (Mod. 2c: parecer). *Sin.* **1.** Analizar, explorar, observar. ‖ **2.** Identificar, distinguir. ‖ **3.** Aceptar, admitir. *Ant.* **2.** Desconocer. ‖ **3.** Negar, rechazar. *Fam.* Reconocimiento, reconocido.

recordar: **1.** Traer a la memoria una cosa. *Recuerdo que de niño jugábamos en un parque que había al lado de casa.* ‖ **2.** Hacer que alguien tenga presente alguna cosa. *Recuerda que tienes que regar las flores. Recuerda que mi cumpleaños es mañana.*

re-cor-**dar:** V. tr. irregular (Mod. 1b: contar). *Sin.* **1.** Acordarse, rememorar, evocar. *Ant.* **1.** Olvidar. *Fam.* Recordatorio, recuerdo.

recorrer: Atravesar un lugar o espacio o seguir un camino determinado. *Las cigüeñas recorren todos los años el mismo camino en busca de los países cálidos. Hemos recorrido Argentina en coche.*

re-co-**rrer:** V. tr. (Mod. 2: temer). *Sin.* Transitar, rodear, viajar, cruzar. *Fam.* Recorrido.

recortar: Cortar lo que sobra de una cosa. *El peluquero recortó el pelo de mi perro.*

re-cor-**tar:** V. tr. (Mod. 1: amar). *Sin.* Perfilar. *Fam.* Recortable, recortado.

recrear: *Divertir. *Le recrea bastante ver películas del Oeste.*

re-cre-**ar:** V. tr. (Mod. 1: amar). Se usa también **recrearse:** (prnl.): *Los niños se recrean en el patio. Sin.* Alegrar(se), distraer(se), entretener(se), complacer, deleitar(se). *Ant.* Aburrir(se), fastidiar. *Fam.* Recreo, recreativo.

rebaño

rebeco

recipientes

rectángulo

recto: 1. Que no se inclina a un lado ni a otro. *La torre de Pisa no está recta.* ‖ **2.** Se dice de la persona justa. *Los jueces deben ser rectos.*

rec-to: Adj. m. / f. Recta. Plural: rectos, rectas. *Sin.* **1.** Derecho, directo. ‖ **2.** Íntegro, honrado, equitativo, imparcial. *Ant.* **1.** Torcido, curvo, ondulado. ‖ **2.** Injusto, parcial. *Fam.* **1.** Rectilíneo. ‖ **1** y **2.** Rectitud.

recuerdo: 1. Memoria de una cosa pasada. *Guardo un buen recuerdo de aquel día.* ‖ **2.** Regalo. *Te he traído un recuerdo de París.* ‖ **3.** En plural, saludo que una persona envía a alguién a través de otro. *Dale recuerdos a Luis de mi parte.*

re-**cuer**-do: Sust. m. Plural: recuerdos. *Sin.* **1.** Evocación. ‖ **2.** Obsequio, presente. *Ant.* **1.** Olvido. *Fam.* Recordar.

recuperar: 1. Volver a tener algo que se había perdido. *Los buzos recuperaron el viejo tesoro hundido.* ‖ **2. Recuperarse:** Volver a encontrarse bien después de una enfermedad. *Se recuperó de la operación con rapidez.*

re-cu-pe-**rar: 1.** V. tr. y **2.** prnl. (Mod. 1: amar). *Sin.* **1** y **2.** Recobrar(se). ‖ **1.** Rescatar. ‖ **2.** Curarse, reanimarse, mejorarse, restablecerse, reponerse. *Fam.* Recuperación, recuperable, recuperador.

redondo: Que tiene forma de círculo o esfera. *La Tierra es redonda.*

re-**don**-do: Adj. m. / f. Redonda. Plural: redondos, redondas. *Sin.* Circular, esférico. *Fam.* Redondel, redondez, redondeado, redondear.

reducir: Hacer una cosa más pequeña. *Tuve que reducir mi exposición por falta de tiempo.*

re-du-**cir:** V. tr. irregular (Mod. 3b: lucir). *Sin.* Aminorar, disminuir, abreviar. *Ant.* Agrandar, aumentar, ampliar. *Fam.* Reducción, reducido.

referir: 1. Contar algo. *Les referí mi último sueño.* ‖ **2. Referirse:** Decir algo de un ser vivo o cosa. *Se refería a ti cuando dijo que nadie le había ayudado.*

re-fe-**rir: 1.** V. tr. y **2.** prnl. irregular (Mod. 4: sentir). *Sin.* **1.** Narrar, relatar. ‖ **2.** Aludir, citar. *Fam.* Referencia, referente, referido.

refresco: Bebida fría. *En verano se toman muchos refrescos.*

re-**fres**-co: Sust. m. Plural: refrescos. *Fam.* Refrescar.

regalar: Dar algo a una persona como muestra de cariño. *Les regalaron muchas cosas cuando se casaron.*

re-ga-**lar:** V. tr. (Mod. 1: amar). *Sin.* Obsequiar. *Fam.* Regalo.

regar: 1. Echar agua sobre las plantas o sobre un terreno. *Acuérdate de regar las plantas durante mi ausencia. Tiene que regar la huerta a las doce.* ‖ 2. Pasar un río o canal por un sitio determinado. *El Mississippi riega gran parte de Norteamérica.*

re-**gar:** V. tr. irregular (Mod. 1a: acertar). Se escribe *gu* en vez de *g* seguido de *-e: Regué. Sin.* 1. Mojar, irrigar. ‖ 2. Bañar, atravesar. *Fam.* Regadío, reguero, riego.

región: Parte de una nación que tiene características propias, como clima, producción, gobierno, lengua, etc. *En esa región hablan francés. En las regiones montañosas, hay buenos pastos.*

re-**gión:** Sust. f. Plural: regiones. *Sin.* Comarca, territorio, zona. *Fam.* Regionalismo, regional.

regir: *Reinar. *El Parlamento rige los destinos del país.*

re-**gir:** V. tr. irregular (Mod. 6: pedir). Se escribe *j* en vez de *g* seguido de *-a* u *-o*: *Rijo. Sin.* Regentar, administrar, conducir.

regla: 1. Instrumento para trazar líneas rectas y medir. *Utiliza la regla para subrayar lo que consideres más importante.* ‖ 2. Principio en las ciencias o artes. *En este escrito no se han seguido las reglas gramaticales.* ‖ 3. Norma establecida por las personas para poder hacer una cosa. *Dime las reglas del juego, no las conozco.*

re-gla: Sust. f. Plural: reglas. *Sin.* 2. Máxima, precepto, fundamento, ley. ‖ 3. Reglamento, pauta. *Fam.* Regir, reglamento, regular.

regresar: Volver al lugar de donde se salió. *Las golondrinas regresan a este nido cada verano.*

re-gre-**sar:** V. intr. (Mod. 1: amar). *Sin.* Retornar, tornar. *Ant.* Alejarse, marcharse, salir. *Fam.* Regresión, regreso, regresivo.

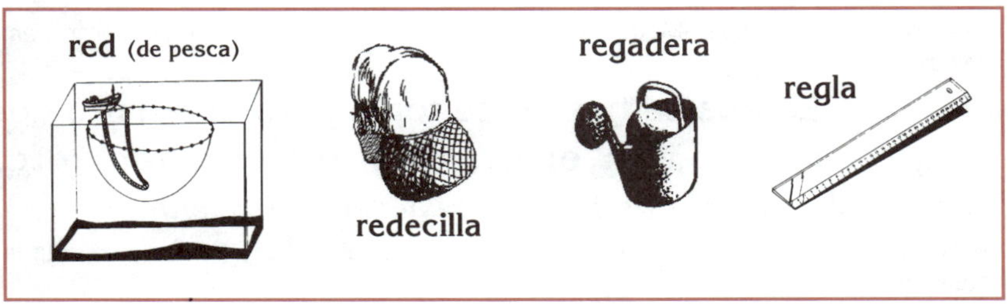

a b c d e f g h i j k l m n ñ o p q **r** s t u v w x y z

regular: **1.** Que sigue la regla. *Hay verbos regulares e irregulares.* ‖ **2.** De tamaño o condición media. *La cosecha ha sido regular, ni buena ni mala.* ‖ **3.** Poner en orden una cosa. *Los semáforos regulan el tráfico.*

re-gu-**lar:** 1 y 2. Adj. invariable en género. Plural: regulares. ‖ 3. V. tr. (Mod. 1: amar). *Sin.* 1. Reglamentado, normativizado. ‖ 2. Medio, mediano, moderado. ‖ 3. Ajustar, reglar. *Ant.* 1. Irregular. ‖ 2. Excepcional. *Fam.* Regulación, regulado, regularmente.

reinar: Gobernar o mandar. *En la monarquía reina una reina o un rey; en la república, gobierna un presidente.*

rei-**nar:** V. tr. (Mod. 1: amar). *Sin.* Regir, ordenar. *Fam.* Reinado, reina, reino, rey.

reír: Mostrar alegría con sonidos y gestos. *El payaso hizo reír a los niños.*

re-**ír:** V. intr. irregular (Mod. 7: reír). *Sin.* Carcajearse, desternillarse. *Ant.* Llorar. *Fam.* Risa, sonreír.

relación: **1.** Correspondencia, enlace de una cosa con otra. *La escarcha está en relación con el frío.* ‖ **2.** Trato, comunicación de una persona con otra. *Mi relación con mis compañeros es inmejorable.*

re-la-**ción:** Sust. f. Plural: relaciones. *Sin.* 1. Conexión, unión, vínculo, nexo. ‖ 2. Contacto. *Ant.* 1. Desconexión, desunión, independencia. ‖ 2. Enemistad. *Fam.* Relacionado, relativo, relacionar.

religión: Conjunto de creencias sobre lo divino y lo sagrado. *En el mundo hay muchas religiones: católica, protestante, budista, mahometana, etc.*

re-li-**gión:** Sust. f. Plural: religiones. *Sin.* Confesión, creencia, doctrina. *Fam.* Religioso.

rellenar: Llenar con algo el interior de una cosa. *Rellené los pimientos con carne.*

re-lle-**nar:** V. tr. (Mod. 1: amar). *Sin.* Ocupar. *Fam.* Relleno.

relucir: Despedir luz. *La medalla relucía con el sol.*

re-lu-**cir:** V. intr. irregular (Mod. 3b: lucir). *Sin.* Resplandecer, relumbrar, brillar. *Fam.* Reluciente.

remedio: Lo que se hace o se toma para arreglar o corregir un daño, un error, una enfermedad, etc. *Cambiando las cañerías, pondrás remedio a las goteras.*

re-**me**-dio: Sust. m. Plural: remedios. *Sin.* Medio, solución. *Fam.* Remediable, irremediable, remediar.

rendir: **1.** Causar cansancio o fatiga. *Tanto trabajo me rindió.* ‖ **2.** Dar fruto o utilidad. *Pedro rinde mucho en el trabajo.* ‖ **3.** **Rendirse:** Entregarse. *Los ladrones se rindieron a la policía.*

ren-**dir:** **1.** V. tr., **2.** intr. y **3.** prnl. irregular (Mod. 6: pedir). *Sin.* **1.** Cansar, agotar, fatigar. ‖ **2.** Producir, rentar. ‖ **3.** Ceder, claudicar, capitular, doblegarse. *Ant.* **1.** Resistir, soportar, aguantar. ‖ **2.** Defenderse, afrontar. *Fam.* **1** y **3.** Rendición, rendido. ‖ **2.** Rendimiento.

renunciar: **1.** *Ceder por voluntad propia. *Renunció a su trabajo para poder estudiar.* ‖ **2.** No querer admitir o aceptar una cosa. *Ha renunciado a presidir la cena.*

re-nun-**ciar:** V. intr. (Mod. 1: amar). *Sin.* **1.** Abandonar, dimitir, desistir. ‖ **2.** Rechazar, rehusar. *Ant.* Aceptar, admitir. *Fam.* Renuncia, renunciación.

reñir: **1.** *Discutir. *Mis hermanos riñen constantemente.* ‖ **2.** Llamar la atención a alguien, reprenderlo. *El maestro me ha reñido por hablar en clase.*

re-**ñir:** **1.** V. intr. y **2.** tr. irregular (Mod. 8: ceñir). *Sin.* **1.** Disputar, pelear. ‖ **2.** Regañar, reprender. *Ant.* **1.** Reconciliarse. *Fam.* Riña, reñido.

repartir: Hacer partes de una cosa y dárselas a varios. *Reparte la tarta entre todos los presentes.*

re-par-**tir:** V. tr. (Mod. 3: partir). *Sin.* Distribuir, asignar, adjudicar. *Ant.* Reunir, agrupar. *Fam.* Repartidor, reparto.

repetir: Volver a decir o hacer algo que ya se había dicho o hecho. *El cantante repitió la última canción.*

re-pe-**tir:** V. tr. irregular (Mod. 6: pedir). *Sin.* Reincidir, reiterar, rehacer. *Fam.* Repetición, repetido, repetidamente.

reposo: Quietud o tranquilidad. *El reposo después de comer me viene bien.*

re-**po**-so: Sust. m. Plural: reposos. *Sin.* Descanso, relajamiento. *Ant.* Intranquilidad, actividad. *Fam.* Reposado, reposar.

reja

relámpago

remos

renacuajo
-cría de rana-

reno

representar: **1.** Hacer presente una cosa con palabras o figuras. *Este retrato representa a un antepasado nuestro.* ‖ **2.** Hacer una obra de teatro o un *papel en una película, obra o espectáculo. *Esta compañía de teatro siempre representa obras clásicas.* ‖ **3.** *Sustituir, ir o estar en el sitio de alguien. *El subdirector representa al director cuando éste está de viaje.* ‖ **4.** Ser imagen o símbolo de una cosa. *La bandera representa la patria.*

re-pre-sen-**tar:** V. tr. (Mod. 1: amar). *Sin.* **1.** Simbolizar, semejar, imitar, reproducir, personificar. ‖ **2.** Actuar, protagonizar, interpretar. ‖ **3.** Sustituir, reemplazar, relevar. ‖ **4.** Simbolizar, materializar. *Fam.* Representación, representante, representado.

reproducir: **1.** Volver a producir. *Reproducir ese modelo de coche ha sido una buena idea.* ‖ **2.** Sacar copias de un original. *El maquetista reproduce edificios en miniatura.* ‖ **3. Reproducirse:** Producir los seres vivos otros de su misma especie. *Los conejos se reproducen rápidamente.*

re-pro-du-**cir:** **1** y **2.** V. tr. y **3.** prnl. irregular (Se conjuga como *conducir). Se usa también **reproducirse** (prnl.): **1.** *El brote de gripe se reprodujo en toda la ciudad.* *Sin.* **1.** Reaparecer, repetir. ‖ **2.** Imitar, copiar. ‖ **3.** Procrear, perpetuar, engendrar, multiplicarse. *Ant.* **2.** Inventar, crear. *Fam.* Reproducción, reproductor.

república: Forma de gobierno en que el pueblo elige a sus gobernantes cada cierto tiempo y cuyo jefe es el presidente. *Francia es una república.*

re-**pú**-bli-ca: Sust. f. Plural: repúblicas. *Fam.* Republicano.

resbalar: Deslizarse sobre una superficie. *La lluvia resbala en los cristales.*

res-ba-**lar:** V. intr. (Mod. 1: amar). *Sin.* Deslizar, patinar, escurrir. *Ant.* Mantener. *Fam.* Resbalón, resbaladizo.

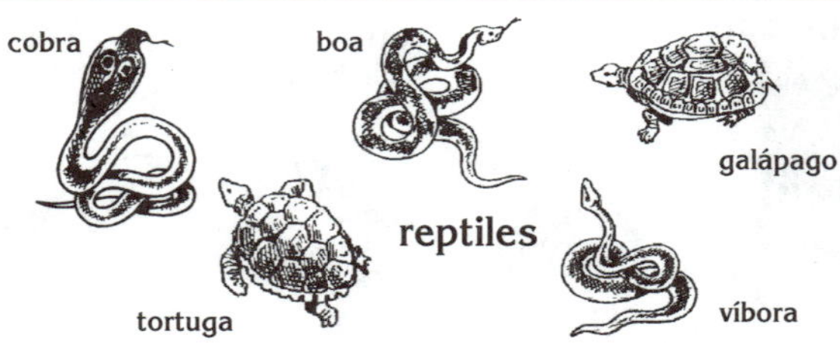

reptiles

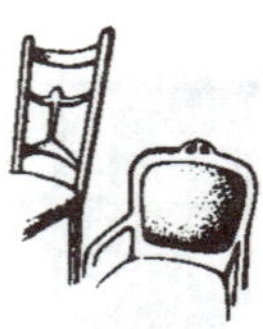
respaldo

rescatar: 1. Recuperar, mediante un pago o por la fuerza, personas o cosas que otro ha tomado. *La policía rescató a la niña secuestrada.* ‖ **2.** Liberar de un daño, peligro o molestia. *La rescataron de las llamas sin sufrir daño alguno.*

res-ca-**tar:** V. tr. (Mod. 1: amar). *Sin.* **1.** Recobrar, liberar. ‖ **2.** Salvar, recuperar. *Fam.* Rescate, rescatado.

resguardar: 1. *Defender o proteger. *Los paraguas resguardan a la gente de la lluvia.* ‖ **2. Resguardarse:** Defenderse de un daño. *Los conejos siempre se resguardan del zorro.*

res-guar-**dar:** **1.** V. tr. y **2.** prnl. (Mod. 1: amar). *Sin.* **1.** Cuidar, proteger, preservar, amparar. ‖ **2.** Precaverse. *Ant.* **1.** Exponer, desproteger. ‖ **2.** Confiarse, descuidarse. *Fam.* Resguardo, resguardado.

residencia: 1. Lugar donde se vive. *El médico ha fijado su residencia en el pueblo donde trabaja.* ‖ **2.** Edificio donde se vive, en especial si es lujoso. *La residencia del ministro está en la calle principal.* ‖ **3.** Lugar donde viven varias personas que tienen una ocupación, edad, etc. comunes. *Mi hermana vive durante el curso en una residencia de estudiantes.*

re-si-**den**-cia: Sust. f. Plural: residencias. *Sin.* **1** y **2.** Domicilio. ‖ **2.** Morada, vivienda, mansión. *Fam.* Residente, residir.

resistir: 1. Aguantar o soportar una fuerza, un sufrimiento. *El muro de la presa no resistió la presión del agua y se abrió. Para poder resistir la pena se fue a vivir con su familia.* ‖ **2.** Durar una cosa. *Esta lavadora es muy vieja, pero todavía resiste.* ‖ **3. Resistirse:** Oponerse con fuerza a hacer algo. *Se resiste a ir al colegio.*

re-sis-**tir:** **1** y **2.** V. tr. o intr. y **3.** prnl. (Mod. 3: partir). *Sin.* **1** y **2.** Aguantar. ‖ **1.** Sostener. ‖ **3.** Rebelarse. *Ant.* **1.** Ceder. **3.** Someterse, rendirse. *Fam.* Resistencia, resistente.

resolver: 1. Tomar una decisión. *He resuelto escalar el Himalaya este año.* ‖ **2.** Dar solución a un problema, duda o dificultad. *El nuevo pozo ha resuelto el problema del agua.*

re-sol-**ver:** V. tr. irregular (Mod. 2b: mover). Participio irregular: **resuelto.** *Sin.* **1.** Decidir, determinar, optar. ‖ **2.** Solucionar, averiguar, descifrar, aclarar. *Ant.* **1.** Vacilar, dudar. *Fam.* Resolución, resuelto.

respetar: 1. Obedecer. *Hay que respetar las leyes.* ‖ **2.** Tolerar, tratar con respeto. *Respetamos su costumbre, aunque no nos gusta. Hay que respetar a los ancianos.*

res-pe-**tar:** V. tr. (Mod. 1: amar). 1. Acatar, cumplir. ‖ 2. Aceptar, honrar. *Ant.* 1. Desobedecer. ‖ 2. Burlarse, insultar. *Fam.* Respeto, respetable, respetuoso.

respirar: Absorber y expulsar el aire. *Al respirar se hinchan los pulmones.*

res-pi-**rar:** V. intr. (Mod. 1: amar). *Fam.* Respiración, respiro, respiratorio.

resplandecer: *Brillar. *Los relámpagos resplandecían en el cielo con gran intensidad.*

res-plan-de-**cer:** V. intr. irregular (Mod. 2c: parecer). *Sin.* Alumbrar, brillar, lucir, relumbrar. *Ant.* Oscurecer, apagarse. *Fam.* Resplandor, resplandeciente.

responder: *Contestar una pregunta, llamada, carta, etc. *He decidido dejar de escribirle porque nunca responde a mis cartas. Respondió a mi pregunta con un sí.*

res-pon-**der:** V. tr. (Mod. 2: temer). *Sin.* Replicar. *Fam.* Respuesta.

responsabilidad: 1. Compromiso que tiene una persona con ella misma de hacer algo. *Tengo la responsabilidad de alimentar a mi perro.* ‖ **2.** Obligación de asumir las consecuencias de una decisión o acto. *Él tiene la responsabilidad de acabar el trabajo en marzo.*

res-pon-sa-bi-li-**dad:** Sust. f. Plural: responsabilidades. *Sin.* Compromiso, deber. *Ant.* Irresponsabilidad. *Fam.* Responsable, irresponsable.

resto: 1. Parte que queda de un todo. *Gastó la mitad del dinero y guardó el resto.* ‖ **2.** En plural, desperdicios, sobras. *Recoge los restos de comida de los platos.*

res-to: Sust. m. Plural: restos. *Sin.* 1. Sobrante, diferencia, restante. ‖ 2. Residuos. *Ant.* 1. Totalidad. *Fam.* Restar.

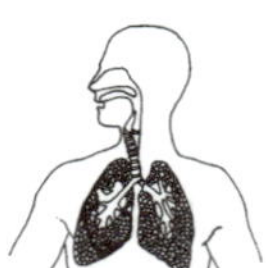
respiratorio (aparato)

retama

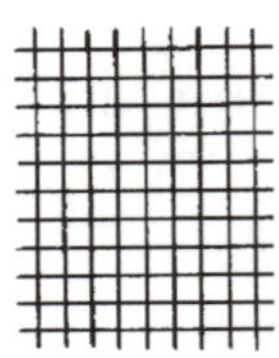
retícula

retrato

resultado: Consecuencia o efecto de un hecho, operación, investigación, competición, etc. *A los pocos días de los análisis, supimos el resultado. El resultado de su investigación fue el descubrimiento de una nueva vacuna.*

re-sul-**ta**-do: Sust. m. Plural: resultados. *Sin.* Desenlace, fruto. *Ant.* Causa, antecedente. *Fam.* Resultante, resultar.

resumir: Hacer más breve un escrito o exposición, dejando lo más importante. *Tengo que resumir este libro en 100 palabras.*

re-su-**mir:** V. tr. (Mod. 3: partir). *Sin.* Abreviar, sintetizar, concretar, reducir. *Ant.* Ampliar, extenderse, detallar. *Fam.* Resumen, resumido.

retirar: 1. Quitar o separar a alguien o algo de un lugar. *Retira la escalera si no la necesitas.* ‖ **Retirarse:** 2. Dejar de trabajar por razón de edad. *Se retiró a los 65 años.* ‖ 3. Irse a dormir o irse a casa. *Su amigo se retiró de la fiesta antes de que terminara.*

re-ti-**rar:** 1. V. tr. y 2 y 3. prnl. (Mod. 1: amar). *Sin.* 1. Apartar, alejar. ‖ 2. Jubilarse. ‖ 3. Marchar, recogerse, acostarse. *Ant.* 1. Acercar, aproximar. *Fam.* Retirada, retiro.

retroceder: Volver hacia atrás. *Retrocede que me he olvidado de comprar el pan.*

re-tro-ce-**der:** V. intr. (Mod. 2: temer). *Sin.* Regresar, retornar, desandar. *Ant.* Avanzar, progresar. *Fam.* Retroceso.

reunir: *Juntar varios seres vivos o cosas. *Reuní a mis amigos en mi casa.*

reu-**nir:** V. tr. (Mod. 3: partir). *Sin.* Congregar, agrupar, convocar, amontonar. *Ant.* Separar, dispersar. *Fam.* Reunión, reunido.

revelar: Decir a alguien un secreto o algo que no sabe. *Nunca me ha revelado la edad que tiene.*

re-ve-**lar:** V. tr. (Mod. 1: amar). *Sin.* Descubrir, declarar, manifestar, confesar. *Ant.* Ocultar, callar. *Fam.* Revelación, revelado.

revisar: Analizar con atención una cosa, generalmente para comprobar si está bien. *El mecánico revisó nuestro automóvil.*

re-vi-**sar:** V. tr. (Mod. 1: amar). *Sin.* Examinar, inspeccionar, repasar, ver. *Fam.* Revisión, revista, revisado.

revolver: 1. Mover una cosa de un lado a otro, dándole vueltas. *Revuelve la sopa para que se enfríe.* ‖ **2.** Cambiar el orden de las cosas. *Revolvió el cajón para buscar un pañuelo.*

re-vol-**ver:** V. tr. irregular (Mod. 2b: mover). Participio irregular: **revuelto.** *Sin.* **1.** Remover, agitar. ‖ **2.** Desordenar. *Ant.* **2.** Ordenar, arreglar. *Fam.* Revolución, revoltoso.

rezar: Dirigirse a Dios, la Virgen o los Santos con una oración. *Mi madre va frecuentemente a rezar a la iglesia.*

re-**zar:** V. tr. o intr. (Mod. 1: amar). Se escribe *c* en vez de *z* seguido de *-e: Rece. Sin.* Orar, rogar. *Fam.* Rezo, rezador.

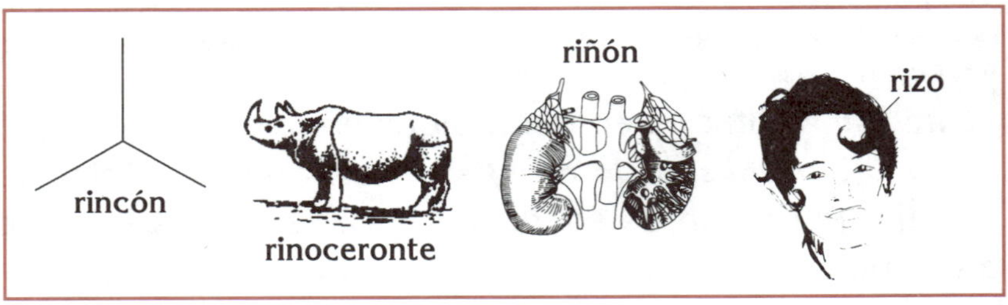

rico: 1. Que tiene mucho dinero o bienes. *Su padre es rico.* ‖ **2.** Que tiene muy buen sabor. *El asado me supo muy rico.* ‖ **3.** Que tiene algo en abundancia. *Esta mina es rica en carbón.*

ri-co: Adj. m. / f. Rica. Plural: ricos, ricas. *Sin.* **1.** Acaudalado, adinerado. ‖ **2.** Apetitoso, sabroso, bueno, exquisito. ‖ **3.** Abundante, copioso, fértil. *Ant.* **1** y **3.** Pobre. ‖ **1.** Necesitado. ‖ **2.** Desagradable, insípido. ‖ **3.** Escaso, parco. *Fam.* Riqueza, enriquecer.

riesgo: Posibilidad de peligro. *Subir allí era un gran riesgo.*

ries-go: Sust. m. Plural: riesgos. *Sin.* Amenaza, inseguridad. *Ant.* Seguridad. *Fam.* Arriesgado, arriesgar.

robar: Quitar a alguien algo que es suyo. *El ladrón me robó la cartera sin que me diera cuenta.*

ro-**bar:** V. tr. (Mod. 1: amar). *Sin.* Hurtar, sustraer, usurpar. *Ant.* Devolver, entregar. *Fam.* Robo, robado.

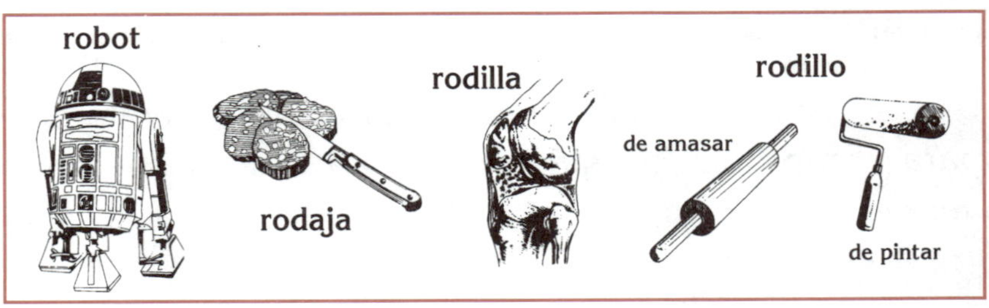

rodar: Dar vueltas. *La piedra rodó montaña abajo.*

ro-**dar:** V. intr. irregular (Mod. 1b: contar). *Sin.* Girar. *Fam.* Rodada, rueda, rodado.

rodear: **1.** Estar o poner una persona o cosa alrededor de otra. *Un bonito jardín rodeaba la casa. Mi padre me rodeó con sus brazos.* ‖ **2.** Ir por un camino más largo que el normal. *Rodearon por el bosque, en lugar de seguir el camino.*

ro-de-**ar:** **1.** V. tr. y **2.** intr. (Mod. 1: amar). *Sin.* **1.** Ceñir, envolver, acabar, limitar. ‖ **2.** Desviarse. *Ant.* **2.** Atajar, acortar. *Fam.* Rodeo, rodeado.

rogar: Pedir por favor una cosa. *Te ruego que vengas aquí.*

ro-**gar:** V. tr. irregular (Mod. 1b: contar). Se escribe *gu* en vez de *g* seguido de *-e: Ruegue. Sin.* Suplicar, implorar, solicitar. *Ant.* Conceder, dar. *Fam.* Rogativa, ruego.

rojo: Del color de la sangre, del rubí, del tomate, etc. *Compra un bolígrafo rojo.*

ro-jo: Adj. m. / f. Roja. Plural: rojos, rojas. También sust. m. Plural: rojos. *Sin.* Colorado, encarnado. *Fam.* Rojizo.

romper: Hacer pedazos una cosa, con más o menos violencia. *El fuerte viento ha roto la vela del barco.*

rom-**per:** V. tr. (Mod. 2: temer). Participio irregular: **roto.** *Sin.* Quebrar, partir, rajar, fragmentar, fraccionar. *Ant.* Componer, pegar, reparar, juntar. *Fam.* Roto, rotura, ruptura.

rozar: Pasar una cosa o persona muy cerca de otra tocándola un poco. *Las gaviotas vuelan rozando el agua.*

ro-**zar:** V. tr. (Mod. 1: amar). Se escribe *c* en vez de *z* seguido de *-e: Rocé. Sin.* Acariciar. *Fam.* Roce, rozadura.

ruido: **1.** Sonido confuso, más o menos intenso que no agrada. *El ruido de la moto me molesta.* ‖ **2.** Griterío producido por un conjunto de personas. *Procurad no hacer ruido que estoy hablando por teléfono.*

ru-**i**-do: Sust. m. Plural: ruidos. *Sin.* **1.** Estruendo, estrépito. ‖ **2.** Alboroto, bullicio, escándalo, jaleo. *Ant.* Silencio. *Fam.* Ruidoso.

S s

sábado: Día de la semana que está entre el viernes y el domingo. *Sábado, en lengua hebrea* sabbat, *significa «descanso», y es el séptimo y último día de la semana.*

sá-ba-do: Sust. m. Plural: sábados. *Fam.* Sabático.

saber: 1. Dominio o conocimiento profundo de una ciencia, arte, etc. *Por medio de la lectura, ha adquirido un amplio saber.* ‖ **2.** Averiguar y entender una cosa o tener noticia de ella. *No sé dónde vives.* ‖ **3.** Tener una cosa sabor. *La sopa sabía a pescado.* ‖ **4.** Tener habilidad para una cosa. *Él sabe bailar rock.*

sa-**ber:** **1.** Sust. m. Plural: saberes. ‖ **2** y **4.** V. tr. y **3.** intr. irregular (Véase cuadro). *Sin.* **1.** Conocimiento, ciencia. ‖ **2.** Conocer, dominar, enterarse. ‖ **4.** Poder, ser capaz. *Ant.* **1.** Ignorancia. ‖ **2.** Ignorar, desconocer. ‖ **4.** Ser incapaz. *Fam.* **1** y **2.** Sabiduría, sabio, sabedor. ‖ **4.** Sabor, sabroso.

sabor: Sensación o efecto que la bebida y la comida dejan en el sentido del gusto. *Esta naranja tiene un sabor demasiado ácido para mi gusto.*

sa-**bor:** Sust. m. Plural: sabores. *Sin.* Gusto. *Fam.* Saber, saborear.

CONJUGACIÓN DEL VERBO «SABER»

Formas personales

MODOS	INDICATIVO	SUBJUNTIVO
TIEMPOS	**SIMPLES**	
Presente	sé sabes sabe sabemos sabéis saben	sepa sepas sepa sepamos sepáis sepan
Pretérito imperfecto o co-pretérito	sabía sabías sabía sabíamos sabíais sabían	supiera o supiese supieras o supieses supiera o supiese supiéramos o supiésemos supierais o supieseis supieran o supiesen
Pret. perfecto simple o pretérito	supe supiste supo supimos supisteis supieron	
Futuro	sabré sabrás sabrá sabremos sabréis sabrán	supiere supieres supiere supiéremos supiereis supieren
Condicional o pos-pretérito	sabría sabrías sabría sabríamos sabríais sabrían	
MODO IMPERATIVO Presente	sabe sabed	sepa sepan

Formas no personales

Infinitivo	saber
Gerundio	sabiendo
Participio	sabido

sacar: **1.** Poner una cosa fuera del lugar donde estaba. *Saca el abrigo del armario.* ‖ **2.** Resolver un problema. *Sacó la solución del acertijo.* ‖ **3.** Conseguir algo. *Sacó todas las asignaturas.* ‖ **4.** Aventajar. *Le saca dos años a su hermano el menor.*

sa-**car:** V. tr. (Mod. 1: amar). Se escribe *qu* en vez de *c* seguido de *-e: Saquemos. Sin.* **1.** Extraer, separar, retirar. ‖ **2.** Averiguar, solucionar, deducir, descubrir. ‖ **3.** Alcanzar, obtener, lograr. ‖ **4.** Exceder, superar. *Ant.* **1.** Introducir, meter. ‖ **2.** Ignorar. ‖ **3.** Fracasar, perder. ‖ **4.** Retrasar. *Fam.* Sacada, sacado.

sacrificio: Cosa difícil que se hace para conseguir algo, para superarse, por amor a alguien, etc. *En el pasado hicieron muchos sacrificios para sacar adelante a sus hijos. Para conseguir llegar a las Olimpiadas, un deportista debe hacer muchos sacrificios.*

sa-cri-**fi**-cio: Sust. m. Plural: sacrificios. *Sin.* Privación, renuncia. *Fam.* Sacrificar.

sagrado: Dedicado a Dios. *El templo es un lugar sagrado. Tiene varios libros de Historia Sagrada.*

sa-**gra**-do: Adj. m. / f. Sagrada. Plural: sagrados, sagradas. *Sin.* Sacro, divino, santo, bendito. *Ant.* Profano. *Fam.* Sagrario.

sal: Sustancia en polvo de color blanco que da sabor salado a los alimentos. *La sal se saca principalmente del agua de mar.*

sal: Sust. f. Plural: sales. *Fam.* Salero, salina.

sala: Habitación principal y más grande de la casa, donde la familia pasa la mayor parte del tiempo. *Recibimos a las visitas en la sala. Se pasó toda la tarde en la sala viendo la televisión.*

sa-la: Sust. f. Plural: salas. *Sin.* Cuarto de estar, estancia. *Fam.* Salón.

a b c d e f g h i j k l m n ñ o p q r **s** t u v w x y z

salir: 1. Pasar de dentro a fuera. *Los niños salieron al jardín.* ‖ 2. Irse de un sitio a otro. *Al amanecer saldremos al campo.* ‖ 3. Librarse de un mal o peligro. *Al fin ha salido del apuro.* ‖ 4. Empezar a manifestarse algo. *El Sol sale por el este. Cuando tomo el sol me salen pecas.*

sa-**lir:** V. intr. irregular (Véase cuadro). *Sin.* 1. Irse, retirarse. ‖ 2. Marchar, partir. ‖ 3. Liberarse, quitarse, desembarazarse, evadirse. ‖ 4. Surgir, brotar, aparecer. *Ant.* 1. Entrar. ‖ 2. Quedarse. ‖ 4. Ocultarse, quitarse. *Fam.* Salida, saliente.

salsa: Mezcla líquida de varias cosas que se añade a las comidas para darles sabor. *Hay salsa mayonesa, salsa rosada, salsa tártara, salsa verde...*

sal-sa: Sust. f. Plural: salsas. *Sin.* Caldo, jugo. *Fam.* Salsera.

saltar: 1. Levantarse del suelo con impulso para caer en el mismo sitio , en otro diferente, cruzar una distancia o bajar a una altura inferior. *Me gusta saltar a la comba. Salta para no caerte en el hoyo. El corredor salta obstáculos.* ‖ 2. Pasar de una cosa a otra sin seguir el orden. *Al pasar lista, se saltó mi nombre sin leerlo.*

sal-**tar:** 1. V. tr. o intr. y 2. tr. y prnl. (Mod. 1: amar). *Sin.* 1. Botar, brincar. ‖ 2. Omitir, pasar, olvidar, excluir. *Fam.* Saltador, salto.

salud: Estado en el que el cuerpo de un ser vivo funciona correctamente y no tiene enfermedades. *Tiene buena salud, nunca ha estado enfermo.*

sa-**lud:** Sust. f. singular. *Sin.* Vitalidad, bienestar. *Ant.* Enfermedad, debilidad. *Fam.* Saludable.

saludar: Decir o hacer por educación palabras o gestos al encontrarse o despedirse las personas. *Saludó al amigo dándole la mano, y le preguntó por su familia.*

sa-lu-**dar:** V. tr. (Mod. 1: amar). Se usa también **saludarse** (prnl.): *Nos saludamos con un abrazo. Fam.* Saludo.

sangre: Líquido que circula por las venas y arterias del cuerpo de los animales vertebrados. *Sale sangre de la herida, hay que curarla.*

san-gre: Sust. f. singular. *Fam.* Sangría, sangrado, sangrar, desangrar.

CONJUGACIÓN DEL VERBO «SALIR»

Formas personales

MODOS	INDICATIVO	SUBJUNTIVO
TIEMPOS	**SIMPLES**	
Presente	salgo sales sale salimos salís salen	salga salgas salga salgamos salgáis salgan
Pretérito imperfecto o co-pretérito	salía salías salía salíamos salíais salían	saliera o saliese salieras o salieses saliera o saliese saliéramos o saliésemos salierais o salieseis salieran o saliesen
Pret. perfecto simple o pretérito	salí saliste salió salimos salisteis salieron	
Futuro	saldré saldrás saldrá saldremos saldréis saldrán	saliere salieres saliere saliéremos saliereis salieren
Condicional o pos-pretérito	saldría saldrías saldría saldríamos saldríais saldrían	
MODO IMPERATIVO Presente	sal salid	salga salgan

Formas no personales

Infinitivo	salir
Gerundio	saliendo
Participio	salido

sano: 1. Que tiene buena salud. *Es un niño muy sano y alegre.* ‖ **2.** Que es bueno para la salud. *Es sano respirar aire puro, por eso siempre que puede va a la montaña.* ‖ **3.** Hablando de vegetales, que no está estropeado, sin daño. *Te he traído unas manzanas muy sanas. A pesar del duro invierno, el árbol está sano.*

sa-no: Adj. m. / f. Sana. Plural: sanos, sanas. *Sin.* **1** y **2.** Saludable. ‖ **1.** Lozano. ‖ **2.** Salubre. ‖ **3.** Fresco, fuerte, robusto. *Ant.* **1.** Enfermo. ‖ **2.** Insano, nocivo. ‖ **3.** Podrido, estropeado, débil. *Fam.* Sanidad, sanitario, sanar.

satisfacer: 1. Pagar todo lo que se debe. *Nunca satisface sus deudas, es muy mal pagador.* ‖ **2.** Comer o beber hasta hartarse. *He satisfecho mi apetito.* ‖ **3.** Cumplir plenamente un deseo, una aspiración, etc. *He satisfecho mi deseo de ser arquitecto.*

sa-tis-fa-**cer:** V. tr. irregular (Se conjuga como *hacer). *Sin.* **1.** Abonar, saldar. ‖ **2.** Hartar, saciar. ‖ **3.** Conseguir, colmar. *Ant.* **1.** Adeudar, deber. ‖ **3.** Frustrar, incumplir. *Fam.* Satisfacción, satisfactorio, satisfecho.

secar: Quitar el agua o la humedad de un cuerpo mojado. *El Sol y el aire secan la ropa.*

se-**car:** V. tr. (Mod. 1: amar). Se escribe *qu* en vez de *c* seguido de *-e: Sequé. Sin.* Enjugar, desumedecer, desecar. *Ant.* Mojar, humedecer. *Fam.* Secado, secador, sequía, seco.

secretario: Persona que en reuniones, oficinas, etc., se encarga de escribir cartas, redactar informes, enviar correspondencia, ordenar documentos, etc. *El secretario redactó el acta de la reunión.*

se-cre-**ta**-rio: Sust. m. / f. Secretaria. Plural: secretarios, secretarias. *Fam.* Secretaría, secretariado.

sapo
-batracio-

sartén

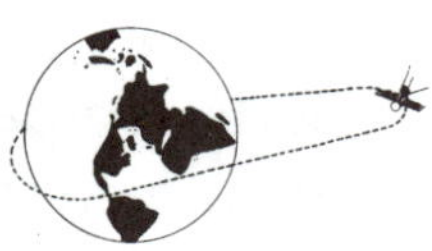

satélite
-gira alrededor de un planeta-

saxofón
-instrumento musical-

a b c d e f g h i j k l m n ñ o p q r **s** t u v w x y z

secreto: 1. Lo que se tiene reservado y oculto o lo que es desconocido. *Nunca ha revelado el secreto de su pasado. Los científicos investigan sobre los secretos del Universo.* ‖ **2.** Que está separado de la vista o del conocimiento de los demás. *Guarda su dinero en un lugar secreto.*

se-**cre**-to: 1. Sust. m. Plural: secretos. ‖ 2. Adj. m. / f. Secreta. Plural: secretos, secretas. *Sin.* 1. Misterio, enigma, incógnita. ‖ 2. Oculto, escondido. *Sin.* 1. Evidencia, conocimiento. ‖ 2. Conocido, sabido. *Fam.* Secretismo.

sed: Gana o necesidad de beber. *Los alimentos salados dan sed. Cuando hace mucho calor bebemos más porque tenemos más sed.*

sed: Sust. f. singular. *Fam.* Sediento.

seda: Hilo que hacen ciertos gusanos, con el cual se fabrica una tela muy fina, llamada también seda. *Llevaba un pañuelo de seda.*

se-da: Sust. f. Plural: sedas. *Fam.* Sedoso.

seguir: 1. Estar después o detrás de algo o alguien. *El 3 sigue al 2.* ‖ **2.** Ir detrás de alguien. *Te seguí para saber a dónde ibas.* ‖ **3.** Acompañar a alguien. *El perro le sigue a todas partes.* ‖ **4.** Continuar con lo empezado. *Sigue con el trabajo hasta las 10.*

se-**guir:** 1, 2 y 3.V. tr. y 4. intr. irregular (Mod. 6: pedir). *Sin.* 1. Suceder. ‖ 2. Perseguir. ‖ 3. Escoltar. ‖ 4. Proseguir. *Ant.* 1. Preceder, anteponerse. ‖ 4. Abandonar, desistir, dejar, interrumpir. *Fam.* Seguimiento, seguido, seguidamente.

segundo: 1. Que sigue en orden al *primero. *Febrero es el segundo mes del año.* ‖ **2.** Cada una de las 60 partes de un minuto. *El corredor tardó 1 hora, 40 minutos y 25 segundos.*

se-**gun**-do: 1. Adj. m. / f. Segunda. Plural: segundos, segundas. ‖ 2. Sust. m. Plural: segundos. *Fam.* 2. Segundero.

seguro: 1. Libre de todo peligro o daño. *Guarda las joyas en lugar seguro.* ‖ **2.** Cierto, verdadero. *Es seguro que no está allí.* ‖ **3.** Firme, que no va a caerse. *El puente es muy seguro.*

se-**gu**-ro: Adj. m. / f. Segura. Plural: seguros, seguras. *Sin.* 1. Protegido, resguardado, abrigado. ‖ 2. Indubitable, indudable, inequívoco, evidente. ‖ 3. Sólido, estable, fijo, fiable. *Ant.* 1. Inseguro, peligroso. ‖ 2. Incierto, dudoso. ‖ 3. Inestable. *Fam.* Seguridad, asegurar, seguramente.

semana: Período de siete días seguidos: domingo, lunes, martes, miércoles, jueves, viernes, sábado. *Se ha pasado toda la semana lloviendo.*

se-**ma**-na: Sust. f. Plural: semanas. *Fam.* Semanal, semanario.

sembrar: Echar las semillas en la tierra para que broten nuevas plantas. *El agricultor siembra trigo en el campo arado.*

sem-**brar:** V. tr. irregular (Mod. 1a: acertar). *Sin.* Plantar, cultivar. *Ant.* Cosechar, recolectar. *Fam.* Sembrado, sembrador, siembra.

semejante: Que se parece a un ser vivo o cosa. *Los dos hermanos tienen un carácter semejante, pero distinto aspecto.*

se-me-**jan**-te: Adj. invariable en género. Plural: semejantes. *Sin.* Parecido, similar, análogo. *Ant.* Distinto, diferente, desigual. *Fam.* Semejanza, asemejar, semejar.

semilla: Parte de la planta que produce nuevas plantas. *He sembrado semillas de calabaza.*

se-**mi**-lla: Sust. f. Plural: semillas. *Sin.* Simiente. *Ant.* Fruto. *Fam.* Semillero.

sencillo: 1. Que no tiene dificultad. *Es un trabajo muy sencillo, no tendrás ningún problema.* ‖ 2. Que no tiene adornos. *El vestido es sencillo y de un color.* ‖ 3. Que no es presumido ni orgulloso. *Teresa es una mujer sencilla y nunca presume de todo lo que tiene.*

sen-**ci**-llo: Adj. m. / f. Sencilla. Plural: sencillos, sencillas. *Sin.* 1 y 2. Simple. ‖ 1. Fácil. ‖ 2. Sobrio. ‖ 3. Llano, natural, humilde. *Ant.* 1. Complejo, difícil, complicado. ‖ 2. Recargado. ‖ 3. Soberbio, vanidoso, orgulloso. *Fam.* Sencillez, sencillamente.

sensación: Impresión que se recibe por medio de los sentidos. *Podemos tener sensaciones de frío, de calor, de bienestar, de debilidad.*

sen-sa-**ción:** Sust. f. Plural: sensaciones. *Sin.* Percepción. *Ant.* Insensibilidad. *Fam.* Sentir.

seda
(gusano de)

segadora

semáforo
-para regular la circulación-

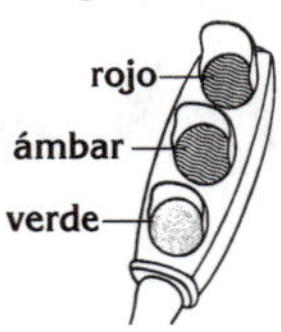

sello (de correos)

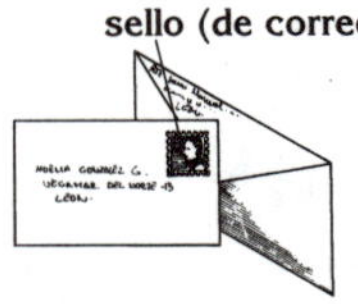

sobre

sentar: **1.** Poner a uno en una silla, banco, etc. *Sentó al niño en el sofá.* ‖ **2.** Parecer bien o mal lo que hacen o dicen otros. *Le sentó mal que no le invitaran.* ‖ **3.** Sentirse bien o mal después de comer algo. *La fruta sienta bien.*

sen-**tar:** **1.** V. tr. y **2** y **3.** intr. irregular (Mod. 1a: acertar). Se usa también **sentarse** (prnl.): **1.** *Se sentó enfrente*. *Sin.* **1.** Acomodar(se), dar asiento. ‖ **3.** Caer. *Ant.* **1.** Levantar(se), alzar(se). *Fam.* Asiento, sentado.

sentenciar: Tomar su decisión el juez sobre un asunto en un juicio. *El juez sentenció a favor del dueño de la casa.*

sen-ten-**ciar:** V. tr. (Mod. 1: amar). *Sin.* Dictaminar, fallar, juzgar. *Fam.* Sentencia.

sentir: **1.** Tener una sensación, notar algo. *No siento dolor.* ‖ **2.** Tener un sentimiento. *Siento una gran alegría por su regreso.* ‖ **3.** Lamentar algo. *Siento haberte hecho esperar.* ‖ **4.** Acción y efecto de sentir. *El poeta expresa su íntimo sentir.*

sen-**tir:** **1, 2** y **3.** V. tr. irregular (Mod. 4: sentir). ‖ **4.** Sust. m. Plural: sentires. *Sin.* **1.** Percibir, experimentar. ‖ **3.** Apenar, arrepentirse. ‖ **4.** Sentimiento. *Ant.* **3.** Alegrarse. *Fam.* Sentido, sentimiento.

señal: **1.** Marca que se pone en una cosa para reconocerla. *Puse una señal en la página que estaba leyendo.* ‖ **2.** Todo aquello que informa, advierte o indica algo. *Si oyes el teléfono sonar, es señal de que alguien llama.*

se-**ñal:** Sust. f. Plural: señales. *Sin.* **1.** Seña, nota, distintivo, llamada. ‖ **2.** Signo, indicación, símbolo. *Fam.* Señalización, señalado, señalar.

SEÑALES DE TRÁFICO DE PELIGRO

Curva a la derecha · Curva a la izquierda · Doble curva · Cruce con prioridad · Paso estrecho · Ceda el paso

Niños · Paso de peatones · Obras · Peligro indefinido · Paso a nivel con barreras · Firme irregular

separar: Poner un ser vivo o cosa más lejos de lo que estaba. *Separa los lapiceros azules de los rojos.*

se-pa-**rar:** V. tr. (Mod. 1: amar). *Sin.* Alejar, distanciar, aislar, apartar. *Ant.* Juntar, unir. *Fam.* Separación, separatismo, separable, inseparable.

septiembre: Noveno mes del año. *Nací el 4 de septiembre.*

sep-**tiem**-bre: Sust. m. Plural (raro): septiembres. Se escribe también *setiembre.*

sequía: Tiempo seco por falta de lluvias. *Los pozos se han agotado a causa de la sequía.*

se-**quí**-a: Sust. f. Plural: sequías. *Ant.* Humedad. *Fam.* Sequedad, seco, secar.

ser: 1. Sirve para formar la voz pasiva. *Ha sido comprado. Fue llamado.* ‖ **2.** Indica que la persona de la que hablamos tiene la cualidad que se dice. *Mi hermano es muy alto. El coche es lento.* ‖ **3.** Tener existencia o vida. *Todo lo que existe, es.* ‖ **4.** Tener utilidad. *Los abrigos son para quitar el frío.* ‖ **5.** Pertenecer. *Aquella casa de allí es nuestra.* ‖ **6.** Todo lo que tiene existencia. *Las personas somos seres humanos.*

ser: 1. V. aux., **2.** copul. y **3**, **4** y **5.** intr. irregular (Véase cuadro). ‖ **6.** Sust. m. Plural: seres. *Sin.* **3.** Existir, estar. ‖ **4.** Servir, valer. ‖ **6.** Ente. *Ant.* **3.** Morir, desaparecer.

serie: Conjunto de cosas relacionadas que van unas detrás de otras. *El alfabeto es una serie de letras.*

se-rie: Sust. f. Plural: series. *Sin.* Sucesión, cadena, orden, progresión. *Fam.* Serial.

SEÑALES DE TRÁFICO PRECEPTIVAS

Fin de todas las restricciones | Detención obligatoria | Estacionamiento prohibido | Acceso prohibido | Prohibido girar a la derecha | Prohibido a bicicletas

Prohibido a peatones | Prohibido adelantar | Fin de la prohibición de adelantar | Límite de velocidad | Fin del límite de velocidad | Dirección obligatoria

a b c d e f g h i j k l m n ñ o p q r **s** t u v w x y z

CONJUGACIÓN DEL VERBO «SER»

Formas personales

MODOS	INDICATIVO	SUBJUNTIVO
TIEMPOS	**SIMPLES**	
Presente	soy eres es somos sois son	sea seas sea seamos seáis sean
Pretérito imperfecto o co-pretérito	era eras era éramos erais eran	fuera o fuese fueras o fueses fuera o fuese fuéramos o fuésemos fuerais o fueseis fueran o fuesen
Pret. perfecto simple o pretérito	fui fuiste fue fuimos fuisteis fueron	
Futuro	seré serás será seremos seréis serán	fuere fueres fuere fuéremos fuereis fueren
Condicional o pos-pretérito	sería serías sería seríamos seríais serían	
MODO IMPERATIVO Presente	sé sed	sea sean

Formas no personales

Infinitivo	ser
Gerundio	siendo
Participio	sido

serio: 1. Se dice de la persona que no se ríe o es poco divertida. *Es tan serio que ni las bromas le hacen gracia.* ‖ **2.** Sincero, que no engaña y hace lo que debe. *Es muy seria en su profesión.* ‖ **3.** Que es de importancia. *La educación es un asunto serio.*

se-rio: Adj. m. / f. Seria. Plural: serios, serias. *Sin.* 1. Seco, taciturno. ‖ 2. Formal, responsable, cumplidor. ‖ 3. Considerable, grave, importante. *Ant.* 1. Alegre. ‖ 2. Informal, irresponsable. ‖ 3. Leve, insignificante. *Fam.* Seriedad, seriamente.

servir: 1. Trabajar alguien en una casa, restaurante, hotel, etc. *Nuestro amigo sirvió en la cafetería de este hotel durante años.* ‖ **2.** Atender a un cliente. *Le sirvió la tela que había pedido.* ‖ **3.** Repartir los alimentos entre las personas de una mesa. *En nuestra casa siempre sirve la mesa mi hermano.* ‖ **4.** Ser una cosa útil o apta para un fin. *Esta tela sirve para hacer una bolsa.*

ser-**vir:** 1. V. tr. o intr. ‖ 2 y 3. tr. y 4. intr. irregular (Mod. 6: pedir). *Sin.* 1. Trabajar, ejercer, emplearse. ‖ 2. Despachar. ‖ 3. Distribuir, repartir. ‖ 4. Valer, interesar, utilizarse, usarse. *Fam.* Servicio, servidumbre, servible, inservible.

seudónimo: Nombre que usa un autor en vez del suyo verdadero. *«Clarín» era el seudónimo de Leopoldo Alas.*

seu-**dó**-ni-mo: Sust. m. Plural: seudónimos. *Sin.* Sobrenombre.

sida: Siglas de «síndrome de inmunodeficiencia adquirida». Enfermedad grave y mortal por el momento, que ataca a los glóbulos blancos de la sangre dejando al organismo sin posibilidad de defenderse ante cualquier enfermedad.

si-da: Sust. m. singular.

serpiente u ofidio

serrucho

servilleta

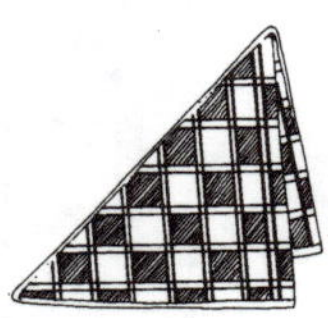

seta

siembra: Acción y efecto de *sembrar. *Toda la familia ha trabajado en la siembra de la patata.*

siem-bra: Sust. f. Plural: siembras. *Sin.* Sementera. *Fam.* Sembrado, sembrador.

siempre: En todo o en cualquier tiempo. *No siempre ha habido seres humanos en la Tierra.*

siem-pre: Adv. de tiempo. *Ant.* Nunca, jamás.

siglo: Espacio de cien años. *Al siglo XVIII se le llamó el Siglo de las luces.*

si-glo: Sust. m. Plural: siglos. *Sin.* Centenario, centuria. *Fam.* Secular.

significar: **1.** Ser una cosa representación o signo de otra. *EE UU significa Estados Unidos.* ‖ **2.** Expresar una palabra o frase, una idea, pensamiento o cosa. *Buscó «proponer» en el diccionario, para saber lo que significaba.*

sig-ni-fi-**car:** V. tr. (Mod. 1: amar). Se escribe *qu* en vez de *c* seguido de *-e: Signifique. Sin.* **1.** Representar, simbolizar, implicar, equivaler. ‖ **2.** Expresar, querer decir. *Fam.* Significado, signo, significativo.

signo: Cosa que representa a otra. *La «V» es el signo de la victoria.*

sig-no: Sust. m. Plural: signos. *Sin.* Señal, símbolo, marca. *Fam.* Significar.

siguiente: Que sigue, que va después o detrás de acuerdo a un orden. *El día siguiente a hoy es mañana.*

si-**guien**-te: Adj. invariable en género. Plural: siguientes. *Sin.* Posterior, ulterior, sucesivo, consecutivo. *Ant.* Anterior. *Fam.* Seguir.

silencio: Falta de ruido. *Cuando cesaron los ruidos, el silencio fue total.*

si-**len**-cio: Sust. m. Plural: silencios. *Sin.* Calma. *Ant.* Ruido, sonoridad. *Fam.* Silencioso, silenciar, silenciosamente.

signos

silla

sillón

siluetas

simpático: Que es agradable o amistoso. *Es tan simpático, que enseguida hace amigos.*

sim-**pá**-ti-co: Adj. m. / f. Simpática. Plural: simpáticos, simpáticas. *Sin.* Cordial, divertido, sociable. *Ant.* Antipático, odioso, desagradable. *Fam.* Simpatía, simpatizante, simpatizar.

simple: *Sencillo. *Es un trabajo muy simple, no tendrás ningún problema.*

sim-ple: Adj. invariable en género. Plural: simples. *Sin.* Elemental, fácil. *Ant.* Complicado, complejo. *Fam.* Simplicidad, simplificación, simplificar.

sincero: Que no engaña al decir algo. *Fue sincero al darme su opinión sobre mi nuevo trabajo, dijo que era muy interesante.*

sin-**ce**-ro: Adj. m. / f. Sincera. Plural: sinceros, sinceras. *Sin.* Veraz, franco, verdadero. *Ant.* Hipócrita, falso, mentiroso. *Fam.* Sinceridad, sincerar, sinceramente.

sistema: **1.** Conjunto de principios o reglas sobre una materia. *Nuestro sistema de numeración es arábigo.* || **2.** Conjunto de elementos que, relacionados entre sí, tienen un fin. *El sistema de calefacción funciona mediante agua.* || **3.** Conjunto de órganos de los seres vivos que juntos realizan una función. *El sistema digestivo se encarga de la asimilación de los alimentos.*

sis-**te**-ma: Sust. m. Plural: sistemas. *Sin.* **1** y **2.** Organización. || **1.** Método, modelo. || **2.** Estructura. || **3.** Aparato. *Ant.* **1.** Desorganización. *Fam.* Sistematización, sistematizar, sistemático.

sitio: Espacio que ocupan o pueden ocupar seres vivos o cosas. *Ya no queda sitio para poner más libros. No tuve que buscar hotel, porque tenía sitio en su casa.*

si-tio: Sust. m. Plural: sitios. *Sin.* Lugar, puesto. *Fam.* Situación, situar.

sirena

sistema solar

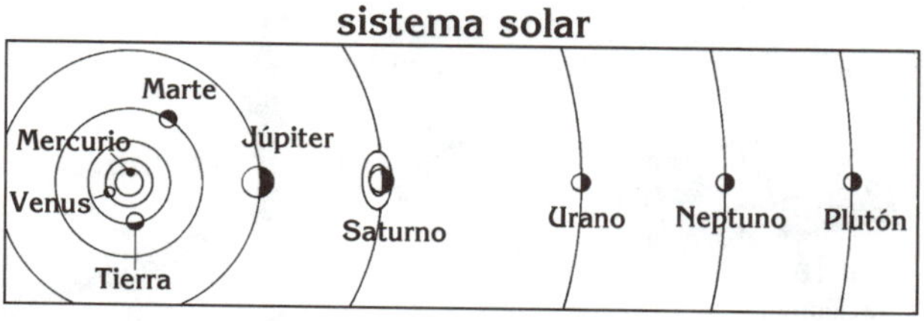

sobrar: 1. Haber más de lo necesario. *Sobra un cubierto en la mesa.* ‖ 2. Quedar parte de algo después de haberse usado o consumido. *Guarda lo que ha sobrado para comerlo mañana.*

so-**brar:** V. intr. (Mod. 1: amar). *Sin.* 1. Exceder, abundar. ‖ 2. Restar. *Ant.* 1. Escasear, faltar, carecer, necesitar. ‖ 2. Acabarse, agotarse. *Fam.* Sobra, sobrante, sobrado.

sobrino: Hijo de un hermano o hermana. *Los hijos de mi hermana menor, son mis sobrinos favoritos.*

so-**bri**-no: Sust. m. / f. Sobrina. Plural: sobrinos, sobrinas.

sociedad: 1. Conjunto de personas, familias, pueblos o naciones. *Los seres humanos tienden a vivir en sociedad.* ‖ 2. Agrupación de personas para un fin. *Mis amigos han creado una sociedad de montañismo.*

so-cie-**dad:** Sust. f. Plural: sociedades. *Sin.* 1. Colectividad, población, comunidad. ‖ 2. Asociación, empresa, entidad. *Ant.* 1. Individualidad, soledad, aislamiento. *Fam.* Socio, sociable, social, asociación.

socio: *Miembro. *Soy socio de un club de tenis.*

so-cio: Sust. m. / f. Socia. Plural: socios, socias.

socorrer: Ayudar a alguien en un peligro o necesidad. *Los bomberos socorrieron a las víctimas del incendio.*

so-co-**rrer:** V. tr. (Mod. 2: temer). *Sin.* Auxiliar, salvar, amparar, proteger. *Ant.* Abandonar, desamparar. *Fam.* Socorrismo, socorrista, socorro.

soler: 1. Tener costumbre. *Solemos madrugar.* ‖ 2. Ser frecuente una cosa. *En España suele hacer calor en verano.*

so-**ler:** V. intr. irregular (Mod. 2b: mover). Es verbo defectivo: sólo se usan los tiempos presente (suelo,...), pret. perfecto simple (solí,...) e imperfecto (solía,...), pret. perfecto compuesto (he solido,...) de indicativo y el presente de subjuntivo (suela,...). Las formas no personales se usan todas. *Sin.* Acostumbrar. *Ant.* Desacostumbrar.

solicitar: Pedir algo siguiendo unas normas establecidas. *Los alumnos solicitaron ayuda para el viaje de estudios.*

so-li-ci-**tar:** V. tr. (Mod. 1: amar). *Sin.* Gestionar, instar, requerir. *Ant.* Conceder, rechazar. *Fam.* Solicitante, solicitud, solícito.

sólido: 1. Se dice del cuerpo con forma y volumen determinados. *El agua es un sólido cuando su temperatura es inferior a cero grados.* ‖ 2. Firme, seguro. *Tiene una sólida posición en su trabajo. Ese puente es muy sólido.*

só-li-do: Adj. m. / f. Sólida. Plural: sólidos, sólidas. También 1. sust. m. Plural: sólidos. *Sin.* 2. Fuerte, resistente, compacto. *Ant.* 1. Líquido, gaseoso. ‖ 2. Débil, frágil, blando, endeble. *Fam.* Solidificar.

solo: 1. Único. *Tengo un solo hijo.* ‖ 2. Que no está acompañado. *Se fueron todos y lo dejaron solo.*

so-lo: Adj. m. / f. Sola. Plural: solos, solas. *Sin.* 1. Uno. ‖ 2. Aislado. *Ant.* 1. Varios. ‖ 2. Acompañado. *Fam.* Soledad, solitario.

sólo: Únicamente, solamente. *Sólo falta un día para las vacaciones.*

só-lo: Adv. de modo.

soltar: 1. Desatar. *Suelta el nudo.* ‖ 2. Dar libertad. *Soltó al pájaro, que salió volando.* ‖ 3. Dejar lo que se tiene agarrado o sujeto. *Al conducir, no se debe soltar el volante.*

sol-**tar:** V. tr. irregular (Mod. 1b: contar). *Sin.* 1. Desceñir, desligar, desunir. ‖ 2. Liberar, libertar. ‖ 3. Quitar, separar. *Ant.* 1. Atar, unir. ‖ 2. Encarcelar, encerrar. ‖ 3. Asir, sujetar. *Fam.* Soltura, suelto.

solución: Acción y efecto de resolver o poner fin a una dificultad, duda, etc. *Tengo la solución a tu problema.*

so-lu-**ción:** Sust. f. Plural: soluciones. *Sin.* Respuesta, salida, resultado. *Fam.* Solucionar.

someter: Imponer una persona a otra su voluntad o autoridad. *Ese pueblo estaba sometido a una dictadura.*

so-me-**ter:** V. tr. (Mod. 2: temer). *Sin.* Sojuzgar, sujetar, dominar, obligar. *Fam.* Sometimiento, sometido.

sonar: 1. Hacer o causar ruido una cosa. *Suenan las campanas.* ‖ 2. Recordar algo de manera imprecisa. *Me suena su apellido, pero no recuerdo su cara.*

so-**nar:** V. intr. irregular (Mod. 1b: contar). *Sin.* 1. Resonar, retumbar. ‖ 2. Resultar conocido. *Ant.* 1. Enmudecer, silenciar. ‖ 2. Olvidar. *Fam.* Sonajero, sonido, sonoro.

soñar: 1. Imaginar cosas mientras dormimos. *Soñé algo muy extraño la pasada noche.* ‖ 2. Imaginar cosas que son fantasía o están muy alejadas de la realidad. *Sueña con que le toque la lotería para comprar una casa nueva.* ‖ 3. Desear mucho una cosa. *Sueña con encontrar pronto un trabajo.*

so-**ñar:** V. tr. o intr. irregular (Mod. 1b: contar). *Sin.* 2. Idealizar, ensoñar. ‖ 3. Anhelar, ansiar. *Fam.* Soñador, sueño.

soplar: 1. Echar aire por la boca, cerrando bastante los labios. *No es de muy buena educación soplar la comida.* ‖ 2. Correr el viento. *Soplaba tanto el viento, que se cayeron las hojas de los árboles.*

so-**plar:** 1. V. intr. o tr. y 2. intr. (Mod. 1: amar). *Sin.* 1. Espirar, bufar. *Fam.* Soplido, soplo.

soportar: 1. Sostener o llevar sobre sí una carga o peso. *Tres grandes pilares soportan el puente.* ‖ 2. Aguantar con paciencia, tolerar. *El enfermo soporta mal el dolor. No soporto su forma der ser.*

so-por-**tar:** V. tr. (Mod. 1: amar). *Sin.* 1. Sujetar, mantener, sustentar. ‖ 2. Padecer, resistir, sufrir. *Ant.* 2. Protestar, rebelarse, negarse. *Fam.* 1. Soporte. ‖ 2. Soportable, insoportable.

sordo: Que no oye o que oye poco. *Una infección lo dejó sordo de un oído.*

sor-do: Adj. y sust. m. / f. Sorda. Plural: sordos, sordas. *Fam.* Sordera, ensordecer.

sorprender: 1. Coger desprevenido a alguien. *La tormenta nos sorprendió en campo abierto.* ‖ 2. Extrañar a alguien algo imprevisto o fuera de lo común. *Me sorprendió la belleza del cuadro. Me sorprende que no haya llamado.*

sor-pren-**der:** V. tr. (Mod. 2: temer). *Sin.* 1. Pillar, atrapar, descubrir. ‖ 2. Asombrar, admirar, pasmar, impresionar, maravillar, desconcertar. *Ant.* 1. Anticiparse, prever, sospechar. ‖ 2. Esperar. *Fam.* Sorpresa, sorprendente, sorprendido.

soso: 1. Que no tiene sal o tiene poca. *Añade sal al guiso, que está soso.* ‖ 2. Que no tiene gracia. *Nadie se rió con una broma tan sosa.*

so-so: Adj. m. / f. Sosa. Plural: sosos, sosas. *Sin.* 1 y 2. Insulso. ‖ 1. Insípido. ‖ 2. Sosaina, inexpresivo, simple, aburrido. *Ant.* 1. Salado, sabroso. ‖ 2. Gracioso, simpático, entretenido, audaz. *Fam.* Sosería.

sospechar: Imaginar una cosa basándose en algo que parece o es verdadero. *Por la fiebre sospecho que tengo gripe, pero me lo tendrá que decir el médico.*

sos-pe-**char:** V. tr. (Mod. 1: amar). *Sin.* Conjeturar, creer, intuir, suponer. *Ant.* Garantizar, asegurar, afirmar. *Fam.* Sospecha, sospechoso.

sostener: 1. *Mantener algo para que no se caiga. *Sostén la escalera mientras subo.* ‖ **2.** Defender una idea u opinión. *Sostuvieron que ellos no habían estado en el banco durante el robo.* ‖ **3.** Ocuparse de alguien dándole lo necesario para que pueda vivir. *Los padres siempre sostienen a los hijos mientras son pequeños.* ‖ **4. Sostenerse:** Mantener el equilibrio para no caerse. *El acróbata logró sostenerse de pie encima de la cuerda.*

sos-te-**ner:** **1, 2** y **3.** V. tr. y **4.** prnl. irregular (Se conjuga como *tener). *Sin.* **1.** Aguantar, mantener, soportar, sujetar. ‖ **2.** Asegurar, ratificar, mantener, defender. ‖ **3.** Alimentar, sustentar. ‖ **4.** Sujetarse. *Ant.* **1.** Soltar, dejar caer. ‖ **2.** Retractarse, negar, desistir. ‖ **3.** Desentenderse, desamparar. ‖ **4.** Caerse. *Fam.* Sostén, sostenedor, sostenido.

sótano: Lugar subterráneo de un edificio. *El garaje está en el sótano.*

só-ta-no: Sust. m. Plural: sótanos. *Sin.* Subterráneo, subsuelo. *Ant.* Ático.

suave: 1. Liso y blando al tocarlo. *Esa toalla es tan suave como la seda.* ‖ **2.** Que es agradable a los sentidos. *Hay un suave olor de violetas en la habitación.* ‖ **3.** Quieto, tranquilo. *Tiene un carácter suave.*

sua-ve: Adj. invariable en género. Plural: suaves. *Sin.* **1.** Terso, fino, sedoso. ‖ **2.** Delicado, grato. ‖ **3.** Reposado, pacífico, manso, dulce. *Ant.* **1.** Áspero, rugoso, basto. ‖ **2.** Desagradable, fuerte. ‖ **3.** Violento, irritable, brusco. *Fam.* Suavidad, suavizar, suavemente.

sopera

soportal

sortija

sotana

subir: 1. Pasar de un sitio o lugar a otro más alto. *Puedes subir a mi casa por la escalera o en ascensor.* ‖ 2. Aumentar el precio de las cosas. *El pan ha subido este mes.* ‖ 3. Aumentar algo en volumen, intensidad o cantidad. *Sube la radio, no oigo nada. Ha subido mucho mi cuenta de gastos.*

su-**bir:** 1. V. intr. y 2 y 3. tr. o intr. (Mod. 3: partir). *Sin.* 1. Ascender. ‖ 2 y 3. Elevar, alzar, encarecer. *Ant.* 1, 2 y 3. Bajar, descender. ‖ 2. Abaratar. *Fam.* Subida, subido.

subrayar: Poner una raya debajo de lo escrito. *Cuando estudio, subrayo lo más importante.*

sub-ra-**yar** o su-bra-**yar:** V. tr. (Mod. 1: amar). *Sin.* Señalar, marcar, rayar. *Fam.* Subrayado.

subterráneo: 1. Qué está debajo de la tierra. *Hay un túnel subterráneo debajo de esta montaña.* ‖ 2. Lugar o espacio que está debajo de tierra. *Debajo de la casa hay un subterráneo.*

sub-te-**rrá**-ne-o: 1. Adj. m. / f. Subterránea. Plural: subterráneos, subterráneas. ‖ 2. Sust. m. Plural: subterráneos. *Sin.* 1. Profundo, hondo. ‖ 2. Subsuelo, excavación, pasadizo. *Ant.* 1 y 2. Exterior. ‖ 1. Superficial. ‖ 2. Superficie.

suceso: Cosa que ocurre o tiene lugar, especialmente cuando es importante. *La gente suele recordar los sucesos felices de su vida.*

su-**ce**-so: Sust. m. Plural: sucesos. *Sin.* Acaecimiento, acontecimiento, evento, hecho. *Fam.* Suceder.

sucio: Que tiene manchas. *He lavado aquella alfombra tan sucia.*

su-cio: Adj. m. / f. Sucia. Plural: sucios, sucias. *Sin.* Manchado, descuidado, pringoso. *Ant.* Limpio, aseado, lavado. *Fam.* Suciedad, ensuciar.

sueldo: Dinero que se paga a una persona por su trabajo. *El sueldo de un día se llama jornal.*

suel-do: Sust. m. Plural: sueldos. *Sin.* Paga, remuneración, salario, retribución, honorarios. *Fam.* Sobresueldo.

suelo: 1. Piso de la tierra. *El suelo del bosque está cubierto de helechos.* ‖ 2. Piso de una habitación o casa. *Este dormitorio tiene el suelo de madera.*

sue-lo: Sust. m. Plural. Suelos. *Sin.* 1. Territorio, terreno. ‖ 2. Pavimento. *Fam.* Solar.

sueño: 1. Acto de dormir. *No quiero que interrumpan mi sueño.* ‖ **2.** Imágenes que pasan por la mente mientras se duerme. *A un mal sueño se le llama pesadilla.* ‖ **3.** Ganas de dormir. *Siempre tiene sueño después de comer.*

sue-ño: Sust. m. Plural: sueños. *Sin.* **1.** Descanso. ‖ **3.** Sopor. *Ant.* **1.** Insomnio, vigilia. ‖ **2.** Realidad. ‖ **3.** Desvelo. *Fam.* Somnolencia, ensoñación, ensueño, soñoliento, soñar.

suerte: Hecho o conjunto de hechos favorables o desfavorables para alguien y que no puede controlar. *Tuve la suerte de ganar un viaje en el concurso. Su mala suerte hizo que perdiera el avión.*

suer-te: Sust. f. Plural: suertes. *Sin.* Azar, casualidad, destino.

suficiente: Que no necesita más. *La calificación que obtuve, fue suficiente para aprobar.*

su-fi-**cien**-te: Adj. invariable en género. Plural: suficientes. *Sin.* Bastante. *Ant.* Insuficiente. *Fam.* Suficiencia, suficientemente.

sufrir: Sentir un daño, dolor, enfermedad o castigo. *Sufrió mucho cuando su perro se escapó.*

su-**frir:** V. tr. o intr. (Mod. 1: amar). *Sin.* Aguantar, padecer, penar, sentir. *Ant.* Gozar, disfrutar. *Fam.* Sufrimiento, sufrido.

sujetar: 1. Agarrar algo con fuerza. *Sujeta los perros, no los sueltes.* ‖ **2.** *Someter. *Enrique es tan rebelde que necesita que sus padres le sujeten.*

su-je-**tar:** V. tr. (Mod. 1: amar). *Sin.* **1.** Retener, atar. ‖ **2.** Someter. *Ant.* **1.** Soltar, desatar, liberar. *Fam.* Sujeción, sujeto.

sumar: 1. Hacer la operación de la suma. *Para resolver este problema tengo que sumar las tres cantidades.* ‖ **2.** Obtener el resultado de reunir varias cantidades en una sola. *10 y 10 suman 20. La falda y la chaqueta suman mucho dinero.*

su-**mar:** V. tr. (Mod. 1: amar). *Sin.* **1.** Adicionar, añadir. ‖ **2.** Ascender, importar. *Ant.* **1.** Restar. *Fam.* Suma.

superficie: 1. Parte externa de una cosa. *Los barcos surcan la superficie del mar.* ‖ **2.** Extensión de tierra. *Esta región tiene grandes superficies sin cultivar.*

su-per-**fi**-cie: Sust. f. Plural: superficies. *Sin.* **1.** Exterior. ‖ **2.** Terreno. *Ant.* **1.** Fondo. *Fam.* Superficial, superficialmente.

superior: **1.** Que está más alto que otra cosa. *El campanario es la parte superior de la torre.* ‖ **2.** Que es mejor o muy bueno. *Este café es superior a todos.* ‖ **3.** Persona que manda, gobierna o dirige a otras. *Los empleados informaron del trabajo a sus superiores.*

su-pe-**rior:** **1** y **2.** Adj. invariable en género. Plural: superiores. ‖ **3.** Sust. m. / f. Superiora. Plural: superiores, superioras. *Sin.* **1.** Elevado. ‖ **2.** Excelente, supremo, extraordinario. ‖ **3.** Jefe. *Ant.* **1** y **2.** Inferior. ‖ **2.** Peor, pésimo. ‖ **3.** Subordinado. *Fam.* Superioridad, superar.

suponer: Creer que una cosa es cierta, aunque no se esté seguro de ella. *Supuse que estaban en casa, pues vi luz.*

su-po-**ner:** V. tr. irregular (Se conjuga como *poner). *Sin.* Imaginar, sospechar, figurarse, presuponer. *Ant.* Conocer, saber. *Fam.* Suposición, supuesto.

suprimir: Hacer que algo no ocurra o que desaparezca. *Tuvieron que suprimir el concierto, debido al mal tiempo.*

su-pri-**mir:** V. tr. (Mod. 3: partir). *Sin.* Anular, destruir, cancelar. *Ant.* Reponer. *Fam.* Supresión, suprimido.

sur: Uno de los cuatro puntos cardinales. *El tiempo es más cálido en el Sur.*

sur: Sust. m. Plural (raro): sures. *Fam.* Sureño.

surgir: *Aparecer o manifestarse algo. *El agua surgió de la roca. Surgió una duradera amistad entre ellos.*

sur-**gir:** V. intr. (Mod. 3: partir). Se escribe *j* en vez de *g* seguido de *-a* u *-o: Surja, surjo. Sin.* Brotar, asomar, salir, manar. *Ant.* Desaparecer. *Fam.* Surgimiento, surgido, resurgir.

sustancia: **1.** Cualquier materia. *Este medicamento está hecho con sustancias naturales.* ‖ **2.** Cosa que es lo más importante de otra. *La savia es la sustancia del árbol.* ‖ **3.** Jugo que se obtiene con algunos alimentos o caldo que se hace con ellos. *Este guiso tiene mucha sustancia.*

sus-**tan**-cia: Sust. f. Plural: sustancias. Se escribe también *substancia***.** *Sin.* **2.** Esencia. *Fam.* Sustancial, sustanciar.

sustituir: Poner a un ser vivo o cosa en lugar de otro. *Sustituyó el sillón viejo por uno nuevo. Le sustituiré durante el mes de vacaciones.*

sus-ti-tu-**ir:** V. tr. irregular (Mod. 9: huir). *Sin.* Cambiar, canjear, intercambiar, reemplazar. *Ant.* Conservar. *Fam.* Sustitución, sustituto, insustituible.

T t

tabla: **1.** Pieza plana y fina de madera, más larga que ancha. *Hizo una estantería con las tablas que le habían sobrado.* ‖ **2.** Cuadro o lista de números. *Me sé la tabla de multiplicar de memoria.*

ta-bla: Sust. f. Plural: tablas. *Sin.* **1.** Plancha, tablero, tablón. ‖ **2.** Enumeración, relación. *Fam.* Tablado, tableta.

tacto: Uno de los sentidos, con el cual se descubren o se notan las características de las cosas al tocarlas: forma, tamaño, etc. *Se guió por el tacto en la oscuridad.*

tac-to: Sust. m. singular. *Sin.* Sensibilidad. *Ant.* Insensibilidad. *Fam.* Táctil.

talar: Cortar árboles por la base. *Talaron el árbol que había delante de la casa porque estaba podrido.*

ta-**lar:** V. tr. (Mod. 1: amar). *Sin.* Cortar, serrar, troncar. *Fam.* Tala.

tamaño: Dimensión de una cosa, lo grande o lo pequeña que es. *Esta habitación tiene un tamaño grande. Busca una caja de tamaño mediano para guardar estos libros.*

ta-**ma**-ño: Sust. m. Plural: tamaños. *Sin.* Medida, volumen, magnitud.

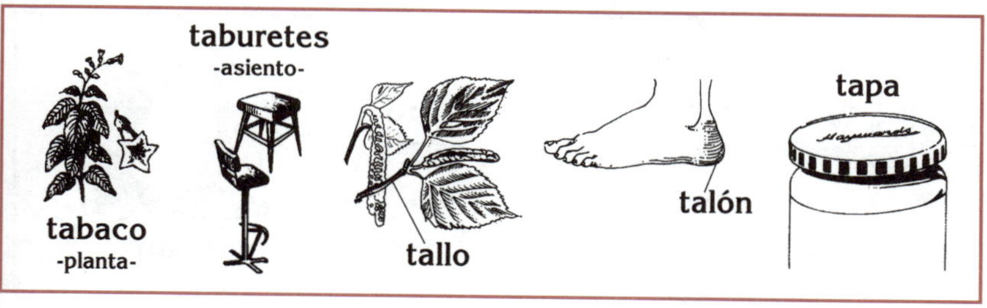

tapar: 1. Cerrar o recubrir las cosas que están abiertas o descubiertas. *Tapa la botella.* ‖ **2.** Cubrir con algo para proteger una cosa o persona. *Tapó al niño con una manta. Tapamos los muebles durante el traslado para que no se golpearan.*
ta-**par:** V. tr. (Mod. 1: amar). Se usa también **taparse** (prnl.): **2.** *Se tapó porque hacía frío. Sin.* **1.** Cubrir, taponar. ‖ **2.** Abrigar(se), arropar(se), envolver(se). *Ant.* **1** y **2.** Destapar(se). ‖ **1.** Abrir. ‖ **2.** Descubrir(se), desenvolver. *Fam.* Tapadera, taponar.

tardar: 1. No llegar a tiempo. *Tardé tanto en llegar, que perdí el tren.* ‖ **2.** Emplear tiempo en hacer las cosas. *Tardará un mes en hacer el cuadro.*
tar-**dar:** V. intr. (Mod. 1: amar). *Sin.* **1.** Demorar, retrasarse. ‖ **2.** Invertir, gastar, durar. *Ant.* Adelantar, anticipar. *Fam.* Tardanza, tarde, retardar.

tarea: Trabajo o actividad. *Las tareas del campo son duras.*
ta-**re**-a: Sust. f. Plural: tareas. *Sin.* Afán, trabajo, faena, ocupación. *Ant.* Ocio, despreocupación, inactividad, pasividad. *Fam.* Atareado, atarear.

teatro: 1. Edificio o sitio donde se representan obras dramáticas u otros espectáculos: conciertos, ballet etc. *Fuimos al teatro a ver el ballet ruso.* ‖ **2.** Arte del autor, que escribe obras dramáticas; y del actor, que las representa. *Shakespeare fue un gran autor de teatro.*
te-**a**-tro: Sust. m. Plural: teatros. *Sin.* **2.** Drama. *Fam.* Teatral.

técnica: Conjunto de procedimientos que usa una ciencia o arte. *Este pintor domina la técnica del color.*
téc-ni-ca: Sust. f. Plural: técnicas. *Sin.* Sistema, método. *Fam.* Técnico, tecnología.

tela: Pieza alargada de poco grosor formada por hilos entrecruzados, con que se hacen vestidos, pantalones, mantas, etc. *La seda es una tela muy fina.*
te-**la:** Sust. f. Plural: telas. *Sin.* Tejido, paño. *Fam.* Telar.

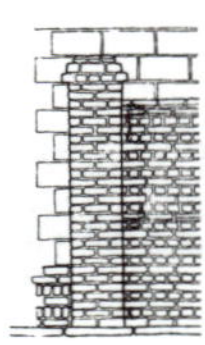
tapia o pared

tarjetas

taza

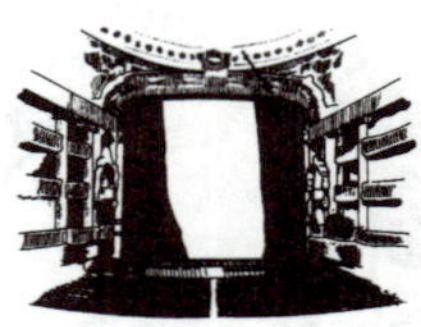
teatro

teléfono: Aparato eléctrico que usan las personas para hablar desde lugares diferentes. *Le llaman por teléfono desde México.*

te-**lé**-fo-no: Sust. m. Plural: teléfonos. *Fam.* Telefonista, telefonear.

televisor: Aparato que las personas utilizan para entretenerse viendo y escuchando las imágenes y sonidos que en él aparecen, como por ejemplo, películas, concursos, noticias, etc. *Les hemos comprado un televisor en color como regalo de bodas.*

te-le-vi-**sor:** Sust. m. Plural: televisores. *Sin.* Tele. *Fam.* Televisión, televisivo, televisar.

tema: Aquello de lo que se habla, se escribe, se canta, etc. *El tema de la conversación fue el verano.*

te-ma: Sust. m. Plural: temas. *Sin.* Asunto, materia, cuestión. *Fam.* Temario, temática.

temer: 1. Tener miedo o temor. *Mucha gente teme la oscuridad.* ‖ **2.** Sospechar. *Temo que algo va mal.*

te-**mer:** V. tr. (Mod. 2: temer). *Sin.* 1. Asustarse, aterrorizarse. ‖ 2. Recelar, desconfiar. *Ant.* 2. Confiar, creer. *Fam.* Temor, temible, temido.

temor: Sensación de angustia o miedo debido a un mal real o imaginado. *Siente un gran temor de caer enfermo.*

te-**mor:** Sust. m. Plural: temores. *Sin.* Miedo, pavor, espanto, aprensión. *Fam.* Temer.

temperatura: 1. Grado de calor de los cuerpos o de la atmósfera. *En esta habitación hay una temperatura demasiado elevada. Mi ciudad da las temperaturas mínimas del país durante el invierno.* ‖ **2. Tener temperatura:** Tener fiebre. *Cuando estuve enfermo, siempre tenía temperatura alta por la noche.*

tem-pe-ra-**tu**-ra: Sust. f. Plural: temperaturas.

tejas

telaraña

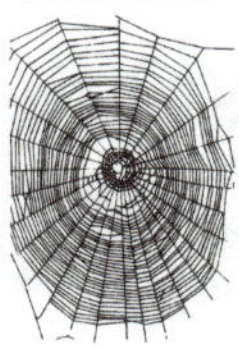

teléfono

templo

temporada: Espacio de varios días, meses o años que tienen una unidad. *Durante la temporada de invierno siempre nos trasladamos a Canarias.*

tem-po-**ra**-da. Sust. f. Plural: temporadas. *Sin.* Período, tiempo, época, estación, etapa. *Fam.* Temporalmente.

temprano: 1. Que es o se da antes del tiempo señalado. *La parra tiene uvas tempranas.* ‖ **2.** Pronto, antes de lo habitual. *Salimos temprano.*

tem-**pra**-no: **1.** Adj. m. / f. Temprana. Plural: tempranos, tempranas. ‖ **2.** Adv. de tiempo. *Sin.* **1.** Prematuro, adelantado, anticipado. *Ant.* **1.** Tardío, retrasado. ‖ **2.** Tarde. *Fam.* Tempranamente, tempranero.

tendencia: Dirección o inclinación hacia un fin. *Tiene tendencia a coger catarros.*

ten-**den**-cia: Sust. f. Plural: tendencias. *Sin.* Disposición, predisposición, propensión. *Fam.* Tender.

tener: 1. Ser dueño de una cosa o disfrutarla. *Tiene muchos libros.* ‖ **2.** Sentir o padecer. *Tengo mucho calor. Mi hermano tuvo la gripe.* ‖ **3.** Atribuye a la persona o cosa de la que se habla una cualidad, estado o circunstancia. *Tiene una blanquísima dentadura.* ‖ **4.** Contener una cosa algo dentro de sí misma. *Mi coche tiene aire acondicionado.* ‖ **5.** Asir, sujetar. *Ténme el abrigo mientras me pruebo.*

te-**ner:** V. tr. irregular (Véase cuadro). *Sin.* **1.** Poseer. ‖ **2.** Pasar. ‖ **4.** Comprender, incluir, englobar. ‖ **5.** Coger, tomar, agarrar, sostener. *Ant.* **4.** Excluir. ‖ **5.** Soltar, dejar, desasir. *Fam.* Tenencia.

teoría: Conocimiento de toda materia separado de toda práctica. *Sabe la teoría musical, pero no toca instrumento alguno.*

te-o-**rí**-a: Sust. f. Plural: teorías. *Sin.* Doctrina. *Ant.* Práctica. *Fam.* Teórico, teorizar.

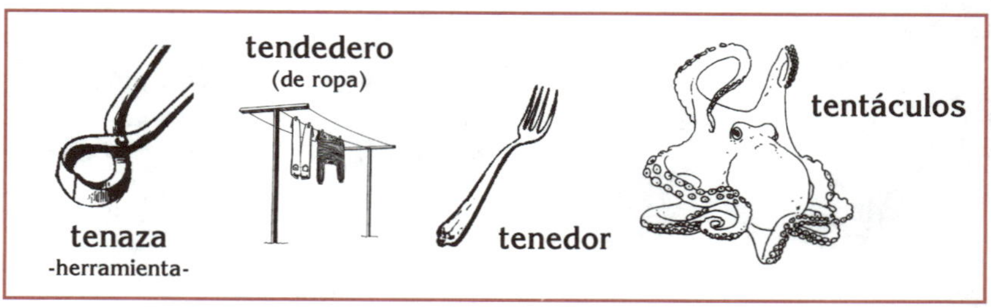

CONJUGACIÓN DEL VERBO «TENER»

Formas personales

MODOS	INDICATIVO	SUBJUNTIVO
TIEMPOS	**SIMPLES**	
Presente	tengo tienes tiene tenemos tenéis tienen	tenga tengas tenga tengamos tengáis tengan
Pretérito imperfecto o co-pretérito	tenía tenías tenía teníamos teníais tenían	tuviera o tuviese tuvieras o tuvieses tuviera o tuviese tuviéramos o tuviésemos tuvierais o tuvieseis tuvieran o tuviesen
Pret. perfecto simple o pretérito	tuve tuviste tuvo tuvimos tuvisteis tuvieron	
Futuro	tendré tendrás tendrá tendremos tendréis tendrán	tuviere tuvieres tuviere tuviéremos tuviereis tuvieren
Condicional o pos-pretérito	tendría tendrías tendría tendríamos tendríais tendrían	
MODO IMPERATIVO Presente	ten tened	tenga tengan

Formas no personales

Infinitivo	tener
Gerundio	teniendo
Participio	tenido

a b c d e f g h i j k l m n ñ o p q r s **t** u v w x y z

tercero: Que sigue en orden al segundo. *La «c» es la tercera letra.*

ter-**ce**-ro: Adj. m. / f. Tercera. Plural: terceros, terceras. Se usa **tercer** delante de un sust. m. singular: *Vivo en el tercer piso.*

terminar: 1. Dar fin a una cosa. *Terminó sus estudios y ahora trabaja.* ‖ 2. Tener fin una cosa. *El camino termina en este pueblo.*

ter-mi-**nar:** 1. V. tr. y 2. intr. (Mod. 1: amar). *Sin.* Acabar, finalizar. *Ant.* Empezar, comenzar. *Fam.* Terminación, término.

término: 1. Último punto hasta donde llega una cosa. *Alcanzamos la cima al término de nuestras fuerzas.* ‖ 2. Último momento de la duración de una cosa. *Se acerca el término del invierno.* ‖ 3. Línea que divide Estados, provincias, etc. *El río señala el término de la región.* ‖ 4. Palabra. *Le regalaron un diccionario de términos literarios.*

tér-mi-no: Sust. m. Plural: términos. *Sin.* 1 y 2. Fin, final. ‖ 3. Frontera, límite, separación, linde. ‖ 4. Vocablo, voz. *Ant.* 1 y 2. Comienzo, principio. *Fam.* Terminación, terminar, terminal, terminología.

terreno: 1. *Terrestre. *La naturaleza es un bien terreno.* ‖ 2. Espacio de tierra. *Plantó pinos en ese terreno.* ‖ 3. Conjunto de actividades, conocimientos, etc. *Hablando de pintura está en su terreno.* ‖ 4. Campo de juego. *Los jugadores saltaron al terreno.*

te-**rre**-no: 1. Adj. m. / f. Terrena. Plural: terrenos, terrenas. ‖ 2, 3 y 4. Sust. m. Plural: terrenos. *Sin.* 1. Terrenal. ‖ 2. Sitio, suelo, superficie, finca. ‖ 3. Especialidad, medio, campo. ‖ 4. Estadio. *Ant.* 1. Celeste, celestial. *Fam.* Terrón, tierra.

terrestre: Que pertenece o se refiere a la tierra. *Hay transporte aéreo, marítimo y terrestre.*

te-**rres**-tre: Adj. invariable en género. Plural: terrestres. *Sin.* Terreno, terráqueo.

terrible: 1. Que causa temor. *La película de ayer era terrible.* ‖ 2. Enorme, extraordinario. *Tengo una jaqueca terrible.*

te-**rri**-ble: Adj. invariable en género. Plural: terribles. *Sin.* 1. Aterrador, espantoso, horrible, horroroso. ‖ 2. Desmesurado, exagerado, tremendo, increíble. *Ant.* 1. Dulce, tierno, amable. ‖ 2. Corriente, insignificante, pequeño. *Fam.* Terror, terriblemente.

territorio: *Región. *En ese territorio hablan francés.*

te-rri-**to**-rio: Sust. m. Plural: territorios. *Sin.* Comarca, país, lugar, zona. *Fam.* Territorial.

testigo: Persona que conoce una cosa por haberla visto y puede hablar de ella. *Fue testigo del atraco y tuvo que ir a declarar. Fui testigo de su boda.*

tes-ti-go: Sust. m. y f. Plural: testigos. *Sin.* Presente. *Ant.* Ausente. *Fam.* Testificar.

tiempo: 1. Duración de las cosas. *Los zapatos me duraron poco tiempo.* ‖ 2. Época en la que vive alguien o sucede algo. *Este puente se construyó en tiempo de los romanos.* ‖ 3. Estado de la atmósfera. *Hoy hace buen tiempo.*

tiem-po: Sust. m. Plural: tiempos. *Sin.* 1. Edad, etapa, período. ‖ 2. Era. ‖ 3. Temperatura, clima. *Fam.* Temporal, temporalmente.

tienda: Casa o local donde se venden cosas. *Trabaja de dependiente en una tienda.*

tien-da: Sust. f. Plural: tiendas. *Sin.* Comercio, establecimiento. *Fam.* Tendero.

tierno: 1. Que no es duro, fácil de doblar, deformar o romper. *El viento rompió los tallos más tiernos.* ‖ 2. Que es de hace poco tiempo. *Los frutos están tiernos.* ‖ 3. Cariñoso y amable. *La madre dio un tierno abrazo a su bebé.*

tier-no: Adj. m. / f. Tierna. Plural: tiernos, tiernas. *Sin.* 1. Blando, delicado, flexible. ‖ 2. Reciente, fresco. ‖ 3. Afectuoso, amoroso. *Ant.* 1. Duro, tieso, rígido. ‖ 2. Pasado. ‖ 3. Hosco, antipático, cruel, insensible. *Fam.* Ternura, tiernamente.

tierra: 1. Planeta que habitamos. *La Tierra gira alrededor del Sol.* ‖ 2. Superficie del planeta que no está ocupada por el mar. *La tierra ocupa menos superficie del planeta que el mar.* ‖ 3. Materia de la que está hecho el suelo. *He cogido tierra para plantar tulipanes.* ‖ 4. Región o país. *La gente que vive lejos de su tierra la añora.*

tie-rra: Sust. f. Plural: tierras. *Sin.* 1. Globo terráqueo, esfera terrestre. ‖ 2. Tierra firme. ‖ 4. Patria, nación. *Ant.* 4. Extranjero. *Fam.* Terreno, terrenal.

ternero

tiburón

tiesto o maceta

tigre

timbre: Aparato eléctrico o manual que sirve para llamar. *Suena el timbre, alguien llama.*

tim-bre: Sust. m. Plural: timbres. *Sin.* Llamador, avisador. *Fam.* Timbrazo.

tío: Hermano del padre o de la madre. *La tía María es hermana de mi madre.*

tí-o: Sust. m. / f. Tía. Plural: tíos, tías.

tipo: **1.** Aquello que tiene bien definidas las cualidades del grupo al que pertenece. *El rock es el tipo de música que les gusta a los jóvenes.* ‖ **2.** Modelo a imitar. *Tengo que escribir una carta siguiendo el tipo que nos dio el profesor.* ‖ **3.** Figura de una persona. *Mi hermana tiene buen tipo.*

ti-po: Sust. m. Plural: tipos. *Sin.* **1.** Clase. ‖ **2.** Ejemplo, muestra. ‖ **3.** Silueta, talle. *Fam.* Tipismo, típico.

tira: *Lista. *Corta la tela en tiras.*

ti-ra: Sust. f. Plural: tiras. *Sin.* Banda, cinta, correa.

tirar: **1.** Arrojar una cosa con la mano. *Tiró piedras al río.* ‖ **2.** *Derribar. *Han tirado la vieja casa.* ‖ **3.** Disparar. *Tiraron cohetes en la fiesta.* ‖ **4.** Hacer fuerza para acercar una cosa o para llevarla detrás. *El caballo tira del carro.*

ti-**rar:** **1**, **2** y **3.** V. tr. y **4.** intr. (Mod. 1: amar). *Sin.* **1.** Lanzar. ‖ **2.** Demoler, derrumbar. ‖ **4.** Arrastrar, remolcar. *Ant.* **1.** Recoger, tomar, retener. ‖ **2.** Construir, edificar. *Fam.* Tirada, tirador, tirante, tiro.

título: **1.** Nombre de una canción, libro, película, etc. *¿Recuerdas el título del último libro que has leído?* ‖ **2.** Documento que prueba el derecho a algo. *No pudo vender la casa, porque no tenía el título de propiedad.*

tí-tu-lo: Sust. m. Plural: títulos. *Sin.* **1.** Nombre. ‖ **2.** Diploma, certificado. *Fam.* Titulación, titulado, titular.

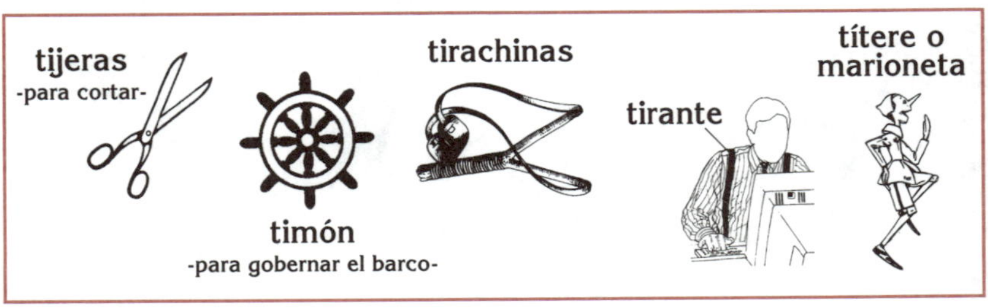

tocar: 1. Usar el sentido del tacto. *Me quemé con la plancha al tocarla.* ‖ **2.** Hacer sonar un instrumento musical. *Mi hermano toca muy bien el piano.* ‖ **3.** Cambiar el estado de las cosas. *No toques ese poema, que así está perfecto.* ‖ **4.** Ser de la obligación de uno. *Esta semana te toca poner la mesa.* ‖ **5.** Caer en suerte una cosa. *Le tocó la lotería.*

to-**car: 1, 2** y **3.** V. tr. y **4** y **5.** intr. (Mod. 1: amar). Se escribe *qu* en vez de *c* seguido de *-e: Toqué. Sin.* **1.** Palpar, acariciar, rozar. ‖ **2.** Interpretar. ‖ **3.** Alterar, cambiar. ‖ **4.** Corresponder. ‖ **5.** Ganar. *Ant.* **3.** Inalterar. ‖ **4.** Librarse. *Fam.* Tocamiento, toque.

tolerar: 1. Llevar con paciencia. *No tolero tanto calor. Antes no toleraba su mal genio, pero ahora ya me he acostumbrado.* ‖ **2.** Dejar hacer a alguien una cosa. *Mi padre me toleró llegar más tarde el día de la fiesta.*

to-le-**rar:** V. tr. (Mod. 1: amar). *Sin.* **1.** Soportar, sufrir, aguantar. ‖ **2.** Consentir, permitir. *Ant.* **1.** Revelarse. ‖ **2.** Prohibir, negar. *Fam.* Tolerancia, tolerable, intolerancia.

tomar: 1. Coger con la mano una cosa. *Tomó al niño de la mano.* ‖ **2.** Comer o beber. *No tomo azúcar con el café.* ‖ **3.** Entender una cosa con cierto sentido. *Tomó mal que olvidaran felicitarlo.* ‖ **4.** Subir a un vehículo. *Tomé el tren en la estación.* ‖ **5.** Conquistar algo por la fuerza. *El pueblo francés tomó la Bastilla en 1789.* ‖ **6.** Ir por una determinada dirección. *Toma la autopista después de cruzar el último puente.*

to-**mar:** V. tr. (Mod. 1: amar). *Sin.* **1.** Agarrar, asir. ‖ **2.** Ingerir, tragar. ‖ **3.** Interpretar, juzgar. ‖ **4.** Coger. ‖ **5.** Apoderarse, ocupar. ‖ **6.** Coger. *Ant.* **1.** Soltar, dejar. ‖ **2.** Vomitar. ‖ **3.** Aceptar. ‖ **4.** Bajar, desmontar. ‖ **5.** Libertar. ‖ **6.** Abandonar. *Fam.* Toma, tomadura.

tobogán

tocador

tocón

toldo

tomates

tonel

torcer: 1. Poner una cosa curva o formando ángulo. *Torció un alambre para hacer un gancho.* ‖ **2.** Hacer tomar a una cosa dirección distinta de la natural. *Al llamarle, torció la cabeza.* ‖ **3.** Cambiar de dirección. *Tuerce a la izquierda.*

tor-**cer: 1** y **2.** V. tr. y **3.** intr. irregular (Mod. 2b: mover). Se escribe *z* en vez de *c* seguido de *-a* u *-o: Tuerzo. Sin.* **1.** Doblar. ‖ **2** y **3.** Girar. *Ant.* **1.** Enderezar. *Fam.* Torcedura.

tormenta: Violento cambio atmósferico con lluvia, truenos y relámpagos, viento, etc. *La tormenta en el mar se llama tempestad.*

tor-**men**-ta: Sust. f. Plural: tormentas. *Sin.* Borrasca, temporal. *Ant.* Calma. *Fam.* Tormentoso.

torre: Construcción o parte de un edificio mucho más alto que ancho. *En los castillos, la torre sirve de defensa; en las iglesias, de campanario; en las casas, de adorno.*

to-rre: Sust. f. Plural: torres. *Sin.* Atalaya, torreón. *Fam.* Torreta.

trabajar: 1. Realizar una actividad física o mental durante un determinado período de tiempo. *Hemos trabajado todo el día para pintar la casa.* ‖ **2.** Desempeñar una profesión para ganarse la vida. *Trabaja como abogado en un bufete.*

tra-ba-**jar:** V. intr. (Mod. 1: amar). *Sin.* **1.** Hacer, atarearse. ‖ **2.** Ejercer, ocuparse. *Ant.* **1.** Holgar, vaguear. ‖ **2.** Estar parado. *Fam.* Trabajador, trabajo, trabajoso.

traducir: Decir en una lengua lo que se ha escrito o dicho en otra. *Traduce libros del español al inglés.*

tra-du-**cir:** V. tr. irregular (Se conjuga como *conducir). *Fam.* Traducción, traductor.

traer: 1. Llevar una cosa al lugar donde uno está. *Nos ha traído sus discos.* ‖ **2.** Tener puesta ropa. *Traes un bonito vestido.*

tra-**er:** V. tr. irregular (Véase cuadro). *Sin.* **1.** Aproximar, acercar. ‖ **2.** Usar, vestir, llevar. *Ant.* **1.** Alejar. *Fam.* Traída, traído, atraer.

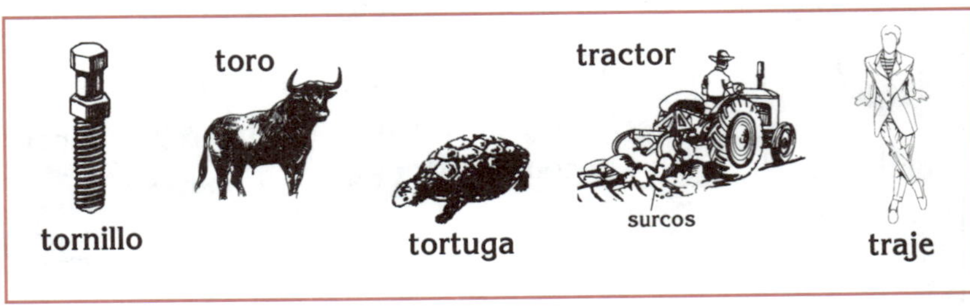

CONJUGACIÓN DEL VERBO «TRAER»

Formas personales

MODOS	INDICATIVO	SUBJUNTIVO
TIEMPOS	**SIMPLES**	
Presente	traigo traes trae traemos traéis traen	traiga traigas traiga traigamos traigáis traigan
Pretérito imperfecto o co-pretérito	traía traías traía traíamos traíais traían	trajera o trajese trajeras o trajeses trajera o trajese trajéramos o trajésemos trajerais o trajeseis trajeran o trajesen
Pret. perfecto simple o pretérito	traje trajiste trajo trajimos trajisteis trajeron	
Futuro	traeré traerás traerá traeremos traeréis traerán	trajere trajeres trajere trajéremos trajereis trajeren
Condicional o pos-pretérito	traería traerías traería traeríamos traeríais traerían	
MODO IMPERATIVO Presente	trae traed	traiga traigan

Formas no personales

Infinitivo	traer
Gerundio	trayendo
Participio	traído

tráfico: Movimiento de vehículos por tierra, mar o aire. *En verano las carreteras tienen mucho tráfico.*

trá-fi-co: Sust. m. singular. *Sin.* Tránsito, circulación. *Fam.* Traficante, traficar.

tragar: Hacer pasar el alimento de la boca al aparato digestivo. *No podrá tragar esas pastillas tan grandes.*

tra-**gar:** V. tr. (Mod. 1: amar). Se escribe *gu* en vez de *g* seguido de *-e: Tragué. Sin.* Engullir, ingerir, zampar. *Ant.* Expulsar, devolver. *Fam.* Tragaderas, trago, tragón.

tranquilo: *Quieto. *El mar está tranquilo tras la tempestad. Mi hermano estuvo muy tranquilo.*

tran-**qui**-lo: Adj. m. / f. Tranquila. Plural: tranquilos, tranquilas. *Sin.* Pacífico, sereno, sosegado. *Ant.* Intranquilo, inquieto, nervioso. *Fam.* Tranquilidad, tranquilizante.

transcurrir: Correr o pasar el tiempo. *Transcurrió un año desde que nos vimos por última vez.*

trans-cu-**rrir:** V. intr. (Mod. 3: partir). *Sin.* Sucederse. *Fam.* Transcurso.

transformar: Cambiar de forma o aspecto una persona o cosa. *El sastre transformó el abrigo en chaqueta.*

trans-for-**mar:** V. tr. (Mod. 1: amar). *Sin.* Modificar, mudar, trocar, alterar, convertir. *Ant.* Permanecer, continuar. *Fam.* Transformación.

transmitir: **1.** Comunicar un mensaje, conocimiento, noticia, etc. *Me transmitió el aviso a través de un amigo.* ‖ **2.** Emitir por radio o televisión un programa. *Todos los días escucha el programa que transmiten por radio a las diez.*

trans-mi-**tir:** V. tr. (Mod. 3: partir). *Sin.* **1.** Dar, decir. ‖ **2.** Retransmitir, radiar, televisar. *Fam.* Transmisión, transmisor.

transportar: Llevar una cosa de un lugar a otro. *Los autobuses transportan viajeros.*

trans-por-**tar:** V. tr. (Mod. 1: amar). *Sin.* Trasladar, llevar, conducir. *Ant.* Dejar. *Fam.* Transporte, transportista.

trampolín

transistor (aparato)
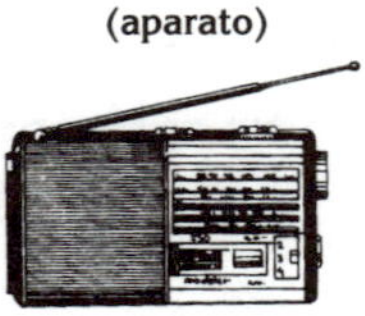

trapecio

trébol

tren

tratar: 1. *Manejar una cosa. *Trata con cuidado los pinceles.* ‖ **2.** Tener relación con alguien. *Se trata mucho con su familia.* ‖ **3. Tratar de:** Intentar algo. *Trata de esforzarte más.*

tra-**tar: 1.** V. tr., **2.** tr. o intr. y **3.** intr. (Mod. 1: amar). *Sin.* **1.** Usar, utilizar. ‖ **2.** Relacionarse. ‖ **3.** Hacer lo posible. *Ant.* **2.** Enemistarse. ‖ **3.** Desistir. *Fam.* Tratamiento, trato.

trepar: 1. Subir a un lugar alto, ayudándose de los pies y las manos. *Trepó por la cuerda.* ‖ **2.** Crecer y subir las plantas agarrándose a los árboles, las paredes, etc. *La yedra trepa hasta la ventana.*

tre-**par:** V. intr. (Mod. 1: amar). *Sin.* **1.** Escalar. ‖ **2.** Ascender. *Ant.* Bajar. *Fam.* Trepador.

trigo: Planta de cuyos granos molidos se saca la harina. *Con la harina de trigo se hace pan.*

tri-go: Sust. m. Plural: trigos. *Fam.* Trigal, triguero.

triste: 1. Que siente tristeza o pena. *Está muy triste porque ha perdido un amigo.* ‖ **2.** Que produce tristeza o melancolía. *¡Qué paisaje tan triste!*

tris-te: Adj. invariable en género. Plural: tristes. *Sin.* **1.** Afligido, apenado, melancólico, abatido. ‖ **2.** Lastimoso, apagado, sombrío, oscuro. *Ant.* **1** y **2.** Alegre. ‖ **1.** Contento, eufórico, gozoso, feliz. ‖ **2.** Claro, vivo, soleado. *Fam.* Tristeza, entristecer.

triunfar: Ganar, tener éxito. *Triunfó en su nuevo trabajo.*

triun-**far:** V. intr. (Mod. 1: amar). *Sin.* Ganar, vencer, derrotar, prosperar, lograr. *Ant.* Fracasar, perder. *Fam.* Triunfo, triunfador, triunfalmente.

tumbar: 1. Hacer caer a un ser vivo o cosa. *Tumbó al herido en el suelo.* ‖ **2. Tumbarse:** *Acostarse. *Se tumbó un rato.*

tum-**bar: 1.** V. tr. y **2.** prnl. (Mod. 1: amar). *Sin.* **1.** Derribar, tirar. ‖ **2.** Echarse, tenderse. *Ant.* **1** y **2.** Levantar(se). ‖ **1.** Alzar. *Fam.* Tumbona, tumbado.

turno: Orden que siguen las personas para hacer algo. *Le dejé mi turno en la carnicería porque tenía prisa.*

tur-no: Sust. m. Plural: turnos. *Sin.* Vez. *Fam.* Turnar.

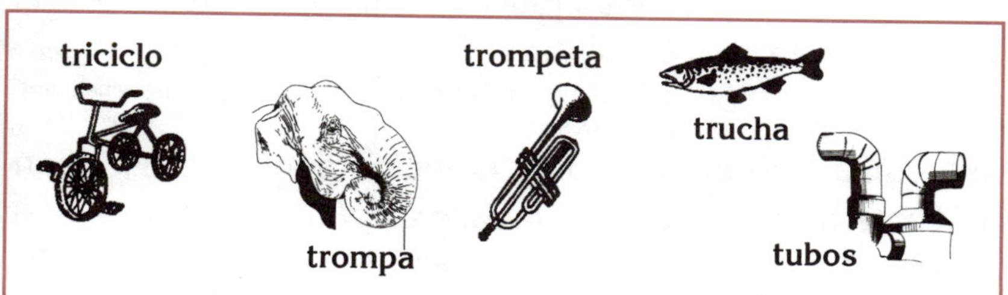

U u

último: Que no tiene otra cosa después. *El 31 de diciembre es el último día del año.*

úl-ti-mo: Adj. m. / f. Última. Plural: últimos, últimas. *Sin.* Postrero. *Ant.* Primero. *Fam.* Ultimar, últimamente.

único: Solo y sin otro de su especie. *Bebió en la única fuente del pueblo.*

ú-ni-co: Adj. m. / f. Única. Plural: únicos, únicas. *Sin.* Exclusivo, uno. *Ant.* Variado, plural. *Fam.* Únicamente.

unidad: 1. Propiedad de los seres, por la cual no pueden dividirse sin que su naturaleza cambie. *El cuerpo forma una unidad.* ‖ **2.** Cantidad que se toma como medida o término de comparación en relación con las demás de su especie. *El metro, el litro, la libra y la milla..., son unidades de medida.*

u-ni-**dad:** Sust. f. Plural: unidades.

unir: 1. Hacer de dos o más cosas una sola. *Hemos unido dos habitaciones para hacer una sola.* ‖ **2. Unirse:** Juntarse dos o varias personas para un fin. *Los vecinos del pueblo se unieron para arreglar la plaza.*

u-**nir:** **1.** V. tr. y **2.** prnl. (Mod. 3: partir). *Sin.* Juntar(se), asociar(se), agrupar(se). *Ant.* Separar(se), dividir(se). *Fam.* Unión, desunión.

universidad: Organización y edificios donde se estudian las carreras superiores. *La universidad tiene varias facultades: Derecho, Farmacia, Filosofía y Letras, Medicina, etc.*

u-ni-ver-si-**dad:** Sust. f. Plural: universidades. *Fam.* Universitario.

universo: Conjunto de todo lo que existe. *Hay millones de astros en el universo.*

u-ni-**ver**-so: Sust. m. Plural: universos. *Sin.* Cosmos, orbe. *Ant.* Nada. *Fam.* Universal.

urgente: Que tiene que hacerse pronto. *Me quedé hasta tarde para sacar un trabajo urgente.*

ur-**gen**-te: Adj. invariable en género. Plural: urgentes. *Sin.* Apremiante, importante. *Ant.* Aplazable, innecesario. *Fam.* Urgencia, urgir.

usar: **1.** Hacer servir las cosas para algo. *Usé un palo para sujetar la planta.* ‖ **2.** Disfrutar de una cosa. *Uso la bicicleta de mi hermano.*

u-**sar:** V. tr. (Mod. 1: amar). *Sin.* **1** y **2.** Utilizar. ‖ **1.** Emplear. *Ant.* **1.** Desemplear. ‖ **2.** Prescindir. *Fam.* Uso, usuario, usado.

unicornio
-animal imaginario-

uniforme

de persona

uña

de escorpión

urbe

útil: **1.** Que da fruto, interés o provecho. *Tu consejo fue muy útil, solucionamos el problema.* ‖ **2.** Que puede servir. *Aunque viejo, este paraguas aún es útil.* ‖ **3.** Herramienta. *Para plantar las flores, necesitaré útiles de jardinería.*

ú-til: **1** y **2.** Adj. invariable en género. Plural: útiles. ‖ **3.** Sust. m. Plural: útiles. *Sin.* **1.** Beneficioso, productivo. ‖ **2.** Servible. ‖ **3.** Utensilio. *Ant.* **1.** Inútil. ‖ **2.** Inservible. *Fam.* Utilidad, utilización, utilizar.

utilizar: *Usar. *Utiliza mi lápiz, yo no lo necesito.*

u-ti-li-**zar:** V. tr. (Mod. 1: amar). Se escribe *c* en vez de *z* seguido de *-e: Utilicé. Sin.* Emplear, usar. *Ant.* Desaprovechar. *Fam.* Utilización, utilizable.

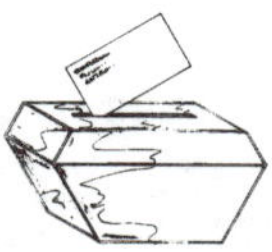

urna
-caja de cristal-

urogallo

urraca

uvas
(racimo de)

V v

vacío: 1. Que no tiene nada dentro. *La botella está vacía.* ‖ **2.** Que no está ocupado por nadie. *El tercer piso está vacío.* ‖ **3.** Se dice de los sitios sin gente. *En la sesión de noche, el teatro estaba casi vacío.*

va-**cí**-o: Adj. m. / f. Vacía. Plural: vacíos, vacías. *Sin.* **1** y **2.** Desocupado. ‖ **2.** Libre. ‖ **3.** Desierto. *Ant.* **1**, **2** y **3.** Lleno. ‖ **2.** Ocupado. *Fam.* Vaciedad, vaciar.

valer: 1. *Costar. *Esta casa vale mucho dinero.* ‖ **2.** *Servir. *Esta tela vale para hacer una bolsa.* ‖ **3.** Tener cualidades para algo. *Su hijo vale para la mecánica.*

va-**ler: 1.** V. tr. y **2** y **3.** intr. irregular (Véase cuadro). *Sin.* **1.** Importar, sumar, ascender. ‖ **2.** Ser útil. ‖ **3.** Servir , ser apto. *Fam.* Valía, valor, valoración, valorar.

valiente: Que no tiene miedo en las situaciones difíciles y peligrosas. *Fue muy valiente al salvar al niño de las llamas.*

va-**lien**-te: Adj. invariable en género. Plural: valientes. *Sin.* Animoso, bravo, valeroso, atrevido, osado, audaz. *Ant.* Cobarde, temeroso. *Fam.* Valentía, valor.

valle: Terreno llano entre montañas. *Este río atraviesa todo el valle.*

va-lle: Sust. m. Plural: valles. *Sin.* Hondonada, vaguada.

vaca

vajilla

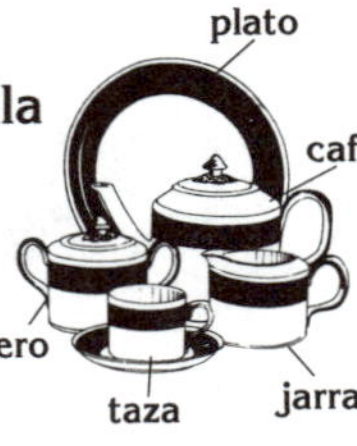

valla

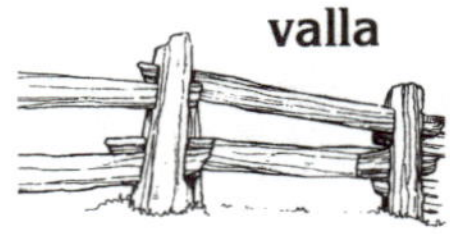

CONJUGACIÓN DEL VERBO «VALER»

Formas personales

MODOS	INDICATIVO	SUBJUNTIVO
TIEMPOS	**SIMPLES**	
Presente	valgo vales vale valemos valéis valen	valga valgas valga valgamos valgáis valgan
Pretérito imperfecto o co-pretérito	valía valías valía valíamos valíais valían	valiera o valiese valieras o valieses valiera o valiese valiéramos o valiésemos valierais o valieseis valieran o valiesen
Pret. perfecto simple o pretérito	valí valiste valió valimos valisteis valieron	
Futuro	valdré valdrás valdrá valdremos valdréis valdrán	valiere valieres valiere valiéremos valiereis valieren
Condicional o pos-pretérito	valdría valdrías valdría valdríamos valdríais valdrían	
MODO IMPERATIVO Presente	vale valed	valga valgan

Formas no personales

Infinitivo	valer
Gerundio	valiendo
Participio	valido

a b c d e f g h i j k l m n ñ o p q r s t u **v** w x y z

vapor: **1.** Gas en que se convierten los líquidos por la acción del calor. *El vapor de agua forma nubes.* ‖ **2.** Buque que funciona con una máquina de vapor. *Siempre quiso viajar en un vapor.*

va-**por:** Sust. m. Plural: vapores. *Sin.* **1.** Vaho, humo. ‖ **2.** Navío, barco, embarcación. *Fam.* Vaporizado, vaporoso, vaporizar.

variar: **1.** *Cambiar algo de forma, estado, etc. *Las costumbres han variado mucho en los últimos años.* ‖ **2.** Hacer que algo sea diferente de lo que era. *Al final ha decidido variar el color de su habitación.*

va-ri-**ar:** **1.** V. intr. y **2.** tr. (Mod. 1: amar). *Sin.* **1.** Modificarse, transformarse, alterarse. ‖ **2.** Alterar, cambiar, mudar, modificar, transformar. *Ant.* **1.** Permanecer, continuar. ‖ **2.** Mantener, conservar. *Fam.* Variación, variable, variado.

varón: Persona del sexo masculino. *Nuestros amigos han tenido un hijo varón.*

va-**rón:** Sust. m. Plural: varones. *Sin.* Hombre. *Ant.* Mujer, hembra.

vecino: **1.** Persona que vive en el mismo pueblo, barrio o casa que otra. *Los vecinos de mi barrio se reúnen en la plaza.* ‖ **2.** Habitante de una determinada población. *Su amigo es vecino de Madrid.* ‖ **3.** Cercano. *El jardín vecino tiene muchas flores.*

ve-**ci**-no: **1** y **2.** Adj. y sust. m. / f. Vecina. Plural: vecinos, vecinas. ‖ **3.** Adj. m. / f. Vecina. Plural: vecinos, vecinas. *Sin.* **1.** Convecino. ‖ **2.** Residente. ‖ **3.** Inmediato, lindante, próximo. *Ant.* **2.** Forastero. ‖ **3.** Alejado, lejano. *Fam.* Vecindad, vecindario, vecinal, convecino.

vegetal: Ser que crece y vive sin moverse por propio impulso. *Debemos equilibrar el consumo de vegetales en nuestra dieta.*

ve-ge-**tal:** Sust. m. Plural: vegetales. *Fam.* Vegetación.

vaso

vehículo

vela

velero

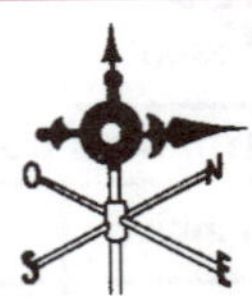

veleta
-señala la dirección del viento-

vejez: 1. Edad en que se es *viejo. *Hace falta salud para disfrutar de una buena vejez.* || 2. Calidad o estado de *viejo. *En el mundo del arte se valora especialmente la vejez.*

ve-**jez:** Sust. f. Plural: vejeces. *Sin.* 1. Ancianidad, senectud. *Ant.* Juventud. *Fam.* Viejo, envejecer.

velar: 1. Estar despierto en el tiempo destinado a dormir. *Estuve velando toda la noche por los nervios del examen.* || 2. Quedar despierto para cuidar a alguien. *Mi hermano estuvo enfermo y mi madre se quedó velándole.*

ve-**lar:** 1. V. intr. y 2. tr. (Mod. 1: amar). *Sin.* 1. Estar en vela. || 2. Proteger, vigilar. *Ant.* 1. Dormir. || 2. Descuidar. *Fam.* Velada, velo.

velocidad: *Rapidez. *¡Con qué velocidad hemos comido el pastel! Ven a toda velocidad, es muy importante.*

ve-lo-ci-**dad:** Sust. f. Plural: velocidades. *Sin.* Celeridad, prisa. *Ant.* Lentitud. *Fam.* Veloz.

vena: Vaso o tubo del cuerpo por donde la sangre vuelve al corazón. *La sangre va del corazón al resto del cuerpo por las arterias y vuelve por las venas.*

ve-na: Sust. f. Plural: venas. *Sin.* Conducto, capilar. *Fam.* Intravenoso, venal, venoso.

vencer: 1. Ganar al contrario. *Vencieron al equipo visitante por tres goles.* || 2. Acabarse el tiempo acordado. *Tienes que entregar el trabajo hoy, pues vence el plazo.*

ven-**cer:** 1. V. tr. y 2. intr. (Mod. 2: temer). Se escribe *z* en vez de *c* seguido de *-a* u *-o: Venza. Sin.* 1. Derrotar, abatir, derrocar. || 2. Terminar, finalizar. *Ant.* 1. Perder, fracasar. *Fam.* 1. Vencedor, vencible, invencible, vencido. || 2. Vencimiento.

vender: Dar una cosa a cambio de su precio. *En esa tienda venden muebles baratos.*

ven-**der:** V. tr. (Mod. 2: temer). *Sin.* Expender. *Ant.* Comprar, adquirir. *Fam.* Vendedor, venta, vendido.

venir: 1. Llegar de un sitio más alejado a otro más cercano. *Vendrá esta tarde a mi casa.* || 2. Acercarse o llegar el tiempo en que una cosa tiene que suceder. *Después de la noche viene el día.*

ve-**nir:** V. intr. irregular (Véase cuadro). *Sin.* 1. Acercarse, aproximarse. || 2. Sobrevenir, llegar. *Ant.* 1. Marcharse, irse, distanciarse. *Fam.* Venida, venidero, devenir.

CONJUGACIÓN DEL VERBO «VENIR»

Formas personales

MODOS	INDICATIVO	SUBJUNTIVO
TIEMPOS	**SIMPLES**	
Presente	vengo vienes viene venimos venís vienen	venga vengas venga vengamos vengáis vengan
Pretérito imperfecto o co-pretérito	venía venías venía veníamos veníais venían	viniera o viniese vinieras o vinieses viniera o viniese viniéramos o viniésemos vinierais o vinieseis vinieran o viniesen
Pret. perfecto simple o pretérito	vine viniste vino vinimos vinisteis vinieron	
Futuro	vendré vendrás vendrá vendremos vendréis vendrán	viniere vinieres viniere viniéremos viniereis vinieren
Condicional o pos-pretérito	vendría vendrías vendría vendríamos vendríais vendrían	
MODO IMPERATIVO Presente	ven venid	venga vengan

Formas no personales

Infinitivo	venir
Gerundio	viniendo
Participio	venido

ventaja: 1. Superioridad de un ser vivo o cosa sobre otro. *Aunque son feos, estos zapatos tienen la ventaja de ser cómodos.* ‖ **2.** Interés o provecho que proporciona algo. *Hacer deporte tiene muchas ventajas.*

ven-**ta**-ja: Sust. f. Plural: ventajas. *Sin.* **1.** Primacía. ‖ **2.** Beneficio, utilidad. *Ant.* **1** y **2.** Desventaja. ‖ **1.** Inferioridad. ‖ **2.** Inconveniente, perjuicio. *Fam.* Aventajado, ventajoso, aventajar.

ver: 1. Percibir por los ojos los objetos. *No veo bien sin gafas.* ‖ **2.** Visitar a una persona o encontrarse con ella. *Fui a ver a mi amigo.* ‖ **3.** Estudiar o examinar algo. *Vamos a ver el problema con detenimiento.* ‖ **4.** Comprender o darse cuenta de algo. *Ahora veo cuál era su intención.*

ver: **1.** V. tr. o intr., **2, 3** y **4.** tr. irregular (Véase cuadro). *Sin.* **1.** Observar, contemplar, divisar, mirar. ‖ **2.** Citarse, reunirse. ‖ **3.** Investigar, considerar, analizar. ‖ **4.** Advertir, sospechar. *Ant.* **3** y **4.** Ignorar. *Fam.* Vidente, visión, visibilidad, vista, visible, invisible.

verano: Una de las cuatro estaciones del año. *El verano es la estación más calurosa en algunos países.*

ve-**ra**-no: Sust. m. Plural: veranos. *Sin.* Estío. *Ant.* Invierno. *Fam.* Veraniego, veraneo, veranear.

verdad: Lo que está de acuerdo con la realidad. *Siempre digo la verdad. No me gusta mentir.*

ver-**dad:** Sust. f. Plural: verdades. *Sin.* Certeza, veracidad. *Ant.* Mentira, falsedad, equivocación, falacia. *Fam.* Verdadero, verdaderamente.

verde: 1. Del color de la hierba. *Tiene los ojos verdes como la esmeralda.* ‖ **2.** Que no está *maduro. *No pudimos recoger la fruta porque aún estaba verde.*

ver-de: Adj. invariable en género. Plural: verdes. También **1.** sust. m. Plural: verdes. *Sin.* **2.** Temprano, inmaduro, tardío. *Ant.* **2.** Maduro. *Fam.* **1.** Verdoso. ‖ **2.** Verdear.

ventana

ventanillo

ventilador

-aparato que remueve el aire-

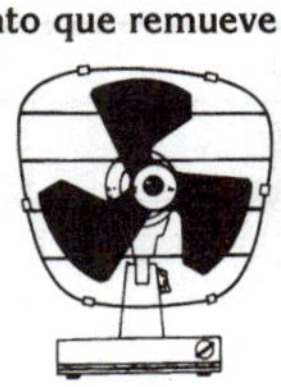

verja

CONJUGACIÓN DEL VERBO «VER»

Formas personales

MODOS	INDICATIVO	SUBJUNTIVO
TIEMPOS	**SIMPLES**	
Presente	veo ves ve vemos veis ven	vea veas vea veamos veáis vean
Pretérito imperfecto o co-pretérito	veía veías veía veíamos veíais veían	viera o viese vieras o vieses viera o viese viéramos o viésemos vierais o vieseis vieran o viesen
Pret. perfecto simple o pretérito	vi viste vio vimos visteis vieron	
Futuro	veré verás verá veremos veréis verán	viere vieres viere viéremos viereis vieren
Condicional o pos-pretérito	vería verías vería veríamos veríais verían	
MODO IMPERATIVO Presente	ve ved	vea vean

Formas no personales

Infinitivo	ver
Gerundio	viendo
Participio	visto

verso: Conjunto de palabras combinadas según unas reglas de medida y acentuación. *«Río con riberas / de historias y mitos: / ¿Dejas o te llevas / los días perdidos?», es un poema de Jorge Guillén que tiene cuatro versos.*

ver-so: Sust. m. Plural: versos. *Fam.* Versículo, versificación, versificar.

vestir: Cubrir el cuerpo con ropa. *Vistió a su hermano pequeño y le llevó al parque a jugar.*

ves-**tir:** V. tr. irregular (Mod. 6: pedir). Se usa también **vestirse** (prnl): *Se vistió rápidamente. Ant.* Desvestir(se), desnudar(se). *Fam.* Vestido, vestimenta, vestuario.

vía: 1. Camino. *Seguí la vía más corta para ir a tu casa.* ‖ 2. Raíles por donde circula el ferrocarril, el metro. *Están arreglando la vía del tren.*

ví-a: Sust. f. Plural. Vías. *Sin.* 1. Senda, sendero, calle. *Fam.* Viable, desviar.

viajar: Ir de un lugar a otro, casi siempre lejano. *Los pilotos de avión viajan frecuentemente.*

via-**jar:** V. intr. (Mod. 1: amar). *Sin.* Desplazarse, trasladarse. *Fam.* Viajante, viajero.

victoria: Triunfo que se consigue al ganar o vencer. *¿Sabes quién ha obtenido la victoria en la carrera?*

vic-**to**-ria: Sust. f. Plural: victorias. *Sin.* Éxito, trofeo. *Ant.* Derrota, fracaso. *Fam.* Victorioso.

vida: Tiempo que va del nacimiento a la muerte. *La vida del perro es más corta que la del hombre.*

vi-da: Sust. f. Plural: vidas. *Sin.* Existencia, duración. *Ant.* Muerte, final. *Fam.* Vivir.

viejo: 1. *Anciano. *Los viejos guardan infinidad de recuerdos.* ‖ 2. Que tiene muchos años. *Este anillo es muy viejo.* ‖ 3. Muy estropeado o muy usado. *Tira ese viejo pantalón.*

vie-jo: 1. Sust. m. /f. Vieja. Plural: viejos, viejas. ‖ 2 y 3. Adj. m. / f. Vieja. Plural: viejos, viejas. *Sin.* 2. Antiguo. ‖ 3. Ajado. *Ant.* 1 y 2. Joven. ‖ 3. Nuevo. *Fam.* Envejecimiento, vejez, envejecido, envejecer.

vértebra

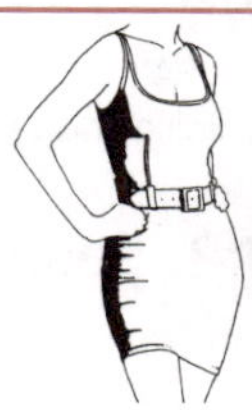

vestido

víbora

vid

vidriera

a b c d e f g h i j k l m n ñ o p q r s t u v w x y z

viento: Corriente de aire. *El viento en el Estrecho es fuerte y peligroso.*

vien-to: Sust. m. Plural: vientos. *Sin*. Vendaval, brisa. *Ant*. Calma. *Fam*. Ventisca, ventarrón.

viernes: Día de la semana que está entre el jueves y el sábado. *Los viernes me acuesto más tarde, porque el sábado no tengo que trabajar.*

vier-nes: Sust. m. invariable en número.

vino: Bebida alcohólica que se saca de las uvas. *Los vinos de Jerez son famosos.*

vi-no: Sust. m. Plural: vinos. *Fam.* Vinagre, vinatero.

virtud: **1.** Capacidad de una cosa para causar un efecto. *Sus amables palabras tuvieron la virtud de calmarlo.* || **2.** Costumbre de obrar bien. *Tiene la virtud de ser muy generosa.* || **3.** Propiedad o cualidad de una cosa para conservar la salud o mejorarla. *La manzanilla tiene la virtud de calmar los nervios.*

vir-**tud:** Sust. f. Plural: virtudes. *Sin.* **1** y **3.** Poder. || **2.** Bondad, moralidad, honradez. || **3.** Eficacia. *Ant* **1** y **3.** Ineficacia. || **1.** Incapacidad. || **2.** Vicio, inmoralidad. *Fam.* Virtuoso, virtuosamente.

visitar: Ir a ver a una persona o un lugar. *Visitó el museo. Fue a visitar a sus tíos cuando estuvo en la ciudad.*

vi-si-**tar:** V. tr. (Mod. 1: amar). *Fam.* Visita, visitante.

vista: Uno de los sentidos del cuerpo que permite a los seres vivos ver lo que les rodea. *Los invidentes no poseen el sentido de la vista.*

vis-ta: Sust. f. Plural: vistas. *Fam.* Visión, visual, vistazo.

vivienda: Lugar donde viven las personas. *Su familia ha cambiado de vivienda.*

vi-**vien**-da: Sust. f. Plural: viviendas. *Sin.* Casa, domicilio, hogar, morada, residencia. *Fam.* Vivir.

vivir: **1.** Tener *vida. *Todavía vive.* || **2.** Pasar la vida en un país, una casa, etc. *Ha vivido siempre en este pueblo.*

vi-**vir:** V. intr. (Mod. 3: partir). *Sin.* **1.** Existir, subsistir. || **2.** Habitar, morar, residir. *Ant.* **1.** Morir, fenecer. *Fam.* Vida, vivienda, vivo.

vocabulario: Conjunto de palabras que forman una lengua. *Leer mucho es muy útil para aprender vocabulario nuevo.*

vo-ca-bu-**la**-rio: Sust. m. Plural: vocabularios. *Sin.* Léxico.

volar: **1.** Ir por el aire. *Los pájaros vuelan usando las alas. Los aviones vuelan a gran altitud.* ‖ **2.** Viajar en avión. *Volamos a México haciendo escala en Canadá.* ‖ **3.** Hacer saltar algo en pedazos. *Volaron el antiguo almacén para construir una casa.* ‖ **4.** Hacer algo con rapidez. *Me ducho volando.* ‖ **5.** Pasar muy rápido el tiempo. *El fin de semana se pasó volando.* ‖ **6.** Ir a un lugar muy deprisa. *Salgo ahora mismo, llegaré volando.*

vo-**lar:** **1, 2, 4, 5** y **6.**V. intr. y **3.** tr. irregular (Mod. 1b: contar). *Sin.* **1.** Revolotear, planear. ‖ **3.** Explosionar. ‖ **4.** Correr. ‖ **5.** Esfumarse. *Ant.* **1.** Aterrizar, descender. ‖ **3.** Construir, levantar. ‖ **4** y **6.** Tardar. *Fam.* Vuelo, volado.

voluntad: Facultad de las personas de hacer o no hacer una cosa. *No lo hizo por propia voluntad, sino porque le obligaron.*

vo-lun-**tad:** Sust. f. Plural: voluntades. *Sin.* Gana, anhelo, propósito, determinación. *Fam.* Voluntario, voluntarioso, voluntariamente.

volver: **1.** Ir otra vez a un sitio en el que ya se ha estado. *No pienso volver a esta ciudad.* ‖ **2.** Poner una cosa al revés de como estaba. *No vuelvas la cara cuando te hablo.*

vol-**ver:** **1.** V. intr. y **2.** tr. irregular (Mod. 2b: mover). *Sin.* **1.** Regresar, retornar. ‖ **2.** Dar la vuelta, invertir, voltear, volcar. *Fam.* Vuelta, vuelto, revolver.

voz: Sonido que produce el aire al salir de los pulmones a la boca, haciendo vibrar las cuerdas vocales. *Cuando Pedro habla por teléfono, su voz es muy clara.*

voz: Sust. f. Plural: voces. *Fam.* Vocear.

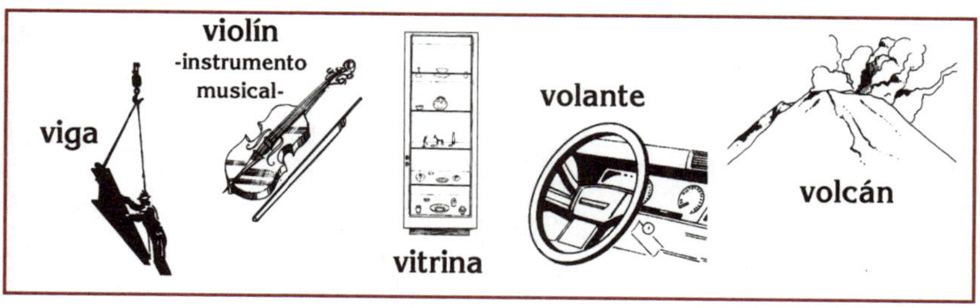

a b c d e f g h i j k l m n ñ o p q r s t u **v** w x y z

vuelo: 1. Acción de volar. *Observa el vuelo de los pájaros.* ‖ 2. Viaje en avión. *El vuelo de Santiago a México sale a las 10.*

vue-lo: Sust. m. Plural: vuelos. *Sin.* 1. Revoloteo, planeo. *Fam.* Volar.

vuelta: 1. Movimiento de una persona o cosa alrededor de algo o de sí misma. *La peonza dio muchas vueltas.* ‖ 2. Regreso al punto de partida. *Emprendieron la vuelta a casa.* ‖ 3. Dinero que da el vendedor al que compra, cuando éste paga con moneda o billete que vale más de lo que ha comprado. *Dejó la vuelta de propina.*

vuel-ta: Sust. f. Plural: vueltas. *Sin.* 1. Giro, rotación. ‖ 2. Regreso, retorno. ‖ 3. Cambio. *Ant*. 2. Ida, marcha. *Fam.* Volver.

W w

waterpolo: Juego de pelota en el que dos equipos de siete jugadores se enfrentan en el agua, y que consiste en meter el balón en una portería. *Le gusta mucho jugar al waterpolo.*

wa-ter-**po**-lo: Sust. m. singular.

web: Sistema gráfico de comunicación dentro de internet, que permite vincular textos, imágenes y películas dentro de una o varias páginas. *He entrado en la página web de mi grupo favorito.*

web: Sust. f.

whisky: Bebida alcohólica hecha de cereales. *En mi ciudad hay una fábrica de whisky.*

whis-ky: Sust. m. Plural: whiskies. Se escribe también *güisqui*. Plural: güisquis.

windsurf o windsurfing: Deporte que se practica sobre el agua con una tabla y una vela. *Para practicar windsurf debes prepararte durante algún tiempo.*

wind-surf: Sust. m. singular.

X x

xilófono: Instrumento musical de percusión, formado por varillas de metal o madera de distintos tamaños que producen los sonidos de la escala musical. *El xilófono suena al golpear las varillas con dos macillos.*

xi-**ló**-fo-no: Sust. m. Plural: xilófonos.

xilografía: **1.** Arte de grabar en madera. ‖ **2.** Grabado en madera. *Prefiere las xilografías a los demás grabados.*

xi-lo-gra-**fí**-a: **1.** Sust. f. Plural: **2.** Xilografías. *Fam.* Xilógrafo, xilográfico.

Y y

yacimiento: Sitio donde hay de un modo natural una roca, un mineral o restos de antiguas civilizaciones. *El petróleo se extrae de yacimientos subterráneos. En Roma se encuentran importantes yacimientos arqueológicos.*

ya-ci-**mien**-to: Sust. m. Plural: yacimientos. *Sin.* Mina. *Fam.* Yacer.

yema: 1. Brote de las plantas por el que comienzan a salir las ramas, hojas... *Esa planta ya tiene yemas.* ‖ **2.** Parte central del huevo, rodeada de la clara y protegida por la cáscara. *La yema es la parte que más me gusta del huevo.* ‖ **3.** Extremo del dedo opuesto a la uña. *El piano se toca con las yemas de los dedos.*

ye-ma: Sust. f. Plural: yemas.

yogur: Producto derivado de la leche sometida a procedimientos especiales, y que puede tener distintos sabores. *¿Prefieres el yogur natural o de frutas?*

yo-**gur:** Sust. m. Plural: yogures.

yacaré

yedra

yelmo

yugo

yunque

a b c d e f g h i j k l m n ñ o p q r s t u v w x y z

Z z

zaguán: Entrada de la casa. *La puerta de la calle da al zaguán.*

za-**guán:** Sust. m. Plural: zaguanes. *Sin.* Portal, vestíbulo. *Ant.* Salida.

zanja: Hoyo largo y estrecho que se hace en la tierra para que pase el agua, para poner tuberías, etc. *La calle está cortada por una zanja.*

zan-ja: Sust. f. Plural: zanjas. *Sin.* Foso, surco.

zapatilla: Calzado muy cómodo y ligero, que se usa para estar en casa. *Le regalaron unas zapatillas de paño.*

za-pa-**ti**-lla: Sust. f. Plural: zapatillas. *Fam.* Zapatillero.

zona: *Región. *Hay zonas de la Tierra en las que apenas llueve durante el año.*

zo-na: Sust. f. Plural: zonas. *Sin.* Comarca, territorio. *Fam.* Zonal.

zoo: Lugar donde se cuidan y crían animales para su estudio y para que la gente los conozca. *No me gusta ir al zoo, porque me dan pena los animales en cautividad.*

zo-o: Sust. m. Plural: zoos. Se usa también *parque zoológico*. *Fam.* Zoología.

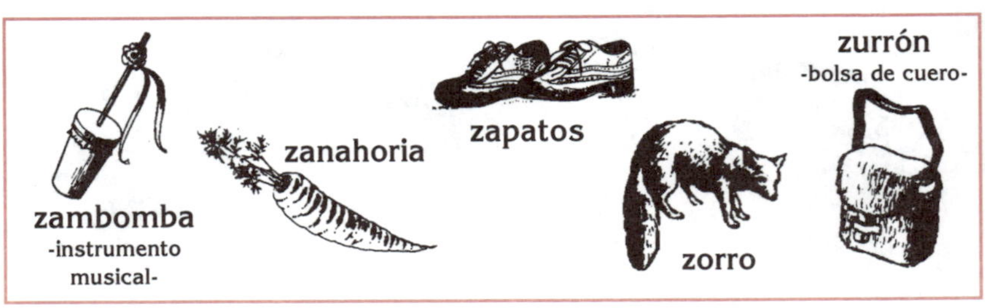

APÉNDICE GRAMATICAL

Normas de ortografía

Uso de la B

Se escriben con B	Ejemplos
Las palabras que empiezan por **bu-, bur-** y **bus-.**	**bú**falo, **bur**la, **bus**to
Las palabras que empiezan por **bibl-.**	**bibl**ioteca
Las palabras que empiezan por los prefijos **bi-, bis-, biz-** (del latín «dos»).	**bi**sílaba, **bis**abuelo, **biz**nieto
Las palabras compuestas de **bien** y de su forma latina **bene.**	**bien**hechor, **bene**ficencia
Los pretéritos imperfectos de indicativo de la primera conjugación.	canta**ba, -bas, -ba, -bamos, -bais, -ban**
El pretérito imperfecto del verbo **ir.**	**iba, ibas, iba, íbamos, ibais, iban**
Ante otra consonante.	**br**újula, **bl**usa, a**bs**urdo, o**bs**ervar
Detrás de **m.**	ho**mb**re, ca**mb**io
Las palabras terminadas en **-bundo, -bunda, -bilidad.**	vaga**bundo,** medita**bunda,** ha**bilidad**
Los verbos terminados en **-bir,** excepto **vivir, servir, hervir** y sus compuestos.	prohi**bir,** escri**bir,** reci**bir,** conce**bir**
Los verbos terminados en **-aber,** excepto **precaver.**	c**aber,** h**aber,** s**aber**

Uso de la V

Se escriben con V	Ejemplos
Los verbos que no tienen **b** ni **v** en el infinitivo. Se exceptúan los pretéritos imperfectos de indicativo en **-aba.**	est**uve,** cont**uvo,** cont**uviera**
Después de **b, d** y **n.**	o**bv**io, a**dv**enimiento, e**nv**iar
Los verbos terminados en **-servar.**	con**servar,** pre**servar**
Las palabras que empiezan por **vice-, villa-,** excepto **bíceps, bicéfalo** y **billar.**	**vice**presidente, **villa**no
Las palabras terminadas en **-ívora, -ívoro, -vira** y **-viro.**	carn**ívoro,** herb**ívora**
Los adjetivos terminados en **-ava, -ave, -avo, -eva, -eve, -evo, -iva, -ivo.**	su**ave,** nu**evo,** gr**ave,** noc**ivo**

Uso de la G

Se escriben con G	Ejemplos
Las palabras que empiezan por **geo-, gem-, gen-.**	**geo**metría, **gem**ido, **gen**te
Los verbos terminados en **-ger, -gir, -igerar,** excepto **tejer** y **crujir.**	reco**ger,** ali**gerar**
Las palabras terminadas en **-genio, -gen,-gia, -gio, -gión, -ogia, -ógica, -ígena, -ógeno.**	in**genio**, hidr**ógeno**, el**ogio**, l**ógica**

Uso de la J

Se escriben con J	Ejemplos
Las palabras derivadas de otras que tienen **j.**	majo > ma**j**eza bajo > ba**j**ito
Las formas verbales en cuyo infinitivo no hay ni **g** ni **j.**	traer > tra**j**e decir > di**j**e
Las palabras terminadas en **-aje, -eje, -jería.**	cor**aje,** her**eje,** bru**jería**

Uso de la H

Se escriben con H	Ejemplos
Las palabras que comienzan por **helio-, hemi-, hidr-, hiper-, hipo-, histo-, homo-,** excepto **omóplato.**	**helio**grafía, **hemi**sferio, **hidr**ógeno, **hipo**tenusa, **histo**ria
Las palabras que comienzan por **hie-, hue-, hui-.**	**hie**rro, **hue**co, **hui**da
Las formas de los verbos **haber** y **hacer,** y sus compuestos.	**h**ubiéramos, **h**aciendo, des**h**aciendo
Los derivados y compuestos de palabras que tengan **h,** excepto las derivadas de **huevo** (óvalo, óvulo, etc)**, hueso** (óseo, osario, etc.) y **huérfano** (orfanato, orfandad)**.**	**h**onra > **h**onradez **h**oja > des**h**ojar
Algunas interjecciones.	¡o**h**!, ¡a**h**!, ¡e**h**!, ¡**h**ala!, ¡**h**ola!, ¡**h**urra!

Uso de la M

Se escribe M	Ejemplos
Antes de **b** y **p.**	li**mp**io, tie**mp**o
Detrás de **n,** en algunas palabras compuestas.	i**nm**emorial, i**nm**ortal

Normas de ortografía

Uso de la R

Se escribe R	Ejemplos
Al principio de palabra.	**r**osa, **r**udo
Después de **n, s** y **l.**	e**nr**iquecer, i**sr**aelita, a**lr**ededor

Uso de las mayúsculas

Se escriben con mayúscula	Ejemplos
La palabra que inicia un escrito.	**V**oy a contar.
La palabra que va después de punto.	**N**o te había contestado. **C**uando llegué de...
Los nombres propios.	**A**ndrés, **P**erú, **S**evilla
Los títulos y tratamientos.	**D**iario de **B**arcelona, **M**ajestad, **G**obernador
Los nombres de organismos y de instituciones.	**A**udiencia **P**rovincial, **C**olegio **M**ayor
Después de los dos puntos, cuando hacemos una cita o encabezamos las cartas.	El artículo dice así: «**T**odos los productores...» Muy señor nuestro: «**H**acemos referencia...»

<table>
<tr><th colspan="5">SUSTANTIVO
Es la parte variable de la oración que sirve para designar a los seres, tanto materiales como inmateriales.</th></tr>
<tr><td colspan="5">PROPIOS: Se emplean para distinguir a un ser de los demás de su especie, sin hacer referencia a sus cualidades.</td></tr>
<tr><td colspan="2">ANTROPÓNIMOS</td><td colspan="3">Nombres propios de persona: Juan...</td></tr>
<tr><td colspan="2">TOPÓNIMOS</td><td colspan="3">Nombres propios de lugar: Tajo...</td></tr>
<tr><td colspan="2">PATRONÍMICOS</td><td colspan="3">Se refieren a los apellidos: Álvarez...</td></tr>
<tr><td colspan="5">COMUNES: Se emplean para nombrar a todos los seres de la misma especie, haciendo referencia a sus cualidades.</td></tr>
<tr><td rowspan="5">POR SU ORIGEN</td><td>PRIMITIVOS</td><td colspan="3">No contienen ningún morfema derivativo: pan, rosa.</td></tr>
<tr><td rowspan="4">DERIVADOS
Contienen morfemas derivativos.</td><td>Aumentativos</td><td colspan="2">Contienen sufijos que sirven para aumentar el tamaño del primitivo: perr-azo, cas-ona.</td></tr>
<tr><td>Diminutivos</td><td colspan="2">Contienen sufijos que sirven para disminuir el tamaño del primitivo: perr-ito, cas-ita.</td></tr>
<tr><td>Despectivos</td><td colspan="2">Contienen sufijos que dan al primitivo una idea de desprecio: perr-ucho, cas-ucha.</td></tr>
<tr><td>Gentilicios</td><td colspan="2">Indican el lugar de origen: español, madrileño.</td></tr>
<tr><td rowspan="4">POR SU SIGNIFICADO</td><td>ABSTRACTOS</td><td colspan="3">Los que se refieren a cualidades que no pueden existir independientemente: belleza.</td></tr>
<tr><td rowspan="3">CONCRETOS
Los que se refieren a seres que existen en la realidad, con independencia.</td><td>COLECTIVOS</td><td colspan="2">Los que, estando en singular, designan una pluralidad de objetos: caserío, pinar.</td></tr>
<tr><td rowspan="2">INDIVIDUALES
Los que, en singular, se refieren a un solo objeto.</td><td>Contables</td><td>Los que designan objetos que pueden contarse: mesa, libro, carpeta.</td></tr>
<tr><td>No contables</td><td>Los que no se pueden contar: arena, agua, hierba.</td></tr>
<tr><td rowspan="2">POR SU COMPOSICIÓN</td><td>SIMPLES</td><td colspan="3">Los formados por un solo lexema: boca, carro.</td></tr>
<tr><td>COMPUESTOS</td><td colspan="3">Los que en su constitución entran dos o más lexemas: bocacalle, carricoche.</td></tr>
</table>

GÉNERO	
Es el accidente gramatical que indica el sexo de las personas y de los animales. En los nombres de cosas el género no tiene significado específico, considerándose como masculinos los nombres que pueden ir precedidos de «este», y como femeninos los que pueden ir precedidos de «esta».	
MASCULINO	Pertenecen al masculino los nombres de varones, animales machos y todas las cosas que pueden llevar delante el determinante «este»: *Juan, caballo, reloj...*
FEMENINO	Son de género femenino los nombres de mujeres, animales hembras y cosas a las que se les puede anteponer el determinante «esta»: *gallina, memoria, María...*
FORMACIÓN DEL FEMENINO	
→ Si el masculino termina en vocal, se cambia esta vocal por **a:** *sobrino - sobrina* → Si el masculino termina en consonante, se le agrega la vocal **a:** *león - leona* → Otros nombres añaden terminaciones especiales **(-triz, -ica, -esa, -isa, -ta):** *actor - actriz* → Hay nombres que forman el femenino con palabra distinta a la del masculino: *hombre - mujer*	
NEUTRO	Pertenecen a este género los adjetivos sustantivados que pueden llevar delante el artículo «lo»: *lo bueno - lo necesario*
EPICENO	Son de género epiceno los nombres de animales que, con la misma palabra y el mismo artículo, sirven para nombrar a los dos sexos: *la lombriz - la mosca*
COMÚN	Son de género común los nombres de personas que, con la misma palabra pero con distinto artículo, sirven para masculino y femenino: *el estudiante - la estudiante*
AMBIGUO	Pertenecen al género ambiguo los nombres de cosas que unas veces se consideran como masculinos y otras como femeninos: *el dote - la dote*

NÚMERO

Accidente gramatical que nos indica si nos referimos a un solo ser o a más de uno.

SINGULAR	Un solo ser: *mesa.*
PLURAL	Más de un ser: *mesas.*

FORMACIÓN DEL PLURAL

1. Si el singular termina en cualquier vocal no acentuada o en *-é* acentuada, el plural se forma añadiendo una *-s:*

pato-patos
café-cafés

2. Si el singular termina en vocal, que no sea *-é*, acentuada, se añade la sílaba *-es*, aunque algunos nombres pueden hacer el plural con *-s*:

papá-papás
jabalí-jabalís o jabalíes

3. Si el singular termina en consonante, se añade la sílaba *-es*:

árbol-árboles

4. Los nombres terminados en *-z* cambian la *z* por *c* antes de agregar la sílaba *-es*:

cruz-cruces

5. Si el singular termina en *-s*, al formar el plural, los nombres llanos y esdrújulos no cambian y los agudos añaden *-es*:

el martes-los martes
el miércoles-los miércoles
el compás-los compases

6. Los nombres patronímicos acabados en *-z* no cambian:

los López-los Pérez

<table>
<tr><th colspan="6">ADJETIVOS CALIFICATIVOS
Palabra que acompaña al sustantivo indicando una cualidad del mismo.</th></tr>
<tr><td rowspan="2">CLASIFICACIÓN</td><td>EXPLICATIVOS O EPÍTETOS</td><td colspan="4">Indican una cualidad que la tiene necesariamente el sustantivo, y se suelen colocar delante del mismo:
negro carbón - blanca nieve.</td></tr>
<tr><td>ESPECIFICATIVOS</td><td colspan="4">Indican una cualidad que la puede tener o no tener el sustantivo, y se suelen poner detrás:
niño alto - rosa roja.</td></tr>
<tr><td rowspan="8">GRADOS DE SIGNIFICACIÓN</td><td>POSITIVO</td><td colspan="4">El adjetivo indica simplemente una cualidad del sustantivo:
La casa es alta.</td></tr>
<tr><td>COMPARATIVO</td><td colspan="4">Cuando compara la cualidad de un ser con la de otro.</td></tr>
<tr><td colspan="2">DE SUPERIORIDAD</td><td colspan="2">DE IGUALDAD</td><td>DE INFERIORIDAD</td></tr>
<tr><td colspan="2">más... que
El coche es más rápido que la bicicleta.</td><td colspan="2">tan... como
Juan es tan alto como Luis.</td><td>menos... que
El cuaderno es menos grueso que el libro.</td></tr>
<tr><td>SUPERLATIVO</td><td colspan="4">Cuando indica la cualidad con gran intensidad.</td></tr>
<tr><td colspan="3">ABSOLUTO (no compara)</td><td colspan="2">RELATIVO (sí compara)</td></tr>
<tr><td colspan="3">Se forma añadiendo ísimo/ érrimo o anteponiendo muy.
Este niño es muy alto o altísimo.</td><td colspan="2">Se forma anteponiendo: el más, el menos, los más, los menos.
Este niño es el más alto de la clase.</td></tr>
</table>

COMPARATIVOS Y SUPERLATIVOS IRREGULARES

Positivo	Comparativo	Superlativo
bueno	mejor	óptimo
malo	peor	pésimo
grande	mayor	máximo
pequeño	menor	mínimo
alto	superior	supremo
bajo	inferior	ínfimo

ADJETIVOS DETERMINATIVOS

Parte de la oración que acompaña al sustantivo, sin decir de él ninguna cualidad.

DEMOSTRATIVOS: Indican una idea de lugar.

		Cerca del hablante	Cerca del oyente	Lejos de los dos
Singular	Masculino	este	ese	aquel
	Femenino	esta	esa	aquella
Plural	Masculino	estos	esos	aquellos
	Femenino	estas	esas	aquellas

POSESIVOS: Indican una idea de posesión.

		Un solo poseedor	Varios poseedores
Singular	Masculino	mío - tuyo - suyo	nuestro - vuestro - suyo
	Femenino	mía - tuya - suya	nuestra - vuestra - suya
Plural	Masculino	míos - tuyos - suyos	nuestros - vuestros - suyos
	Femenino	mías - tuyas - suyas	nuestras - vuestras - suyas

NUMERALES: Indican una idea de número.

CARDINALES	Indican simplemente cantidad: cinco, tres...
ORDINALES	Indican orden: quinto, tercero...
MÚLTIPLES	Indican multiplicación: doble, triple...
PARTITIVOS	Indican división: tercio...
DISTRIBUTIVOS	Indican que la cantidad se distribuye entre varios: cada, sendos...

INDEFINIDOS: Indican la cantidad de una manera imprecisa.

alguno, ninguno, algo, poco, varios, ciertos, cualquiera, bastante

INTERROGATIVOS Y EXCLAMATIVOS: Acompañan al sustantivo en frases interrogativas y exclamativas.

qué, cuánto, cuánta, cuántos, cuántas, cuál, cuáles

Partes de la oración

ADVERBIO Palabra que modifica el significado del verbo, del adjetivo o de otro adverbio: estudió *bastante*, *poco* alto, *muy* lejos		
CLASIFICACIÓN DE LOS ADVERBIOS		
POR SU FORMA	**SIMPLES**	Formados por una sola palabra. *bien, luego, mucho*
	COMPUESTOS	Formados por un adjetivo con terminación femenina y el sufijo *-mente*; y si el adjetivo tiene una sola terminación para los dos géneros, añadiendo al adjetivo el sufijo *-mente*: *buenamente, felizmente.*
POR SU SIGNIFICACIÓN	**LUGAR**	Aquí, allí, allá, ahí, lejos, etc.
	TIEMPO	Ahora, luego, ayer, nunca, etc.
	MODO	Bien, así, etc., y la mayoría de los adverbios terminados en *-mente*.
	CANTIDAD	Mucho, tanto, nada, demasiado, etc.
	AFIRMACIÓN	Sí, ciertamente, verdaderamente, cierto, también.
	NEGACION	No, nunca, jamás, tampoco, nada, etc.
	DUDA	Acaso, quizá, quizás, probablemente, etc.
	ORDEN	Primeramente, últimamente, etc.

Otras partes de la oración:

ARTÍCULO - Véase cuadro pág. 37.
CONJUNCIÓN - Véase cuadro pág. 82.
PRONOMBRE - Véase cuadro pág. 233.

VERBO

Palabra que indica la acción, la existencia o el estado de los seres. Admite variaciones para indicar el modo, tiempo, número, persona, aspecto y voz. Estas variaciones son los accidentes del verbo.

<table>
<tr><td rowspan="13">CLASIFICACIÓN DE LOS VERBOS</td><td rowspan="6">POR SU NATURALEZA</td><td>COPULATIVOS</td><td colspan="2">Sirven de unión entre el sujeto y el predicativo: ser, estar, parecer.</td></tr>
<tr><td rowspan="5">PREDICATIVOS (todos los demás)</td><td>Transitivos</td><td>Admiten OD: regalar.</td></tr>
<tr><td>Intransitivos</td><td>No admiten OD: llegar.</td></tr>
<tr><td>Reflexivos</td><td>La acción recae sobre el mismo ser que la ejecuta: lavarse.</td></tr>
<tr><td>Recíprocos</td><td>La acción la realizan dos o más sujetos que se corresponden: Pedro y Juan se insultan.</td></tr>
<tr><td>Impersonales</td><td>Sólo se conjugan en tercera persona del singular: llueve.</td></tr>
<tr><td rowspan="3">POR SU CONJUGACIÓN</td><td>REGULARES</td><td colspan="2">Los que se conjugan como los modelos amar, temer y partir: cantar.</td></tr>
<tr><td>IRREGULARES</td><td colspan="2">Los que no se conjugan como los modelos amar, temer y partir, porque cambia el lexema, la desinencia o las dos cosas a la vez: sentir.</td></tr>
<tr><td>DEFECTIVOS</td><td colspan="2">Los que carecen de algunos tiempos o personas: acostumbrar, soler, abolir.</td></tr>
<tr><td rowspan="4">POR EL MODO DE LA ACCIÓN</td><td>IMPERFECTIVOS</td><td colspan="2">Los que no necesitan llegar a un término para que la acción se pueda considerar completada: querer.</td></tr>
<tr><td>PERFECTIVOS</td><td colspan="2">Los que necesitan llegar a un término para que la acción se pueda considerar completada: nacer.</td></tr>
<tr><td>INCOATIVOS</td><td colspan="2">Los que expresan el comienzo de una acción: anochecer.</td></tr>
<tr><td>FRECUENTATIVOS</td><td colspan="2">Los que expresan una acción frecuente o que está compuesta de momentos repetidos: golpear.</td></tr>
</table>

Partes de la oración

<table>
<tr><th colspan="6">ACCIDENTES DEL VERBO</th></tr>
<tr><td colspan="6">MODO: Accidente del verbo que nos indica cómo se realiza la acción.</td></tr>
<tr><td colspan="2">Indicativo</td><td colspan="2">Subjuntivo</td><td colspan="2">Imperativo</td></tr>
<tr><td colspan="2">Acción real:
yo como</td><td colspan="2">Deseo o duda:
yo coma</td><td colspan="2">Mandato:
come tú</td></tr>
<tr><td colspan="6">TIEMPO: Accidente del verbo que nos indica cuándo se realiza la acción.</td></tr>
<tr><td colspan="2">Presente</td><td colspan="2">Pretérito</td><td colspan="2">Futuro</td></tr>
<tr><td colspan="2">La acción se está realizando:
yo como</td><td colspan="2">La acción se ha realizado:
yo comí</td><td colspan="2">La acción se realizará:
yo comeré</td></tr>
<tr><td colspan="6">NÚMERO: Accidente del verbo que nos indica cuántos realizan la acción.</td></tr>
<tr><td colspan="3">Singular</td><td colspan="3">Plural</td></tr>
<tr><td colspan="3">La acción la realiza un solo ser:
yo corro</td><td colspan="3">La acción la realizan dos o más:
nosotros vamos</td></tr>
<tr><td colspan="6">PERSONA: Accidente del verbo que nos indica quién realiza la acción.</td></tr>
<tr><td colspan="2">Primera</td><td colspan="2">Segunda</td><td colspan="2">Tercera</td></tr>
<tr><td colspan="2">La que habla:
yo</td><td colspan="2">La que escucha:
tú</td><td colspan="2">Aquélla de quien se habla:
él</td></tr>
<tr><td colspan="6">VOZ: Accidente del verbo que nos indica si el sujeto realiza la acción o la recibe.</td></tr>
<tr><td colspan="3">Activa</td><td colspan="3">Pasiva</td></tr>
<tr><td colspan="3">El sujeto es agente (hace la acción):
yo escribo</td><td colspan="3">El sujeto es paciente (recibe la acción):
yo soy amado</td></tr>
<tr><td colspan="6">ASPECTO: Accidente del verbo que nos indica si la acción está terminada o sin terminar.</td></tr>
<tr><td colspan="3">Perfectivo</td><td colspan="3">Imperfectivo</td></tr>
<tr><td colspan="3">Acción terminada:
yo comí</td><td colspan="3">Acción sin terminar:
yo comía</td></tr>
</table>

FORMAS NO PERSONALES DEL VERBO		
INFINITIVO: Es un sustantivo verbal masculino.		
Terminaciones	am**ar** (1.ª conj.) tem**er** (2.ª conj.) part**ir** (3.ª conj.)	
Forma	Simple	*amar / temer / partir*
	Compuesto	*haber amado / haber temido / haber partido*
Función	Verbo	Al *salir* de casa… (núcleo del predicado)
	Sustantivo	Quiero *cantar* (objeto directo).
GERUNDIO: Es un adverbio verbal.		
Terminaciones	am**ando** (1.ª conj.) tem**iendo** (2.ª conj.) part**iendo** (3.ª conj.)	
Forma	Simple	*amando / temiendo / partiendo*
	Compuesto	*habiendo amado / habiendo temido / habiendo partido*
Función	Verbo	*Haciendo* eso, no lo conseguirás (núcleo del predicado).
	Sustantivo	Se marchó *llorando* (circunstancial).
PARTICIPIO: Es un adjetivo verbal. Tiene un significado pasivo.		
Terminaciones	am**ado** (1.ª conj.) tem**ido** (2.ª conj.) part**ido** (3.ª conj.)	
Función	Verbo	*Terminado* el programa, abandonó el salón (núcleo del predicado).
	Adjetivo	Luis es *agradecido* (predicativo).

LA CONJUGACIÓN

Conjugar un verbo es ponerlo en sus diferentes modos, tiempos, números, personas y voces. En español hay tres conjugaciones.

1.ª CONJUGACIÓN	Verbos cuyo infinitivo termina en **-ar.**
2.ª CONJUGACIÓN	Verbos cuyo infinitivo termina en **-er.**
3.ª CONJUGACIÓN	Verbos cuyo infinitivo termina en **-ir.**

Verbos regulares

primera conjugación: 1 AMAR

Formas personales

MODOS	INDICATIVO	SUBJUNTIVO
TIEMPOS	**SIMPLES**	
Presente	amo amas ama amamos amáis aman	ame ames ame amemos améis amen
Pretérito imperfecto o co-pretérito	amaba amabas amaba amábamos amabais amaban	amara o amase amaras o amases amara o amase amáramos o amásemos amarais o amaseis amaran o amasen
Pret. perfecto simple o pretérito	amé amaste amó amamos amasteis amaron	
Futuro	amaré amarás amará amaremos amaréis amarán	amare amares amare amáremos amareis amaren
Condicional o pos-pretérito	amaría amarías amaría amaríamos amaríais amarían	
MODO IMPERATIVO Presente	ama amad	ame amen

Formas no personales

Infinitivo	amar
Gerundio	amando
Participio	amado

Verbos regulares

INDICATIVO	SUBJUNTIVO	MODOS
COMPUESTOS		TIEMPOS
he amado has amado ha amado hemos amado habéis amado han amado	haya amado hayas amado haya amado hayamos amado hayáis amado hayan amado	**Pretérito perfecto compuesto o ante-presente**
había amado habías amado había amado habíamos amado habíais amado habían amado	hubiera o hubiese amado hubieras o hubieses amado hubiera o hubiese amado hubiéramos o hubiésemos amado hubierais o hubieseis amado hubieran o hubiesen amado	**Pretérito plus-cuamperfecto o ante-co-pretérito**
hube amado hubiste amado hubo amado hubimos amado hubisteis amado hubieron amado		**Pret. anterior o ante-pretérito**
habré amado habrás amado habrá amado habremos amado habréis amado habrán amado	hubiere amado hubieres amado hubiere amado hubiéremos amado hubiereis amado hubieren amado	**Futuro perfecto o ante-pretérito**
habría amado habrías amado habría amado habríamos amado habríais amado habrían amado		**Condicional perfecto o ante-pos-pretérito**

haber amado	**Infinitivo**
habiendo amado	**Gerundio**

segunda conjugación: 2 TEMER

Formas personales

MODOS	INDICATIVO	SUBJUNTIVO
TIEMPOS	**SIMPLES**	
Presente	temo temes teme tememos teméis temen	tema temas tema temamos temáis teman
Pretérito imperfecto o co-pretérito	temía temías temía temíamos temíais temían	temiera o temiese temieras o temieses temiera o temiese temiéramos o temiésemos temierais o temieseis temieran o temiesen
Pret. perfecto simple o pretérito	temí temiste temió temimos temisteis temieron	
Futuro	temeré temerás temerá temeremos temeréis temerán	temiere temieres temiere temiéremos temiereis temieren
Condicional o pos-pretérito	temería temerías temería temeríamos temeríais temerían	
MODO IMPERATIVO Presente	teme temed	tema teman

Formas no personales

Infinitivo	temer
Gerundio	temiendo
Participio	temido

INDICATIVO	SUBJUNTIVO	MODOS
COMPUESTOS		TIEMPOS
he temido has temido ha temido hemos temido habéis temido han temido	haya temido hayas temido haya temido hayamos temido hayáis temido hayan temido	**Pretérito perfecto compuesto o ante-presente**
había temido habías temido había temido habíamos temido habíais temido habían temido	hubiera o hubiese temido hubieras o hubieses temido hubiera o hubiese temido hubiéramos o hubiésemos temido hubierais o hubieseis temido hubieran o hubiesen temido	**Pretérito plus-cuamperfecto o ante-co-pretérito**
hube temido hubiste temido hubo temido hubimos temido hubisteis temido hubieron temido		**Pret. anterior o ante-pretérito**
habré temido habrás temido habrá temido habremos temido habréis temido habrán temido	hubiere temido hubieres temido hubiere temido hubiéremos temido hubiereis temido hubieren temido	**Futuro perfecto o ante-pretérito**
habría temido habrías temido habría temido habríamos temido habríais temido habrían temido		**Condicional perfecto o ante-pos-pretérito**

haber temido	**Infinitivo**
habiendo temido	**Gerundio**

tercera conjugación: 3 PARTIR

Formas personales

MODOS	INDICATIVO	SUBJUNTIVO
TIEMPOS	**SIMPLES**	
Presente	parto partes parte partimos partís parten	parta partas parta partamos partáis partan
Pretérito imperfecto o co-pretérito	partía partías partía partíamos partíais partían	partiera o partiese partieras o partieses partiera o partiese partiéramos o partiésemos partierais o partieseis partieran o partiesen
Pret. perfecto simple o pretérito	partí partiste partió partimos partisteis partieron	
Futuro	partiré partirás partirá partiremos partiréis partirán	partiere partieres partiere partiéremos partiereis partieren
Condicional o pos-pretérito	partiría partirías partiría partiríamos partiríais partirían	
MODO IMPERATIVO Presente	parte partid	parta partan

Formas no personales

Infinitivo	partir
Gerundio	partiendo
Participio	partido

INDICATIVO	SUBJUNTIVO	MODOS
COMPUESTOS		TIEMPOS
he partido has partido ha partido hemos partido habéis partido han partido	haya partido hayas partido haya partido hayamos partido hayáis partido hayan partido	**Pretérito perfecto compuesto o ante-presente**
había partido habías partido había partido habíamos partido habíais partido habían partido	hubiera o hubiese partido hubieras o hubieses partido hubiera o hubiese partido hubiéramos o hubiésemos partido hubierais o hubieseis partido hubieran o hubiesen partido	**Pretérito plus-cuamperfecto o ante-co-pretérito**
hube partido hubiste partido hubo partido hubimos partido hubisteis partido hubieron partido		**Pret. anterior o ante-pretérito**
habré partido habrás partido habrá partido habremos partido habréis partido habrán partido	hubiere partido hubieres partido hubiere partido hubiéremos partido hubiereis partido hubieren partido	**Futuro perfecto o ante-pretérito**
habría partido habrías partido habría partido habríamos partido habríais partido habrían partido		**Condicional perfecto o ante-pos-pretérito**

haber partido	**Infinitivo**
habiendo partido	**Gerundio**

Verbos irregulares

1a ACERTAR

La *e* de la raíz diptonga en *ie* cuando es tónica (acentuada). Las demás formas son regulares, de la primera conjugación.

MODOS	INDICATIVO	SUBJUNTIVO	IMPERATIVO
TIEMPOS	SIMPLES		
Presente	acierto aciertas acierta acertamos acertáis aciertan	acierte aciertes acierte acertemos acertéis acierten	 acierta acertad

1b CONTAR

La *o* de la raíz diptonga en *ue* cuando es tónica (acentuada). Las demás formas son regulares, de la primera conjugación.

MODOS	INDICATIVO	SUBJUNTIVO	IMPERATIVO
TIEMPOS	SIMPLES		
Presente	cuento cuentas cuenta contamos contáis cuentan	cuente cuentes cuente contemos contéis cuenten	 cuenta contad

2a ENTENDER

La *e* de la raíz diptonga en *ie* cuando es tónica (acentuada). Las demás formas son regulares, de la segunda conjugación.

MODOS	INDICATIVO	SUBJUNTIVO	IMPERATIVO
TIEMPOS	SIMPLES		
Presente	entiendo entiendes entiende entendemos entendéis entienden	entienda entiendas entienda entendamos entendáis entiendan	 entiende entended

2b MOVER

La *o* de la raíz diptonga en *ue* cuando es tónica (acentuada). Las demás formas son regulares, de la segunda conjugación.

MODOS	INDICATIVO	SUBJUNTIVO	IMPERATIVO
TIEMPOS	SIMPLES		
Presente	muevo mueves mueve movemos movéis mueven	mueva muevas mueva movamos mováis muevan	 mueve moved

2c PARECER

La *c* de la raíz seguida de las vocales *a* y *o* se pronuncia como *k*, y lleva delante una *z*. Las demás formas son regulares, de la segunda conjugación.

MODOS	INDICATIVO	SUBJUNTIVO	IMPERATIVO
TIEMPOS	SIMPLES		
Presente	parezco pareces parece parecemos parecéis parecen	parezca parezcas parezca parezcamos parezcáis parezcan	 parece pareced

Verbos irregulares

3a DISCERNIR

La *e* de la raíz diptonga en *ie* cuando es tónica (acentuada). Las demás formas son regulares, de la tercera conjugación.

MODOS	INDICATIVO	SUBJUNTIVO	IMPERATIVO
TIEMPOS	SIMPLES		
Presente	discierno disciernes discierne discernimos discernís disciernen	discierna disciernas discierna discernamos discernáis disciernan	 discierne discernid

3b LUCIR

La *c* de la raíz seguida de las vocales *a* y *o* se pronuncia como *k,* y lleva delante una *z.* Las demás formas son regulares, de la tercera conjugación.

MODOS	INDICATIVO	SUBJUNTIVO	IMPERATIVO
TIEMPOS	SIMPLES		
Presente	luzco luces luce lucimos lucís lucen	luzca luzcas luzca luzcamos luzcáis luzcan	 luce lucid

4 SENTIR

MODOS	INDICATIVO	SUBJUNTIVO
TIEMPOS	**SIMPLES**	
Presente	siento sientes siente sentimos sentís sienten	sienta sientas sienta sintamos sintáis sientan
Pretérito imperfecto o co-pretérito	sentía sentías sentía sentíamos sentíais sentían	sintiera o sintiese sintieras o sintieses sintiera o sintiese sintiéramos o sintiésemos sintierais o sintieseis sintieran o sintiesen
Pret. perfecto simple o pretérito	sentí sentiste sintió sentimos sentisteis sintieron	
Futuro	sentiré sentirás sentirá sentiremos sentiréis sentirán	sintiere sintieres sintiere sintiéremos sintiereis sintieren
Condicional o pos-pretérito	sentiría sentirías sentiría sentiríamos sentiríais sentirían	
MODO IMPERATIVO Presente	siente sentid	sienta sientan

Infinitivo	sentir
Gerundio	sintiendo
Participio	sentido

5 DORMIR

MODOS	INDICATIVO	SUBJUNTIVO
TIEMPOS	**SIMPLES**	
Presente	duermo duermes duerme dormimos dormís duermen	duerma duermas duerma durmamos durmáis duerman
Pretérito imperfecto o co-pretérito	dormía dormías dormía dormíamos dormíais dormían	durmiera o durmiese durmieras o durmieses durmiera o durmiese durmiéramos o durmiésemos durmierais o durmieseis durmieran o durmiesen
Pret. perfecto simple o pretérito	dormí dormiste durmió dormimos dormisteis durmieron	
Futuro	dormiré dormirás dormirá dormiremos dormiréis dormirán	durmiere durmieres durmiere durmiéremos durmiereis durmieren
Condicional o pos-pretérito	dormiría dormirías dormiría dormiríamos dormiríais dormirían	
MODO IMPERATIVO Presente	duerme dormid	duerma duerman

Infinitivo	dormir
Gerundio	durmiendo
Participio	dormido

6 PEDIR

MODOS	INDICATIVO	SUBJUNTIVO
TIEMPOS	**SIMPLES**	
Presente	pido pides pide pedimos pedís piden	pida pidas pida pidamos pidáis pidan
Pretérito imperfecto o co-pretérito	pedía pedías pedía pedíamos pedíais pedían	pidiera o pidiese pidieras o pidieses pidiera o pidiese pidiéramos o pidiésemos pidierais o pidieseis pidieran o pidiesen
Pret. perfecto simple o pretérito	pedí pediste pidió pedimos pedisteis pidieron	
Futuro	pediré pedirás pedirá pediremos pediréis pedirán	pidiere pidieres pidiere pidiéremos pidiereis pidieren
Condicional o pos-pretérito	pediría pedirías pediría pediríamos pediríais pedirían	
MODO IMPERATIVO Presente	pide pedid	pida pidan

Infinitivo	pedir
Gerundio	pidiendo
Participio	pedido

7 REÍR

MODOS	INDICATIVO	SUBJUNTIVO
TIEMPOS	**SIMPLES**	
Presente	río ríes ríe reímos reís ríen	ría rías ría riamos riáis rían
Pretérito imperfecto o co-pretérito	reía reías reía reíamos reíais reían	riera o riese rieras o rieses riera o riese riéramos o riésemos rierais o rieseis rieran o riesen
Pret. perfecto simple o pretérito	reí reíste rió reímos reísteis rieron	
Futuro	reiré reirás reirá reiremos reiréis reirán	riere rieres riere riéremos riereis rieren
Condicional o pos-pretérito	reiría reirías reiría reiríamos reiríais reirían	
MODO IMPERATIVO Presente	ríe reíd	ría rían

Infinitivo	reír
Gerundio	riendo
Participio	reído

8 CEÑIR

MODOS	INDICATIVO	SUBJUNTIVO
TIEMPOS	**SIMPLES**	
Presente	ciño ciñes ciñe ceñimos ceñís ciñen	ciña ciñas ciña ciñamos ciñáis ciñan
Pretérito imperfecto o co-pretérito	ceñía ceñías ceñía ceñíamos ceñíais ceñían	ciñera o ciñese ciñeras o ciñeses ciñera o ciñese ciñéramos o ciñésemos ciñerais o ciñeseis ciñeran o ciñesen
Pret. perfecto simple o pretérito	ceñí ceñiste ciñó ceñimos ceñisteis ciñeron	
Futuro	ceñiré ceñirás ceñirá ceñiremos ceñiréis ceñirán	ciñere ciñeres ciñere ciñéremos ciñereis ciñeren
Condicional o pos-pretérito	ceñiría ceñirías ceñiría ceñiríamos ceñiríais ceñirían	
MODO IMPERATIVO Presente	ciñe ceñid	ciña ciñan

Infinitivo	ceñir
Gerundio	ciñendo
Participio	ceñido

9 HUIR

MODOS	INDICATIVO	SUBJUNTIVO
TIEMPOS	SIMPLES	
Presente	huyo huyes huye huimos huís huyen	huya huyas huya huyamos huyáis huyan
Pretérito imperfecto o co-pretérito	huía huías huía huíamos huíais huían	huyera o huyese huyeras o huyeses huyera o huyese huyéramos o huyésemos huyerais o huyeseis huyeran o huyesen
Pret. perfecto simple o pretérito	huí huiste huyó huimos huisteis huyeron	
Futuro	huiré huirás huirá huiremos huiréis huirán	huyere huyeres huyere huyéremos huyereis huyeren
Condicional o pos-pretérito	huiría huirías huiría huiríamos huiríais huirían	
MODO IMPERATIVO Presente	huye huid	huya huyan

Infinitivo	huir
Gerundio	huyendo
Participio	huido

VERBOS IRREGULARES QUE SE CONJUGAN COMO LOS MODELOS ANTERIORES	
1a **ACERTAR**	cerrar, comenzar, confesar, despertar, empezar, encerrar, encomendar, enterrar, gobernar, manifestar, negar, pensar, quebrar, regar, sembrar, sentar
1b **CONTAR**	acordarse, acostar, aprobar, costar, demostrar, encontrar, mostrar, probar, recordar, rodar, rogar, soltar, sonar, soñar, volar
2a **ENTENDER**	atender, descender, extender, perder
2b **MOVER**	desenvolver, envolver, escocer, morder, resolver, revolver, soler, torcer, volver
2c **PARECER**	agradecer, amanecer, aparecer, carecer,complacer, conocer, crecer, desaparecer, desconocer, desobedecer, fallecer, merecer, nacer, obedecer, pacer, padecer, permanecer, pertenecer, reconocer, resplandecer
3a **DISCERNIR**	adquirir
3b **LUCIR**	reducir, relucir
4 **SENTIR**	convertir, divertir, hervir, preferir, referir
5 **DORMIR**	morir
6 **PEDIR**	conseguir, derretir, despedir, elegir, impedir, medir, perseguir, proseguir, regir, rendir, repetir, seguir, servir, vestir
7 **REÍR**	freír
8 **CEÑIR**	reñir
9 **HUIR**	constituir, construir, contribuir, destruir, incluir, influir, sustituir

Verbos irregulares

VERBOS IRREGULARES CONJUGADOS EN EL DICCIONARIO

VERBOS QUE PRESENTAN IRREGULARIDADES ORTOGRÁFICAS				
Los terminados en	**cambian**	**por**	**seguidos de**	**en los siguientes tiempos**
–**car** (abarcar)	c	qu	e	Presente de subjuntivo (abarque, abarques…) y 1.ª s. del Pret. perfecto simple (abarqué)
–**gar** (ahogar)	g	gu	e	Presente de subjuntivo (ahogue, ahogues…) y 1.ª s. del Pret. perfecto simple (ahogué)
–**zar** (abrazar)	z	c	e	presente de subjuntivo (abrace, abraces, …) y 1ª s. del Pret. perfecto simple (abracé)
–**cer**, –**cir** (convencer, esparcir)	c	z	a, o	presente de subjuntivo (convenza, convenzas…, esparza, esparzas…) y 1.ª s. del Presente de indicativo (convenzo, esparzo)
–**ger**, –**gir** (proteger, elegir)	g	j	a, o	presente de subjuntivo (proteja, protejas…, elija, elijas…) y 1.ª s. del Presente de indicativo (recojo, elijo)

Bolivia
El Salvador
San Vicente y Granadinas
Cuba
Granada
Argentina
Brasil
Colombia
Santa Lucía
Guyan
Vietnam
Emiratos Árabes Un.
Malaisia
Qatar
Turquía
Bután
Líbano
Pakistán
Brunei
Timor Orient
Sierra Leona
Nigeria
Sudán
Rep. D. del Congo
Malawi
Namibia
Somalia
Togo
Túnez
Zimbab
Surinam
Canadá
Francia
Venezuela
México
Oman
Myanmar
Taiwán
Irán
Kenia
Níger
Ruanda
Haití
Panamá
Laos
Chad
Guinea Ecuatorial
Jordan
Guinea
Gambia
Guinea-Bissau
Suecia
Eslovenia
Islas Marshall
Eslovaquia
Kirguizistán
Mónac
Ucrania
Angola
Ghana
Albania
Fidji
Naurú
Nueva Zelanda
Alemania
Austri
Mauricio
Burkina Faso
Burundi
Rep. Sudafricana
Swazilandia
Djibouti
Libia
Madagascar
Marrue
Noruega
Yugoslavia
Islandia
Bosnia-Herzegovina
Bielorusia
Italia
Kazajstán
Bulgaria
Rep. Checa
O.N.U
Estonia
Kiribati
Costa de Marfil
Islas Salomón
Tuvalú
El Vaticano
Suiza
Bahamas
San Cristóbal y Nevis
Maldiv